Para a reconstrução do
materialismo histórico

FUNDAÇÃO EDITORA DA UNESP

Presidente do Conselho Curador
Mário Sérgio Vasconcelos

Diretor-Presidente
Jézio Hernani Bomfim Gutierre

Editor-Executivo
Tulio Y. Kawata

Superintendente Administrativo e Financeiro
William de Souza Agostinho

Conselho Editorial Acadêmico
Áureo Busetto
Carlos Magno Castelo Branco Fortaleza
Elisabete Maniglia
Henrique Nunes de Oliveira
João Francisco Galera Monico
José Leonardo do Nascimento
Lourenço Chacon Jurado Filho
Maria de Lourdes Ortiz Gandini Baldan
Paula da Cruz Landim
Rogério Rosenfeld

Editores-Assistentes
Anderson Nobara
Jorge Pereira Filho
Leandro Rodrigues

JÜRGEN HABERMAS

Para a reconstrução do materialismo histórico

Tradução

Rúrion Melo

© Suhrkamp Verlag Berlin 1976
© 2015 Editora Unesp
Título original: *Zur Rekonstruktion des Historischen Materialismus*

Direitos de publicação reservados à:
Fundação Editora da Unesp (FEU)
Praça da Sé, 108
01001-900 – São Paulo – SP
Tel.: (0xx11) 3242-7171
Fax: (0xx11) 3242-7172
www.editoraunesp.com.br
www.livrariaunesp.com.br
feu@editora.unesp.br

CIP – Brasil. Catalogação na publicação
Sindicato Nacional dos Editores de Livros, RJ

H119p

Habermas, Jürgen, 1929-

Para a reconstrução do materialismo histórico / Jurgen Habermas; tradução Rúrion Melo. – 1. ed. – São Paulo: Editora Unesp, 2016.

Tradução de: Zur Rekonstruktion des Historischen Materialismus
ISBN 978-85-393-0624-4

1. Materialismo histórico. I. Título.

16-31329   CDD: 146.3
           CDU: 165

Editora afiliada:

Sumário

Introdução à Coleção . 7

Apresentação à edição brasileira . 11
   Clodomiro José Bannwart Júnior
   Luiz Repa

I. Perspectivas filosóficas . 23
   1. Introdução: materialismo histórico e o desenvolvimento de estruturas normativas . 25
   2. O papel da filosofia no marxismo . 81

II. Identidade . 95
   3. Desenvolvimento moral e identidade do Eu . 97
   4. Sociedades complexas podem formar uma identidade racional? . 133

III. Evolução . 181
   5. Para a comparação de teorias em sociologia: O exemplo da teoria da evolução social . 183
   6. Para a reconstrução do materialismo histórico . 205

7. História e evolução . *281*
8. Reflexões acerca da importância evolucionária do direito moderno . *365*

IV. Legitimação . *377*
9. Problemas de legitimação no Estado moderno . *379*
10. O que significa crise hoje? Problemas de legitimação no capitalismo tardio . *425*
11. Apontamentos sobre o conceito de legitimação – Uma réplica . *459*
12. Dois comentários a respeito do discurso prático . *471*

Referências bibliográficas . *483*

Índice onomástico . *503*

Introdução à Coleção

Se desde muito tempo são raros os pensadores capazes de criar passagens entre as áreas mais especializadas das ciências humanas e da filosofia, ainda mais raros são aqueles que, ao fazê-lo, podem reconstruir a fundo as contribuições de cada uma delas, rearticulá-las com um propósito sistemático e, ao mesmo tempo, fazer jus às suas especificidades. Jürgen Habermas consta entre estes últimos.

Não se trata de um simples fôlego enciclopédico, de resto nada desprezível em tempos de especialização extrema do conhecimento. A cada passagem que Habermas opera, procurando unidade na multiplicidade das vozes das ciências particulares, corresponde, direta ou indiretamente, um passo na elaboração de uma teoria da sociedade capaz de apresentar, com qualificação conceitual, um diagnóstico crítico do tempo presente. No decorrer de sua obra, o diagnóstico se altera, às vezes incisiva e mesmo abruptamente, com frequência por deslocamentos de ênfase; porém, o seu propósito é sempre o mesmo: reconhecer na realidade das sociedades modernas os potenciais de emancipação e seus obstáculos, buscando apoio em pesquisas empíricas e nunca deixando de justificar os seus próprios critérios.

Certamente, o propósito de realizar um diagnóstico crítico do tempo presente e de sempre atualizá-lo em virtude das transformações históricas não é, em si, uma invenção de Habermas. Basta se reportar ao ensaio de Max Horkheimer sobre "Teoria Tradicional e Teoria Crítica", de 1937, para dar-se conta de que essa é a maneira mais fecunda pela qual se segue com a Teoria Crítica. Contudo, se em cada diagnóstico atualizado é possível entrever uma crítica ao modelo teórico anterior, não se pode deixar de reconhecer que Habermas elaborou a crítica interna mais dura e compenetrada de quase toda a Teoria Crítica que lhe antecedeu – especialmente Marx, Horkheimer, Adorno e Marcuse. Entre os diversos aspectos dessa crítica, particularmente um é decisivo para compreender o projeto habermasiano: o fato de a Teoria Crítica anterior não ter dado a devida atenção à política democrática. Isso significa que, para ele, não somente os procedimentos democráticos trazem consigo, em seu sentido mais amplo, um potencial de emancipação, como nenhuma forma de emancipação pode se justificar normativamente em detrimento da democracia. É em virtude disso que ele é também um ativo participante da esfera pública política, como mostra boa parte de seus escritos de intervenção.

A presente Coleção surge como resultado da maturidade dos estudos habermasianos no Brasil em suas diferentes correntes e das mais ricas interlocuções que sua obra é capaz de suscitar. Em seu conjunto, a produção de Habermas tem sido objeto de adesões entusiasmadas, críticas transformadoras, frustrações comedidas ou rejeições virulentas – dificilmente ela se depara com a indiferença. Porém, na recepção dessa obra, o público brasileiro tem enfrentado algumas dificuldades que esta Coleção pretende sanar. As dificuldades se referem principalmente à ausência de tradução de textos importantes e à falta de uma padronização terminológica nas traduções existentes, o que, no mínimo, faz obscurecer os laços teóricos entre os diversos momentos da obra.

Incluímos na Coleção praticamente a integralidade dos títulos de Habermas publicados pela editora Suhrkamp. São cerca de quarenta volumes, contendo desde as primeiras até as mais recentes publicações do autor. A ordem de publicação evitará um fio cronológico, procurando atender simultaneamente o interesse pela discussão dos textos mais recentes e o interesse pelas obras cujas traduções ou não satisfazem os padrões já alcançados pela pesquisa acadêmica, ou simplesmente inexistem em português. Optamos por não adicionar à Coleção livros apenas organizados por Habermas ou, para evitar possíveis repetições, textos mais antigos que foram posteriormente incorporados pelo próprio autor em volumes mais recentes. Notas de tradução e de edição serão utilizadas de maneira muito pontual e parcimoniosa, limitando-se, sobretudo, a esclarecimentos conceituais considerados fundamentais para o leitor brasileiro. Além disso, cada volume conterá uma apresentação, escrita por um especialista no pensamento habermasiano, e um índice onomástico.

Os editores da Coleção supõem que já estão dadas as condições para sedimentar um vocabulário comum em português, a partir do qual o pensamento habermasiano pode ser mais bem compreendido e, eventualmente, mais bem criticado. Essa suposição anima o projeto editorial desta Coleção, bem como

Jürgen Habermas

a convicção de que ela irá contribuir para uma discussão de qualidade, entre o público brasileiro, sobre um dos pensadores mais inovadores e instigantes do nosso tempo.

Comissão Editorial
Antonio Ianni Segatto
Denilson Luis Werle
Luiz Repa
Rúrion Melo

Apresentação à edição brasileira
Reconstruindo o materialismo histórico

Clodomiro José Bannwart Júnior*
Luiz Repa**

Para a reconstrução do materialismo histórico reúne textos importantes de Jürgen Habermas produzidos ao longo da década de 1970, os quais aprofundam resultados já alcançados em escritos anteriores e, ao mesmo tempo, estabelecem pontos estruturantes que vão desembocar na obra capital, a *Teoria da ação comunicativa*, de 1981. Em uma visão geral, pode-se dizer que está em jogo aqui, apesar da diversidade de temas e do conjunto de problemas, o estabelecimento de pontos-chave que servirão de baliza tanto do diagnóstico quanto do prognóstico que configuram uma Teoria Crítica da sociedade. Em particular, trata-se de temas relacionados à teoria da evolução

---

* Professor do Departamento de Filosofia da Universidade Estadual de Londrina (UEL).
** Professor do Departamento de Filosofia da Faculdade de Filosofia, Letras e Ciências Humana da Universidade de São Paulo (FFLCH-USP).

social, à teoria da aprendizagem, à teoria da ação — no que se destaca a distinção entre ação comunicativa e ação estratégica, entre interação e trabalho —, ao desenvolvimento do direito, da moral etc.

No entanto, como o título da obra sugere, o livro pretende reunir contribuições que no seu todo se direcionam à ideia de reconstruir o materialismo histórico. A expressão "reconstrução" não pode ser entendida de uma maneira superficial.[1] Como fica claro desde o início, a reconstrução significa para Habermas a tarefa de decompor e recompor a teoria a fim de aproveitar potenciais explicativos não esgotados, no que é preciso, porém, revisar algumas premissas. O interesse de Habermas se dirige então às potencialidades do materialismo histórico na qualidade de uma teoria da evolução social, cujo sentido se estrutura no desdobramento da obra.

Por outro lado, reconstrução racional é também a via metodológica que esse materialismo reconstruído deve seguir. Ou seja, assim como a reconstrução *da* teoria, a teoria ou a ciência reconstrutiva — para se valer de uma noção que Habermas se utiliza na mesma época, no contexto de suas investigações sobre a pragmática linguística — procura identificar estruturas fundamentais da vida social que não foram suficientemente exploradas na realidade das sociedades capitalistas avançadas, o que levaria a crises persistentes e ao mesmo tempo apontaria para possibilidades reais de formas de vida mais democráticas

---

[1] Sobre os sentidos do conceito de reconstrução em Habermas, cf. Nobre, M., Repa, L. (orgs.). *Habermas e a reconstrução. Sobre a categoria central da Teoria Crítica habermasiana* (São Paulo: Papirus, 2012). Também Repa, L. *A transformação da filosofia em Jürgen Habermas: os papéis de reconstrução, interpretação e crítica* (São Paulo: Esfera Pública, 2008).

e emancipadas. O materialismo reconstruído se torna assim um materialismo reconstrutivo.

Portanto, Habermas se ocupa primeiramente de reconceitualizar o marxismo e, ao fazê-lo, pretende abrir novas e possíveis perspectivas capazes de explicar as crises que acompanham o capitalismo e as possibilidades reais de emancipação. Nesse aspecto, ele segue as diretrizes de uma Teoria Crítica da sociedade como Horkheimer a compreendeu, isto é, como um tipo de teoria inteiramente sustentado no interesse pela emancipação e caracterizado por um comportamento crítico dirigido às possibilidades reais de emancipação e aos seus obstáculos. Mas, diferentemente de Marx (e também de Horkheimer), Habermas não se concentra inteiramente na dimensão econômica, na reprodução material da sociedade; ao contrário, procura sinalizar outras esferas sociais, dando especial atenção ao domínio político de legitimação, como fundamento elucidativo de tendências que conduzem, de forma evolutiva ou regressiva, às transformações sociais.

Com isso, é possível notar desde o início o esforço em salvaguardar o materialismo histórico como recurso teórico que deve apoiar o indício de desenvolvimentos sociais. Isso implica dizer que o materialismo histórico não se restringe, para Habermas, a uma teoria do capitalismo, ainda que a crítica do capital em Marx tenha um papel-chave para a descoberta do trabalho como conceito orientador da investigação sobre o desenvolvimento das sociedades humanas. Para Habermas, o materialismo histórico é antes de tudo uma teoria da evolução social, isto é, uma reconstrução da história do gênero que investiga a sucessão de diversos tipos de formações sociais, os quais são determinados pelos respectivos modos de produção.

Uma vez que cada modo de produção se define, na teoria marxiana, pela forma em que se organiza o trabalho, tal conceito pode ser esclarecido como uma conjunção variável de relações de produção e forças produtivas, isto é, de um conjunto de mecanismos que garantem os papéis de cada grupo social na produção e distribuição de riqueza e os mecanismos utilizados direta e indiretamente para o incremento da produção (modo de cooperação, técnica e ciência). Assim, a centralidade do trabalho para a reconstrução da história do gênero humano se mostraria também no processo mesmo pelo qual o homem começa a se distinguir dos animais, como se diz na conhecida a passagem da *Ideologia alemã*:

> Pode-se distinguir os homens dos animais pela consciência, pela religião, por aquilo que se queira. Eles próprios começam a se distinguir dos animais assim que começam *a produzir* seus meios de vida, um passo que é condicionado por sua organização corporal. Ao produzir seus meios de vida, os homens produzem indiretamente sua própria vida material.

De certo modo, a base de que se vale Habermas para reconstruir o materialismo histórico começa pela relativização dessa passagem. Os conceitos-chave de trabalho, força produtiva e relações de produção são interpretados por Habermas mediante tipos de ação social, os quais ele vinha desenvolvendo desde os meados dos anos 1960. O metabolismo com a natureza em que consiste fundamentalmente o trabalho útil em Marx é visto por meio das categorias da ação instrumental, as quais se referem a um agente solitário que provoca transformações pretendidas no mundo objetivo. A par disso, o modo de cooperação do trabalho, pelo qual se coordenam as ações instrumentais dos diversos indivíduos, é definido pelas regras da ação estratégica, a qual se realiza no sentido da atuação de um agente sobre o outro para dar prosseguimento ou ensejar uma determinada ação conjunta que satisfaça os fins previamente postos. Portanto, haveria para Habermas, sob a categoria "trabalho", uma dimensão estratégica de influência recíproca e uma dimensão estritamente técnica na dominação da natureza. Além disso, no entanto, as próprias relações de produção não se determinam exclusivamente pela racionalidade do trabalho. Por definirem a distribuição de riqueza, elas se estruturam por regras de interação social em que estão em jogo formas simbólicas de manifestação de expectativas mútuas e satisfação de interesses. Na medida em que essas regras se tornam normas morais e jurídicas mais ou menos reconhecidas pelo conjunto da sociedade, as relações de produção se deixam interpretar também pelas regras da ação comunicativa, por mais que os espaços de discussão sobre a legitimidade das normas sejam bastante restritos.

Com essa tipologia da ação social e reconfiguração do que significa força produtiva e relação de produção, Habermas pode se voltar para a premissa de Marx expressa na *Ideologia alemã*. Para Habermas, os avanços teóricos na antropologia desmentem a suposição fundamental marxiana de que é exclusivamente pelo trabalho que o homem começa a se distinguir dos animais de modo geral. Primeiramente, o trabalho determina a reprodução não só do *Homo sapiens*, mas dos hominídeos de modo geral, os quais, no trabalho da caça, também dispõem de técnicas (armas e instrumentos), cooperação segundo uma certa divisão de trabalho e distribuição da presa na coletividade. O que é específico do *Homo sapiens* é o desenvolvimento de uma estrutura familiar em que os membros podem adotar diferentes papéis na reprodução da vida. O desenvolvimento dessa estrutura – a "familialização do homem", marcada por um sistema de parentesco fundado na exogamia – se deve provavelmente a um problema sistêmico surgido com a autonomização da horda masculina de caçadores em relação às mulheres e às crianças. Ou seja, as formas primitivas de familialização permitem uma integração entre os dois sistemas da divisão do trabalho, nos quais os mesmos membros podem permutar seu papel funcional. Isso só pode ocorrer, no entanto, através do desenvolvimento de um sistema de normas sociais que pressupõe a linguagem. Somente pela linguagem como meio de comunicação com estruturas próprias (lógicas, semânticas e pragmáticas) é possível surgir um sistema de normas sociais baseado no reconhecimento recíproco de expectativas de comportamento. Para a evolução da forma especificamente humana de reprodução, a linguagem surge como condição indispensável tanto quanto o trabalho. Daí a provocativa frase de Habermas: *"Trabalho e linguagem são mais antigos que o homem e a sociedade".*

Do ponto de vista da reconstrução do materialismo histórico, essa dupla condição do desenvolvimento humano significa que o conceito de modo de produção tem de ser substituído pelas categorias mais abstratas de trabalho e linguagem (ou interação linguisticamente mediada). Essa substituição tem de ser completada pela descoberta dos mecanismos que explicam a própria evolução, isto é, a passagem de um sistema social a outro. A explicação dada por Marx, no famoso prefácio de *Para a crítica da economia política*, consiste na dialética entre forças produtivas e relações de produção, a qual determina também a relação entre a superestrutura jurídico-política e a base econômica. O modo pelo qual se dá a passagem de uma forma social a outra é conhecido:

ela se realiza por meio de lutas de classe. Para Habermas, dadas as condições fundamentais em que a sociedade pode evoluir, a dialética de forças produtivas e relações de produção deve evitar qualquer redução de um elemento a outro. Os processos de aprendizagem efetuados na esfera do trabalho social (forças produtivas), que são incorporados em um saber técnico e científico e que seguem a lógica da ação instrumental e estratégica, precisam ser diferenciados e em seguida religados aos processos de aprendizagem realizados no âmbito da ação comunicativa (relações de produção, quadro institucional), os quais também se estruturam em saber prático-moral suscetível de racionalização interna.

Portanto, a atenção renovada ao âmbito político só pode se concretizar no projeto habermasiano porque ele pode reelaborar o binômio *forças produtivas-relações de produção* e a relação *superestrutura* e *infraestrutura* em que se baseava o materialismo histórico de Marx. Essa reelaboração significa incorporar como um fator social decisivo, não apenas ideológico, a dimensão do saber prático-moral — isto é, o saber prático, a convicção moral, a ação comunicativa, a regulação consensual de conflitos por meio do direito e da moral. Por consequência, alcança-se um espaço privilegiado para a ocorrência de processos de aprendizagem que se traduzem em formas cada vez mais maduras de integração social, a saber, novas formas de relações de produção.

Chega-se, assim, a uma das teses mais fortes do livro: a de que o emprego de novas forças produtivas somente é possível se acolhidas primeiramente em novas formas de integração social e que as estruturas normativas que essa integração implica podem levar a uma nova etapa de desenvolvimento social. Ou seja, o desenvolvimento das estruturas normativas funciona como precursor da evolução social, pois a estruturação de novas formas de integração social é o que permite a consecução de forças produtivas inovadoras. Certamente, Habermas continua reservando um papel importante para as condições econômicas, mas o modo como estas influenciam as estruturas normativas de uma sociedade dependem também da lógica de desenvolvimento própria dessas estruturas. Um problema econômico semelhante pode encontrar reações normativas diferentes, conforme a lógica e o grau de desenvolvimento alcançado por uma determinada sociedade. Mas mais significativa é a possibilidade de que novas estruturas normativas exerçam uma pressão também sobre a organização social da economia ou da administração política.

Essa reconstrução do materialismo não pode ser compreendida, no entanto, independentemente da análise habermasiana do capitalismo do século XX. Pois a proposta do livro visa a demonstrar que a teoria de Marx acerca da relação entre *infraestrutura* e *superestrutura* não é mais suficiente para dar conta da nova fase do capitalismo tardio. Uma desconfiança que já se evidenciava em *Técnica e ciência como "ideologia"*, de 1968, ao diminuir o papel concedido às forças produtivas como indicadoras do progresso técnico-científico e, consequentemente, da própria emancipação. A teoria marxista comportava algum grau de êxito quando se propunha a explicar o capitalismo liberal, fase na qual a infraestrutura gravitava na órbita do econômico, tornando inviável sua utilização para tratar do capitalismo em sua forma intervencionista já avançada, em que a órbita dos fatos econômicos passou a girar em torno da política. Essa constatação de *Técnica e ciência como "ideologia"* encontra apoio em *Para a reconstrução do materialismo histórico*.

Porém, Habermas avança aqui em relação ao método da teoria da evolução social em que se converteu o materialismo histórico: agora, ele pode realizar uma delimitação metodológica entre a *dinâmica do desenvolvimento* e a *lógica do desenvolvimento* que orienta todo o projeto de uma teoria reconstrutiva da evolução social. Essa delimitação é fundamental porque o conceito de *dinâmica do desenvolvimento*, mais amplo e abstrato que o de forças produtivas, abarca a ótica material dos problemas sistêmicos geradores de crises no âmbito da reprodução material, ao passo que o conceito de *lógica do desenvolvimento* registra não apenas a história interna da dimensão simbólica, mas também a realização histórica matizada nas estruturas normativas das sociedades. É nesse ponto, em específico, que incidem os procedimentos de reconstrução racional.

Para evitar qualquer tipo de teleologia fundida ao desdobramento da temporalidade e, ao mesmo tempo, se desprender da filosofia da história, Habermas transpõe a dinâmica *teleológica* da história para o conceito de aprendizagem, de forma a garantir que os elementos contrafactuais da linguagem sinalizem o *telos* do processo de aprendizagem sem, contudo, se ocupar com o *telos* do processo histórico. Ocorre, assim, uma recusa sistemática de categorias metafísicas quanto ao desdobramento histórico, tornando possível que a teoria da evolução social opere com base em uma estrutura lógico-formal (*lógica do desenvolvimento*) capaz de servir de baliza para demarcar o desenvolvimento social sem se comprometer com uma reserva teleológica e metafísica inserida ao desdobramento histórico, pela qual o materialismo histórico marxista foi tantas vezes criticado.

A atribuição de racionalidade à dimensão histórica, sem nenhum recurso à metafísica própria da filosofia da história, só é compreensível a partir do papel-chave que Habermas confere à tematização crítica da linguagem e ao discurso como forma reflexiva da ação comunicativa, conceito que se torna núcleo da compreensão das estruturas normativas. Desta maneira, como já acontecia também em *Técnica e ciência como "ideologia"*, é possível acomodar ao lado da racionalização técnica no âmbito das ações instrumentais e estratégicas, a racionalização normativa no âmbito das ações comunicativas e estudar suas interdependências e legalidades próprias. A teoria da evolução social passa a constituir-se em uma alternativa que visa assegurar ao processo de racionalização da sociedade outra face que não a mesma levada adiante seja por Weber, por intermédio do conceito parcial, restrito e unilateral de racionalidade instrumental, seja por Marx, ao fixar o desenvolvimento social exclusivamente na base produtiva e material dos modos de produção. É nesse sentido que a inserção da racionalidade comunicativa, subsidiada pela interação mediada linguisticamente, assume condições de reorientar, por outro caminho, a força da reflexão e da emancipação contida na historicidade do desenvolvimento das estruturas normativas da sociedade.

Nesse desenvolvimento, Habermas passa a compreender o direito como componente fundamental da dimensão *prático-moral* responsável pela realização da interação social. Com uma compreensão positiva do direito, ele promove, enfim, uma ruptura com a visão clássica da teoria marxista, a qual enxergava os componentes jurídicos como provenientes unicamente da infraestrutura econômica da sociedade com vistas à preservação do domínio de classes e à sobrevivência do capitalismo. Em vez disso, o direito e, com ele, a moral são considerados como formas de orientações especializadas na manutenção da intersubjetividade. A consciência moral e a institucionalização de normas jurídicas possuem em comum a mesma especificidade ao tratar da superação de ameaças que rondam a manutenção da intersubjetividade, pois o rompimento de uma situação de estabilidade comunicativa desencadeada

Para a reconstrução do materialismo histórico

por conflitos ou acirramento de interesses divergentes encontra na moral e no direito o ponto de equilíbrio para sua restauração consensual dentro dos limites de uma fundamentação discursiva. Contudo, o direito, no que se diferencia da moral, é dotado de uma forma específica de orientação de ação, visto que dispõe de uma ordem institucionalizada. Habermas sustenta a ideia de que as sociedades aprendem evolutivamente mediante a incorporação institucional de estruturas racionais que permitem a cada novo estágio a reorganização dos sistemas de ação. E o direito, em específico, comportaria estruturas universais de consciência passíveis de serem reconstruídas na perspectiva da *lógica do desenvolvimento*.

Sem negar que o direito se ajusta ao sistema econômico capitalista, estruturando o modelo de ação estratégica exigido ao intercâmbio do direito privado, há de se notar que sua legitimidade deve derivar de outra fonte: a racionalidade comunicativa. Se o modo de produção capitalista é decisivo para explicar os conteúdos e as funções do direito, então deve-se entender que o direito, nessa acepção, é resultado da *dinâmica do desenvolvimento*. Por outro lado, cabe à *lógica do desenvolvimento* justificar quais as estruturas de consciência moral que impulsionam o direito moderno a desempenhar as suas funções da forma como o exerce nos planos privado e público.

É evidente, portanto, o papel social exercido pelo direito para esse contexto da teoria crítica habermasiana. O fenômeno jurídico é um componente indispensável das sociedades capitalistas, visto que estas buscam assegurar a regulação de suas instituições por intermédio de um sistema normativo que pretende ser válido e legítimo. É por isso que já em *Para a reconstrução do materialismo histórico* Habermas acentua a importância da reflexão jurídica, a par da importância dada à democracia, buscando encontrar no seio do direito moderno elementos de uma racionalidade prática não comprometida com o caráter meramente instrumental e estratégico do agir, de tal modo que o próprio direito, enquanto núcleo de realização da razão prática, possa servir de condição iniludível para formas de vida emancipadas.

I
Perspectivas filosóficas

1
Introdução: Materialismo histórico e o desenvolvimento de estruturas normativas

1. Os trabalhos reunidos neste volume surgiram nos últimos dois ou três anos. Eu não eliminei os traços ocasionais que marcaram os trabalhos, escritos em diferentes circunstâncias; mesmo sob essa forma, é possível reconhecer o foco comum para o qual sinaliza a formulação do presente título. Trata-se de diferentes tentativas de elaboração de uma abordagem teórica que eu compreendo como reconstrução do materialismo histórico. *Restauração* significaria o retorno a uma situação inicial que, entretanto, foi corrompida: mas meu interesse em Marx e Engels não é dogmático, nem histórico-filológico. *Renascimento* significaria a renovação de uma tradição que, entretanto, foi soterrada: o marxismo não tem necessidade disso. *Reconstrução*, em nosso contexto, significa que uma teoria é decomposta e recomposta em uma nova forma para que possa assim atingir o fim que ela mesma se pôs: esse é um modo normal (quero dizer: normal também para o marxismo) de se relacionar com uma teoria que, sob diversos aspectos, precisa de revisão, mas cujo potencial de estímulo (ainda) não se esgotou.

Não é unicamente esse interesse que unifica os trabalhos aqui apresentados; eles não remetem por acaso a um período em que elaborei uma teoria da ação comunicativa (por enquanto só posso indicar algumas contribuições parciais: "Wahreitstheorien" [Teorias da verdade]; "Sprachspiel, Intention und Bedeutung [Jogo de linguagem, intenção e significado]; "Universalpragmatische Hinweise auf das System der Ich-Abgrenzungen" [Observações a partir da pragmática universal sobre o sistema de delimitações do Eu]). Embora a teoria da comunicação esteja determinada a resolver problemas de natureza antes filosófica, a saber, aqueles que dizem respeito aos fundamentos das ciências sociais, vejo uma conexão estreita com questões de uma teoria da evolução social.

Essa afirmação pode parecer um tanto despropositada; por isso, de início eu gostaria de relembrar três circunstâncias:

a) Na tradição teórica que remete a Marx, o perigo de resvalar em má filosofia sempre foi particularmente maior quando havia a inclinação de reprimir os questionamentos filosóficos em benefício de uma compreensão cientificista da ciência. Já no próprio Marx a herança da filosofia da história por vezes se impõe um tanto irrefletidamente;[1] esse objetivismo histórico penetrou assim, sobretudo, nas teorias evolutivas da Segunda Internacional, por exemplo, com Kautsky e no Diamat.[2] Desse modo, se hoje assumimos novamente as hipóteses fundamen-

---

1 Wellmer, *Kritische Gesellschaftstheorie und Positivismus*; id., The lingustic turn in critical theory. Habermas, *Über das Subjekt in der Geschichte*, p.389 et seq.
2 Fetscher, *Karl Marx und der Marxismus*; Negt, Marxismus als Legitimationswissenschaft, p.7-50. [Diamat: Termo que designa a doutrina do "materialismo dialético". (N. T.).]

tais do materialismo histórico sobre a evolução social, alguns cuidados especiais se impõem. Ela não pode consistir em tomar emprestado da metodologia desenvolvida a partir do modelo da física placas de proibição para bloquear o caminho que as teorias evolutivas das ciências sociais trilham ao seguir os programas de investigação sugeridos por Freud, Mead, Piaget e Chomsky.[3] Mas alguns cuidados se impõem na escolha dos conceitos fundamentais que estabelecem o domínio de objetos da ação comunicativa. Com esse passo se decidem quais tipos de conhecimento devem competir ao materialismo histórico.

b) A falta de clareza imperou desde o início sobre os fundamentos normativos da teoria social de Marx. Esta não deveria nem renovar as pretensões ontológicas do direito natural clássico, nem resgatar as pretensões descritivas das ciências monológicas, mas ser uma teoria "crítica" da sociedade, porém isso apenas na medida em que pudesse escapar das falsas inferências naturalistas de teorias implicitamente valorativas. Certamente, Marx acreditava que poderia ter resolvido esse problema com um golpe de mão, a saber, com uma apropriação, declarada como materialista, da lógica de Hegel. Contudo, ele não precisou se ocupar com essa tarefa em especial[4] porque, para a finalidade de sua prática de pesquisa, pôde se contentar em tomar ao pé da letra e criticar de modo imanente o conteúdo normativo das teorias burguesas dominantes, do direito natural moderno e da Economia Política (o qual, além disso, havia sido incorporado nas constituições burguesas revolucionárias). Entretanto, a consciência burguesa se tornou cínica: ela foi completamente

---

3 Oevermann, *Zur Theorie der individuellen Bildungsprozesse.*
4 Reichelt, *Zur logischen Struktur des Kapitalbegriffs bei K. Marx.*

esvaziada de conteúdos normativos vinculantes, como mostram as ciências sociais, em especial o positivismo jurídico, o neoclassicismo das ciências econômicas e a nova teoria política. Mas se os ideais burgueses são suprimidos, como se percebe de forma cada vez mais flagrante em tempos de recessão, faltam normas e valores aos quais uma crítica que procede de maneira imanente pudesse apelar com concordância. De outro lado, as melodias do socialismo ético foram tocadas sem êxito até o fim:[5] uma ética filosófica que não se limita a enunciados metaéticos só pode encontrar lugar ainda hoje se conseguir reconstruir os pressupostos e procedimentos comunicativos universais de justificação de normas e valores.[6] Em discursos práticos, é tematizada uma das pretensões de validade [*Geltungsansprüche*] que estão no fundamento do discurso na qualidade de "base de validade". Na ação orientada ao entendimento, pretensões de validade "desde sempre" são implicitamente erguidas. Essas pretensões universais (a saber, pretensões de inteligibilidade de expressões simbólicas, de verdade do conteúdo proposicional, de veracidade das manifestações intencionais e de correção de atos de fala em referência a normas e valores válidos) estão inseridas nas estruturas universais da comunicação possível. Nessas pretensões de validade, a teoria da comunicação pode procurar uma pretensão de razão branda, porém obstinada, nunca silenciada, embora raramente cumprida, que, no entanto, precisa *de facto* ser reconhecida, em todos os lugares e todas as vezes que uma ação for efetivada de forma consensual.[7] Se isso for idealismo,

---

5 Sandkühler; de la Vega (orgs.). *Marxismus und Ethik*.
6 Apel, Sprechakttheorie und die Begründung der Ethik.
7 Habermas, Was heißt Universalpragmatik?

então esse idealismo pertence, de modo altamente naturalista, exatamente às condições de reprodução de uma espécie que deve conservar sua vida mediante trabalho e interação, ou seja, *também* em virtude de proposições passíveis de serem verdadeiras e de normas carentes de justificação.[8]

c) Não existem ligações apenas entre a teoria da ação comunicativa e os *fundamentos* do materialismo histórico. Além disso, ao tentar comprovar algumas suposições particulares da teoria da evolução, lidamos com problemas que exigem reflexões concernentes a uma teoria da comunicação. Enquanto Marx localizou os processos de aprendizagem evolucionariamente importantes, que desencadeiam as ondas epocais de desenvolvimento, na dimensão do pensamento objetivante, do saber técnico e organizatório, da ação instrumental e estratégica, em suma, das *forças produtivas*, existem, entretanto, boas razões para supor que também na dimensão do discernimento moral, do saber prático, da ação comunicativa e da regulação consensual de conflitos de ação se encontram processos de aprendizagem que se manifestam em formas cada vez mais maduras de integração social, em novas *relações de produção*, tornando possível pela primeira vez, por seu turno, o emprego de novas forças produtivas. Com isso, as estruturas de racionalidade, que se expressam nas imagens de mundo, nas representações morais e nas formações da identidade, e que são efetivadas de maneira prática nos movimentos sociais e finalmente incorporadas nos sistemas institucionais, adquirem uma posição estrategicamente importante do ponto de vista teórico. São particularmente interessantes também os padrões de desenvol-

---

8 Habermas, *Legitimationsprobleme im Spätkapitalismus*, p.19 et seq.

vimento das estruturas normativas passíveis de ser sistematicamente reconstruídas. Esse padrão estrutural descreve uma *lógica de desenvolvimento* inerente às tradições culturais e à mudança institucional. Tal lógica não diz nada sobre os mecanismos de desenvolvimento; ela apenas diz algo sobre a margem de variação no interior da qual valores culturais, representações morais, normas etc. podem ser modificados em um dado nível de organização da sociedade e encontrados em diferentes expressões históricas. Em sua *dinâmica de desenvolvimento*, essa mudança das estruturas normativas permanece dependente de desafios evolucionários postos por problemas sistêmicos sem solução, economicamente condicionados, e de processos de aprendizagem que respondem a tais desafios. Em outras palavras, a cultura permanece um fenômeno superestrutural, embora na passagem para um novo nível de desenvolvimento pareça desempenhar um papel mais proeminente do que muitos marxistas supuseram até agora.

Essa "proeminência" explica a contribuição que a teoria da comunicação, segundo minha interpretação, pode dar a um materialismo histórico renovado. Nas duas próximas seções eu gostaria de ao menos indicar em que pode consistir essa contribuição.

2. As estruturas da intersubjetividade linguisticamente produzidas, que podem ser investigadas de maneira prototípica nas ações linguísticas elementares, são em igual medida constitutivas tanto para os sistemas sociais quanto para os sistemas de personalidade. Sistemas sociais podem ser interpretados como uma rede de ações comunicativas; sistemas de personalidade podem ser considerados sob o aspecto da

capacidade de falar e agir. Quando as instituições sociais e as competências de ação de indivíduos socializados são examinadas segundo características universais, deparamo-nos com as mesmas estruturas de consciência. Isso pode ser facilmente mostrado naquelas instituições e orientações especializadas em preservar a intersubjetividade do entendimento colocada em risco no caso de conflitos de ação: na moral e no direito. Caso se rompa o consenso de fundo das rotinas cotidianas arraigadas, as regulações consensuais de conflitos de ação (levadas a efeito sob a renúncia da violência) cuidam para que ocorra o prosseguimento da ação comunicativa por outros meios. Nesse sentido, o direito e a moral definem o âmbito nuclear da interação. Aqui, portanto, também se mostra a identidade das estruturas de consciência que, de um lado, são incorporadas nas instituições do direito e da moral e, de outro, expressas nos juízos morais e nas ações dos indivíduos. A psicologia cognitivista do desenvolvimento demonstrou, para o caso da ontogênese, diferentes estágios de consciência moral que são descritos em pormenor como padrões pré-convencionais, convencionais e pós-convencionais de solução de problemas.[9] Os mesmos padrões se repetem na evolução social das representações do direito e da moral.

Os modelos ontogenéticos são certamente mais bem analisados e verificados do que suas contrapartes presentes na evolução social. Mas não podemos nos surpreender com o fato de encontrarmos estruturas de consciência homólogas na história da espécie se pensamos que a intersubjetividade

---

9 Piaget, *Das moralische Urteil beim Kinde*; Kohlberg, *Zur kognitiven Entwicklung des Kindes*.

do entendimento produzida linguisticamente aponta antes para uma inovação da história da espécie que pela primeira vez possibilitou a dimensão do aprendizado. Nesta dimensão, a reprodução da sociedade e a socialização dos membros desta sociedade são dois aspectos do mesmo processo; elas são dependentes das mesmas estruturas.

Em diversas contribuições do presente volume, apoio-me sobre as estruturas de consciência da moral e do direito homólogas tanto na história individual quanto na história da espécie.[10] Não pretendo aqui retomar essa questão. Mas as homologias não se limitam a esse âmbito nuclear da interação. Para que a abordagem teórica apresentada aqui de forma programática possa ter êxito, é preciso uma investigação das estruturas de racionalidade também naquelas dimensões que até hoje raramente foram pesquisadas em termos conceituais e empíricos: na dimensão do desenvolvimento do Eu e da evolução das imagens de mundo, de um lado, e na dimensão das identidades do Eu e de grupos, de outro.

Comecemos pelo *conceito de desenvolvimento do Eu*. A ontogênese pode ser analisada sob os três aspectos da capacidade de conhecer, falar e agir. Podemos colocar esses três aspectos do desenvolvimento cognitivo, linguístico e interativo sob uma ideia unificadora do desenvolvimento do Eu: o Eu se forma em um sistema de delimitações. A subjetividade da natureza interna se delimita diante da objetividade de uma natureza externa perceptível, diante da normatividade da sociedade e diante da intersubjetividade da linguagem. Na medida em que essas delimitações são consumadas, o Eu certamente não se sabe

---

10 Cf. capítulos 3, 4, 5 e 6.

apenas como subjetividade, mas como uma instância que, simultaneamente no conhecimento, na linguagem e na interação, "desde sempre" transcendeu os limites da subjetividade: o Eu pode se identificar consigo mesmo precisamente ao distinguir o meramente subjetivo do não subjetivo. De Hegel a Piaget, passando por Freud, desenvolveu-se a ideia de que sujeito e objeto se constituem reciprocamente, de que o sujeito só pode ter certeza acerca de si mesmo na relação com e mediante a construção de um mundo objetivo. Esse não subjetivo é, de um lado, "objeto" no sentido de Piaget: a realidade objetivada de maneira cognitiva e disponível de forma manipulável; de outro, "objeto" no sentido de Freud: a dimensão da interação acessível de maneira comunicativa e assegurada mediante identificações. O entorno é diferenciado nessas duas regiões (natureza externa e sociedade); ele é complementado pelos reflexos recíprocos das duas dimensões da realidade entre si (por exemplo, a natureza enquanto natureza "fraternal" que deve ser protegida de modo análogo à sociedade ou a sociedade na qualidade de jogo estratégico ou de sistema etc.). Além disso, a linguagem se destaca das dimensões objetivas como uma região própria.

As psicologias cognitivista e psicanalítica do desenvolvimento juntaram assim evidências para a hipótese de que o desenvolvimento do Eu se realiza em estágios. Gostaria, ainda que de maneira muito experimental, de distinguir os estágios de desenvolvimento simbiótico (a), egocêntrico (b), sociocêntrico/objetivista (c) e universalista (d).[11]

---

11 Não se trata de um desenvolvimento linear; antes, surgem fases de regressão na passagem de um estágio ao outro; cf., por exemplo, Elkind, Egocentrism in Adolescence, p.1025-1034.

(a) Não existem indicadores claros de que, durante os primeiros anos de vida, ocorra uma separação subjetiva entre sujeito e objeto. Aparentemente, a criança não pode, nessa fase, perceber sua própria massa corpórea [*Körper*] enquanto corpo [*Leib*], enquanto um sistema que conserva limites. A simbiose entre criança, pessoa de referência e ambiente físico é tão íntima que não é possível falar coerentemente de uma delimitação da subjetividade em sentido estrito.

(b) No próximo período da vida, que corresponde às fases de desenvolvimento sensório-motora e pré-operatória de Piaget, a criança alcança uma diferenciação entre Eu e entorno: ela aprende a perceber objetos permanentes em seu ambiente sem, contudo, já diferenciar o entorno de maneira clara segundo dimensões físicas ou sociais. Também a delimitação diante do ambiente ainda não é objetiva. Isso se mostra nos fenômenos do egocentrismo cognitivo e do moral. A criança não pode perceber, compreender e julgar as situações independentemente de seu próprio ponto de vista: ela pensa e age da perspectiva ligada a seu próprio corpo.

(c) Com o início do estágio das operações concretas, a criança dá o passo decisivo na construção de um sistema de delimitações do Eu: ela diferencia agora entre coisas perceptíveis e manipuláveis e acontecimentos, de um lado, e sujeitos de ação compreensíveis e seus proferimentos, de outro, deixando de confundir signos linguísticos com os referentes e o significado do símbolo. Na medida em que se torna consciente da perspectividade de seu ponto de vista, a criança aprende a delimitar sua subjetividade diante da natureza externa e da sociedade. Por volta dos 7 anos de idade se encerram as pseudomentiras — uma indicação para a distinção entre fantasias e percepções, entre impulsos e obrigações. Ao final desta fase, o desenvolvimento cognitivo conduziu a uma objetivação da natureza externa, o desenvolvimento da comunicação linguística ao domínio de um sistema de atos de fala, e o desenvolvimento interativo à vinculação complementar de expectativas generalizadas de comportamento.

(d) Apenas com a adolescência o jovem consegue se libertar progressivamente do dogmatismo das fases de desenvolvimento precedentes. Com a capacidade de pensar hipoteticamente e conduzir discursos, o sistema de delimitações do Eu se torna reflexivo. Até aqui, o Eu epistêmico ligado a operações concretas havia se colocado diante de uma natureza objetivada, o Eu prático preso às perspectivas de grupos estava absorvido nos sistemas de normas naturalizadas. Mas tão logo o jovem passa a não aceitar mais de forma ingênua as pretensões de validade contidas em afirmações e normas, ele pode tanto transcender o objetivismo de uma natureza dada e, à luz de hipóteses, esclarecer o existente a partir de condições limites contingentes, quanto também superar o sociocentrismo de uma ordem tradicional e, à luz de princípios, entender as normas vigentes na qualidade de meras convenções (e, se for o caso, criticá-las). Na medida em que o dogmatismo do *existente* e do *vigente* é abalado, as dimensões objetivas constituídas de maneira pré-científica são relativizadas em relação ao sistema de delimitações do Eu de tal modo que as teorias podem ser remetidas às operações cognitivas de sujeitos investigativos, e o sistema de normas à formação da vontade de sujeitos convivendo entre si.

Mas quando se buscam homologias entre o desenvolvimento do Eu e a evolução das imagens de mundo, é preciso ter cautela para não fazer paralelos apressados:

— A confusão entre estruturas e conteúdos conduz facilmente a erros: a consciência individual e a tradição cultural podem concordar em seus conteúdos sem que exprimam as mesmas estruturas de consciência.

— Nem todos os indivíduos são igualmente representativos do grau de desenvolvimento de sua sociedade: por exemplo, nas sociedades modernas, o direito tem uma estrutura universalista, embora muitos de seus membros não estejam em condições de julgar orientados por princípios. Pelo contrário, em sociedades arcaicas, existem indivíduos que dominam operações mentais formais, embora a imagem de mundo mítica coletivamente partilhada corresponda a um estágio inferior do desenvolvimento cognitivo.

— O padrão de desenvolvimento ontogenético, por isso, já não pode refletir as estruturas da história da espécie, porque as estruturas coletivas de consciência se aplicam apenas aos membros adultos: os estágios ontogeneticamente iniciais de interação incompleta não encontram correspondente nem mesmo nas sociedades mais antigas, em que as relações sociais com a organização familiar desde o início tiveram a forma de expectativas generalizadas de comportamento vinculadas de maneira complementar (isto é, a forma de uma interação completa).

— Finalmente, os pontos de referência sob os quais as mesmas estruturas de consciência são incorporadas se distinguem na história individual e na história da espécie: a conservação do sistema de personalidade estabelece um imperativo totalmente diferente daquele da conservação do sistema social.

— Ao comparar a estrutura do desenvolvimento do Eu e o das imagens de mundo, deparamos ainda com uma reserva especial. A força unificadora das imagens de mundo não se orienta apenas contra dissonâncias cognitivas, mas também contra a desintegração social. A estruturação unitária do estoque de saber recolhido e harmonizado nos sistemas de interpretação não se refere, por isso, apenas à unidade do Eu epistêmico, mas também do Eu prático. Ao mesmo tempo, as representações do direito e da moral precisam se separar mais uma vez de conceitos e estruturas que servem imediatamente à estabilização das identidades do Eu e de grupos – por exemplo, dos conceitos de poderes originários, deuses, as representações das almas, conceitos de destino etc. Essa construção complexa proíbe uma comparação global entre desenvolvimento do Eu e das imagens de mundo. Temos de tornar mais precisos os pontos de referência abstratos particulares da comparação. Assim, ao desenvolvimento do Eu deveria corresponder um processo de descentramento das imagens de mundo. Também para o desenvolvimento cognitivo em sentido estrito poderíamos procurar por isomorfias nos conceitos fundamentais e nas conexões lógicas dos sistemas coletivos de interpretação.

Apesar de todas as reservas, certas homologias podem ser indicadas. Isso vale de início para o *desenvolvimento cognitivo*. Na ontogênese, sequências semelhantes de conceitos fundamentais e de estruturas lógicas podem ser observadas da mesma maneira que na evolução das imagens de mundo:[12] por exemplo, a diferenciação de horizontes temporais assim como a separação entre tempo fisicamente medido e biograficamente vivido; a construção de um conceito de causalidade inicialmente concebido de modo global, que é especificado

---

12 Piaget, *Die Bildung des Zeitbegriffs beim Kinde*; id., *The Child's Conception of Physical Causality*.

para a conexão causal entre coisas e acontecimentos, de um lado, e para o contexto motivacional de ações, de outro, e que posteriormente sustentará os conceitos hipotéticos de lei da natureza e de normas de ação; ou a diferenciação de um conceito de substância, que de início abrange o animado e o inanimado, em objetos que podem ser manipulados e em objetos sociais que podem ser encontrados na qualidade de participantes em uma interação. (Foi assim que Döbert, por exemplo, tentou reconstruir o desenvolvimento da religião do mito primitivo até a chamada religião moderna, restrita a uma ética profana da comunicação, sob o ponto de vista da explicação dos conceitos fundamentais de uma teoria da ação efetuada de forma gradativa[13]). Algo semelhante vale para as estruturas lógicas. O mito permite explicações narrativas com ajuda de histórias exemplares; imagens de mundo cosmológicas, filosofias e grandes religiões já permitem explicações dedutivas a partir de princípios superiores (com os quais as ações míticas originárias foram transformadas em "começos" imprescindíveis da argumentação); finalmente, as ciências modernas permitem explicações nomológicas e justificações práticas com ajuda de teorias capazes de revisão e construções que são controladas pela experiência. Se esses diferentes tipos de explicações (e justificações) forem formalmente analisadas, surgem correspondências com a ontogênese a partir de sua lógica de desenvolvimento. Em nosso contexto, porém, interessam menos as analogias estruturais entre imagens de mundo e o desenvolvimento cognitivo (em sentido estrito) do que as analogias entre imagens de mundo e o *sistema de delimitações do Eu*.

---

13 Döbert, *Modern Religion and the Relevance of Religious Movements.*

Aparentemente, o mundo das sociedades paleolíticas representado de modo mágico-animista era muito particularista e pouco coerente. Apenas as representações míticas da ordem possibilitam a construção de uma *conexão* de analogias em que todos os fenômenos naturais e sociais são entrelaçados e podem ser transformados de forma recíproca.

Da mesma maneira que na concepção egocêntrica de mundo da criança que pensa de modo pré-operacional os fenômenos são relativizados em torno do centro de seu Eu, também na imagem de mundo sociomórfica os fenômenos são relativizados em torno do centro do grupo tribal. Isso não significa que os membros da tribo tenham formado uma consciência distinta da realidade normativa de uma sociedade que se distinguiu da natureza objetivada; estas duas regiões ainda não foram claramente separadas. Apenas com a passagem às sociedades organizadas em termos estatais as imagens míticas de mundo também assumiram a legitimação de ordens de dominação (que já pressupõem o estágio convencional de um direito moralizado). Assim, nesse momento, a atitude ingênua em face do mito teve de ser modificada. Dentro de um horizonte temporal fortemente diferenciado, o mito foi distanciado para uma tradição que se distinguiu da realidade normativa da sociedade e de uma natureza parcialmente objetivada. Com traços sociomórficos subsistentes, esses mitos desenvolvidos produzem uma unidade na multiplicidade dos fenômenos que, do ponto de vista formal, se assemelha à concepção de mundo sociocêntrica-objetivista da criança no estágio das operações concretas.

A passagem seguinte das culturas arcaicas para as culturas altamente desenvolvidas é marcada pela ruptura com o pensamento mítico. Surgem imagens de mundo cosmológicas, filosofias e grandes religiões que substituem as explicações narrativas dos contos míticos por fundamentações argumentativas. As tradições que remontam a grandes figuras de fundadores são um saber explicitamente apreensível, que é capaz de dogmatização, isto é, de uma racionalização vocacional completa. As imagens de mundo racionalizadas são, em suas construções articuladas, expressão do pensamento formal-operacional e de uma consciência moral orientada por princípios. A totalidade do mundo, concebida de maneira cosmológica ou monoteísta, corresponde à unidade que, no jovem, pode ser produzida no estágio do universalismo. Contudo, as estruturas universalistas da imagem de mundo devem ser compatíveis com a atitude tradicionalista dominante nos antigos reinos diante da ordem política; isso é possível, sobretudo, porque os princípios supremos, aos quais recorrem todas as argumentações, foram eles mesmos removidos de toda argumentação e imunizados contra objeções. Na tradição de pensamento ontológica, por exemplo, essa inevitabilidade é garantida com o conceito de absoluto (ou de autossuficiência plena).

No curso da imposição das formas universalistas de intercâmbio na economia capitalista e no Estado moderno, a atitude em relação às tradições judaico-cristãs e grego-ontológicas é rompida subjetivamente (com a Reforma e a filosofia moderna). Os princípios supremos perdem seu caráter inquestionável; a fé religiosa e a atitude teórica se tornam reflexivas. O progresso das ciências modernas e o desenvolvimento da formação prático-moral da vontade não são mais prejudicados por uma ordem que, embora fundamentada, era imposta de forma absoluta. Apenas nesse momento o potencial universalista já contido nas imagens de mundo racionais pode ser libertado. A unidade do mundo não pode mais ser assegurada objetivamente por meio da hipóstase de princípios fundadores de unidade (Deus, ser ou natureza), ela pode apenas ser afirmada de maneira reflexiva mediante a unidade da razão (ou mediante uma configuração racional do mundo, a "realização da razão"). A unidade da razão teórica e prática é então o problema-chave das interpretações de mundo modernas que perderam seu caráter *como* imagem de mundo.

Essas rápidas indicações devem tornar plausível apenas a fecundidade heurística da suposição segundo a qual existem homologias entre estruturas do Eu e das imagens de mundo: em ambas as dimensões o desenvolvimento conduz manifestamente a um descentramento progressivo[14] do sistema de interpretação e a uma delimitação categorial cada vez mais evidente entre a subjetividade da natureza interna e a objetividade da natureza externa, como também a uma delimitação entre a normatividade da realidade social e a intersubjetividade da realidade linguística.

3. Existem homologias, de outro lado, também entre estruturas da identidade do Eu e da identidade de grupos. Enquanto o Eu epistêmico (na qualidade de Eu em geral) é caracterizado por aquelas estruturas universais da capacidade de conhecer, falar e agir que cada Eu individual partilha em comum com todo outro Eu, o Eu prático se forma e se afirma como Eu individual na execução de suas ações. O Eu prático

---

14 Neuendorff, *Geschlechtliche Identität. Zur Strukturierung der Person-Umwelt-Interaktion.*

assegura, no marco das estruturas epistêmicas do Eu em geral, a identidade da pessoa. O Eu prático afirma a continuidade da história de vida e os limites simbólicos do sistema de personalidade mediante autoidentificações que se atualizam sempre, na medida em que pode se localizar com clareza nas relações intersubjetivas de seu mundo social, isto é, de maneira inconfundível e reconhecível. E a identidade da pessoa é, de certo modo, o resultado das operações de identificação da própria pessoa.[15]

Realizamos uma identificação com *coisas* e *acontecimentos* (e, de maneira derivada, também com pessoas e seus proferimentos) ao adotar uma atitude proposicional, ou seja, sempre que fazemos (ou entendemos) um enunciado sobre eles. Para tanto, empregamos nomes, caracterizações, pronomes demonstrativos etc. Expressões dêiticas (por exemplo, gestos) contêm características identificadoras que, em dado contexto, são suficientes para selecionar um determinado – e todas as vezes pretendido – objeto a partir de uma classe de objetos iguais (para, por exemplo, distinguir *esta* pedra, sobre a qual eu gostaria de afirmar algo, de todas as demais pedras). Posições relacionadas a tempo e espaço são as características mais abstratas que servem para a identificação de um corpo qualquer. Também *pessoas* são identificáveis em virtude dessa atitude proposicional, ou seja, com base na altura, na cor dos olhos e dos cabelos, de cicatrizes, de impressões digitais etc.[16] Mas, em casos difíceis, essas identificações criminológicas não são suficientes; é verdade que, em casos extremos, esperamos que

---
15 Habermas, Notizen zum Begriff der Rollenkompetenz, p.195-231.
16 Goffman, *Stigma*.

a própria pessoa em questão se esclareça sobre sua identidade. Na medida em que esta nega, pois, sua identidade atribuída de maneira proposicional, não podemos ter certeza se ela simplesmente recusou sua identidade ou se não está em condições de cuidar de sua identidade (se estiver "cindida" em sua personalidade), ou mesmo se não é a pessoa que suspeitamos que seja com base em suas características externas. Podem existir evidências esmagadoras para a *identidade corporal* de uma pessoa, mas para ter certeza sobre a *identidade da pessoa*, precisamos abrir mão de nossa atitude proposicional e, assumindo uma atitude performativa, perguntar aos concernidos a respeito de sua identidade, pedindo-lhes que *eles próprios* se identifiquem. Em casos duvidosos, precisamos em última instância identificar outras pessoas segundo as características com as quais elas próprias se identificam.

Ora, ninguém pode construir sua identidade independentemente das identificações que os outros lhe atribuem.[17] Estas, no entanto, são identificações que os outros atribuem não em uma atitude proposicional de observadores, mas em uma atitude performativa de participantes da interação. O Eu também consuma sua autoidentificação não em uma atitude proposicional; enquanto Eu prático, ele se apresenta na prática da ação comunicativa. E, na ação comunicativa, os participantes precisam pressupor reciprocamente, um em relação ao outro, que o distinguir-se-de-outros é a cada vez uma característica reconhecida pelos outros. Assim, não propriamente a autoidentificação, mas a autoidentificação inter-

---

17 Mead, *Geist, Identität und Gesellschaft*; id., Die Genesis des sozialen Selbst und die soziale Kontrolle, p.69-101.

subjetivamente reconhecida é o fundamento para a afirmação da própria identidade.

As expressões "eu" e "tu" não possuem, como o pronome pessoal da terceira pessoa, o sentido referencial de expressões denotativas usadas de maneira proposicional. Elas retiram seu sentido referencial, pelo contrário, dos papéis ilocucionários da performance linguística: elas têm primariamente o sentido da autoapresentação pessoal com base no reconhecimento intersubjetivo de autoapresentações recíprocas. O mesmo sentido performativo possuem as expressões "nós" e "vós": elas se comportam em relação ao pronome pessoal da terceira pessoa do plural exatamente da mesma maneira que o "eu" e o "tu" em relação ao pronome pessoal da terceira pessoa do singular. Contudo, surge uma assimetria interessante.

A expressão "nós" não é somente empregada nos atos de fala coletivos diante de um destinatário que exerce o papel comunicativo do "vós" sob condições recíprocas em que "nós" somos para eles novamente "vós". Em atos de fala individuais, o "nós" também pode ser empregado de tal modo que uma proposição correspondente não pressupõe a relação complementar com um outro grupo, mas a relação com outros indivíduos do próprio grupo.

(1) Nós participamos da manifestação (enquanto vós ficastes em casa).

(2) Nós estamos todos no mesmo barco.

A proposição (1) foi endereçada a um outro grupo, a proposição (2) aos membros do próprio grupo. Proposições do tipo (2) não têm apenas o sentido usualmente autorreferencial, mas o sentido de autoidentificação: nós somos X (onde

X pode significar alemães, hamburgueses, mulheres, ruivos, artesãos, negros etc.). Também a expressão "eu" pode ser empregada com o objetivo de autoidentificação: mas a autoidentificação de um Eu exige o reconhecimento intersubjetivo de um outro Eu que então, por seu turno, precisa assumir o papel comunicativo de um "tu". Em contrapartida, a autoidentificação de um grupo não depende do reconhecimento intersubjetivo de um *outro* grupo: um Eu, que se identifica na qualidade de "nós", pode ser confirmado por um outro Eu que se identifica com um "nós" de igual significado. O reconhecimento recíproco de membros de grupos exige relações do tipo eu-tu-nós.

Isso tem consequências para a construção da identidade coletiva. Gostaria de reservar a expressão identidade coletiva para os grupos de referência que são essenciais para a identidade de seus membros; que são "atribuídos" de certo modo aos indivíduos, não podendo ser voluntariamente escolhidos por eles; e que têm uma continuidade que vai além das perspectivas bibliográficas de seus membros. Para a construção de tais identidades, as relações eu-tu-nós são suficientes; relações nós-vós não são uma condição necessária – da mesma maneira que relações eu-tu na construção de uma identidade pessoal. Em outras palavras: um grupo pode ser compreendido e definido como totalidade de modo tão exclusivo que vive da ideia de poder abarcar todos os possíveis participantes da interação, enquanto tudo o que não pertence a ele se torna um *neutrum* sobre o qual se podem fazer afirmações na terceira pessoa, mas com o qual não se pode, em sentido estrito, assumir relações interpessoais – da mesma maneira, por exemplo, que os bárbaros nos limiares das civilizações antigas.

Não posso examinar mais de perto a lógica do uso dos pronomes pessoais, que oferecem a chave para o conceito de identidade.[18] Mas gostaria de recordar rapidamente os estágios ontogenéticos de formação da identidade para assim tornar mais preciso o sentido de acordo com o qual a identidade do Eu é compreendida como a capacidade de conservar a própria identidade.

Distingui entre a identidade que é atribuída de forma proposicional a coisas e acontecimentos e a identidade que as pessoas pretendem assumir para si mesmas e afirmar na ação comunicativa. Não mencionei a identidade de organismos que conservam seus limites e que possuem uma identidade não apenas "para nós" na qualidade de observadores, mas também uma identidade "para si", sem, contudo, poder apresentá-la e assegurá-la no *medium* de uma intersubjetividade produzida de maneira linguística. (Helmut Plessner, em seu mais significativo livro sobre os "estágios do orgânico", de 1928, tentou, com ajuda de um quadro conceitual típico da filosofia da reflexão, influenciado por Fichte, investigar diferentes "posicionalidades" e tornar preciso o conceito de identidade natural de seres vivos.) Provavelmente, a "identidade natural" das fases da primeira infância também repousa sobre o caráter transtemporal de organismos que conservam seus limites, a saber, do próprio corpo, que a criança gradativamente aprende a diferenciar do ambiente físico/social. A unidade da pessoa, por sua vez, que é formada no percurso (analisado por G. H. Mead) de uma autoidentificação intersubjetivamente reconhecida, repousa

---

18 Looser, Personalpronomen und Subjektivität. Cf. a bibliografia citada neste texto.

antes no pertencimento à, e na delimitação da, realidade simbólica de um grupo, e na possibilidade de localização nele. A unidade da pessoa se forma graças a uma internalização dos papéis que, no início, estavam atrelados às pessoas concretas de referência e, posteriormente, se desligaram destas, isto é, antes de tudo, aos papéis geracionais e sexuais que determinam a estrutura da família. Essa identidade de papéis, centrada no sexo e na idade, e integrada com a imagem do próprio corpo, torna-se mais abstrata e, ao mesmo tempo, mais individual na medida em que o jovem se apropria dos sistemas de papéis extrafamiliares – chegando até à ordem política, que é interpretada e justificada por uma tradição complexa.

O caráter assegurador da continuidade das identidades de papéis remete à validade intersubjetiva e à estabilidade temporal das expectativas de comportamento. Caso o desenvolvimento da consciência moral conduza para além desse estágio convencional, rompe-se a identidade de papéis porque então o Eu se retira para trás de todos os papéis particulares. Um Eu, do qual se espera ser capaz de julgar qualquer norma de acordo com princípios internalizados, isto é, capaz de observar e fundamentar hipoteticamente, não pode mais vincular sua identidade a papéis e princípios normativos individuais predeterminados.[19] A continuidade só pode ser produzida mediante uma operação de integração específica. Essa capacidade é analisada de modo exemplar quando o jovem abre mão de suas identidades anteriores, presas aos papéis familiares, em favor de identidades cada vez mais abstratas, fixadas por fim

---

19 Döbert, Nunner-Winkler, *Adolezenzkrise und Identitätsbildung*; Stierlein, *Eltern und Kinder im Prozeβ der Ablösung*.

em instituições e tradições da comunidade política. À medida que o Eu generaliza essa capacidade para superar uma identidade velha e construir uma nova, aprendendo assim a resolver crises de identidade uma vez que restaura em um estágio superior o equilíbrio destruído entre si próprio e uma realidade social modificada, a identidade de papéis é substituída pela identidade do Eu. O Eu pode então preservar sua identidade diante de outros na medida em que, no desempenho de todos os papéis relevantes, expressa a relação paradoxal de ser igual ao outro e absolutamente diferente dele, e se apresentar como aquele que organiza sua interação em um contexto biográfico inconfundível.[20]

Na sociedade moderna, essa identidade do Eu pôde ser suportada pelos papéis vocacionais individuais. O papel vocacional concebido no sentido de Max Weber era o veículo mais significativo para o projeto de uma carreira que fundasse a unidade de uma história de vida. Hoje em dia, cada vez mais esse veículo parece estar debandando. É assim que o feminismo pode ser considerado o exemplo de um movimento emancipatório que (sob o *slogan* da autorrealização) busca soluções exemplares para a estabilização da identidade do Eu sob condições que parecem tornar problemático especialmente para mulheres o recurso aos papéis vocacionais enquanto núcleo cristalizador da história de vida.

---

20 Cf. o esquema desenvolvido por U. Oevermann e reapresentado em Habermas, *Kultur und kritik*, p.231 et seq.; para uma crítica à teoria conservadora dos papéis, Krappmann, *Dimensionen der Identität*; Joas, *Zur gegenwärtigen Lage der soziologischen Rollentheorie*; Dubiel, *Identität und Institution*; Geulen, *Das vergesellschaftete Subjekt*.

Ao procurar por homologias entre padrões de desenvolvimento da identidade e de construção histórica de identidades coletivas, precisamos novamente evitar paralelos apressados. Aqui se aplicam as mesmas reservas que eu já havia mencionado;[21] ainda quero acrescentar mais três reservas especiais. A identidade coletiva de um grupo ou de uma sociedade assegura a continuidade e a recognoscibilidade. Por isso, ela varia com os conceitos temporais em que a sociedade pode especificar exigências de continuar-igual-a-si-mesma. Também o tempo de vida individual é esquematizado em diferentes estágios de desenvolvimento cognitivo; mas ele ao menos é objetivamente delimitado pelo nascimento e pela morte. Não existem recortes objetivos comparáveis para a existência histórica que se propaga por gerações e, muitas vezes, por épocas. A identidade coletiva estabelece ainda como uma sociedade se delimita diante de seu entorno natural e social. Também dessa perspectiva faltam analogias claras. Um mundo da vida pessoal é limitado pelo horizonte de todas as possíveis vivências e ações que são atribuídas ao indivíduo em intercâmbio com seu entorno social. As fronteiras simbólicas de uma sociedade, pelo contrário, formam-se antes de tudo como horizonte de ações que são mutuamente atribuídas de uma perspectiva interna.

Ainda mais importante é a terceira característica: a identidade coletiva regula o pertencimento dos indivíduos na sociedade (e a exclusão dela). Dessa perspectiva, existe uma relação complementar entre identidade do Eu e de grupos porque a unidade da pessoa se forma por intermédio de relações com outras pessoas do mesmo grupo; e o desenvolvimento da

---

21 Cf. neste volume p.36 et seq.

identidade é, como já afirmei, caracterizado pelo fato de que a identificação com grupos inicialmente mais concretos e menos complexos (família) é dissolvida e subordinada à identificação com unidades mais abrangentes e mais abstratas (cidade, Estado). Por isso, é natural derivar dos estágios ontogenéticos da identidade do Eu as estruturas sociais complementares do grupo tribal, do Estado e finalmente de formas de intercâmbio mais globais. Levantei algumas hipóteses sobre isso em outro lugar, mas hoje vejo que subestimei a complexidade da conexão da identidade coletiva com imagens de mundo e sistemas normativos. Podemos distinguir com Parsons entre valores culturais, sistemas de ação, em que os valores são institucionalizados, e os coletivos que agem nesses sistemas. Assim, para a identidade de um coletivo, apenas *um determinado segmento* da cultura e do sistema de ação é importante: a saber, os valores e instituições básicos inquestionáveis que, no grupo, desfrutam de um tipo de validade fundamental. Os membros individuais dos grupos devem sentir a destruição ou violação desse núcleo normativo na qualidade de ameaça à sua própria identidade. Apenas com base em tais núcleos normativos, em que os membros individuais formam conjuntamente "um saber", as diferentes formas de identidade coletiva podem ser evidenciadas.

Em *sociedades neolíticas*, a identidade coletiva é assegurada na medida em que os indivíduos remontam sua procedência à figura de um ancestral comum e, com isso, no quadro de sua imagem mítica de mundo, certificam-se de uma origem cosmológica comum. Ao contrário, a identidade pessoal do indivíduo se realiza a partir de identificações com um grupo tribal que, por seu turno, é percebido como parte da natureza, interpretada segundo categorias de interação. Quando a realidade social não é claramente diferenciada da realidade natural, desaparecem as fronteiras do mundo social juntamente com aquelas do mundo em geral.[22] Sem fronteiras claramente delimitadas do sistema social, deixa de existir a distinção entre ambiente natural ou social em sentido estrito: contatos com tribos estranhas são interpretados segundo relações de parentesco conhecidas. Encontros com grandes civilizações, que não podem mais ser assimiladas como tribos estranhas do próprio mundo, representam, ao contrário, um perigo para a identidade coletiva de sociedades organizadas de maneira parental (também independentemente do perigo real da conquista colonial).[23]

A passagem para as *sociedades organizadas estatalmente* exige a relativização das identidades tribais e a construção de uma identidade mais abstrata que não remete mais à associação dos indivíduos a uma procedência comum, mas ao pertencimento comum a uma organização vinculada em termos territoriais. Isso acontece, de início, pela identificação com a figura de um senhor que pode pretender uma vinculação estreita e um acesso privilegiado aos poderes míticos originários. No quadro de imagens míticas de mundo, a integração de diferentes tradições tribais é obtida por intermédio de uma ampla expansão sincretista do mundo dos deuses – uma solução que nunca foi muito estável. Por isso, as grandes civilizações desenvolvidas de forma imperial tiveram de assegurar de tal modo sua identidade coletiva pressupondo uma ruptura com o pensamento mítico. As interpretações de mundo universalistas dos grandes

---

22 Luckmann, On the Boundaries of the Social World, p.73-100.
23 Lanternari, *Religiöse Freiheits- und Heilsbewegungen unterdrückter Völker*.

fundadores religiosos e filósofos estabeleceram uma comunidade de convicções, mediada pela tradição doutrinária, que permite apenas objetos de identificação abstratos. Enquanto membros de comunidades de fé universais, os cidadãos podem reconhecer seu senhor e a ordem representada por ele na medida em que conseguem em algum sentido tornar plausível a dominação política na qualidade de legado da ordem do mundo e da salvação estabelecida de maneira absoluta.

Diferentemente das sociedades tribais arcaicas, os *grandes impérios* devem se delimitar tanto diante de uma natureza externa dessocializada quanto do entorno social dos estrangeiros em relação ao império. Mas, uma vez que a identidade coletiva só pode ser assegurada pela via de doutrinas com pretensão universal, também a ordem política precisa estar de acordo com essa pretensão: os impérios não são apenas reinos universais por causa de seu nome. Sua periferia é fluida; ela é constituída de aliados e dependentes. Além disso, existem bárbaros, que são combatidos ou missionados, ou seja, estrangeiros que são membros em potencial, mas, tendo em vista que não possuem *status* de cidadão, não contam como homens plenos. Apenas a realidade de *outros* reinos é incompatível com essa definição das fronteiras e do entorno social do reino. Os impérios se protegem contra esse perigo apesar das relações comerciais existentes e apesar da difusão de novidades; eles não mantêm relações diplomáticas entre si no sentido de uma política externa institucionalizada. Em todo caso, sua existência política não é dependente de um sistema de reconhecimento recíproco.

Os limites decorrentes dessa formação da identidade também se mostram internamente. Em sociedades organizadas de maneira parental, à identidade coletiva correspondeu na maior parte dos casos justamente uma identidade de papéis individuais produzida por meio das estruturas de parentesco. Um desenvolvimento da identidade que vai além desse estágio, contudo, não foi estimulado no marco das imagens míticas de mundo; e discrepâncias particulares puderam ser resolvidas sem dificuldade nos papéis do padre e do xamã.[24] Nas grandes civilizações altamente estratificadas, porém, a força de integração da identidade do reino tinha se comprovado precisamente ao unificar as estruturas de consciência evolutivamente assincrônicas da população rural, da aristocracia, dos comerciantes, dos padres e funcionários e vinculá-las na mesma ordem política. É permitido um amplo espectro de atitudes de fé diante da própria tradição: se, para alguns, esta é algo que se assemelha a um mito que ainda pode ser vinculado com práticas mágicas, para outros ela é uma tradição de fé que, seja como for, continua sustentada de forma ritualística. Muitas vezes a configuração dogmática do saber doutrinável reduziu até mesmo o peso da tradição por meio do peso dos argumentos e substituiu uma atitude de fé fixada na autoridade da doutrina por uma atitude teórica. Mas esse potencial universalista não poderia, em grande medida, ter sido libertado se a particularidade da dominação e do *status* de cidadão, meramente oculta pela pretensão universalista do reino, não fosse percebida e não tivesse levado a discrepâncias cheias de consequências.

Tais discrepâncias sempre existiram nos antigos impérios, mas apenas com a passagem para a *modernidade* se tornaram inevitáveis. O princípio de organização capitalista significa a diferenciação de um sistema econômico despolitizado e regula-

---

24 Devereux, *Normal und Anormal*.

do pelo mercado. Essa esfera de decisões individuais particularizadas é organizada no marco do direito privado civil segundo princípios universalistas: supõe-se nisso que os sujeitos de direito privadamente autônomos perseguem seus interesses de acordo com uma racionalidade com respeito a fins em uma esfera de intercâmbio eticamente neutra segundo máximas universais.[25] Da adaptação da esfera da produção às orientações universalistas da ação deriva uma coerção estrutural para o desenvolvimento de estruturas da personalidade que substituem a identidade convencional de papéis pela identidade do Eu. As sociedades modernas formam então uma identidade coletiva que, em ampla medida, é compatível com estruturas universalistas do Eu. De fato, membros emancipados da sociedade civil, cuja identidade convencional foi rompida, podem construir um saber comum com seus concidadãos no que concerne às suas características na qualidade de a) sujeitos privados de direito livres e iguais (o cidadão enquanto proprietário privado de mercadorias), b) sujeitos moralmente livres (o cidadão enquanto homem privado) e c) sujeitos politicamente livres (o cidadão enquanto cidadão do Estado democrático).[26] Assim, a identidade coletiva da sociedade civil é formada sob os pontos de vista da legalidade, moralidade e soberania: desse modo, ela se expressa, sem dúvida, nas construções modernas do direito natural e nas éticas formalistas.

Mas essas determinações abstratas são, quando muito, apropriadas para a identidade de cidadãos do mundo, não para os cidadãos de um Estado particular que precisa se afirmar perante

---

25 Cf. adiante o excurso sobre o direito moderno, p.365-376.
26 Habermas, *Strukturwandel der Öffentlichkeit*, partes II e III.

outros. O Estado moderno surgiu durante o século XVI como parte de um sistema de Estados; a soberania de um Estado encontra seu limite na soberania de qualquer outro Estado; com efeito, ele se constitui, antes de tudo, nesse sistema que repousa no reconhecimento recíproco. Mesmo que esse sistema de Estados pudesse deixar de definir como periferia o mundo não europeu, com o qual desde o início esteve interligado economicamente, mesmo assim ele não poderia se apresentar no estilo de um grande reino enquanto unidade universal: isso não era permitido pelas relações internacionais *entre* os Estados soberanos, baseadas, em última instância, na ameaça do poder militar. Além disso, o Estado moderno se mostrou muito mais dependente da lealdade e na disposição ao sacrifício de uma população mobilizada econômica e socialmente do que o Estado em sociedades tribais. E para a imposição do serviço militar universal não basta evidentemente a identidade de cidadãos do mundo. Isso se mostra de maneira sintomática na dupla identidade do cidadão atrelada ao Estado moderno: ele é *homme* [homem] e *citoyen* [cidadão] em um só.[27] Essa concorrência entre duas identidades de grupo foi temporariamente silenciada pelo pertencimento nacional: a nação constitui a moderna formação de identidade, permitindo suavizar e tornar subjetivamente tolerável a contradição entre o universalismo intraestatal do direito civil e da moral, de um lado, e o particularismo dos Estados individuais, de outro. Muitos indícios mostram que essa solução historicamente rica em consequências hoje já não

---

27 Nos *Deutsch-Französischen Jahrbüchern* Marx analisou essa dupla identidade, naturalmente fazendo referência a Rousseau: *Zur Judenfrage*, p.347 et seq.

é mais estável. A República Federal tem o primeiro exército cujo ministro responsável espera que se mantenha preparado para o combate sem criar, com isso, a imagem de um inimigo.[28] Em toda parte rebentam conflitos que se inflamam, por baixo dos limiares das identidades nacionais, em questões de raça, de confissão, de língua, de diferenças entre subculturas regionais e outras subculturas.[29] Uma alternativa para a identidade nacional hoje em decadência foi testada pelo movimento dos trabalhadores na Europa.

O materialismo histórico, que se seguiu das filosofias burguesas da história, projeta uma identidade coletiva compatível com estruturas universalistas do Eu. O que o século XVIII tinha apresentado sob o título de cosmopolitismo [*Weltbürgertum*] foi então pensado como socialismo, mas essa identidade foi projetada para o futuro e, com isso, tornou-se tarefa da práxis política. Esse é o primeiro exemplo de uma identidade que se tornou reflexiva, uma identidade coletiva que não se estabelece mais de maneira retrospectiva em determinadas doutrinas e formas de vida, mas prospectivamente em regras de produção e programas. Até agora uma tal formação de identidade só pôde ocorrer em movimentos sociais; é questionável se também sociedades em situação de normalidade podem formar esse tipo de identidade fluida. Tal sociedade teria de se adequar a uma grande mobilidade, não somente em relação a seus recursos produtivos, mas também a seus processos de formação de normas e valores. Mas isso só foi experimentado por enquanto na China.

---

28 Wette, Bundeswerh oder Feinbilder?, p.96-114.
29 Cf., por exemplo, Dulong, *La Question Bretonne*.

Também esse esboço pode sugerir no melhor dos casos que o desenvolvimento da identidade do indivíduo seja usado como chave para a transformação de identidades coletivas: nas duas dimensões, as projeções da identidade se tornam manifestamente cada vez mais universais e abstratas, até tomarmos consciência do mecanismo de projeção enquanto tal, e a formação da identidade assumir uma forma reflexiva no saber de que indivíduos e sociedades, de certo modo, passam a produzir por si mesmos sua própria identidade.[30]

---

30 Em uma discussão, K. Eder defendeu a tese de que poderiam existir identidades coletivas em correspondência com identidades pessoais apenas no estágio da identidade convencional (papéis). A identidade do *eu* pós-convencional teria de prescindir do apoio de uma identidade coletiva. As ficções de um estado [*Zustand*] cosmopolita, de uma ordem social socialista, de uma associação de livres produtores etc. significariam então apenas etapas de dissolução de identidades coletivas em geral. Kant, por exemplo, representou o mundo inteligível como um "reino universal dos fins em si mesmos". Com isso ele entendeu "que o conceito de uma comunidade ética sempre está relacionado ao ideal de uma totalidade de *todos* os homens; e, por essa razão, ele se distingue daquele de uma comunidade política". O reino de seres racionais é um ideal para o qual nunca será empiricamente suficiente a ordem jurídica de um estado cosmopolita. Contudo, tais projeções de identidade elucidam as condições de uma esfera regulada universalmente da ação comunicativa, em que identidades coletivas construídas temporariamente de um determinado grupo de referência podem ser relativizadas e se tornar fluidas. Dessa perspectiva, a questão de saber se sociedades complexas podem formar identidades racionais tem de ser respondida no seguinte sentido: uma identidade coletiva se torna supérflua tão logo a massa de membros da sociedade se torna, do ponto de vista da estrutura social, necessária para se afastar de suas identidades baseadas em papéis, por mais generalizadas que sejam, e formar uma identidade do eu. A ideia de uma identidade coletiva que se tornou reflexiva e que se produzirá coletivamente no futuro seria então

4. Os dois excursos anteriores deveriam tornar plausível a procura por estruturas de consciência homólogas no desenvolvimento do Eu e na evolução social a partir de duas dimensões que nem de longe foram tão bem investigadas quanto as estruturas das noções jurídicas e morais. Todos os três complexos remetem a estruturas intersubjetivas linguisticamente produzidas. Direito e moral servem à regulação consensual de conflitos de ação e, com isso, à manutenção de uma intersubjetividade do entendimento entre sujeitos capazes de fala e ação que se vê ameaçada. A delimitação de diferentes domínios universais de objetos, dos quais um aparece na atitude proposicional do observador na qualidade de natureza objetiva externa, um outro na atitude performativa do participante da interação enquanto realidade social normativa, e um terceiro na atitude expressiva daquele que manifesta uma intenção na qualidade de natureza subjetiva própria, possibilita a diferenciação (e, caso seja necessário, a tematização) daquelas pretensões de validade (verdade, correção, veracidade) que vinculamos a todos os atos de fala. Finalmente, a construção de identidades pessoais e de identidades coletivas correspondentes é o pressuposto necessário para a assunção de papéis universais da comunicação que projetamos em todas as situações de fala e

---

o último invólucro ilusório antes que as identidades coletivas em geral deixem de existir e possam ser substituídas em razão de uma mudança que se tornou permanente. Também um tal estado porta traços utópicos, pois nele todas as guerras, enquanto esforços organizados de coletivos que demandam de seus membros uma disposição para morrer, seriam pensáveis apenas como estados de exceção regressivos, mas não mais como episódios que se tornaram institucionalmente esperados.

ação e que encontram sua expressão na lógica do emprego dos pronomes pessoais.

Certamente, a teoria da comunicação que tenho em vista ainda não se desenvolveu tanto a ponto de podermos analisar de modo suficiente as estruturas simbólicas que estão na base do direito e da moral, de um mundo intersubjetivamente constituído, e da identidade de pessoas agentes e coletivos convivendo entre si. Estamos bem longe, na verdade, de poder oferecer reconstruções convincentes para os padrões de desenvolvimento dessas estruturas no plano da ontogênese e no da história da espécie. O próprio conceito de lógica de desenvolvimento carece de mais precisão para que possamos com ele determinar formalmente o que significa descrever a direção do desenvolvimento na ontogênese e na história da espécie com ajuda de conceitos como universalização e individuação, decentralização, autonomização e reflexivização. Se eu persisto nessa temática apesar do grau de explicação insatisfatório no momento, é porque estou convencido de que as estruturas normativas não seguem de maneira simples o fio evolutivo do processo de reprodução nem obedecem de maneira simples apenas ao critério de problemas sistêmicos, estou convencido de que elas possuem antes uma *história interna*. Em investigações anteriores[31] já procurei fundamentar que conceitos holistas tais quais os de atividade produtiva e práxis têm de ser decompostos nos conceitos fundamentais de ação comunicativa e de

---

31 Habermas, *Conhecimento e interesse*; id., *Técnica e ciência como "ideologia"*. Eu agradeço a T. McCarthy pelas contribuições às análises do conceito de ação instrumental, estratégica e comunicativa. Cf. também Keane, Work and Interaction in Habermas, p.51-68.

ação racional com respeito a fins, para evitar assim que confundamos ambos os processos de racionalização que determinam a evolução social: a racionalização da ação afeta não somente as forças produtivas, mas também, de modo independente, as estruturas normativas.[32]

Ações racionais com respeito a fins podem ser consideradas sob dois diferentes aspectos: a eficácia empírica dos meios técnicos e a consistência da escolha entre meios apropriados. Ações e sistemas de ações podem ser *racionalizados* a partir desses dois ângulos. A racionalidade dos meios exige um saber empírico aplicável em termos técnicos; a racionalidade das decisões exige a explicação e a consistência interna de sistemas de valores e máximas de decisão tanto quanto a derivação correta de atos de escolha. Falo de ação estratégica no caso de adversários concorrentes na medida em que estes estão determinados pelo propósito de influenciar as decisões do respectivo outro do ponto de vista da racionalidade com respeito a fins, isto é, orientados apenas pelo próprio êxito.

Em contextos de ação social, a racionalização dos meios e a escolha dos meios significa um *incremento das forças produtivas*, ou seja, uma implementação socialmente cheia de consequências de um saber com ajuda do qual podemos melhorar o equipamento técnico, o emprego organizatório e a qualificação das forças de trabalho existentes. Foi em relação a esse aspecto que Marx viu o motor do desenvolvimento social. Neste ponto, contudo, é preciso distinguir melhor entre (a) as estruturas de racionalidade e (em certos casos) a lógica de desenvolvimento

---

32 Para o que se segue, cf. também Wellmer, The linguistic turn in critical theory, op. cit., p.263-301.

do saber que pode ser transposta em tecnologias, em estratégias ou organizações e em qualificações, (b) os mecanismos que podem explicar a aquisição desse saber, os correspondentes processos de aprendizagem e (c) as condições limites sob as quais um saber disponível pode ser implementado de um modo socialmente significativo. Apenas esses três complexos condicionantes em conjunto podem esclarecer processos de racionalização no sentido do desenvolvimento de forças produtivas. Mas então se coloca a questão adicional de saber se *outros* processos de racionalização não são tão ou ainda mais importantes para o esclarecimento da evolução social. Marx, ao lado do desenvolvimento das forças produtivas, considerou importante também os movimentos sociais. Entretanto, ao compreender a própria luta organizada de classes oprimidas na qualidade de força produtiva, ele estabeleceu uma conexão confusa, em todo caso analisada de maneira insuficiente, entre *ambos* os motores do desenvolvimento social, entre o progresso técnico-organizativo, de um lado, e a luta de classes, de outro.

Diferentemente da ação racional com respeito a fins, a ação *comunicativa* está orientada, entre outras coisas, à observação de normas intersubjetivamente válidas; estas ligam expectativas recíprocas de comportamento. Na ação comunicativa, a base da validade do discurso é pressuposta. As pretensões universais de validade (verdade, correção, veracidade), que os participantes erguem implicitamente e reconhecem reciprocamente, possibilitam o consenso que sustenta a ação comum. Na ação estratégica falta esse consenso de fundo: não se espera veracidade das intenções proferidas, e a conformidade a normas de um proferimento (por exemplo, a correção da própria norma subjacente) é pressuposta em um sentido diferente do que aquele proporcionado pela ação comunicativa, a saber, de modo contingente. Quem, no jogo de xadrez, faz repetidamente movimentos sem sentido; e quem segue regras diferentes daquelas que constituem o jogo de xadrez, evidentemente não está jogando xadrez. A ação estratégica permanece indiferente diante de suas condições motivacionais, enquanto os pressupostos consensuais da ação comunicativa podem assegurar motivações. Nesse aspecto, as ações estratégicas precisam ser institucionalizadas, isto é, ancoradas em normas intersubjetivamente vinculantes que garantam o preenchimento das condições motivacionais. E também o aspecto da ação racional com respeito a fins, o "aspecto de tarefa", para falar com Parsons, pode ser separado do quadro da ação comunicativa guiada por normas. Na ação racional com respeito a fins, supõe-se apenas que todo sujeito da ação persegue por si mesmo (monologicamente) determinadas preferências e máximas de decisão, sem considerar se entra ou não em acordo com outros sujeitos da ação. Se então um sistema estratégico de ação (como a condução da guerra) torna necessário que mais sujeitos da ação entrem em acordo sobre determinadas preferências (e na medida em que este acordo não é assegurado de maneira factual por situações de interesse), passa a ser necessária uma integração normativa (ou institucionalização) da ação racional com respeito a fins (por exemplo, no quadro da Convenção de Haia). E institucionalização significa novamente a organização da ação consensual, que se apoia em pretensões de validade intersubjetivamente reconhecidas.

A ação comunicativa não pode nem ser racionalizada sob o aspecto técnico de meios escolhidos, nem sob o aspecto estratégico da escolha de meios, mas apenas sob o aspecto prático-moral da capacidade de prestar contas [*Zurechnungsfähigkeit*]

do sujeito da ação e da capacidade de justificação da norma de ação. Enquanto a racionalização da ação racional com respeito a fins depende da acumulação de saberes verdadeiros (empírica ou analiticamente verdadeiros), o aspecto capaz de racionalização da ação comunicativa nada tem a ver com a verdade proposicional, mas antes com a veracidade de proferimentos intencionais e com a correção de normas. A racionalidade da ação orientada pelo entendimento é medida do seguinte modo:
— se um sujeito expressa com veracidade suas intenções em suas ações (ou engana a si mesmo e aos outros, porque a norma de ação tampouco está em acordo com suas necessidades que surgem conflitos que devem ser afastados inconscientemente erguendo-se barreiras internas à comunicação);
E além disso:
— se a pretensão de validade ligada às normas de ação e reconhecida de maneira factual é justificável (ou se o contexto normativo existente não expressa interesses capazes de universalização ou de compromisso e, por isso, só pode ser estabilizado em sua validade factual na medida em que os concernidos são impedidos pelas barreiras imperceptíveis à comunicação de examinar a pretensão de validade normativa de forma discursiva).

Racionalização significa aqui eliminação daquelas relações de poder que penetram imperceptivelmente nas estruturas da comunicação, impedindo a solução consciente dos conflitos e uma regulação consensual dos conflitos mediante barreiras intrapsíquicas bem como interpessoais à comunicação.[33] Racionalização

---

33 Para o conceito de comunicação sistematicamente distorcida, cf. Habermas, Der Universalitätsanspruch der Hermeneutik, p.263-301.

significa a superação de tais comunicações distorcidas de maneira sistemática em que o consenso que serve de suporte à ação sobre as pretensões de validade erguidas reciprocamente, em especial aquelas sobre a veracidade de proferimentos intencionais e sobre a correção das normas subjacentes, é mantido apenas em aparência, isto é, de maneira contrafactual. Os estágios do direito e da moral, da delimitação do Eu e das imagens de mundo, das formações de identidade dos indivíduos e do coletivo são estágios nesse processo. Seus progressos não podem ser medidos com base na solução de tarefas técnicas, da escolha de estratégias corretas, mas da intersubjetividade do entendimento obtida sem coerção, isto é, da ampliação do âmbito da ação consensual pelo reestabelecimento simultâneo da comunicação.

A distinção categorial entre ação racional com respeito a fins e ação comunicativa permite também a separação dos aspectos sob os quais as ações podem ser racionalizadas. Do mesmo modo que processos de aprendizagem não se realizam apenas na dimensão do pensamento objetivante, mas igualmente na dimensão do discernimento prático-moral, também a racionalização da ação é depositada não somente nas forças produtivas, mas, em virtude da dinâmica dos movimentos sociais, nas formas de integração social.[34] As estruturas de racionalidade

---

34 Eu sublinho nesse contexto principalmente a diferença de processos de racionalização fixados em diferentes aspectos da ação. Marx tenta pensar a *unidade* desses processos de racionalização tendo em vista que, para caracterizar a relação entre indivíduo e sociedade em períodos pré-capitalistas, capitalistas e pós-capitalistas, se serve da dialética hegeliana do universal e do particular. Uma interessante tentativa de reconstrução é empreendida por Gould, *Marx's Social Antology: A Philosophical Reconstruction based on the Grundrisse*.

são incorporadas não apenas nas amplificações da ação racional com respeito a fins, ou seja, em tecnologias, estratégias, organizações e qualificações, mas também nas mediações da ação comunicativa, nos mecanismos de regulação de conflitos, nas imagens de mundo, nas formações da identidade. Gostaria até mesmo de defender a tese segundo a qual o desenvolvimento dessas estruturas normativas é o precursor da evolução social porque novos princípios de organização social significam novas formas de integração social; e estas, por sua vez, possibilitam a implementação das forças produtivas existentes ou a produção de novas forças produtivas, bem como o aumento da complexidade social.

Ora, o valor posicional privilegiado que atribuo às estruturas normativas no quadro da evolução social poderia gerar mal-entendidos: de um lado, o mal-entendido de que a dinâmica da história da espécie deveria ser explicada com uma história interna do espírito; de outro, o mal-entendido de que uma lógica de desenvolvimento deveria mais uma vez tomar o lugar das contingências históricas. Por trás do primeiro mal-entendido está a suposição de que abandono tacitamente a hipótese materialista sobre o motor do desenvolvimento social; o segundo mal-entendido suspeita de uma reiterada logicização da história – e de uma mistificação filosófica no lugar de análises das ciências experimentais. Como dito, considero que as duas coisas são mal-entendidos.

Partamos do fato de que, para as estruturas normativas de uma determinada sociedade, podem ser reconstruídos e verificados padrões de desenvolvimento (não me refiro com isso a alguma classificação de estágios que podem ser escolhidos quase a bel-prazer, mas a lógicas de desenvolvimento no sentido de Piaget, que têm de satisfazer condições bastante improváveis).³⁵ Assim, tais padrões racionalmente reconstruídos expõem *regras para possíveis soluções de problema*, isto é, apenas restrições formais e não mecanismos que pudessem explicar processos de solução de problema individuais ou mesmo a aquisição de capacidades universais para solucionar problema. Os *mecanismos de aprendizagem* deveriam ser investigados, de início, no âmbito psicológico. Se isso se mostrar exitoso com a ajuda da psicologia cognitivista do desenvolvimento, serão necessárias outras hipóteses empíricas para poder esclarecer em termos sociológicos de que maneira processos de aprendizagem individuais encontram sua entrada no acervo de saber de uma sociedade cujo acesso é coletivo. *Capacidades de aprendizagem adquiridas individualmente* e informações precisam estar disponíveis em imagens de mundo em latência antes de poderem ser utilizadas de modo socialmente significativo, isto é, transpostas em *processos de aprendizagem da sociedade*.

Uma vez que o desenvolvimento cognitivo do indivíduo se realiza sob condições socialmente demarcadas, existe um processo circular entre processos sociais e individuais de aprendizagem. Na verdade, é possível fundamentar um primado das estruturas sociais da consciência sobre as individuais, já que as estruturas de racionalidade incorporadas na família progenitora têm de ser absorvidas em primeiro lugar pela criança no desenvolvimento de sua competência interativa (com a superação do estágio pré-convencional); de outro lado, o ponto de partida de sociedades arcaicas, caracterizadas pela

---

35 Flavell, An Analysis of Cognitive Developmental Sequences, p.279-350.

organização parental convencional, pelo direito no estágio pré-convencional e por um sistema egocêntrico de interpretação, só pode ser modificado pela via de uma aprendizagem construtiva por parte dos próprios indivíduos socializados. Sociedades "aprendem" apenas em um sentido figurado. Gostaria de assumir duas séries de condições que servem de ponto de partida para os processos evolutivos de aprendizagem de sociedades: de um lado, problemas sistêmicos não resolvidos que representam desafios e, de outro, novos níveis de aprendizagem que já foram alcançados no âmbito das imagens de mundo e estão disponíveis de modo latente, mas não ainda incorporados nos sistemas de ação, permanecendo, por isso, ainda institucionalmente ineficazes.

Problemas sistêmicos manifestam-se como distúrbios no processo de reprodução de uma sociedade (fixada normativamente em sua identidade). É contingente o fato de surgirem problemas que ultrapassam a capacidade de controle de uma sociedade limitada em termos estruturais; se surgem problemas deste tipo, a reprodução da sociedade é colocada em questão, a não ser que ela assuma os desafios evolucionários e transforme a forma estabelecida de integração social, limitando o emprego e o desenvolvimento de recursos. *Se* essa transformação, que Marx descreveu como revolução das relações de produção, é factualmente possível, e *de que maneira* é possível do ponto de vista da lógica de desenvolvimento, é algo que não pode ser lido a partir de problemas sistêmicos; trata-se, pelo contrário, de uma questão de acesso a um novo nível de aprendizagem. A solução de problemas sistêmicos geradores de crise exige a) a tentativa de dissolver a forma existente de integração social conforme as estruturas de racionalidade já configuradas em imagens de mundo que são incorporadas em novas instituições, e exige também b) um meio favorável para a estabilização de tentativas bem-sucedidas. Cada avanço evolucionário pode ser caracterizado pelas instituições em que são incorporadas as estruturas de racionalidade de um próximo estágio de desenvolvimento superior: por exemplo, as cortes reais de justiça que, no início do desenvolvimento civilizatório, permitiram uma jurisprudência no estágio *convencional* da consciência moral; ou empresas capitalistas, uma administração racional do Estado, normas do direito privado civil, que, no início da modernidade, organizam domínios eticamente neutros da ação estratégica segundo princípios *universalistas*. Até agora, na sociologia se falou apenas de uma "institucionalização de valores", pela qual determinadas orientações axiológicas recebem força obrigatória para os agentes. Se estou tentando agora apreender os processos evolucionários de aprendizagem com a ajuda do conceito de "incorporação institucional de estruturas de racionalidade", não se trata mais então de tornar obrigatórios os *conteúdos* da orientação, mas do fato de que estão abertas *possibilidades estruturais de racionalização da ação*.

Se tivermos em vista essa estratégia de explicação, que foi comprovada na investigação de Klaus Eder sobre o surgimento de sociedades organizadas pelo Estado, vê-se que as objeções anteriormente mencionadas não têm fundamento. A análise da dinâmica do desenvolvimento é construída de maneira *"materialista"*, na medida em que se refere a problemas sistêmicos geradores de crise no âmbito da produção e da reprodução; e a análise permanece *"historicamente"* orientada, já que tenta encontrar as causas das transformações evolucionárias no espectro total daquelas circunstâncias contingentes sob as quais a) novas estruturas na consciência individual são adquiridas e transpostas nas estruturas de imagens de mundo; sob as quais b) surgem problemas sistêmicos que sobrecarregam a capacidade de controle de uma sociedade; sob as quais c) a incorporação institucional de novas estruturas de racionalidade pode ser testada e estabilizada, e sob as quais d) as novas margens de manobra da mobilização de recursos são utilizadas. Apenas depois que os processos de racionalização, que exigem uma explicação ao mesmo tempo histórica e materialista, foram historicamente consumados, os padrões de desenvolvimento podem ser especificados para as estruturas normativas da sociedade. Essas lógicas de desenvolvimento denotam um sentido próprio, e nesta medida também a história interna do espírito. Aqui os procedimentos de reconstrução racional encontram seu lugar. Supostamente, o desenvolvimento cognitivo e o interativo esgotam apenas um espaço lógico de formações estruturais possíveis que já surgiu, no limiar da forma de vida sociocultural, com a inovação que a intersubjetividade linguisticamente produzida representa em termos de história natural.

5. Por fim, gostaria de considerar duas objeções que poderiam ser dirigidas contra minha intenção declarada de partir do materialismo histórico.

Primeiro, a investigação do processo de acumulação capitalista, sobre o qual Marx se concentrou sobretudo, dificilmente exerce algum papel na reformulação das hipóteses fundamentais sobre a evolução social; em vez disso, não podemos desconsiderar os empréstimos por parte do estruturalismo e do funcionalismo – mas por que então insistir ainda na tradição teórica *marxista*? Além disso, por que devemos, enfim, fazer materialismo histórico se, com uma análise da formação social *presente*, o propósito de se orientar na ação é mais bem satisfeito?

ad 1) A anatomia da sociedade burguesa é uma chave para a anatomia de sociedades pré-modernas; nesse caso, a análise do capitalismo oferece um acesso excelente à teoria da evolução social. O conceito universal do princípio de organização social pode ser percebido em sociedades capitalistas porque aqui, com a relação entre trabalho assalariado e capital, pela primeira vez a estrutura de classes é salientada em sua forma pura, a saber, em sua forma econômica. No processo de acumulação, além disso, é possível desenvolver o modelo de produção de crises comprometedoras da estabilidade porque, com o sistema econômico capitalista, pela primeira vez se diferenciou um sistema parcial que elabora de maneira especificamente funcional as tarefas da reprodução material. Finalmente, o mecanismo de legitimação da dominação é percebido nas ideologias burguesas porque aí sistemas universalistas de valores incompatíveis com estruturas de classes pela primeira vez são explicitados sem reservas e fundamentados de maneira argumentativa. Nessa medida, as características constitutivas para esse modo de produção também são instrutivas para formações sociais de estágios iniciais. Mas não deduzimos disso a exigência de utilizar a "lógica do capital" como chave para a lógica da evolução social. Pois a maneira com que as perturbações do processo de reprodução se apresentam nos sistemas econômicos capitalistas não podem ser universalizadas e transpostas para outras formações sociais. Além disso, na lógica de surgimento de problemas sistêmicos não é possível ver qual lógica o sistema social segue quando responde a um tal desafio evolucionário. Se uma organização social socialista *fosse* a resposta adequada aos desenvolvimentos sujeitos a crises em sociedades capitalistas, não poderia ser deduzida de alguma "determinação formal" do processo de reprodução, mas deveria ser explicada com processos de democratização, ou seja, com a introdução de estruturas universalistas em domínios de ação que até o momento, apesar da racionalidade com respeito a fins da escolha de meios, são reservadas ao estabelecimento privadamente autônomo de fins.

Agora, no que diz respeito à consideração de pontos de vista estruturalistas, admito de bom grado ter aprendido algo de marxistas como Godelier.[36] Eles reexaminaram a fundo a relação entre base e superestrutura e a conceberam de tal modo que é possível considerar o peso próprio de estruturas normativas e proteger a crítica da ideologia diante de um reducionismo apressado. Certamente, os conceitos de espírito objetivo e de cultura desenvolvidos na tradição de pensamento hegelo-marxista de Lukács a Adorno não necessitaram dessa reformulação. O estímulo que me encorajou a localizar as estruturas normativas sob a problemática da lógica do desenvolvimento também provém do estruturalismo *genético* de Piaget, de uma concepção, portanto, que superou a frente estruturalista tradicional contra o evolucionismo e reelaborou motivos de pensamento da teoria do conhecimento de Kant a Peirce. Aliás, Lucien Goldmann reconheceu já muito cedo o significado de Piaget para a teoria marxista.[37]

---

36 Godelier, *Ökonomische Anthropologie*. Naturalmente, Godelier se apoia na obra de Lévi-Strauss.
37 Goldmann, *Structure mentales et creation culturelle*; id., *Marxisme et sciences humaines* e *La Création culturelle dans la societe moderne*.

Também o funcionalismo tomou um caminho que o conduziu para além da antropologia cultural das décadas de 1930 e 1940, possibilitando-o novamente se vincular às teorias do desenvolvimento do século XIX. O neoevolucionismo de T. Parsons aplicou o quadro conceitual da teoria universal dos sistemas às sociedades e às mudanças estruturais de sistemas sociais. A análise funcionalista concebe a evolução social sob o ponto de vista do aumento de complexidade. Em outras contribuições ao presente volume tento mostrar que, com isso, o funcionalismo tem alcance muito restrito. O funcionalismo explica avanços evolucionários com a correlação entre soluções funcionalmente equivalentes e problemas sistêmicos. Ele se afasta assim dos processos de aprendizagem evolucionários que unicamente poderiam ter força explicativa. Um velho mestre do funcionalismo como N. Eisenstadt era claramente consciente dessa lacuna explicativa; ela pode ser preenchida por uma teoria dos movimentos sociais. Esse elemento foi introduzido de maneira sistemática pela primeira vez na teoria da evolução social, se vejo corretamente, por A. Touraine.[38] No entanto, as orientações de ação dominantes nos movimentos sociais são estruturadas, por seu turno, em virtude de tradições culturais. Se compreendemos os movimentos sociais na qualidade de processos de aprendizagem,[39] por meio dos quais estruturas de racionalidade disponíveis de maneira latente são transpostas para a práxis social de tal modo que encontram finalmente uma incorporação institu-

---

38 Touraine, *Production de la société*; id., *Pour la sociologie*.
39 Vester, *Die Entstehung des Proletariats als Lernprozeß*; Negt e Kluge, *Öffentlichkeit und Erfahrung*.

cional, vem à baila a tarefa seguinte de identificar o potencial de racionalização de tradições.

Apesar de tudo, a teoria dos sistemas oferece instrumentos úteis com os quais podemos analisar as condições iniciais para inovações evolucionárias, a saber, a ocorrência de problemas sistêmicos que sobrecarregam uma capacidade de controle limitada em termos estruturais e desencadeiam crises comprometedoras da estabilidade. C. Offe mostrou de que maneira conceitos e hipóteses concernentes à teoria dos sistemas podem ser úteis justamente para a análise das crises,[40] pelo menos quando se articulam teoria dos sistemas e teoria da ação. Nesse caso, ela precisa, no entanto, de um equivalente para as regras de tradução que Marx, ainda na forma da teoria do valor, indicou para a conexão entre processos cíclicos e estrutura de classes, entre relações de valor e de poder.

ad 2) Uma outra questão consiste em saber se o materialismo histórico já desempenhava em Marx o papel antes acidental de meramente complementar a análise do capitalismo mediante um olhar retrospectivo sobre as sociedades pré-capitalistas, e se a análise da formação das sociedades contemporâneas não deveria se sustentar pelas próprias pernas. No caso de Marx, tratava-se de identificar e explicar os desenvolvimentos sujeitos a crises a partir dos quais era possível perceber a limitação estrutural da capacidade de controle e fundamentar a necessidade *prática* para uma transformação do princípio de organização social. Se for verdade que o materialismo histórico não pode contribuir muito para essa questão, o interesse em

---

40 Offe, *Strukturprobleme des kapitalistischen Staates*; cf. também Jänicke, *Politische Systemkrisen*; Narr e Offe (orgs.). *Wohlfahrstaat und Massenloyalität*.

questões do materialismo histórico traz à tona a suspeita de escapismo. Sou da opinião, porém, que Marx já compreendera o materialismo histórico como uma teoria abrangente da evolução social, considerando a teoria do capitalismo uma de suas partes. Mas deixemos em suspenso a concepção de Marx. Para uma análise do presente, que pergunta pelo esgotamento do potencial de inovação e de adaptação das estruturas sociais existentes, a teoria da evolução social possui um significado sistemático preciso.

Suposições sobre o princípio de organização de uma sociedade, suposições sobre capacidades de aprendizagem e margens de variação estrutural possível não podem ser comprovadas empiricamente de forma inequívoca antes que os desenvolvimentos históricos experimentassem os limites da crítica do existente. Análises do presente conduzidas em termos evolucionários se encontram sempre em desvantagem porque não podem considerar seu objeto de maneira retrospectiva. Por essa razão, teorias desse tipo, sejam ou não de origem marxista, indicam como controlar suas suposições, que evidentemente já subjazem à delimitação e à descrição do objeto, a partir de uma teoria instrutiva do desenvolvimento social. A expressões como sociedade industrial, pós-industrial, tecnológica, cientificizada, capitalista, totalmente administrada, terciária, moderna, pós-moderna etc. pertencem tantos quantos modelos de desenvolvimento que ligam as formações sociais presentes com as iniciais. A esse respeito, o materialismo histórico pode assumir a tarefa de determinar o princípio de organização da sociedade moderna da perspectiva do surgimento dessa formação social, por exemplo, com afirmações sobre problemas sistêmicos diante dos quais sociedades tradicionais falharam, e com afirmações sobre as inovações com as quais a sociedade civil moderna enfrentou os desafios evolucionários. Eu gostaria de ilustrar com dois exemplos de que maneira se apresenta o *tipo* de questões que, a meu ver, torna necessária uma retomada do materialismo histórico.

Em um trabalho circulado apenas internamente, R. Funke contrapôs duas abordagens teóricas para a análise de sociedades capitalistas desenvolvidas: as "teorias do ainda-capitalismo", que partem do princípio de que a organização capitalista já se encontra restringida em sua eficácia por um novo princípio "político" de organização a ser determinado mais detalhadamente, e, de outro lado, "teorias do capitalismo antes por se impor", que partem de que o capitalismo continua sendo estabelecido, que ainda está a ponto de liquidar os recursos da tradição nas relações sociais naturalizadas e infraestruturas, envolvendo-os no processo de acumulação e integrando-os à forma mercadoria. Sob pontos de vista evolucionários, os mesmos fatos contêm um outro significado dependendo de se eles devem comprovar os auxílios substitutivos do Estado direcionados às falhas funcionais do mercado ou se eles devem comprovar a produção administrativa da forma mercadoria em relações sociais até agora naturalizadas. Os mesmos fenômenos de crise significam, em uma perspectiva, o esgotamento das margens de variação delimitadas em termos capitalistas, em outra, o dilema do capitalismo que precisa reformar as relações sociais existentes sem poder regenerar suas forças estabilizadoras. Se as interpretações rivais, tal como eu gostaria de assumir uma vez para os fins do meu argumento, pudessem explicar de modo igualmente adequado os dados hoje disponíveis, de que maneira é possível então chegar a uma decisão entre ambas?

Se dispuséssemos de uma teoria da evolução social que explicasse a passagem para a modernidade como surgimento de um novo, e certamente bem definido, princípio de organização social, haveria a possibilidade de demonstrar qual das duas abordagens concorrentes é mais compatível com essa explicação do surgimento do capitalismo. Pois aquelas duas interpretações estipulam diferentes princípios de organização para o desenvolvimento capitalista. O princípio de organização reside, de acordo com a primeira versão, em uma relação complementar entre Estado não produtivo e sistema econômico despolitizado: enquanto este é organizado por intermédio de decisões decentralizadas de sujeitos privados agindo de maneira estratégica sobre o mercado, isto é, segundo regras universais e abstratas, o Estado garante, por sua vez, os pressupostos para a estabilidade de uma economia diferenciada externamente de sua esfera de soberania. Isso faz que o Estado seja ao mesmo tempo excluído do processo de produção e – na qualidade de Estado fiscal – dependente dele.[41] De acordo com a outra versão, o princípio de organização reside na relação entre capital e trabalho assalariado, sendo que o Estado, porém, um pouco *ex machina*, precisa desempenhar a função de agente da imposição desse princípio em um meio social de início estranho. Em um caso, é constitutiva para o modo de produção a despolitização de um processo de produção regulado *de fato* pelo mercado, no outro caso, a expansão forçada em termos estatais de uma rede de interação regulada *formalmente* pelas relações de troca.

Um outro exemplo, que pode iluminar o valor sistemático do materialismo histórico, diz respeito à questão da classi-

---

41 Offe, *Berufsbildungsreform*.

ficação das sociedades burocrático-socialistas. Não posso desenvolver aqui as interpretações mais importantes que esse complexo ambíguo experimentou. Em vez disso, eu indico um ponto de vista principal sob o qual as diferentes interpretações podem ser caracterizadas de maneira aproximada: de acordo com uma versão, as sociedades de tipo burocrático-socialista conquistaram um estágio evolucionário superior diante de sociedades capitalistas desenvolvidas; de acordo com a segunda versão, nos dois casos se trata de variações do mesmo estágio de desenvolvimento, ou seja, diferentes expressões históricas do mesmo princípio de organização. A segunda versão não é defendida apenas na forma trivial das teses da convergência, enfraquecidas em larga medida, mas também por teóricos como Adorno, por exemplo, que de forma alguma minimiza as diferenças específicas dos sistemas presentes no modo de produção e, com Max Weber, atribui um peso próprio à autonomização da razão instrumental.[42] Se essa versão pudesse ser sustentada, aquela relação complementar entre Estado e economia, que é característica das sociedades modernas, deveria ser apreendida de maneira bastante abstrata: a relação, constitutiva da sociedade burguesa, entre Estado fiscal e economia capitalista expressa, portanto, somente uma de suas realizações possíveis. Sob tais pressupostos, os desenvolvimentos críticos não precisam valer sem mais como indicadores do esgotamento das capacidades de controle limitadas em termos estruturais; sob certas circunstâncias, eles também são indícios de que as estruturas de racionalidade

---

42 Adorno, Kultur und Verwaltung, p.122-146; id., Spätkapitalismus oder Industriegesellschaft, p.354-372.

tornadas acessíveis na modernidade *ainda não* foram esgotadas e permitem uma incorporação institucional abrangente na forma de amplos processos de democratização.[43]

Os exemplos citados possuem um forte componente especulativo; justamente por isso eles me servem para ilustração de uma classe de questões que são importantes o bastante para *merecer* argumentos rigorosos, e que *poderiam* ser tratadas argumentativamente de maneira rigorosa se não abdicássemos de antemão do plano analítico, seja o do materialismo histórico ou o de uma teoria da evolução social à altura de suas pretensões. A análise do presente conduzida em termos evolucionários, que efetua tal renúncia, há de proceder de maneira dogmática com o tipo de questões que citei como exemplos.

Os trabalhos reunidos neste volume devem caracterizar uma abordagem teórica. A própria abordagem permanece em grande medida programática. Nesse contexto, eu não gostaria de deixar de mencionar que as análises de R. Döbert e K. Eder, aos quais agradeço pelas muitas discussões e sugestões, apontam na mesma direção.[44] Não poderia hoje especificar quais ideias eu assumi principalmente de Eder e quais ideias provêm de um trabalho comum.

---

43 Greiffenhagen (org.), *Demokratisierung in Staat und Gesellschaft*; Hantig, *Die Wiederherstellung der Politik*.
44 Döbert, *Systemtheorie und die Entwicklung religiöser Deutungssysteme*; do mesmo autor, Zur Logik des Übergangs von archaischen zu hochkulturellen Religionssystemen, p.330-364; do mesmo autor, Die evolutionäre Bedeutung der Reformation, p.303-312; Eder, Komplexität, Evolution und Geschichte, p.7 et seq., p.15 et seq., p.215 et seq., p.288 et seq.; id., *Die Entstehung staatlich organisierter Gesellschaften*.

6. O presente volume contém quatro partes. Na terceira, apresento a abordagem concernente à teoria da evolução; nesse caso, procuro indicar os limites no interior dos quais tal teoria precisa se mover caso não deva ser distendida em termos de filosofia da história. A segunda parte esclarece algumas homologias estruturais que existem entre história da espécie e ontogênese; quanto a essa suposição, acrescentei nesta Introdução outros argumentos. A quarta parte retoma um complexo de problemas já tratado em outro lugar;[45] se as estruturas normativas seguem uma lógica de desenvolvimento, no Estado moderno também as legitimações não podem ser "obtidas" de maneira arbitrária como os funcionalistas supõem. Na primeira parte eu complemento a Introdução ainda com uma contribuição que trata do papel da filosofia no marxismo; precisamente, a história do materialismo histórico mostra que é tão perigoso permanecer melindrosamente no *medium* da pura filosofia quanto, de outro lado, renunciar em geral à reflexão filosófica em favor da positividade científica.

---

45 Habermas, *Legitimationsprobleme im Spätkapitalismus*.

2
O papel da filosofia no marxismo*

Os teóricos do marxismo nunca consideraram a tradição filosófica com a mesma inequivocidade que tiveram em relação às ciências como aquele potencial produtivo do mundo burguês que deve entrar em uma nova sociedade socialista. O papel da filosofia foi e é controverso no interior do marxismo. Isso se revela naquelas reações que *História e consciência de classe* de Lukács e, sobretudo, *Marxismo e filosofia* de Karl Korsch provocaram nos anos de 1920, tanto do lado socialdemocrata (Kautsky) quanto também do lado leninista (Deborin).[1]

Após a Segunda Guerra Mundial, esse conflito acerca do papel da filosofia foi levado adiante: ele foi desencadeado na França pela discussão de Sartre sobre a relação entre existencialismo e marxismo, na Checoslováquia e Iugoslávia pela crítica dos filósofos da práxis ao Diamat, e na República Federal

---

* Em agosto de 1973, realizaram-se pela décima vez em Korčula os cursos do semestre de verão conduzidos por filósofos da práxis iugoslavos. O tema geral era: o mundo burguês e o socialismo. Sob esse ponto de vista também foram discutidos o papel da filosofia e a relação entre filosofia e ciência. Após uma apresentação de Gajo Petrovic, expus alguns apontamentos sobre o mesmo tema (publicados pela primeira vez na *Zeitschrift Praxis*, 1974, p.45-52).

1 Cf. o prefácio de Erich Gerlach à nova edição de *Marxismus und Philosophie*.

Alemã pelo contato da Teoria Crítica com a discussão dos anos de 1920.[2]

De acordo com a concepção marxista, o socialismo não sela apenas a autodestruição do mundo burguês; deve ser ao mesmo tempo seu herdeiro legítimo, que preserva, liberta e continua a desenvolver as forças produtivas do mundo burguês. O peso relativo das forças produtivas e, com isso, o grau de continuidade histórica entre o mundo burguês e o socialismo, contudo, foi estimado de maneira diferente na história da teoria marxista. Em um dos polos dessa escala se encontram as concepções anarquistas da história, as quais consideram que uma condição necessária da emancipação é a ruptura radical com todas as tradições, a implosão do contínuo da história ocorrida até agora – pois mesmo as forças produtivas são corrompidas pelas relações de produção existentes. No outro polo da escala se encontra um melhorismo social-democrata, cuja fantasia não basta para representar o novo de maneira diferente do que na forma do incremento quantitativo do existente – nesta perspectiva, também as instituições do sistema econômico e político pertencem às forças produtivas. Esse espectro mostra o quanto é controverso e, ao mesmo tempo, quão importante é saber *quais* elementos do mundo burguês têm considerados seu potencial histórico produtivo.

Isso também vale para a tradição filosófica. A questão que eu gostaria de tratar brevemente pode, por essa razão, ser proble-

---

2   Um panorama geral é oferecido por Fetscher (org.), *Der Marxismus*, Bd: I, *Philosophie und Gesellschaft*; Lichtheim, *From Marx to Hegel*; Vranicki, *Geschichte des Marxismus*.

matizada da seguinte maneira: a filosofia é antes força produtiva ou falsa consciência?

Embora as ideias dominantes, nos termos da *Ideologia alemã*, sejam as ideias da classe dominante, Marx e Engels não compreenderam os conteúdos da tradição cultural simplesmente como consciência ideológica; para eles, são ideológicas apenas aquelas formas de consciência que ao mesmo tempo velam e revelam uma estrutura de classe subjacente, contribuindo, portanto, para legitimar as ordens jurídicas e de dominação existentes. Marx e Engels não hesitaram em conceber como ideologia os componentes da tradição cultural mais importantes para a integração social, a saber, a religião e a moral, enquanto consideraram a técnica e a ciência, de maneira igualmente incondicional, como parte do potencial das forças produtivas. Menos evidente foi sua posição em relação às artes plásticas, principalmente à clássica e à literatura burguesa; diante da arte, a crítica da ideologia marxista persegue uma finalidade dupla: reflexão da falsa consciência e reconstrução do conteúdo racional (embora expresso em forma invertida).[3]

Ora, o jovem Marx empregou essa atitude dialética também, e mais ainda, contra a filosofia contemporânea. O conteúdo racional do sistema de Hegel era tão evidente para o Marx jovem-hegeliano que este só pôde reconhecer o aspecto ideológico na forma da consciência filosófica, podemos também dizer, nas premissas do pensamento concernente à filosofia primeira. O *próton pseudos* da filosofia consumada com Hegel consiste para Marx unicamente no absolutismo de uma teoria apenas aparentemente independente da práxis, mas o conteúdo

---

3 Cf. Marcuse, Über den affirmative Charakter der Kultur, p.56-101.

essencial dessa filosofia lhe parece tanto capaz quanto carente de reconstrução racional. Nesse sentido, o socialismo deveria justamente realizar a filosofia na medida em que a suprime – isto é, apropriar-se do potencial produtivo da tradição filosófica. Posteriormente, Marx e Engels assumiram uma relação distanciada em relação à tradição filosófica e acentuaram a oposição entre *ciência* social e filosofia. Manifestações explícitas, porém, se bem me lembro, encontram-se mais em Engels, manifestações que são menos radicais em um duplo aspecto. De um lado, Engels atribuiu menos razão à ideia filosófica porque não considera mais a filosofia sob o ponto de vista prático da realização de um mundo antecipado da razão, mas sob o ponto de vista da substituição da filosofia pela ciência: "[O socialismo científico] é essencialmente dialético e não precisa mais de uma filosofia que se encontre acima das outras ciências". De outro lado, Engels atribuiu mais à filosofia do que o jovem Marx, pois pretendeu complementar as ciências mediante disciplinas filosóficas fundamentais: "O que se mantém propriamente de toda filosofia existente até o momento é a doutrina do pensamento e suas leis – a lógica formal e a dialética. Todo o resto é absorvido na ciência da natureza e da história".[4]

O que Korsch afirmou em relação aos teóricos da Segunda Internacional já vale para Engels:

> Enquanto, de acordo com a correta concepção materialista da história, compreendida nos termos de uma teoria dialética e de

---

[4] Conforme encontramos em Ludwig Feuerbach und der Ausgang der klassischen Philosophie e Herrn Dührings Umwälzung der Wissenschaft.

uma prática revolucionária, não podem existir ciências particulares isoladas e independentes umas das outras, nem também uma pesquisa puramente teórica, isenta de pressupostos científicos e separada da práxis revolucionária, os marxistas tardios de fato interpretaram o socialismo científico cada vez mais como uma soma de conhecimentos puramente científicos sem relação *imediata* com a práxis política (e outras restantes) da luta de classes.

Ainda que esse esboço muito rudimentar atinja o núcleo das concepções que Marx e Engels tinham a respeito do papel da filosofia e da relação entre a filosofia e as ciências, eu gostaria de defender a tese de que precisamente hoje uma análise orientada em termos marxistas precisa levar a outra concepção. Posso esclarecer essa afirmação somente com alguns apontamentos; para tanto, apoio-me sobre três complexos: as constelações modificadas da cultura burguesa no capitalismo tardio (1.); as concepções científicas fundamentais dominantes e as reações que provocaram (2.); algumas tarefas importantes do pensamento filosófico (3.).

1. As novas constelações da cultura burguesa se expressam em uma avaliação modificada de seus elementos.

a) A consciência religiosa está a ponto de dissolver-se nas sociedades industriais do Ocidente. Sob a influência de um ateísmo de massa que se manifesta pela primeira vez de maneira mais evidente, a religião perdeu em grande medida sua ampla repercussão e, com isso, suas funções ideológicas. Em vez disso, cresce o interesse intelectual nos conteúdos utópicos da tradição religiosa. Indícios disso são oferecidos, no interior das confissões cristãs, pela nova teologia política, que em seus representantes mais radicais sugere uma destruição do além em favor de uma realização social das promessas religiosas neste mundo.[5] Igualmente sintomático é, de outro lado, a tentativa de uma apropriação ateísta de elementos transcendentais nas imagens e esperanças da tradição judaico-cristã (de maneira exemplar com Ernst Bloch).

b) Uma reavaliação semelhante também é apresentada hoje tendo em vista os sistemas de valores morais. A consciência burguesa dominante, como se deixa mostrar, por exemplo, nas teorias democráticas deste século, tornou-se antes de tudo cínica[6]; ela não apela mais, como nos tempos das revoluções burguesas, a valores universalistas do direito natural racional (tentativas como as de John Rawls[7] de projetar uma teoria da justiça na sucessão do direito natural são a exceção). Da mesma maneira que a revolta dos estudantes nos países capitalistas desenvolvidos, mas não apenas lá, trouxe tais problemas à consciência, a sensibilidade aguda para as violações de princípios universalistas e para a ausência de formas de vida solidárias é um desafio para todo sistema; ela possui, contudo, um efeito integrador para as contraculturas, mas certamente não para uma sociedade que subordina sua obtenção de legitimidade às instituições de uma democracia de concorrência e, ao mesmo tempo, conserva estruturas de classes.

c) Assim como os sistemas de valores universalistas renovados, também a arte moderna não é apropriada para preencher a necessidade de legitimação do sistema político. Não importa se

---

5 Döbert, *Systemtheorie und die Entwicklung religiöser Deutungssysteme*.
6 Bachrach, *Die Theorie demokratischer Elitenherrschaft*.
7 Rawls, *Eine Theorie der Gerechtigkeit*.

a arte moderna é representada antes pelas grandes obras formalistas de um Beckett, Schönberg ou Picasso, ou é determinada pela tendência de nivelar, como consequência do surrealismo, o limiar entre arte e práxis da vida [*Lebenspraxis*], em ambos os casos os potenciais críticos da arte e as energias que hoje ela libera para as contraculturas subversivas são inequívocos. Daniel Bell já há alguns anos falou das contradições culturais do capitalismo, isto é, das oposições que se encontram entre a carência motivacional do sistema político-econômico e aqueles motivos desviantes que o sistema cultural produz, sobretudo, nas camadas desoneradas dos jovens acadêmicos. Marcuse investigou novamente esses fenômenos em seu mais novo livro sobre "revolta e contrarrevolução".

d) Portanto, enquanto religião, moral e arte de modo algum devem mais ser consideradas em primeira linha como ideologia, como formas de consciência estabilizadoras da dominação, depois que o poder mundano da religião se rompeu, a roupagem tradicionalista da moral universal foi perfurada e a aura da obra de arte entrou em decadência, técnica e ciência, por outro lado, perderam sua inocência ideológica. O capitalismo tardio certamente não é caracterizado por um agrilhoamento das forças produtivas; técnica e ciência desenvolveram justamente de forma explosiva as forças produtivas; mas a valorização econômica do progresso técnico-científico segue tanto hoje quanto antes um caminho sinuoso, um padrão naturalizado. Nesse contexto, o progresso técnico *per se* e a autoridade das ciências *in abstracto* conquistam uma função de legitimação diante da exigência de vincular o desenvolvimento e a valorização das forças produtivas à formação democrática da vontade. Na forma da consciência tecnocrática, a ciência e a técnica produzem hoje efeitos ideológicos secundários.[8]

Se as constelações da cultura burguesa se alteraram desse modo, de que maneira o papel da filosofia se modificou nesse aspecto?

2. Depois que o progresso técnico-científico se tornou o verdadeiro motor do desenvolvimento das forças produtivas, as concepções científicas fundamentais se impuseram mais intensamente – eu me refiro ao triunfo do positivismo. O positivismo *mais antigo* não desempenhou um papel significativo apenas na filosofia acadêmica até o século XX; ele também marcou a teoria marxista da Segunda Internacional. Teóricos como Kautsky tinham a opinião de que o materialismo científico é capaz de responder de um modo metodologicamente rigoroso a todas as questões que até agora escaparam à reflexão filosófica. Essa substituição da filosofia pela ciência foi criticada de maneira persuasiva por Karl Korsch em 1923. Entretanto, também aquela pretensão velada de acordo com os próprios princípios científicos se mostrou uma ilusão.

Hoje, o cientificismo, a crença das ciências em sua própria validade exclusiva, assumiu em algumas correntes da *filosofia analítica* uma forma extremamente sutil. Uma vez que preciso me limitar a alguns apontamentos, eu gostaria de indicar de maneira muito simplificada três tendências que são características de tal consciência cientificista:

— interpretações teóricas do mundo em seu todo são consideradas ilegítimas; pois o tema da unidade da natureza e

---

8 Habermas, *Technik und Wissenschaft als 'Ideologie'*.

da sociedade, de acordo com essa concepção, não pode ser convertido em problemas elaboráveis em termos científicos;
— questões práticas, que dizem respeito à escolha racional de normas, não são consideradas capazes de verdade; valores e decisões aparecem principalmente como algo irracional;
— questões substanciais da tradição filosófica são contornadas pela análise da linguagem, a competência sistemática da filosofia é limitada à lógica e à metodologia.

Ora, esse cientificismo provocou reações tanto na filosofia acadêmica quanto também no marxismo. Eu indico aqui, mais uma vez de maneira bastante simplificada, três dessas reações:

a) Uma solução relativista é buscada pelas concepções que eu denomino filosofias complementares. Elas reconhecem no essencial as posições científicas fundamentais, porém não salvam um âmbito de problemas vitais não elaboráveis cientificamente para uma filosofia que tomou de volta sua pretensão de conhecimento de maneira subjetivista. Nessa divisão de trabalho resignada, a interpretação do sentido e a reflexão filosóficas assumem uma competência que desmente a si mesma, para as necessidades de visões de mundo que não podem mais ser satisfeitas de modo sério. Típico disso é, por exemplo, o desenvolvimento da filosofia da existência, de Jaspers a Kolakowski passando por Sartre.

b) Em contraposição a isso, as concepções orientadas pela tradição tentam reassumir as intenções da filosofia primeira e renovar a ontologia. A tentativa mais refletida e mais rica em influências foi empreendida pela fenomenologia e, naturalmente, por Heidegger.

c) Uma terceira reação é apresentada pela estrutura doutrinal do marxismo soviético congelada por Stalin. Tal doutrina, como mostra a expressão "visão de mundo socialista", não desistiu de pensar a unidade entre natureza e história universal.[9] O Diamat quer resgatar as pretensões que outrora foram satisfeitas pelas cosmologias e filosofias da história. A filosofia esclarece e justifica um método dialético que deve efetuar duas coisas: uma interpretação adicional dos resultados das ciências da natureza e, de maneira imediata, a reconstrução teórica da história da espécie. A interpretação do presente nos termos do materialismo histórico, além disso, possui uma força orientadora da ação, assegurando a unidade entre teoria e práxis política.

Se essa grosseira classificação das principais correntes do pensamento filosófico estiver correta, como elas se relacionam com a tradição filosófica? O *cientificismo* suprimiu a filosofia sem realizá-la. No melhor dos casos, são considerados uma herança legítima os componentes da grande filosofia a serem interpretados nos termos de uma ciência formal. As *filosofias da existência e da vida* permitem sempre uma relação estética com a tradição: as grandes filosofias podem, depois que sua pretensão de validade foi rejeitada, ser consideradas exemplos de interpretações de mundo e projetos de vida subjetivos e instruídas na iluminação da própria existência. Em contraposição a isso, tanto as *abordagens orientadas pela tradição* quanto o *marxismo soviético* mantêm uma relação em geral afirmativa com a tradição filosófica, mesmo que comecem com a tese do fim da metafísica: ambos se compreendem, com efeito, como crítica e continuação do pensamento metafísico.

---

9 Kosing (org.), *Marxistische Philosophie*.

Contudo, eles podem perseguir de maneira consequente a intenção de conceber a unidade do mundo na medida em que reservam naturalmente à filosofia um domínio de objeto que é e permanece extraterritorial para as ciências. A delimitação da filosofia diante das ciências pode ser efetuada defensiva ou ofensivamente. A fenomenologia, por exemplo, procede defensivamente na medida em que destaca a análise fenomenológica, como método independente e fundamental, dos procedimentos das ciências objetivantes. O Diamat procede ofensivamente, pois funda a dialética como a doutrina das leis universais da natureza, da história e do pensamento (desse modo, o herdeiro filosófico do mundo burguês sobrevive de maneira mais firme e ingênua no marxismo soviético do que em alguma das outras teorias filosóficas hoje). Segundo minha concepção, o preço a ser pago por uma relação afirmativa com a tradição filosófica reside em uma proteção ao final certamente dogmática diante das ciências. A fenomenologia se certifica de um método intuitivo a fim de assegurar, com a subjetividade produtiva do eu transcendental, um domínio singular, inacessível principalmente à análise científica. O Diamat, de maneira essencialmente imprudente, dogmatiza conteúdos, a saber, concepções fundamentais da essência da natureza, da história e do pensamento, que naturalmente com muito menos êxito podem ser mantidas imunes contra a crítica científica.

Até agora eu não mencionei as distintas variantes do marxismo levado a cabo de maneira não dogmática na Europa ocidental desde Labriola, Gramsci, Lukács, Korsch, Bloch, Horkheimer etc. Nesse aspecto vejo abordagens teóricas que podem evitar os erros complementares de um fetichismo da ciência, que conduz à renegação da filosofia, e de uma vedação dogmática das ciências, que significa uma petrificação da filosofia.

3. Enquanto compreendermos por filosofia sempre a forma mais radical da autorreflexão que é possível em uma época, as abordagens teóricas de um marxismo não dogmático certamente também serão filosofia. Porém, enquanto compreendermos por filosofia a tentativa de pensar a unidade do mundo com meios que não são derivados da autorreflexão das ciências, mas de afirmar uma dignidade precedente ou paralela às ciências, o conteúdo racional da tradição filosófica hoje não pode mais ser salvo em termos filosóficos. Eu gostaria, para concluir, de resumir em três teses minha concepção sobre o papel da filosofia hoje.[10]

a) A unidade da natureza e a unidade da história não podem ser concebidas filosoficamente enquanto os progressos na física e na teoria da sociedade não tiverem conduzido a uma teoria universal da natureza ou a uma teoria universal do desenvolvimento social. Com o patamar atual da física, mais ainda com o estágio não desenvolvido do conhecimento das ciências sociais, vejo, porém, uma tarefa da filosofia em promover nas ciências todas as vezes estratégias teóricas vigorosas contra o elementarismo empirista e o inducionismo. Nesse sentido, considero o materialismo histórico um programa fértil para uma teoria futura da evolução social, contudo não para sua forma acabada. A filosofia representa o lugar-tenente até hoje insubstituível de uma pretensão à unidade e à universalização, que, no entanto, ou é resgatada em termos científicos ou não

---

10 Ver também Habermas, Wozu noch Philosophie?

é resgatada de maneira alguma. Esse *papel de lugar-tenente do pensamento filosófico* tem uma virtude própria. Quem a abolir está pondo de lado um elemento do mundo burguês cuja herança não podemos renunciar sem prejuízos para a própria ciência. O positivismo exige e consuma essa renúncia – não exatamente o herdeiro socialista, mas o herdeiro burguês do mundo burguês.

b) Além disso, a filosofia, tal qual me referi, tem a tarefa de explicar a universalidade do pensamento objetivante formado nas ciências bem como a universalidade dos princípios de uma práxis de vida racional e capaz de justificação. Os princípios do pensamento objetivante e da ação racional certamente foram descobertos e desenvolvidos de forma privilegiada na tradição ocidental, isto é, na sociedade burguesa; mas eles não pertencem, por essa razão, às características idiossincráticas de uma cultura determinada, que propaga sua forma de vida particular de maneira ditatorial sobre o globo terrestre. Sem dúvida isso também aconteceu. Mas a crítica a ser fundamentada contra os padrões de pensamento eurocêntricos e contra a repressão imperialista de culturas não europeias não deve se estender aos fundamentos culturalmente universais do pensamento e da condução racional da vida. Essa autointerpretação e autodefesa da razão é coisa da filosofia.

c) Vejo que a tarefa mais distinta da filosofia consiste em usar a força da autorreflexão radical contra toda forma de objetivismo, contra a autonomização ideológica, isto é, sujeita a aparência, de ideias e instituições diante de seus contextos de surgimento e de aplicação concernentes à práxis da vida.

Imediatamente a filosofia se dirige contra o absolutismo do pensamento da origem e da teoria pura, contra a autocompreensão das ciências e contra a consciência tecnocrática de um sistema político desacoplado de sua base. Nessa autorreflexão, produz-se a unidade entre razão teórica e razão prática. Ela é o único *medium* em que hoje ainda pode ser formada a identidade da sociedade e de seus membros – a não ser que retrocedamos ao estágio das identidades particularistas. Com a decadência das grandes religiões, o novo paganismo daqueles que se adaptam às superestruturas de sociedades altamente diferenciadas, como os índios nas reservas da América atual, é um risco real. Não vejo de que maneira, sem a filosofia, estaríamos em condições de formar e assegurar uma identidade sobre um solo tão frágil quanto aquele que a razão preparou.[11]

---

11 Cf. o capítulo 4 deste volume.

II
Identidade

3
*Desenvolvimento moral e identidade do Eu**

Após a tradição de pensamento do Instituto de Frankfurt ter sido imediatamente incorporada nas conferências de Marcuse e Löwenthal e atualizada nas contribuições de representantes da geração do pós-guerra sob dois aspectos essenciais, sinto-me aliviado das obrigações que de costume deveriam acompanhar a ocasião do jubileu. Em outras palavras: não apresentarei um discurso comemorativo. Além disso, a circunstância em que a Teoria Crítica da sociedade se encontra *hoje*, se a compararmos com suas expressões já tornadas clássicas, não nos dá ocasião para comemoração. E, por fim, existe também uma razão sistemática para contornar com parcimônia o tributo ao passado: os membros do antigo Instituto sempre se sentiram unidos à psicanálise na intenção de romper o poder do passado sobre o presente; contudo, eles tentaram realizar essa intenção, à

---

* Em julho de 1974, o Instituto de Pesquisa Social em Frankfurt, por ocasião de seus 50 anos de existência, organizou uma série de conferências em que contribuíram Herbert Marcuse, Leo Löwenthal, Oskar Negt, Alfred Schmidt e eu. Minha conferência teve por base este texto.

maneira da psicanálise, mediante uma recordação direcionada ao futuro.

I

Eu gostaria de tratar hoje de fragmentos de uma temática que interessa a meus colaboradores e a mim vinculada a uma investigação empírica sobre potenciais de conflito e de apatia entre os jovens.[1] Nós supomos haver entre padrões de socialização, o decurso típico da adolescência, soluções correspondentes de crise na adolescência e formas de identidade, que formam os jovens, uma conexão capaz de esclarecer com profundidade atitudes politicamente relevantes. Essa problemática nos dá ocasião de refletir sobre o desenvolvimento moral e a identidade do Eu. O tema, contudo, nos conduz, para além da mencionada ocasião, em direção a uma questão fundamental da Teoria Crítica da sociedade, a saber, à questão das implicações normativas de seus conceitos fundamentais. O conceito de identidade do Eu não possui evidentemente apenas um sentido descritivo. Ele descreve uma organização simbólica do Eu, que, de um lado, pretende ser um modelo universal porque se insere nas estruturas dos processos de formação em geral e possibilita boas soluções para problemas de ação recorrentes, culturalmente invariantes; de outro lado, uma organização autônoma do Eu de modo algum se estabelece de maneira regular, por exemplo, como resultado de processos de amadurecimento naturalizados, na maioria dos casos ela nem chega a ser alcançada.

---

[1] Döbert; Nunner-Winkler, Konflikt- und Rückzugspotentiale in spätkapitalistischen Gesellschaften, p.301-325.; Döbert; Nunner--Winkler, *Adoleszenzkrise und Identitätsbildung*.

Quando pensamos nas implicações normativas de conceitos como força do Eu, desconstrução da parte do Supereu distante do Eu, limitação do âmbito funcional de mecanismos de defesa inconscientes, fica claro que também a psicanálise acentua determinadas estruturas da personalidade a título de estruturas modelares. Tão logo a psicanálise é interpretada como análise linguística, mostra-se assim o sentido nomeadamente normativo na medida em que o modelo estrutural composto por Eu, Isso e Supereu pressupõe o conceito de uma comunicação isenta de coerção, não distorcida de maneira patológica.[2] Na literatura psicanalítica, contudo, as implicações normativas quase sempre foram explicitadas com base nos objetivos terapêuticos menos arriscados do tratamento analítico.

Nos trabalhos de psicologia social do Instituto de Pesquisa Social é possível verificar que os conceitos fundamentais da teoria psicanalítica puderam ser integralmente introduzidos na descrição, formação de hipóteses e instrumentos de mensuração justamente graças a seu teor normativo. Os primeiros estudos de Fromm sobre o caráter sadomasoquista e de Horkheimer sobre autoridade e família, as investigações de Adorno sobre mecanismos de formação do preconceito nos tipos de personalidade autoritária e o trabalho teórico de Marcuse sobre a estrutura pulsional e a sociedade seguem a mesma estratégia conceitual: os conceitos psicológicos e sociológicos fundamentais podem se interligar porque as perspectivas projetadas neles do Eu autônomo e da sociedade emancipada são reciprocamente exigidas. Essa ligação da Teoria Crítica da sociedade a um conceito de Eu, que retém a herança da filoso-

---

2 Habermas, Der Universalitätsanspruch der Hermeneutik, p.264-301.

fia idealista nos conceitos não mais idealistas da psicanálise, ainda permanece conservada mesmo quando Adorno e Marcuse afirmam a obsolescência da psicanálise:

> A sociedade ultrapassou o estágio em que a teoria psicanalítica pôde elucidar o ingresso da sociedade na estrutura psíquica dos indivíduos e descobrir mecanismos de controle social *nos* indivíduos. A pedra angular da psicanálise consiste na ideia de que os controles sociais resultam da luta entre necessidades concernentes às pulsões e necessidades sociais; de uma luta no Eu.[3]

Precisamente essa contraposição intrapsíquica deve se tornar obsoleta na sociedade totalmente administrada, que por assim dizer rebaixa o papel da família e imprime imediatamente na criança o ideal do Eu coletivo. Adorno já havia argumentado de maneira semelhante:

> A psicologia não é uma reserva de proteção do particular diante do universal. Quanto mais crescem os antagonismos sociais, então mais o conceito de psicologia, liberal e individualista do princípio ao fim, perde de maneira manifesta o seu sentido. O mundo pré-burguês ainda não conhece a psicologia, o mundo totalmente socializado já não a conhece mais. Seu correspondente é o revisionismo analítico. Este é adequado ao deslocamento de forças entre sociedade e indivíduo. O poder social dificilmente ainda necessita das agências mediadoras do Eu e da individualidade. Isso se manifesta então diretamente na qualidade de um crescimento da chamada psicologia do Eu, enquanto, na verdade,

---

3 Marcuse, *Das Veralten der Psychoanalyse*, p.96 et seq.

a dinâmica psicológica individual é substituída pela adaptação, em parte consciente, em outra parte regressiva, do indivíduo à sociedade.[4]

Mas essa despedida melancólica da psicanálise ainda apela à ideia de um Eu espontaneamente idêntico a si mesmo; como a forma da socialização total deveria ser reconhecida senão pelo fato de que ela não cria nem tolera indivíduos íntegros?

Não gostaria, neste ponto, de consentir com a tese do fim do indivíduo;[5] acredito que Adorno e Marcuse se deixaram levar, devido a uma percepção muito sucinta e a uma interpretação demasiadamente simplificadora, por determinadas tendências de desenvolver um equivalente de esquerda para a teoria da dominação totalitária em voga naquele tempo. Eu menciono aquelas passagens apenas com o intuito de lembrar que, no conceito do Eu autônomo, a Teoria Crítica da sociedade também ainda se fixa lá mesmo onde apoia seu prognóstico sombrio de que este Eu perde sua base. Todavia, Adorno sempre recusou explicitar imediatamente o conteúdo normativo de conceitos críticos fundamentais. Indicar em que consistem as estruturas que, na sociedade total, são mutiladas no Eu, é algo que ele teria tomado por falsa positividade.

Ora, Adorno tinha boas razões para rejeitar uma versão positiva da emancipação social e da autonomia do Eu. Teoricamente, ele desenvolveu tais razões em sua crítica à filosofia primeira: a tentativa do pensamento ontológico ou antropológico de se certificar de um fundamento normativo como um

---

4 Adorno, *Zum Verhältni von Soziologie und Psychologie*, p.43.
5 Habermas, *Legitimationsprobleme im Spätkapitalismus*.

elemento primeiro e imediato deveria malograr. Outras razões decorreram da reflexão prática de acordo com a qual teorias positivas, como mostra o exemplo das doutrinas clássicas do direito natural, carregam consigo um potencial de legitimidade que pode ser utilizado em contradição com suas intenções declaradas para fins de exploração e de repressão. Finalmente, o conteúdo normativo de conceitos críticos fundamentais pode ser reconstruído de maneira não ontológica, ou seja, sem recurso a um elemento primeiro e imediato (se se quiser, dialeticamente) apenas na forma da lógica do desenvolvimento; mas Adorno, apesar de seu hegelianismo, desconfiou do conceito de lógica de desenvolvimento porque não considerou a abertura e a força de iniciativa do processo histórico compatíveis com a clausura de um padrão evolucionário.

Essas são boas razões para defender a cautela; mas elas não nos dispensam da obrigação de justificar conceitos utilizados com um propósito crítico. Pois também Adorno em contextos filosóficos de maneira alguma deixou de fazer isso. Sobre o conceito kantiano de caráter inteligível, ele afirma na *Dialética negativa*:

> De acordo com o modelo kantiano, os sujeitos são livres na medida em que são conscientes de si, idênticos a si mesmos; e em tal identidade também voltam a ser não livres, na medida em que estão submetidos à sua coerção e a perpetuam. Eles são não livres na qualidade de não idênticos, de natureza difusa, e precisamente enquanto tais são livres porque, na emoção que os domina, também são livres do caráter coercitivo da identidade.[6]

---

6 Adorno, *Negative Dialektik*, p.294.

Leio essa passagem como um desdobramento aporético das determinações de uma identidade do Eu que possibilita a liberdade sem cobrar o preço da infelicidade, da violência contra a natureza interior. Quero tentar compreender esse conceito dialético de identidade do Eu com os meios mais rudimentares da teoria sociológica da ação e sem receio da falsa positividade, de tal modo que o conteúdo normativo não mais encoberto possa ser absorvido em teorias empíricas, tornando a reconstrução sugerida desse conteúdo acessível à comprovação indireta.

II

Os problemas de desenvolvimento que podem ser organizados em torno do conceito de identidade do Eu foram elaborados em três diferentes tradições teóricas: na psicologia analítica do Eu (H.S. Sullivan, Erikson), na psicologia cognitivista do desenvolvimento (Piaget, Kohlberg) e no interacionismo simbólico de determinadas teorias da ação (Mead, Blumer, Goffman entre outros).[7] Se recuarmos um passo e

---

7 *Psicologia do Eu*
Sullivan, *Conceptions of Modern Psychiatry*; id., *The Interpersonal Theory of Psychiatry*; Erikson, *Kindheit und Gesellschaft*; id., *Identität und Lebenszyklus*; Sanford, *Self and Society*; Levita, *Der Begriff der Identität*; Blanck e Blanck, Toward a psychoanalytic developmental psychology, p.668-710.
Psicologia do desenvolvimento
Piaget, *Das moralische Urteil beim Kind*; id., *Biology and Knowledge*; Furth, *Intelligenz und Erkennen*; Kohlberg, stage and sequence; id., From is to ought, p.151-236; Flavell, *The Development of Role-Taking and Communication Skills in Children*; Werner e Kaplan, *Symbol Formation*.
Interacionismo
Cooley, *Human Nature and the Social Order*; Mead, *Geist, Identität und*

procurarmos por convergências, veremos concepções fundamentais que, por simplificação, talvez possam ser condensadas da seguinte maneira:

1) A capacidade de falar e agir do sujeito adulto é o resultado da integração de processos de amadurecimento e aprendizagem, cuja atuação conjunta ainda não foi suficientemente percebida. Podemos distinguir entre o desenvolvimento linguístico e o psicossexual ou motivacional. Esse desenvolvimento motivacional parece estar intimamente relacionado à aquisição de uma competência interativa, ou seja, à capacidade de participar em interações (ações e discursos).[8]

2) O processo de formação de sujeitos capazes de falar e agir percorre uma sequência irreversível de estágios de desenvolvimento discretos e cada vez mais complexos, sendo que nenhum dos estágios pode ser pulado e todo estágio superior "implica" um estágio progressivo no sentido de um padrão de desenvolvimento passível de ser reconstruído de maneira racional. Esse conceito de lógica de desenvolvimento foi elaborado principalmente por Piaget, mas encontra certas correspondências também nas outras duas tradições teóricas.[9]

Gesellschaft; Gerth e Mills, *Person und Gesellschaft*; Parsons e Bales, *Family Socialization and Interaction Process*, cap. II, p.35-133; Gordon e Gergen (orgs.). *Self in Social Interaction*; Swanson, Mead and Freud, Their relevance for social psychology, p.25-45; Krappmann, *Soziologische Dimension der Identität*; Dubiel, *Identität und Institution*; Denzin, The genesis of self in early childhood, p.291-314.

8 Habermas, Notizen zum Begriff der Rollenkompetenz, p.195-231.

9 "No centro de toda teoria psicológica do desenvolvimento se encontra o conceito de *estágio de desenvolvimento*. Este, em sua forma mais robusta e mais precisa, foi trabalhado dentro da tradição cognitivista (Piaget,

3) O processo de formação não se realiza apenas de forma descontinuada, mas em regra ocorre também sujeito a crises. A solução de problemas de desenvolvimento específicos de estágios é precedida por uma fase de desestruturação, e em parte de regressão. A experiência de solução produtiva de uma crise, isto é, de superação de perigos nos percursos patológicos

---

Kohlberg). Esses autores falam de estágios de desenvolvimento cognitivo somente nas seguintes condições (Flavell, An analisis of cognitive developmental sequences, p.279-350):
Os esquemas cognitivos das diversas fases se distinguem *qualitativamente* entre si e os diversos elementos de um estilo de pensamento específico de cada fase se referem reciprocamente de tal modo que formam um *todo estruturado*. Modos de comportamento específicos não são simplesmente respostas específicas a objetos, estimuladas externamente, mas passíveis de serem interpretadas como derivados de uma forma determinada de estruturação do entorno. Os esquemas específicos das fases são ordenados em uma *sequência invariante* e ao mesmo tempo *estruturada de maneira hierárquica*. Isso significa que nenhuma fase posterior pode ser alcançada sem passar pelas fases precedentes; que, mais adiante, nos estágios de desenvolvimento posteriores, são suprimidos [*aufgehoben*] os elementos das fases precedentes e reintegrados em um nível superior; e que, além disso, é possível indicar uma direção do desenvolvimento para a totalidade da sequência (independência gradativa em relação a estímulos e maior objetividade). Esses estágios de desenvolvimento são *psicologicamente interessantes* sobretudo porque, pelo fato de os indivíduos sempre preferirem soluções de problemas que correspondem ao nível mais alto alcançado por eles, e os esquemas, que provêm de um estágio superado, geralmente serem evitados, pode-se concluir que a lógica do desenvolvimento não expõe um esquema de ordenação meramente construído ou imputado de maneira externa, mas corresponde a uma realidade psicológica também significativa em termos motivacionais" (Döbert e Nunner-Winkler, *Konflikt- und Rückzugspotential in spätkapitalistischen Gesellschaften*, p.302).

de desenvolvimento, é condição para a superação de crises posteriores.[10] O conceito de crise de amadurecimento foi elaborado particularmente na psicanálise, mas ganhou importância também nas outras duas tradições teóricas em conexão com a fase da adolescência.[11]

4) A direção de desenvolvimento do processo de formação é caracterizada pela autonomia crescente. Refiro-me, com isso, à independência que o Eu, com as soluções exitosas de problemas e a crescente capacidade de solução de problemas, adquire em relação à

a) realidade da natureza externa e a uma sociedade controlável sob pontos de vista estratégicos;

b) estrutura simbólica não objetivada de uma cultura e de uma sociedade parcialmente internalizadas; e

c) natureza interna das necessidades interpretadas de maneira cultural, dos impulsos não disponíveis em termos comunicativos e do corpo.

5) A identidade do Eu designa a competência de um sujeito capaz de falar e agir para cumprir determinadas exigências de consistência. Uma formulação provisória de Erikson afirma: "O sentimento da identidade do Eu é a confiança acumulada de que à unicidade e continuidade que possuímos aos olhos dos outros corresponde uma capacidade de preservar uma unidade e continuidade internas".[12] A identidade do Eu depende naturalmente de determinados pressupostos cognitivos, porém não é

---

10 Cumming e Cumming, *Ego and Milieu*.
11 Turiel, Conflict and transition in adolescent moral development, p.14-29.
12 Erikson, *Identität und Lebenszyklus*, p.107.

uma determinação do Eu epistêmico; ela consiste antes em uma competência que se forma em interações sociais. A identidade é produzida pela *socialização*, isto é, pelo fato de o adolescente ser integrado primeiramente mediante a apropriação de características simbólicas universais em um determinado sistema social, enquanto posteriormente é produzida pela *individuação*, isto é, assegurada e desenvolvida precisamente em virtude da crescente independência em relação aos sistemas sociais.

6) Um mecanismo mais importante de aprendizagem é a transposição de estruturas externas para internas. Piaget fala de interiorização quando esquemas de ação, ou seja, regras de domínio manipulativo de objetos, são transferidos para dentro e transformados em esquemas de apreensão e de pensamento. A psicanálise e o interacionismo afirmam uma transposição semelhante de padrões de interação para padrões de relação intrapsíquicos (internalização).[13] O princípio seguinte se conecta com esse mecanismo de internalização por meio da repetição daquilo que, de início, se experimentou ou sofreu passivamente, exigindo-se independência seja diante de objetos externos, de pessoas de referência ou dos próprios impulsos.

Sem temer estilizações, apesar dessas concepções fundamentais convergentes, até agora nenhuma das três abordagens teóricas conduziu a uma teoria do desenvolvimento com força explicativa que permitisse uma determinação mais adequada e empiricamente substancial do conceito de identidade do Eu, apesar de tal conceito ser cada vez mais utilizado. Ainda assim, Jane Loevinger, apoiando-se na psicologia analítica do Eu, tentou elaborar uma teoria que conceberia o desenvolvimento do

---

13 Loevinger, *Origins of Conscience*.

Eu independentemente do desenvolvimento cognitivo, de um lado, e do desenvolvimento psicossexual, de outro.[14] Segundo essa concepção, o desenvolvimento do Eu e o desenvolvimento psicossexual devem determinar conjuntamente o desenvolvimento motivacional (Esquemas 1 e 1a). Eu não gostaria de discutir essa proposta em detalhes, mas apontar três dificuldades.

(1) A pretensão de apreender de maneira analiticamente seletiva algo como o desenvolvimento do Eu, com as dimensões de controle de comportamento ou de formação do Supereu, modo de interação e problemas de desenvolvimento específicos dos estágios, não me parece desempenhada de maneira plausível. Pois os problemas do desenvolvimento que são citados na terceira coluna claramente não se localizam em uma única dimensão, mas se baseiam em tarefas cognitivas, motivacionais e comunicativas. Além disso, as formações do Supereu descritas na primeira coluna dificilmente se deixam analisar independentemente do desenvolvimento psicossexual.

(2) A pretensão de que os estágios de desenvolvimento indicados sigam uma lógica interna não pode ser desempenhada nem sequer intuitivamente. Pois as linhas não caracterizam sempre um todo estruturado, nem é possível deduzir das colunas uma hierarquia de estágios de desenvolvimento reciprocamente construtivos e cada vez mais complexos.

---

14 Loevinger, The meaning and measurement of ego development, p.195-206; Loevinger e Wessler, *Measuring Ego Development*; Loevinger, *Recent Research on Ego Development*; cf. além disso a dissertação de Broughton, *The Development of Natural Epistemology in Adolescence and Early Adulthood*.

Esquema 1
Estágios do desenvolvimento do Eu
(de acordo com Jane Loevinger)

Estágio	Controle de impulso e desenvolvimento do caráter	Estilo interpessoal	Preocupação consciente
Simbiótico pré-social		Simbiótico autista	Eu *versus* não eu
Dominado por impulso	Dominado por impulso, medo de retaliação	Explorado, dependente	Sentimentos corporais, especialmente sexuais e agressivos
Oportunista	Oportuno, medo de ser pego	Explorado, manipulativo, jogo de soma zero	Controle de vantagem
Conformista	Conformidade a regras externas, vergonha	Recíproco, superficial,	Coisas, aparência, reputação
Consciente	Regras internalizadas, culpa	Intensamente responsável	Sentimentos internos diferenciados, conquistas, tratos
Autônomo	Lidando com conflitos internos, tolerância das diferenças	Intensamente preocupado com a autonomia	Idem, conceitualização de papéis, desenvolvimento, autorrealização
Integrado	Reconciliando conflitos internos, renúncia ao inacessível	Idem, estima pela individualidade	Idem, identidade

Fonte: Loevinger, The Meaning and Measurement of Ego Development, p.198.

Esquema Ia
Estágios de consciência moral
(de acordo com Lawrence Kohlberg)

Obediência e orientação baseada em punição	Deferência egocêntrica a poder superior ou prestígio, ou orientação para evitar problemas. Responsabilidade objetiva.	I Nível pré-convencional
Hedonismo instrumental	Ação correta é aquela que satisfaz de maneira instrumental as necessidades do eu e, ocasionalmente, a dos outros. Igualitarismo ingênuo e orientação para a troca e reciprocidade.	
Orientação baseada no bom rapaz	Orientação baseada na aprovação, contentamento e ajuda aos outros. Conformidade a imagens estereotipadas de maioridade ou de comportamento baseado em papéis naturais, e avaliação segundo as intenções.	II Nível convencional
Orientação baseada na lei e na ordem	Orientação baseada na autoridade, regras fixas, e a manutenção da ordem social. O comportamento correto consiste em fazer o que se deve, mostrando respeito pela autoridade.	
Orientação legalista contratual	A ação correta é definida em termos de direitos individuais e de padrões que foram inicialmente examinados e consentidos por pós-convencional toda a sociedade. Preocupação com o estabelecimento e a manutenção dos direitos individuais, da igualdade e da liberdade. As distinções foram feitas entre valores contendo aplicabilidade universal, prescritiva, e valores específicos a dada sociedade.	III Nível pós-convencional
Orientação do princípio ético-universal	O direito é definido pela decisão da consciência em acordo com princípios éticos autoescolhidos que apelam à abrangência lógica, universalidade e consistência. Estes princípios são abstratos; não são regras morais concretas. Eles são princípios universais de justiça, de reciprocidade e de igualdade de direitos humanos, e de respeito pela dignidade dos seres humanos como pessoas individuais.	

Fonte: Turiel, Conflict and Transition in Adolescent Moral Development, p.14-29

Esquema Ib
Definições dos estágios morais

I. Nível pré-convencional

Neste nível, a criança reage a regras e rótulos culturais do bem e do mal, certo e errado, mas interpreta estes rótulos em termos de consequências físicas ou hedonísticas da ação (punição, recompensa, troca de favores), ou em termos de poder físico daqueles que enunciam as regras e rótulos. O nível é dividido nos seguintes estágios:

Estágio 1: *Orientação baseada na punição e na obediência*. As consequências físicas da ação determinam sua bondade ou maldade levando em consideração o significado ou valor humanos destas consequências. Evitar a punição e não questionar o respeito pelo poder é algo avaliado por seu próprio valor, não em termos de respeito por uma ordem moral subjacente fundada na punição e na autoridade (este último correspondendo ao estágio 4).

Estágio 2: *Orientação relativista instrumental*. A ação correta consiste naquilo que satisfaz instrumentalmente as próprias necessidades e, ocasionalmente, as necessidades de outros. As relações humanas são vistas em termos semelhantes àqueles do mercado. Elementos de equidade, reciprocidade e partilha igual estão presentes, mas são sempre interpretados de um modo físico e pragmático. A reciprocidade é questão de "uma mão lava a outra", não de lealdade, gratidão ou justiça.

II. Nível convencional

Neste nível, a manutenção das expectativas da família, grupo ou nação do indivíduo é percebida como algo digno de valor em si mesmo, sem levar em consideração as consequências imediatas e óbvias. A atitude não é apenas de conformidade a expectativas pessoais e ordens sociais, mas de lealdade, de ativa manutenção, apoio e justificação da ordem, e de identificação com as pessoas e os grupos envolvidos nisso. Neste nível, encontramos os seguintes estágios:

Estágio 3: *A orientação baseada na concordância interpessoal ou no "bom rapaz – boa moça"*. O bom comportamento é aquele que agrada ou ajuda outros e é aprovado por eles. Há muita conformidade a imagens estereotipadas do que seja comportamento majoritário ou "natural". O comportamento frequentemente é julgado por sua intenção – "ele tem boas intenções" passa a ser importante pela primeira vez. Se ganha aprovação por ser "bom".

Esquema Ib
Definições dos estágios morais

Estágio 4: *Orientação baseada "na lei e na ordem"*. Trata-se de uma orientação voltada à autoridade, regras fixadas e à manutenção da ordem social. O comportamento correto consiste em fazer o que se deve, mostrando respeito pela autoridade, e mantendo a ordem social para o seu próprio bem.

III. Nível pós-convencional, autônomo, ou orientado por princípios
Neste nível, há um claro esforço para definir os valores e os princípios morais que possuem validade e aplicação para além da autoridade dos grupos ou das pessoas apoiando estes princípios, e para além da própria identificação individual com estes grupos. Este nível novamente tem dois estágios:
Estágio 5: *Orientação legalista baseada no contrato social*, geralmente com conotações utilitárias. A ação correta tende a ser definida em termos de direitos individuais gerais e padrões que foram criticamente examinados e aceitos por toda a sociedade. Há uma clara consciência do relativismo dos valores e opiniões pessoais e uma correspondente ênfase em regras procedimentais de obtenção de consenso. Além do fato do que foi constitucional e democraticamente aceito, o direito é uma questão de "valores" e "opiniões" pessoais. O resultado é uma ênfase no "ponto de vista legal", mas com uma ênfase na possibilidade de mudar a lei em termos de considerações racionais de utilidade social (em vez de meramente congelá-la nos termos do estágio 4 como "lei e ordem"). Fora da esfera legal, o livre acordo e o contrato são os elementos vinculantes da obrigação. Esta é a moralidade "oficial" do governo e da constituição dos EUA.
Estágio 6: Orientação baseada em princípios éticos universais. O direito é definido pela decisão da consciência em acordo com princípios éticos autoescolhidos que apelam à razoabilidade, universalidade e consistência lógicas. Estes princípios são abstratos e éticos (a Regra de Ouro, o imperativo categórico); eles são princípios universais de justiça, reciprocidade e igualdade dos direitos humanos, e de respeito pela dignidade de seres humanos na qualidade de pessoas individuais.

Fonte: Kohlberg, From Is to Ought, p.151-236.

(3) Por fim, foi absolutamente desconsiderada a relação da lógica afirmada do desenvolvimento do Eu com as condições empíricas sob as quais esta se impõe em histórias de vida concretas. Existem linhas de desenvolvimento alternativas que conduzem ao mesmo fim? Quando ocorrem os desvios de um padrão de desenvolvimento reconstruído de maneira racional? Qual é o tamanho dos limites de tolerância do sistema da personalidade e das estruturas sociais diante de tais desvios? De que maneira os patamares de desenvolvimento e as instituições de base de uma sociedade interferem em um padrão de desenvolvimento ontogenético? Gostaria de tentar enfrentar as três dificuldades mencionadas seguindo sua sequência.

Isolarei (1) um aspecto central e bem investigado do desenvolvimento do Eu, a saber, a consciência moral, e considerarei aqui somente o lado cognitivo, a capacidade de julgar moral (no esquema 1 relacionei os estágios de consciência moral propostos por Kohlberg aos estágios de desenvolvimento do Eu propostos por Jane Loevinger a fim de acentuar que o desenvolvimento moral apresenta uma parte do desenvolvimento da personalidade decisiva para a identidade do Eu). Em seguida, (2) gostaria de demonstrar que os estágios de consciência moral de Kohlberg preenchem as condições formais de uma lógica de desenvolvimento, na medida em que reformulo estes estágios em um quadro universal da teoria da ação. E (3) pretendo anular a restrição ao lado cognitivo da ação comunicativa, mostrando que a identidade do Eu exige não apenas o domínio cognitivo de níveis de comunicação universais, mas também a capacidade de fazer justiça às próprias necessidades nessas estruturas da comunicação: enquanto o Eu se isola de sua natureza interna e nega a dependência em relação a necessidades que ainda esperam por interpretações adequadas, a liberdade, por mais que seja conduzida por princípios, na verdade continua não sendo livre diante dos sistemas de normas existentes.

III

Kohlberg define seis estágios de um desenvolvimento da consciência moral passível de ser reconstruído de maneira racional. A consciência moral se expressa de início em juízos sobre conflitos de ação moralmente relevantes. Denomino "moralmente relevantes" os conflitos de ação que são capazes de solução consensual. A solução moral dos conflitos de ação exclui o emprego manifesto da violência [*Gewalt*] bem como um "compromisso barato"; ela pode ser compreendida como uma continuidade da ação comunicativa, isto é, orientada ao entendimento, com meios discursivos. São admitidas, portanto, apenas soluções que

— restringem os interesses de ao menos um dos participantes/concernidos; mas que

— admitem uma ordem transitiva dos interesses afetados sob um ponto de vista aceito como capaz de consenso, digamos, o ponto de vista de uma vida boa e justa; e

— em caso de infração, impliquem sanções (punição, vergonha ou culpa).

Comparem as definições dos estágios de consciência moral de Kohlberg: esquema 1b. Aos estágios de consciência moral correspondem, como mostra o esquema 2, diferentes sanções e âmbitos de validade.

Esquema 2
Elucidações dos estágios de consciência moral (Kohlberg)

Pressupostos cognitivos	Estágios de consciência moral	Ideia de vida boa e justa	Sanções	Âmbitos de validade
IIa Pensamento operacional concreto	1. Orientação baseada na obediência e na punição	Maximização do prazer pela obediência	Punição (privação de recompensas físicas)	Entorno natural e social (não diferenciado)
	2. Hedonismo Instrumental	Maximização do prazer pela troca de equivalentes		
IIb Pensamento operacional concreto	3. Orientação baseada no bom rapaz	Eticidade concreta de interações satisfatórias	Vergonha (privação de amor e reconhecimento social)	Grupos de pessoas de referência primárias
	4. Orientação baseada na lei e na ordem	Eticidade concreta de um sistema de normas habitual		Membros da associação política
III Pensamento operacional formal	5. Legalismo baseado no contrato social	Liberdade política ou bem-estar público	Culpa (reação da consciência moral)	Parceiros de direito em geral
	6. Orientação por princípios éticos	Liberdade moral		Pessoas privadas em geral

Essa classificação empiricamente amparada de expressões do juízo moral deve satisfazer a pretensão teórica de apresentar os *estágios* de desenvolvimento da consciência moral. Se quisermos assumir esse ônus da prova, do qual Kohlberg não se desimcumbe, obrigamo-nos a comprovar que a sequência descritiva de tipos morais apresenta um nexo de desenvolvimento lógico (no sentido precisado por Flavell). Eu gostaria de alcançar este fim vinculando a consciência moral com as qualificações universais da ação com respeito a papéis. Para tal fim, são suficientes três passos: Introduzo, de início, estruturas de uma possível ação comunicativa, mais precisamente na sequência em que a criança cresce nesse recorte do universo simbólico. Relaciono assim a essas estruturas fundamentais capacidades (ou competências) cognitivas que a criança precisa adquirir para se mover em cada nível de seu ambiente social, isto é, a fim de participar em interações incompletas, depois em interações completas e, finalmente, em comunicações que requerem a passagem da ação comunicativa para o discurso. Em segundo lugar, pretendo localizar essa sucessão de qualificações universais das ações com respeito a papéis, ao menos de maneira provisória, sob os pontos de vista da lógica do dsenvolvimento, com o propósito de derivar finalmente desses estágios de competência interativa os estágios da consciência moral.

Começo com os conceitos fundamentais da ação comunicativa que devemos pressupor para a percepção dos conflitos morais. A tais conceitos pertencem expectativas concretas de comportamento; além disso, expectativas generalizadas de comportamento que se ligam entre si de forma recíproca, portanto papéis sociais e normas que regulam as ações; e princípios que podem servir à justificação ou produção de normas; também os elementos das situações que estão ligados às ações (por exemplo, na qualidade de sucessões de ações) ou às normas (por exemplo, enquanto suas condições de aplicação ou efeitos colaterais); ademais, atores que se comunicam entre si sobre algo, e finalmente orientações, na medida em que são efetivadas como motivos da ação. Eu assumo o quadro da teoria da ação introduzido por Mead e desenvolvido por Parsons sem com isto partilhar da teoria convencional dos papéis que lhe é associada.[15] No esquema 3, relacionei esses componentes à perspectiva de socialização do adolescente.

Para a criança em idade pré-escolar, que se encontra ainda no estágio de pensamento pré-operativo, o recorte, relevante para a ação, de seu universo simbólico é composto primeiramente pelas expectativas de comportamento e ações concretas particulares bem como por sucessões de ações que podem ser compreendidas na qualidade de gratificações ou sanções. Tão logo a criança aprende a desempenhar papéis sociais, isto é, participar das interações enquanto membro competente, seu universo simbólico não se compõe mais apenas por ações que expressam intenções isoladas, por exemplo, desejos ou realização de desejo; pelo contrário, ela pode então compreender as ações como concretização de expectativas de comportamento (ou violações delas) temporalmente generalizadas. Quando finalmente o jovem aprendeu a questionar a validade de papéis sociais e normas de ação, o recorte do universo simbólicos

---

15 Parsons, *The Social System*; id., Social Interaction, p.429-441. Habermas, Stichworte zur Theorie der Sozialisation, p.118-194; Joas, *Die gegenwärtige Lage der soziologischen Rollentheorie*.

Esquema 3
Estruturas universais da ação comunicativa
Qualificações da ação conforme a papéis

Pressupostos cognitivos	Níveis de interação	Âmbitos de ação	Motivações para a ação	Atores	Percepções de Normas	Percepções de Motivos	Atores
I Pensamento pré-operacional	Interação incompleta	Ações concretas e suas consequências	Prazer/ desprazer generalizado	Identidade natural	Compreender e seguir expectativas de comportamento	Manifestar e preencher intenções de ação	Perceber ações e atores concretos
II Pensamento operacional concreto	Interação completa	Papéis, sistemas de normas	Necessidades interpretadas culturalmente	Identidade baseada em papéis	Compreender e seguir expectativas de comportamento reflexivas (normas)	Distinguir entre dever-ser e querer (dever/ inclinação)	Distinguir entre ações/normas e sujeitos/portadores de papéis individuais
III Pensamento operacional formal	Ação comunicativa e discurso	Princípios	Interpretações concorrentes das necessidades	Identidade do eu	Compreender e seguir normas reflexivas (princípios)	Distinguir entre heteronomia e autonomia	Distinguir entre normas particulares/universais e individualidade/eu em geral

e amplia mais uma vez: surgem agora princípios de acordo com os quais normas conflituosas podem ser julgadas. Esse tratamento de pretensões de validade hipotéticas requer a suspensão temporária das coerções da ação ou, como também poderíamos dizer, a entrada em discursos, em que questões práticas são esclarecidas de maneira argumentativa.

Na sucessão desses três níveis, também atores e suas necessidades crescem progressivamente no seu universo simbólico. As orientações organizadoras das ações são integradas no nível I somente quando são generalizadas na dimensão do prazer/ desprazer. Apenas no nível II a satisfação da necessidade é mediada de tal modo pela devoção simbólica das pessoas de referência primárias ou pelo reconhecimento social em grupos ampliados que ela se desliga dos laços egocêntricos em direção ao equilíbrio próprio de gratificação.

Nesse percurso, os motivos da ação conquistam a forma de necessidades interpretadas culturalmente; sua satisfação depende do cumprimento de expectativas socialmente reconhecidas. No nível III, o processo naturalizado de interpretação de necessidade, que até então depende de uma tradição cultural desorganizada e da mudança do sistema institucional, pode mesmo ser elevado a objeto da formação discursiva da vontade. Com isso, a crítica e a justificação de interpretações de necessidade, para além de necessidades já interpretadas culturalmente, adquirem uma força orientadora da ação.

Descrevemos os estágios pelos quais a criança cresce nas estruturas da ação comunicativa a tal ponto que emergem indicações correspondentes para a percepção e autopercepção dos agentes, ou seja, dos sujeitos sustentando as interações. Quando a criança abandona sua fase simbiótica e, de início da perspectiva da punição e da obediência, se torna sensível para pontos de vista morais, ela já aprendeu a diferenciar a si mesma e seu corpo do ambiente, mesmo que neste ambiente ainda não distinga de maneira estrita objetos físicos e sociais. Com isso, a criança conquista uma identidade "natural", por assim dizer, que ela deve ao caráter de seu corpo que supera o tempo, portanto a um organismo que conserva limites. Plantas e animais já são sistemas em um entorno que não possuem uma identidade apenas "para nós", os observadores identificadores, enquanto corpos móveis, mas uma identidade "para si".[16] Assim, no primeiro nível, os atores ainda não estão inseridos no universo simbólico; naturalmente, existem agentes naturais para os quais são *prescritas* intenções compreensíveis, mas não ainda sujeitos aos quais se podia *atribuir* ações tendo em vista expectativas de comportamento generalizadas. Apenas no segundo nível a identidade é descolada do fenômeno corporal dos atores. Na medida em que a criança assimila os aspectos simbólicos universais dos poucos papéis fundamentais de seu ambiente familiar e mais tarde as normas de ação de grupos ampliados, sua identidade natural é reformada por uma identidade de papéis sustentada simbolicamente. Características corporais tais quais sexo, dotes físicos, idade etc. são assimiladas nas definições simbólicas. Neste âmbito, os atores se apresentam como pessoas de referência dependentes de papéis e mais tarde também como portadores anônimos de papéis. Apenas no terceiro nível os portadores de papéis se transformam em pessoas que podem afirmar sua identidade independentemente de papéis concretos e sistemas de normas particulares.

---

16 Cf. o capítulo 4 deste volume.

Supomos nisso que o jovem fez uma diferenciação importante entre normas, de um lado, e princípios com os quais podemos produzir normas, de outro, e, com isso, principalmente a capacidade de julgar. Ele considera que formas de vida tradicionalmente habituais podem se revelar meras convenções, irracionais. Por isso, ele precisa retirar seu Eu antes de todos os papéis e normas particulares e estabilizá-lo sobre a capacidade abstrata de se apresentar em qualquer situação como alguém digno de confiança, que também pode satisfazer as exigências de consistência perante expectativas de comportamento incompatíveis e na passagem por uma sucessão de períodos contraditórios da vida. A identidade de papéis é substituída pela identidade do Eu; os atores se encontram como indivíduos, mediante, por assim dizer, seus contextos de vida objetivos.

Até aqui direcionamos nossa atenção aos componentes do universo simbólico que adquirem realidade progressiva para os adolescentes; se voltarmos agora a atenção em atitude psicológica às capacidades que o sujeito agente precisa adquirir, deparamos com as qualificações universais da ação com respeito a papéis que formam a competência interativa. Ao domínio cada vez maior de estruturas universais da ação comunicativa e à correlata independência crescente diante de contextos do sujeito agente correspondem competências de interação gradativas, que podem ser divididas em três dimensões (como mostra a metade direita do esquema 3). Já é suficiente para nossa demonstração se em cada uma dessas dimensões as determinações introduzidas sob pontos de vista formais formarem de tal maneira uma hierarquia que a afirmação de uma conexão concernente à lógica do desenvolvimento dos três níveis de interação possa ser fundamentada.

A primeira dimensão abrange a percepção dos componentes cognitivos das qualificações dos papéis: o ator tem de poder compreender e obedecer as expectativas de comportamento individuais de um outro (nível I); compreender e obedecer as expectativas de comportamento reflexivas (papéis, normas) – ou então divergir delas (nível II); finalmente, compreender e aplicar normas reflexivas (nível III). Os três níveis se diferenciam segundo o grau de reflexividade: a expectativa de comportamento simples do primeiro nível se torna reflexiva no nível seguinte: expectativas se tornam passíveis de ser reciprocamente aguardadas; e a expectativa de comportamento reflexiva do segundo nível se torna mais uma vez reflexiva no nível seguinte: normas se tornam passíveis de ser normatizáveis.

A segunda dimensão diz respeito à percepção dos componentes motivacionais das qualificações universais dos papéis: de início, a causalidade da natureza não se distingue da causalidade da liberdade; imperativos são entendidos tanto na natureza quanto na sociedade como manifestação de desejos concretos (nível I); depois, o ator deve poder distinguir ações devidas de ações meramente desejadas (dever e inclinação), ou seja, distinguir a validade de uma norma da mera facticidade de uma manifestação da vontade (nível II); e finalmente ele deve diferenciar entre heteronomia e autonomia, isto é, notar a diferença entre normas meramente tradicionais (ou impostas) e justificadas com base em princípios. Os três níveis se diferenciam de acordo com o grau de abstração da diferenciação: as orientações organizadoras das ações – desde as ações concretas, passando pelos deveres até chegar à vontade autônoma – se tornam cada vez mais abstratas e igualmente mais diferenciadas considerando a pretensão de validade concernente à correção (ou à "justiça") vinculada às normas de ação.

A terceira dimensão abrange a percepção de um componente das qualificações universais dos papéis que, se vejo corretamente, pressupõe as outras duas dimensões e ao mesmo tempo possui lados tanto cognitivos quanto motivacionais. De início, são percebidos ações e atores dependentes de contextos, isto é, concretos. Existe apenas o particular (nível I). No próximo nível, estruturas simbólicas são diferenciadas segundo aspectos universais e particulares: a saber, ações individuais diante de normas, e atores individuais diante de portadores de papéis. No terceiro nível, as normas particulares podem ser tematizadas sob o ponto de vista da capacidade de universalização de modo que seja possível diferenciar normas particulares e universais. Os atores, de outro lado, não podem mais ser compreendidos como uma combinação de atributos de papéis, pois são considerados antes indivíduos individuados que, ao empregar princípios, organizam uma biografia a cada vez inconfundível; neste estágio, em outras palavras, é preciso diferenciar individualidade e "Eu em geral". Aqui os níveis se diferenciam de acordo com o grau de generalização.

Um olhar sobre as colunas elucidadas antes mostra que as qualificações dos papéis podem ser hierarquizadas de certa maneira sob os pontos de vista formais (a) da reflexividade, (b) da abstração e diferenciação e (c) da generalização. Isso fundamenta inicialmente a suposição de que uma análise profunda poderia identificar um padrão de lógica de desenvolvimento no sentido de Piaget. Tenho de me contentar com essa suposição neste momento. Se ela estiver correta, isso deveria valer igualmente para os estágios da consciência moral na medida em que podem ser derivados do nível da competência concernente aos papéis. Também essa derivação só pode ser esboçada.

Nesse contexto, parto da hipótese de que com o termo "consciência moral" designamos a capacidade de fazer uso da competência interativa para uma elaboração *consciente* de conflitos de ação moralmente relevantes. Para uma solução consensual de um conflito de ação, contudo, é necessário, como os senhores devem se lembrar, um ponto de vista capaz de consenso com a ajuda do qual pode ser produzida uma ordem transitiva de interesses conflitantes. Porém, independentemente de características comuns contingentes de origem social, tradição, atitude básica etc., sujeitos agentes competentes entrarão em acordo sobre determinado ponto de vista fundamental apenas se este emergir das próprias estruturas da interação possível. Esse determinado ponto de vista consiste na reciprocidade entre sujeitos agentes. Na ação comunicativa, com o vínculo interpessoal entre os participantes, é produzida evidentemente uma relação ao menos incompleta. Duas pessoas se encontram em uma relação recíproca *incompleta* caso uma delas só deva fazer ou esperar x na medida em que a outra deve fazer ou esperar y (por exemplo, professor/aluno; pais/filho). Sua relação é completamente recíproca então quando ambas devem fazer ou esperar a mesma coisa em situações semelhantes (x = y) (por exemplo, normas do direito privado). Em um artigo tornado célebre,[17] A. Gouldner fala das normas de reciprocidade subjacentes a todas as interações; esta formulação não é totalmente feliz porque reciprocidade não é uma norma, mas está inserida nas estruturas universais da interação possível, de maneira que o ponto de vista da reciprocidade pertence *eo ipso*

---

17 Gouldner, The norm of reciprocity, p.161-178; cf. também id., *Enter Plato*.

ao saber intuitivo de sujeitos capazes de falar e agir. Se isso estiver correto, é possível, como procede do esquema 4, derivar os estágios da consciência moral de modo que apliquemos a exigência de reciprocidade todas as vezes às estruturas da ação que o adolescente percebe a cada nível diferente.

No nível I são moralmente relevantes somente ações concretas e consequências das ações (que são compreendidas na qualidade de gratificações ou sanções). Se for exigida aqui reciprocidade incompleta, alcançamos o estágio 1 de Kohlberg (orientação baseada na punição e na obediência); com reciprocidade completa, o estágio 2 (hedonismo instrumental). No nível II se amplia a parcela relevante para ação: se para as expectativas concretas de comportamento ligadas às pessoas de referência exigimos reciprocidade incompleta, alcançamos o estágio 3 de Kohlberg (orientação baseada no bom rapaz), a mesma exigência para sistemas de normas resulta no estágio 4 de Kohlberg (orientação baseada na lei e na ordem). No nível III os princípios se tornam temas morais, e já por razões lógicas é preciso exigir reciprocidade completa. Os estágios da consciência moral se diferenciam nesse nível de acordo com o grau de estruturação simbólica dos motivos da ação. Se as necessidades relevantes para a ação devem permanecer fora do universo simbólico, então as normas de ação universais admissíveis possuem o caráter de regras de maximização da utilidade e de normas jurídicas universais que concedem margens de ação à persecução estratégica de interesses privados sob a condição de que a liberdade egoísta de cada um seja compatível com a liberdade egoísta de todos. Com isso, o egocentrismo do segundo estágio é literalmente alçado a princípio. Isso corresponde ao estágio 5 de Kohlberg (orientação legalista-contratual).

Jürgen Habermas

Esquema 4
Competência baseada em papéis e estágios da consciência moral

Estágios de idade	Nível de comunicação	Exigência de reciprocidade	Estágios de consciência moral	Ideia de vida boa	Domínio de validade	Reconstruções filosóficas	Estágios de idade
I	Ações e suas consequências	Prazer/desprazer generalizados	Reciprocidade incompleta	1	Maximizar o prazer/evitar o desprazer pela obediência	Entorno natural e social		IIa
			Reciprocidade completa	2	Maximizar o prazer/evitar o desprazer pela troca de equivalentes		Hedonismo ingênuo	
II	Papéis	Necessidades interpretadas culturalmente	Reciprocidade incompleta	3	Eticidade concreta de grupos primários	Grupos de pessoas de referência primárias		IIb
	Sistemas de normas	(deveres concretos)		4	Eticidade concreta de grupos secundário	Membros de associações políticas	Pensamento concreto baseado na ordem	
III	Princípios	Prazer/desprazer Universalistas (Utilidade)	Reciprocidade completa	5	Liberdades civis de bem-estar público	Todos os parceiros do direito	Direito natural racional	III
		Deveres Universalistas		6	Liberdade moral	Todos os homens na qualidade de pessoas privadas	Ética formalista	
		Interpretações universalistas de necessidade		7	Liberdade política e moral	Todos na qualidade de membros de uma sociedade	Ética universal da linguagem	

126

Se as necessidades são compreendidas como passíveis de ser culturalmente interpretadas, porém atribuídas aos indivíduos enquanto propriedades naturais, as normas de ação universais admissíveis possuem o caráter de normas morais. Todo indivíduo deve testar de maneira monológica a capacidade de universalização de cada uma das normas. Isso corresponde ao estágio 6 de Kohlberg (orientação de consciência). Apenas no estágio de uma ética da linguagem [*Sprachethik*] universal as próprias interpretações das necessidades — isto é, o que cada indivíduo crê entender e dever defender como seus interesses "verdadeiros" — também podem ser objeto de discursos práticos. Esse estágio não se diferencia do estágio 6 de Kohlberg, embora exista uma distinção qualitativa: o princípio de justificação de normas já não é mais o *princípio* monologicamente aplicável da capacidade de universalização, mas o *procedimento* conduzido coletivamente de resgate discursivo de pretensões de validade normativas. Um resultado colateral inesperado de nossa tentativa de ler os estágios de consciência moral a partir da competência interativa consiste na demonstração de que o esquema de estágios proposto por Kohlberg está incompleto.

IV

Na identidade do Eu se exprime a relação paradoxal de que o Eu enquanto pessoa em geral é igual a toda outra pessoa, mas enquanto indivíduo se diferencia por excelência de todos os outros indivíduos. Desse modo, a identidade do Eu pode ser comprovada na capacidade do adulto de, em situações de conflito, construir novas identidades e harmonizá-las com antigas identidades superadas a fim de organizar a si mesmo e suas interações em uma mesma história de vida sob a orientação de princípios universais e procedimentos. No entanto, até agora desenvolvi esse conceito de identidade do Eu apenas segundo seu aspecto cognitivo, não segundo seu aspecto motivacional. Escolhi a perspectiva em que podemos observar de que maneira o Eu infantil se forma gradativamente nas estruturas universais da ação comunicativa e mediante esta adquire sua competência interativa, estabilidade e autonomia da ação. Essa perspectiva, contudo, obscurece a dinâmica psíquica do processo de formação. Ela negligencia o destino pulsional em que o desenvolvimento do Eu está entrelaçado. Na dinâmica de formação do Supereu é possível ler tanto o papel instrumental que as energias libidinosas desempenham na forma de um investimento narcisista do si mesmo quanto a função que as energias agressivas empregadas contra o si mesmo assumem para o estabelecimento da instância da consciência.[18] Mas sobretudo nas duas maiores crises de amadurecimento da fase edipiana e da adolescência, em que os papéis sexuais são aprendidos e as forças motivacionais da tradição cultural postas em prova, mostra-se que o Eu só pode se inserir e penetrar nas estruturas de interação quando também as necessidades podem ser interpretadas nesse universo simbólico. Sob esse aspecto, o desenvolvimento do Eu se apresenta como um processo extraordinariamente perigoso. Não precisamos comprovar isso fazendo referência a desenvolvimentos patológicos; um sinal menos marcante, residindo

---

18 Sandler, Zum Begriff des Über-Ichs, p.721-743 e 812-828; Spitz, *Eine genetische Feldtheorie der Ich-Bildung*; Jacobson, *Das Selbst und die Welt der Objekte*; Mitscherlich, Problem der Idealisierung, p.1106-1127.

no âmbito da normalidade, são as discrepâncias frequentes entre juízo moral e ação moral.

A classificação proposta no esquema 4 dos níveis de competência interativa e estágios de consciência moral significa: alguém que dispuser da competência interativa de um determinado estágio formará uma consciência moral compatível com o mesmo estágio dado que sua estrutura motivacional não o impede de, mesmo sob estresse, manter as estruturas da ação cotidiana na regulação consensual de conflitos de ação. Porém, em muitos casos as qualificações universais da ação concernente a papéis, que são suficientes para a superação de situações normais, não podem ser estabilizadas sob o estresse de conflitos abertos; assim, em sua ação moral – ou mesmo nos dois casos, tanto nas suas ações quanto nos seus juízos morais – o concernido se encontra aquém do limiar de sua competência interativa, de modo a se realizar um deslocamento entre os estágios de sua ação normal concernente a papéis e aquele estágio em que ele elabora conflitos morais. A consciência moral – uma vez que põe o sujeito agente sob o imperativo da elaboração *consciente* do conflito – é um indicador do grau de estabilidade da competência interativa universal.

A conexão entre a elaboração consciente do conflito e a moral se torna clara em situações limítrofes que não permitem uma solução moral inequívoca, ou seja, que tornam inevitável uma violação da regra (uma infração); denominamos "trágica" uma ação que, em tais situações, se encontra, todavia, sob as condições da moralidade. No conceito do trágico inserimos a assunção intencional da punição ou da culpa, isto é, o cumprimento do postulado moral da consciência mesmo perante um dilema moralmente insolúvel. Isso lança uma luz sobre o sentido da ação moral em geral: qualificamos de moralmente "boas" aquelas pessoas que, em vez de repelir o conflito de maneira inconsciente, mantêm sua competência interativa adquirida para situações normais de pouco conflito também sob situações de estresse, isto é, em conflitos de ação moralmente relevantes.

Como mostra a psicologia do Eu, para as situações em que quisesse evitar a elaboração consciente do conflito, o Eu imaginaria dispositivos, a saber, mecanismos de defesa. Essas estratégias engenhosas para evitar o conflito contribuem para uma reação evasiva diante dos perigos; estes são apagados da consciência pois o Eu se esconde deles, por assim dizer. Não apenas a realidade externa ou os impulsos são fontes de perigo, também as sanções do Supereu apresentam um perigo. Temos medo quando em conflitos morais agimos de maneira diferente do que acreditamos dever agir com base em juízos claros. Na medida em que repelimos esses medos, que sinalizam o retorno de medos infantis, ocultamos ao mesmo tempo a discrepância entre capacidade de julgar e disposição para a ação. Aliás, desde a tentativa provisória de sistematização de Anna Freud[19] a teoria dos mecanismos de defesa não foi melhorada de forma decisiva.[20] De maneira interessante, algumas investigações

---

19 Freud, *Das Ich und die Abwehrmechanismen*. Swanson, Determinants of the individual's defenses against inner conflict, p.5 et seq.; Madison, *Freud's Concept of Repression and Defense*.
20 É interessante, contudo, a tentativa de defender relações entre estratégias de solução de problemas e de defesa (*coping and defense mechanismus*) [mecanismo de cópia e defesa] em continuidade com investigação de estilo cognitivo. Cf. Kroeber, The coping functions of the ego-mechanismus, p.178-200; Haan, Tripartite model of egofunctioning, p.14-30.

mais recentes sugerem que a classificação, concernente à lógica do desenvolvimento, dos medos reanimados pela transgressão de mandamentos morais (medo da punição, vergonha ou remorso) possibilita uma classificação mais adequada dos mecanismos de defesa.[21] Determinadas formações da identidade fomentam tais medos porque possibilitam discernimentos morais que são, por assim dizer, mais avançados do que os motivos de ação mobilizáveis em seus limites.

A dupla posição da identidade do Eu não reflete, contudo, apenas o duplo aspecto cognitivo-motivacional do desenvolvimento do Eu, mas uma interdependência entre sociedade e natureza que se estende até à formação da identidade. O modelo de uma identidade do Eu não forçada é mais exigente e mais rico que um modelo de autonomia que é desenvolvido exclusivamente sob pontos de vista da moralidade. Isso já pode ser notado, contudo, também em nossa hierarquia completa dos estágios da consciência moral. Pode-se ver o sentido da passagem do estágio 6 ao 7 – considerado em termos filosóficos, a passagem de uma ética do dever formalista à ética da linguagem universal – no fato de que as interpretações das necessidades não são mais aceitas como dadas, mas incluídas na formação discursiva da vontade. Com isso, a natureza interna é deslocada para uma perspectiva utópica. Nesse estágio, portanto, a natureza interna não deve mais ser examinada apenas dentro de um quadro interpretativo fixado de maneira naturalizada pela tradição cultural segundo um princípio de

---

21 Gleser e Ihilebich, An objective instrument for measuring defense-mechanismus, p.51-60; Neuedorff, *Geschlechtliche Identität. Zur Strukturierung der Person-Umwelt-Interaktion*.

universalização aplicado monologicamente e assim ser dividida em componentes legítimos e ilegítimos, deveres e inclinações. A natureza interna é comunicativamente tornada fluida e transparente, na medida em que necessidades podem ser capazes de linguagem mediante formas de expressão estética e resgatadas de seu aspecto pré-linguístico paleo-simbólico. Mas isso significa que a natureza interna não está submetida em sua pré-formação cultural encontrada a cada vez às pretensões da autonomia do Eu, mas conserva, mediante um Eu dependente, um acesso livre às possibilidades de interpretação da tradição cultural. No *medium* das comunicações formadoras de valores e normas, em que são introduzidas experiências estéticas, o teor cultural tradicional não é mais simplesmente o estereótipo de acordo com o qual as necessidades são cunhadas; nesse *medium*, inversamente, as necessidades podem buscar e encontrar interpretações adequadas. Esse fluxo comunicativo exige, no entanto, sensibilidades, desobstruções, dependências, em suma: um estilo cognitivo caracterizado como dependência do campo, que o Eu superou inicialmente em seu caminho em direção à autonomia e substituiu por um estilo de percepção e de pensamento *in*dependente do campo. Uma autonomia que priva o Eu de um acesso comunicativo à natureza interna também indica não liberdade. A identidade do Eu significa uma liberdade que limita a si própria na intenção, se não de identificar, ao menos de conciliar dignidade com a felicidade.

4
*Sociedades complexas podem formar uma identidade racional?**

A questão de saber se uma sociedade complexa – por exemplo, a nossa sociedade – poderia *formar* uma identidade racional indica o sentido no qual eu gostaria de utilizar a palavra identidade: uma sociedade não possui em sentido trivial uma identidade que lhe é atribuída tal qual, por exemplo, um objeto que pode ser identificado por diferentes observadores como o mesmo objeto ainda que o percebam e descrevam de modo diferente. Uma sociedade cria de certo modo sua identidade; e é graças a seu próprio desempenho que ela não perde sua identidade. O discurso sobre uma identidade *racional* revela, ademais, um teor normativo do conceito. Supomos com isso

---

* Por ocasião da concessão do Prêmio Hegel da cidade de Stuttgart, proferi, em 19 de janeiro de 1974, um discurso que tinha por base o texto a seguir. Publicado pela primeira vez em Habermas e Henrich, *Zwei Reden*, p.25-84. O discurso consistia em uma versão resumida das partes II, III, IV e VI do presente texto. Eu não quis abdicar da apresentação do texto completo (apesar do grau de dificuldade mais elevado) porque na ocasião a concatenação do argumento não pôde ser exposta de maneira clara.

que uma sociedade pode infringir sua identidade "própria" ou "verdadeira". Hegel fala de uma "identidade falsa" quando a unidade de um contexto de vida decomposto em seus momentos só pode ser mantida com violência. De forma alguma é inquestionável que ainda hoje devamos falar nesses termos. Nem sequer é claro se, diante da complexidade das sociedades atuais, podemos expressar com a palavra identidade uma ideia em si mesma coerente.

I

Por essa razão, permitam-me de início explicar o conceito de identidade em um contexto de utilização menos usual. Em vez de sociedades, escolhamos pessoas individuais capazes de dizer "eu" para si mesmas porque e enquanto afirmam sua identidade. Também elas possuem uma identidade na medida em que a criam e conservam: a identidade do Eu não lhes é meramente atribuída. Isso fica claro particularmente em situações críticas quando uma pessoa é confrontada com exigências que contradizem expectativas erguidas ao mesmo tempo e igualmente legítimas ou também estruturas de expectativas vividas no passado. Tais conflitos podem emergir da perda repentina de pertenças sociais, também do acesso inesperado a novas posições e esferas da vida, de desventuras tais quais desemprego, emigração, guerra, ascensão social, de sorte privada cheia de consequências, ou catástrofes. Sob certas circunstâncias, tais situações sobrecarregam tão fortemente um sistema de personalidade que este se coloca diante da alternativa de se romper ou de começar uma nova vida. O começo de uma nova vida, no entanto, pode significar algo bem diferente: ou se satisfaz a exigência de continuar idêntico a si, precisamente em virtude de uma nova orientação produtiva que possibilita a continuidade da história de vida e os limites simbólicos do Eu, para além das discrepâncias existentes; ou se salva sua pele mediante a segmentação espacial e temporal, ou seja, dando destaque a fases ou esferas inconciliáveis da vida a fim de ao menos poder obedecer a essas exigências usuais de consistência no interior dessas parcelas. Dizemos daquele que em geral ignora tais exigências de consistência que está dissolvendo sua identidade. A difusão da identidade é uma forma de *identidade danificada*; outras formas são, por exemplo, a identidade integrada por coerção ou também a identidade dividida. Tais fenômenos são descritos na psicopatologia; pois se contraem doenças da alma ou do espírito quando nos contextos de vida cotidianos se perde a força para criar e conservar uma identidade do Eu isenta de coerção.[1]

A identidade bem-sucedida do Eu significa aquela capacidade singular de sujeitos capazes de falar e agir de permanecer idênticos a si próprios, mesmo em transformações profundas da estrutura da personalidade com as quais ela responde a situações contraditórias. Contudo, as características da autoidentificação precisam ser reconhecidas intersubjetivamente se devem poder fundamentar a identidade de uma pessoa. O distinguir-se de outros precisa ser reconhecido por estes outros. A unidade simbólica da pessoa, produzida e mantida pela autoidentificação, se baseia, por seu turno, na pertença

---

[1] Recentemente, isso foi salientado mais uma vez por Foucault, Laing, Basaglia entre outros. Schelling já partilhara esse conceito comunicativo das doenças do espírito com os filósofos românticos da natureza, sobretudo com Baader. Cf. meus apontamentos sobre uma teoria da socialização em *Kultur und Kritik*, p.118 et seq.

à realidade simbólica de um grupo, na possibilidade de uma localização no mundo deste grupo. Uma identidade de grupo abrangendo as histórias de vida individuais é, por essa razão, condição para a identidade dos indivíduos. Isso se mostra claramente no desenvolvimento dos adolescentes.[2] À medida que a criança aprende a delimitar seu corpo diante do ambiente ainda não diferenciado segundo objetos físicos e sociais, ela adquire, podemos dizer, uma identidade "natural" que ela deve ao caráter de um organismo capaz de conservar seus limites no decorrer do tempo. Plantas e animais, com efeito, já são sistemas em um entorno, de modo que eles, da mesma maneira que corpos móveis, não possuem apenas uma identidade "para nós" (os observadores identificantes), mas em certo sentido possuem uma identidade "para si". Porém, a criança só se forma como pessoa na medida em que aprende a se localizar em seu mundo da vida social. Quando a criança aprende a assimilar características simbólicas universais de papéis menos fundamentais de seu ambiente familiar e mais tarde as normas de ação de grupos maiores, a *identidade naturalizada* fixada no organismo é substituída por uma *identidade de papéis* simbolicamente fundada. Nisso, o caráter profundamente continuado da identidade de papéis se apoia na estabilidade das expectativas de comportamento, a qual, para

---

2 Para a psicanálise, cf. Erikson, *Identität und Lebenszyklus*; Levita, *Der Begriff der Identität*. Para a sociologia interacionista, cf. Goffman, *Stigma: Über Techniken der Bewältigung beschädigter Identität*; Rose, *Human Behavior and Social Processes*. Para a psicologia cognitivista do desenvolvimento, cf. Kohlberg, Stage and Sequence: The Cognitive Developmental Approach to Socialization, p.347 et seq.; cf. também minhas notas sobre o conceito de competência de papéis em *Kultur und Kritik*, p.195 et seq.

além dos ideais do Eu, estabelece-se também na própria pessoa. Na construção de Hegel, esse é o estágio da autoconsciência em que o indivíduo pode se relacionar reflexivamente consigo mesmo porque entra em comunicação com o outro de tal maneira que ambos podem conhecer e *reconhecer* um ao outro de forma recíproca na qualidade de Eu: "É uma autoconsciência para uma outra autoconsciência, de início imediatamente como um outro para um outro. Eu contemplo nela a mim mesmo como eu, mas também um objeto imediatamente existente, um outro objeto absolutamente independente diante de mim como eu" (*Enciclopédia*, § 430). É comum a ambos os lados o saber no qual eles sabem se reconhecer no outro a cada vez; e Hegel chama essa autoconsciência universal de espírito. Este espírito possui, diante da consciência subjetiva, a objetividade particular dos hábitos de vida e das normas. O espírito é o *medium* em que a reflexividade do Eu é formada simultaneamente com a intersubjetividade do reconhecimento mútuo.[3] Enquanto esse espírito permanecer particular, espírito de uma família individual ou de um determinado povo, também a identidade dos membros dos grupos individuais formada nele se fixa todas as vezes em tradições determinadas, em papéis e normas particulares.

Essa identidade convencional geralmente é rompida durante a fase da adolescência. Durante esse período, o jovem aprende a importante diferença entre normas, de um lado, e princípios, de outro, de acordo com os quais podemos produzir normas. Tais princípios podem servir de critério para a crítica e a jus-

---

[3] Essas ideias básicas foram introduzidas no interacionismo simbólico por Mead, *Geist, Identität und Gesellschaft*.

tificação de normas pré-existentes. Evidentemente, àquele que julga baseado em princípios, todas as normas válidas têm de lhe parecer como tomadas de posição, como meras convenções. Entre estas, unicamente normas *universais* podem ser consideradas racionais, pois apenas tais normas asseguram a reciprocidade dos direitos e deveres de um diante de todos os outros. Mas tão logo, nesse sentido, a reciprocidade interativa, construída sobre a estrutura de papéis, é alçada propriamente a princípio, o Eu não pode mais identificar a si mesmo com os papéis particulares e normas pré-existentes. Com isso, ele tem de contar com que as formas de vida tradicionalmente arraigadas se revelem meramente particulares, irracionais; por isso, ele precisa retirar sua identidade, por assim dizer, para trás das linhas de todos os papéis e normas *particulares* e estabilizá-la unicamente pela capacidade abstrata de, em quaisquer situações, representar-se como aquele que, também em face de expectativas de comportamento incompatíveis, e atravessando uma série biográfica de sistemas contraditórios de papéis, ainda pode satisfazer as exigências de consistência. A *identidade do Eu* dos adultos se verifica na capacidade de construir novas identidades e ao mesmo tempo de se integrar com as identidades superadas, a fim de organizar a si mesmo e suas interações em uma história de vida inconfundível. Uma tal identidade do Eu possibilita aquela autonomização e ao mesmo tempo individuação, que já no estágio da identidade de papéis se inscreve na estrutura do Eu.

Na identidade do Eu se expressa a relação paradoxal segundo a qual, enquanto pessoa, o Eu é igual a todas as outras pessoas, mas, enquanto indivíduo, é por excelência diferente de todos os outros indivíduos; na linguagem de Hegel: o Eu é absolutamente universal e também isolamento imediatamente absoluto. E assim continua Hegel: isso "constitui tanto a natureza do Eu quanto do conceito; nada há para ser compreendido de um e do outro caso, ambos os momentos dados não são apreendidos ao mesmo tempo em sua abstração e em sua unidade completa" (*Lógica*, Terceiro Livro: Do conceito no universal). Essa sentença já contém implicitamente a proposta de Hegel para a solução de um problema que hoje escolhi como tema, porque Hegel o apresentou de modo semelhante àquele com o qual ainda nos ocupamos dele.

Permitam-me partir do fato de que, em razão das próprias experiências biográficas (e encorajados por novas pesquisas da psicologia do desenvolvimento), consideramos plausível falar da identidade do Eu no sentido proposto. Suponho ainda que já somos capazes de reconstruir a lógica do desenvolvimento de uma tal organização do Eu sem omitir o conteúdo normativo do conceito de identidade do Eu. Em outras palavras, estamos convencidos de que somente uma moral universalista, que indica como racionais normas universais (e interesses capazes de universalização), pode ser defendida com boas razões; e apenas o conceito de uma identidade do Eu, que assegura ao mesmo tempo a liberdade e a individuação dos indivíduos em sistemas de papéis complexos, pode hoje oferecer uma orientação para processos de formação capaz de consenso. Tão logo aceitamos essas afirmações fortes, coloca-se, contudo, a questão empírica de saber como surgem então estruturas universalistas do Eu, e de que maneira podemos conservá-las se e na medida em que de modo algum princípios universalistas foram plenamente incorporados às instituições de base da própria sociedade. Pois, como vimos, uma identidade do Eu só pode se formar na identidade abrangente de um grupo. Além disso, levanta-se a questão analítica de saber então se uma identidade de grupo, isto é, o espírito de uma sociedade concreta, pode afinal ser atribuída a uma identidade do Eu pós-convencional. Pois segundo normas que precisam ser justificadas universalmente, determinados grupos não podem mais se privilegiar em razão de uma força formadora de identidade (como família, cidade, Estado ou nação). No lugar do próprio grupo entra, pelo contrário, a categoria do "outro", que não é mais definido pela sua não pertença, como um estranho, mas para o Eu é as duas coisas de uma só vez: absolutamente igual e absolutamente diferente, o mais próximo e o mais distante em uma pessoa. De maneira correspondente, a identidade política [*staatsbürgerlich*] ou nacional deveria ser ampliada para uma identidade cosmopolita [*weltbürgerlich*] ou universal. Mas tal identidade pode afinal ter um sentido exato? A humanidade em sua totalidade é algo abstrato e não um grupo em escala mundial que, como tribos ou Estados, poderia formar uma identidade – em todo caso, não enquanto não se unir por seu turno, formando de novo uma unidade particular, talvez ao se delimitar em relação a outras populações do espaço. E se não for uma sociedade mundial ou a humanidade em sua totalidade, quem então poderia ocupar o lugar de uma identidade coletiva abrangente em que se formam identidades do Eu pós-convencionais? Se este lugar permanecer vazio, a moral universalista, porém, tanto quanto as estruturas do Eu correspondentes, deveria permanecer mera exigência, isto é, poderia ser realizada apenas privadamente e de maneira ocasional sem determinar substancialmente o contexto de vida social. Esse problema levou Hegel a chamar igualmente de "abstratos" o universalismo das ideias do esclarecimento e a ética kantiana.

É fácil indicar o lugar *no interior* do sistema em que Hegel admitiu esse problema e também o tornou solucionável mediante a disposição no sistema. Porém, uma retomada da superação [*Aufhebung*] da "moralidade" na "eticidade", pois é disso que se trata aqui, não seria muito informativa, porque Hegel, como acredito, já escolheu e desenvolveu os meios conceituais do próprio sistema tendo em vista o nosso problema.

II

A fim de tornar essa tese compreensível, preciso retornar mais uma vez ao problema da identidade, como gostaria de denominá-lo agora para simplificar, em um contexto um pouco diferente. Desse modo, como fiz até o momento, não me movimentarei no interior do pensamento hegeliano, mas mencionarei apenas relações que surgem entre nossas reflexões e os conceitos hegelianos fundamentais.

De acordo com as mais novas pesquisas antropológicas e sociológicas, podemos acompanhar a relação entre identidade de grupos e identidade do Eu em quatro estágios da evolução social.[4] Em *sociedades arcaicas*, cuja estrutura é determinada por relações de parentesco, surgem imagens míticas de mundo. As relações sociais nas famílias e nas tribos servem aqui a título de esquema de interpretação segundo o qual o pensamento mítico produz analogias entre fenômenos naturais e culturais. A antropomorfização da natureza e a naturalização da vida humana comum (na magia) criam uma totalidade a

---

4 Eu me oriento em Döbert, Zur Logik des Übergangs von archaischen zu hochkulturellen Religionssystemen, p.330 et seq.

partir de semelhanças e correspondências: nada é tão diferente a ponto de não poder se encontrar em relação recíproca universal; tudo está ligado a tudo de um modo evidente.

Na medida em que explora sistematicamente todas as possibilidades de comparação analógica entre natureza e cultura, o pensamento (mítico) constrói um gigantesco jogo de espelhos em que a imagem mútua do homem e do mundo se reflete até o infinito, cindindo-se e se recompondo continuamente no prisma das relações entre natureza e cultura.[5]

A imagem de mundo mítica atribui um lugar significativo a cada elemento perceptível; desse modo, absorve as incertezas de uma sociedade que, em um baixo grau de desenvolvimento das forças produtivas, dificilmente pode controlar seu ambiente. Quase tudo que é contingente pode ser interpretado de saída. No mundo mítico, todas as entidades são consideradas de maneira semelhante: os homens em particular são substâncias do mesmo modo que pedras, plantas e animais ou deuses. Portanto, o grupo tribal não é uma realidade que pudesse se distinguir dos membros individuais ou da natureza. É tentador comparar a identidade do indivíduo na sociedade arcaica com a identidade natural da criança, que Hegel denomina "uma unidade imediata, portanto não espiritual, meramente natural, do indivíduo com sua espécie e com seu mundo em geral" (*Enciclopédia*, § 396). Nesse estágio, problemas de identidade não podem vir à tona.

---

5 Godelier, Mythos und Geschichte, p.316 et seq. Godelier se apoia principalmente nas investigações de Lévi-Strauss, *Das Ende des Totemismus* e *Das Wilde Denken*.

Pois a condição para isso é uma diferenciação entre singular, particular e universal, que nós, por exemplo, observamos no mundo das religiões politeístas.

As *primeiras civilizações*, com Estado, monarquia ou cidade, dispõem de uma organização política que necessita de justificação e, por esse motivo, é incluída nas interpretações religiosas e assegurada ritualisticamente. Os deuses do politeísmo assumem forma humana: eles agem de maneira arbitrária, dispondo de esferas especiais da vida e se subordinando, por seu turno, à necessidade de um destino abstrato. A dessacralização inicial do entorno natural e a autonomização parcial das instituições políticas diante da ordem cósmica são indícios da abertura de um campo de surpresas em que contingências particulares não podem mais ser simplesmente interpretadas de saída, mas precisam ser colocadas ativamente sob controle. Entre deuses e homens se encontram novas formas de ação religiosa (oração, sacrifício e culto), as quais indicam que os indivíduos emergem da conexão universal das substâncias e forças ordenadas e desenvolvem uma identidade própria. Já que o âmbito de validade de religiões e cultos, nesse estágio, coincide de maneira ainda particularista com a respectiva coletividade, é possível uma identidade de grupo claramente talhada. A coletividade concreta pode, na qualidade de particular, ser diferenciada do universal da ordem cósmica, de um lado, e dos indivíduos singulares, de outro, sem que assim se coloque em perigo o contexto profundamente vinculado à identidade de um mundo centralizado no político. Por isso, Hegel celebra a forma grega madura do politeísmo como uma religião em que se expressa de maneira exemplar a eticidade política livre. Em Atenas, o indivíduo parece ter formado uma identidade que lhe permite se sentir unido ao contexto de vida da pólis de um modo não coercitivo:

Atenas é a cidade de Atenas e também o espírito desse povo, não um espírito externo, espírito protetor, mas espírito vivo, espírito presente efetivamente vivo no povo, espírito imanente ao indivíduo, que é representado como Pallas segundo o que lhe é essencial. (*Preleções sobre a filosofia da religião*, II, p.126)

Na forma dos poderes divinos, Hegel vê pronunciado "o que é propriamente ético nos homens, sua eticidade". Assim, ele nomeia o povo grego de o mais humano, embora note que aqui a subjetividade infinita do homem, o direito absoluto, que diz respeito ao indivíduo enquanto tal, ainda não se tornou importante, "tanto que nesse estágio ainda encontramos essencialmente a escravidão" (p.128 et seq.).

Uma pretensão de validade universal ou universalista é erguida primeiro pelas grandes religiões mundiais, entre as quais o cristianismo talvez seja a que se estruturou racionalmente de maneira mais completa. O Deus uno, transcendente, onisciente, perfeitamente justo e misericordioso do cristianismo possibilita a formação de uma identidade do Eu desligada de papéis e normas concretos. Este Eu pode se compreender como um ser plenamente individuado. A ideia de uma alma imortal perante Deus abre o caminho à ideia da liberdade, de acordo com a qual "o indivíduo possui um valor infinito" (*Enciclopédia*, § 482). O portador do sistema da religião não é mais o Estado ou a *polis*, mas a comunidade dos que acreditam, à qual *todos* os homens pertencem potencialmente; pois os mandamentos de Deus são universais. Contudo, as *civilizações desenvolvidas* apresentam sociedades de classes com extrema desigualdade de poder e riqueza. De um lado, o sistema político necessita em grande medida de justificação; de outro, o potencial de justificação universalista das religiões mundiais não se mede por essa necessidade, tornada válida para um Estado particular. Nesse estágio, o teor de sentido religioso e os imperativos de conservação do Estado são incompatíveis. Por essa razão, entre as possibilidades de justificação religiosa e a ordem política vigente é preciso realizar-se uma ligação contrafática e, não obstante, plausível. Essa é a tarefa das ideologias. Elas devem conciliar a *dessemelhança estrutural* entre a *identidade coletiva* fixada em um Estado concreto e as *identidades do Eu* exigidas no quadro de uma comunidade universalista. Esse problema de identidade está presente em todas as civilizações desenvolvidas; mas ela só vem à consciência com a entrada na modernidade, porque até lá uma série de mecanismos de mediação era eficaz.[6] Menciono apenas os seguintes:

a) Com o aparecimento de religiões mundiais monoteístas, certamente surgiu de maneira estrutural a possibilidade de formar uma identidade do Eu não convencional e altamente individualizada; mas de fato as mais antigas formações de identidade e atitudes continuam muito mais difundidas, o que, entre outras coisas, significa que todas as religiões monoteístas integraram interpretações e práticas de origem pagã, isto é, mítica e mágica. Elas interpretam sua mensagem para destinatários em diferentes níveis de desenvolvimento cognitivo e motivacional.

---

6 Eder, Die Reorganistion der Legitimationsform in Klassengesellschaften, p.288 et seq.

b) As religiões universais distinguem aqueles que pertencem à comunidade de fé e aqueles que são os destinatários que perseveram no paganismo. A expectativa de difundir a verdadeira doutrina está regularmente vinculada com a revelação de Deus pelos fundadores de religião e profetas.

c) Pôde ser aproveitado, sobretudo, o dualismo entre a transcendência divina e um mundo quase completamente dessacralizado. A fim de legitimar o direito diferenciado da religião e as regras de prudência do exercício profano do poder, é suficiente a interpretação sacralizada do senhor ou do seu ofício. Nas civilizações ocidentais, a doutrina dos dois reinos foi a base para uma coalizão, ainda que cheia de tensão, entre igreja e governo mundano.

No entanto, com a entrada na *modernidade* – e este é o quarto estágio de desenvolvimento, com o qual Hegel se vê confrontado – estes e outros mecanismos de mediação se tornaram ineficazes:

ad a) Com o protestantismo, caíram muitos dos componentes pré-cristãos assimilados; com isso, intensifica-se a imposição de mandamentos rigorosamente universalistas e as correspondentes estruturas individualizadas do Eu.[7]

ad b) Com a fragmentação da Igreja Católica em mais confissões e uma multiplicidade de denominações, a pertença à comunidade daqueles que acreditam perde sua exclusividade, porém também seu caráter institucional rígido. O princípio da tolerância e a liberdade de associação religiosa são reconhecidos universalmente.[8]

---

[7] Döbert, Die evolucionäre Bedeutung der Reformation, p.303 et seq.
[8] Parsons, Christianity and Modern Industrial Society, p.41 et seq.

ad c) Nos tempos mais recentes, ganham influência as correntes teológicas que interpretam a mensagem de salvação de maneira radicalmente imanente e nivelam o dualismo tradicional; Deus caracteriza quase apenas uma estrutura comunicativa que os participantes precisam para, na base do reconhecimento recíproco de sua identidade, se elevar acima da contingência de uma existência meramente exterior.[9] Tais tendências indicam um desenvolvimento em que das religiões universais, quanto mais puras se revelam suas estruturas, não resta muito mais do que o elemento nuclear de uma moral universalista (por isso, os elementos míticos eticamente não suprimidos de uma experiência contemplativa fundamental determinada pela inação se separam como uma esfera própria). Hegel tinha diante dos olhos o início desse desenvolvimento, assim como viu também as consequências de que, com isso, se torna inevitável a separação entre uma identidade do Eu formada em estruturas universalistas e a identidade coletiva fixada no povo ou no Estado. A totalidade ética, em que cada indivíduo tem a possibilidade de contemplar na independência infinita do outro indivíduo a unidade completa com ele, na sociedade moderna, como parece, está cindida de maneira definitiva.

III

Considero esse problema da identidade o verdadeiro impulso da filosofia hegeliana; também por causa desse impulso de pensamento Hegel *continua sendo* um pensador contemporâneo.

---

[9] Moltmann, *Theologie der Hoffnung*; Pannenberg, *Wissenschaftstheorie und Theologie*.

Hegel vê a cisão entre sujeito e sociedade, contudo, em conexão com a cisão entre sujeito e natureza, uma cisão entre a natureza ambiente, externa, de um lado, e a natureza pessoal, interna, de outro. Gostaria de esclarecer de forma breve essa *cisão tripartite* do Eu moderno com a natureza externa, a sociedade e a natureza interna relacionando-a à nossa discussão sobre o desenvolvimento da religião.

A ciência moderna se apoderou do âmbito que foi liberado pela retirada do Deus transcendente de uma natureza decididamente dessocializada e dessacralizada. À medida que um sistema de crenças tornado ético concorre com a ciência, introduz-se um processo de desdogmatização que finalmente também põe em questão a interpretação religiosa da natureza em seu todo, da natureza enquanto criação. Assim, o sujeito cognitivo se coloca diante de uma natureza plenamente objetivada; o acesso intuitivo à vida e à essência da natureza, fora do âmbito de uma arte tornada autônoma em relação à fé e ao saber, é desviado em direção ao irracional. A cisão com uma ciência objetivada em termos científicos tem consequências para a autocompreensão da sociedade profana. Com o surgimento de uma economia de mercado capitalista, a sociedade civil é cada vez mais desacoplada do sistema cultural; ela tem de se legitimar agora a partir de si mesma. Na perspectiva sobre a natureza que a nova física assumiu com êxito, também a sociedade e seus membros podem ser compreendidos como fenômenos contingentes da natureza. As construções do direito natural plenamente revisto, do utilitarismo e das teorias burguesas da democracia apontam a nova ligação de concepções empiristas fundamentais com os princípios universalistas de uma moral tornada profana. É comum a todas elas a tentativa de compor a totalidade do contexto de vida social a partir das relações universalmente reguladas entre indivíduos isolados e naturais, ou seja, de construir um Estado de necessidade e um Estado de entendimento.[10] Essa cisão do Eu moderno com a sociedade encontra sua correspondência na cisão entre sujeito agente e necessidades próprias: a natureza humana interpretada em termos empiristas, a pulsão e a inclinação se contrapõem de maneira irreconciliável às normas universalmente justificadas do direito civil e da ética formalista.

As três "cisões" sinalizam o contexto em que o próprio Hegel vê o impulso para o filosofar: "Quando o poder de unificação desaparece da vida dos homens e as oposições perdem sua relação e interação vivas e conquistam independência, surge a necessidade da filosofia" (*Escritos de Jena*, p.22). Compreendemos a vida, uma vez que se trata de sua cisão e unificação, de início como contexto de vida *social*. Neste, e essa é minha tese, se coloca o problema da identidade do qual Hegel partiu. Talvez a reflexão seguinte possa ajudar a circunscrever a tarefa à qual a filosofia de Hegel tenta dar uma resposta.

O monoteísmo, principalmente o cristianismo, foi a última formação de ideias que ofereceu uma interpretação profundamente unificada reconhecida por todos os membros da sociedade. Porém, não pôde mais cumprir essa pretensão exegética em concorrência com a ciência e com a moral profana. Mas mesmo que a filosofia pudesse, com seus meios conceituais, substituir as operações profundamente unificadas da religião universal, o *verdadeiro* problema ainda não seria resolvido; pois

---

10 Neuendorf, *Der Begriff des Interesses. Eine Studie zu den Gesellschaftstheorien von Hobbes, Smith und Marx*.

o monoteísmo havia criado justamente a oposição entre estruturas universalistas do Eu e estruturas comunitárias, de um lado, e a identidade estatal particular, de outro. Essa oposição existe em parte porque o Estado é a forma de organização de uma sociedade de classes, cujas desigualdades não podem ser justificadas de maneira universalista; em parte porque essa forma de organização tem por consequência uma autoafirmação dos Estados soberanos que é novamente incompatível com princípios universalistas. Se a filosofia, portanto, deve resolver sua tarefa de unificação, ela precisa superar tanto a pretensão exegética da religião, fundadora de unidade, quanto restaurar aquela unidade que até agora apenas o mito estava em condições de expressar. Isso explica porque Hegel sempre esclarece o conceito de eticidade referindo-se à vida da *polis*; aqui, no politeísmo grego, pôde ser formada uma identidade do indivíduo em consonância com a identidade da cidade. A filosofia deve restaurar essa unificação produzida no mito dos indivíduos *singulares* com sua comunidade política *particular* no horizonte de uma ordem cósmica *universal* sob condições que nesse ínterim foram fundadas com as ideias modernas de liberdade e de individualidade plena dos indivíduos.[11]

Mas isso significa que o problema da identidade moderna, a saber, a cisão do Eu com a sociedade, ainda não pode ser resolvido, caso não se consiga compreender a identidade absoluta do Eu ou do espírito com a natureza em seu todo. É preciso compreender conceitualmente que o mundo da natureza e da história é mantido unido em virtude de um poder

---

[11] Sob esse ponto de vista, C. Taylor submeteu o conjunto da obra de Hegel a uma interpretação analiticamente atenta. Cf. Taylor, *Hegel*.

unificador. Hegel tinha diante de seus olhos um modelo para um *tal* espírito, que tem fora de si e diante de si um outro, algo absolutamente diferente, a saber, a natureza, e que, no entanto, mantinha uma relação de identidade entre sua identidade e aquele não idêntico: o Eu, ou antes sua operação peculiar de relacionar-se consigo mesmo, na medida em que se sabe diferente de todos os outros Eus como uma essência perfeitamente individuada e ao mesmo tempo se sabe imediatamente idêntico com estes Eus na qualidade de Eu em geral. A conservação intersubjetiva da identidade do Eu é a experiência originária da dialética, e o "Eu" é o protoconceito dialético.[12]

Tão logo a filosofia da unificação consegue identificar na natureza o espírito em sua exterioridade absoluta, também a cisão entre Eu e sociedade pode ser suprimida no conceito de espírito objetivo. Pois neste o espírito reproduz em si mesmo uma segunda vez a natureza, neste caso na forma da naturalidade das instituições sociais e do processo histórico. Com a ajuda desse conceito, o espírito subjetivo, o Eu, pode ser pensado de maneira universalista como a vontade livre e, apesar disso, ser identificado com a particularidade de um determinado espírito do povo e de um Estado particular; pois, não obstante sua particularidade, a universalidade e a razão são inerentes ao espírito objetivo: na qualidade de segunda natureza, o espírito objetivo está determinado a encontrar sua razão de ser no espírito absoluto, especialmente na religião e na filosofia. A unidade do

---

12 O significado da relação entre ser-si-mesmo e amor para o surgimento da dialética foi apresentado por Henrich, Hegel und Hölderlin, p.9 et seq. Cf. Id., Hegels Logik der Reflexion, p.95 et seq., principalmente p.97 et seq.; além disso, ver minha investigação sobre a filosofia do espírito de Hegel do período de Jena em Arbeit und Interaktion, p.9 et seq.

espírito objetivo e do absoluto soluciona o problema moderno da identidade. Ela soluciona a tensão entre a identidade do Eu formada em termos universalistas e a identidade fortemente particular do Estado, que em guerra torna um dever até mesmo o autossacrifício dos indivíduos, pois o Estado, enquanto o outro do espírito absoluto, do espírito verdadeiramente universal, apesar de sua particularidade, é racional – a efetividade da ideia ética (*Filosofia do direito*, § 257). Do mesmo modo, também a cisão do Eu moderno com sua própria natureza pode ser suprimido na unidade do espírito subjetivo com o objetivo.

Eu me contento com essa breve referência à *estratégia de solução* que Hegel escolhe para o problema da identidade, e ao *meio construtivo* do qual se serve para tanto. Hegel empreende a tentativa descomunal na pretensão, incomparável na força de implementação, e por isso fascinante até os dias de hoje, de produzir para a consciência moderna um saber assegurador da identidade de maneira semelhante a como a "ciência concreta" do pensamento mítico um dia teve de fazer para a consciência arcaica. Em princípio, Hegel pode classificar de tal modo todos os fenômenos no processo de automediação do espírito absoluto que eles iluminam o local em que o Eu moderno encontra seu lugar: a estrutura, que torna compreensível a natureza e a história em sua multiplicidade essencial, é ao mesmo tempo a estrutura na qual o Eu pode produzir e conservar sua identidade. Tornar compreensível ou conceber conceitualmente significa: trabalhar para afastar todas as contingências que são ameaçadoras para a identidade do Eu, pois, pelo ato de conceber conceitualmente, este Eu se identifica com um espírito do qual Hegel afirma consumar em si mesmo o "aniquilar do nulo" e o "esvaziar do vazio" (*Enciclopédia*, § 386). No entanto, a compreensibilidade universal exige necessidade universal. Com isso, esta necessidade não precisa ser pensada tal qual no mito como encadeamento fatal, não deve simplesmente se contrapor à contingência que ela de fato nega. Por essa razão, Hegel empregou todo o esforço para preservar a ideia da liberdade, da subjetividade infinita e da individualidade perfeita, reconciliando assim a necessidade absoluta com a contingência da vontade livre. Talvez ele tenha sido bem-sucedido nisso.[13] Mas para a consciência moderna não é constitutiva apenas a ideia de liberdade, mas igualmente o pensamento objetivador ilimitado e uma orientação radical para o futuro. Porém, em virtude do pensamento objetivador e orientado ao futuro,

---

13 Pelo menos na interpretação apresentada por D. Henrich: "Se considerarmos sua (de Hegel) doutrina da necessidade da totalidade do ser sob o ponto de vista da eticidade e a compreendermos como uma expressão conceitual para as estruturas do fenômeno ético, então não há mais dificuldade em unificar a contingência do ente com a necessidade do ser pretendido. A concepção hegeliana da eticidade era sem dúvida a de que a indeterminidade do necessário se manifesta justamente na operação de libertação do contingente. Afirmar a necessidade ética indeterminada implica a tarefa do particular, livrar--se do vazio, libertação tanto do que é apenas contingente quanto do insignificante, também no próprio ser natural, seja na própria sorte, na doença ou na morte. O deixar-ser do ente contingente surge aqui da necessidade do ser. Para a consciência ética, os conceitos de necessidade e contingência são mediados de tal modo que a construção de Hegel, por mais problemática que seja, alcança na ética, e enquanto pressuposto teórico da própria consciência ética, um sentido bom. Ela nos permite pela primeira vez determinar conceitualmente a relação do sujeito particular com a universalidade, de um lado, e pensar a totalidade do ente de tal modo que se possa admiti-la como possibilidade em sua eticidade, de outro lado" (Henrich, Hegels Theorie über den Zufall, p.184 et seq.).

surgem outras contingências que no conceito de necessidade absoluta não são consideradas com um cuidado tão grande quanto a contingência da vontade livre.[14]

IV

Contudo, não desenvolverei aqui as dificuldades imanentes da construção hegeliana.[15] Em vez disso, eu gostaria de discutir

---

14 O pensamento objetivador imputa à natureza uma conformidade a leis de modo que nós podemos prever e controlar acontecimentos observáveis apenas com a ajuda de leis naturais reconhecíveis. A natureza se comporta de maneira contingente na medida em que escapa do nosso controle. Diante de contingências desse tipo, o pensamento objetivador não tem poder algum; também não pode obtê-lo, já que reflete o progresso técnico e científico que nega a contingência. Ele se comporta de modo semelhante àquele do pensamento orientado ao futuro, que conta com inovações. São contingentes as possibilidades de conhecer, agir e sentir, as quais só são produzidas mediante novas estruturas, isto é, novas condições de possibilidade. O pensamento conceitual excluirá contingências desse tipo, pois o espírito que chegou a si mesmo na filosofia já deve ter percorrido todas as estruturas que jamais podem surgir. Tal qual a ciência, também a história chegou a seu fim essencial. A contingência da natureza descontrolada e do essencialmente novo na história é diferente da contingência da liberdade de tomar decisões, que Hegel tinha em vista a título de paradigma.

15 As objeções essenciais, tendo em vista os objetivos da argumentação, já foram levantadas após a morte de Hegel por Feuerbach, Kierkegaard, Marx, Trendelenburg e Fichte. Em muitos desses caminhos argumentativos o problema da contingência desempenhou um papel fundamental. Em prosseguimento a tais motivos jovem-hegelianos da crítica a Hegel, Adorno questionou o conceito de identidade racional, todavia sem a intenção de renunciar à intenção que aquele devia expressar. Cf. sobretudo Adorno, *Dialética negativa*. Contudo, a

a tese de Hegel *de que a sociedade moderna encontrou sua identidade racional no Estado constitucional soberano, e que cabe à filosofia expor essa identidade como uma identidade racional*. Ao me aproximar de Hegel a partir de fora, gostaria de indicar antes algumas dificuldades às quais essa tese se vê exposta à luz de nossas experiências presentes.

Comecemos pelo papel da filosofia. Hegel vê no Estado a vida racional da liberdade autoconsciente; a consciência do cidadão, de viver sob leis racionais, pertence por isso essencialmente à efetividade do Estado. Na medida em que essa consciência assume a forma explícita de uma doutrina, é a filosofia, mais precisamente a filosofia do direito, que faz a mediação do discernimento da racionalidade da organização estatal: "pretende-se que os homens tenham respeito pelo Estado, por esse todo do qual são ramos, então isso ocorre da melhor maneira graças ao discernimento filosófico da essência mesma" (*Filosofia do direito*, § 270, Adendo). Ainda que não se partilhe da concepção dominante de Platão até Hegel segundo a qual a filosofia tem de permanecer sempre uma coisa de poucas cabeças capazes de discernimento em termos especulativos, é difícil ver, todavia, de que maneira uma doutrina filosófica, similarmente à religião, poderia ser um bem comum de toda uma população. Por essa razão, Hegel acrescenta no trecho citado que, na falta do discernimento filosófico, também a convicção religiosa podia conduzir a tanto. Isso é consequen-

---

crítica adorniana não atinge um conceito de identidade introduzido em termos de uma teoria da comunicação, tal qual nesta conferência. Cf. minhas considerações sobre Adorno em *Philosophisch-politische Profile*, p.184, principalmente p.192-199.

te pois a religião se distingue da filosofia, como se sabe, não no que concerne ao conteúdo, mas apenas à forma: também a religião procura representar o absoluto. Nesse sentido, Hegel pode dizer que a filosofia também deve ser substituída pela religião em sua função de justificação do Estado.

Porém, contra a filosofia da religião ergueu-se desde o início a objeção de que uma consciência religiosa, que é somente a exposição exotérica de conceitos filosóficos, despoja-se de sua substância e autonomia e é destinada a se dissolver no *medium* do pensamento. Por mais que isso possa dizer respeito ao ateísmo oculto da filosofia hegeliana (a necessidade absoluta interdita, se vejo corretamente, à contingência da vontade divina exatamente o momento do "inexplorado" que é essencial para a expectativa da graça e da salvação), é difícil negar empiricamente o desenvolvimento em direção a um ateísmo de massa. Sob tais circunstâncias, levanta-se novamente a questão de saber se um sistema parcial – e, dado o caso, qual sistema parcial – pode ocupar o lugar do sistema religioso a fim de nele o todo de uma sociedade complexa possa ser representado e integrado na consciência normativa de todos os membros da sociedade. A filosofia institucional, as ciências particulares ou o sistema científico conjuntamente com certeza não podem assumir esse papel: eles produzem opiniões doutrinárias mutáveis e especializadas com pretensão meramente hipotética. E não vejo outros candidatos (a não ser que se acredite na capacidade de propagação daquelas formas regressivas de consciência religiosa, que hoje marcaram uma série de subculturas sob o signo do zen-budismo, da meditação transcendental, *Jesus People* e outras terapias pseudocientíficas operando com a yoga, auto-hipnose e dinâmicas de grupo).

Para a reconstrução do materialismo histórico

Presumo que a questão a respeito das possibilidades de uma identidade coletiva em geral precisa ser colocada de outra maneira: na medida em que buscamos um substituto para uma doutrina religiosa, que integra a consciência normativa de toda uma população, supomos que também sociedades modernas ainda constituem sua unidade na forma de imagens de mundo, estipulando substancialmente uma identidade comum. Não podemos mais partir disso. Na melhor das hipóteses, podemos hoje ver uma identidade coletiva ancorada nas condições formais sob as quais suas projeções da identidade são produzidas e transformadas. Sua identidade coletiva não se defronta com os indivíduos a título de conteúdo tradicional em que a própria identidade pode ser formada como se estivesse apoiada em um aspecto solidamente objetivo; pelo contrário, os próprios indivíduos participam no processo de formação – e de formação da vontade – de uma identidade comum ainda a ser projetada. A racionalidade do conteúdo da identidade, portanto, é medida somente com base na estrutura desse processo de produção, isto é, nas condições formais da realização e do exame de uma identidade flexível, em que todos os membros da sociedade podem se conhecer e reconhecer reciprocamente, ou seja, *se respeitar*. Para os conteúdos determinados em cada caso, a filosofia e a ciência, mas não somente elas, podem assumir uma função de estímulo, não uma função de certificação. A filosofia pode, quando muito, reivindicar uma certa competência quando se trata da análise de condições necessárias que precisam ser preenchidas para que projeções da identidade possam levantar a pretensão de se realizar racionalmente.

De início, porém, gostaria de me introduzir no núcleo da tese de Hegel, ou seja, na afirmação segundo a qual, tanto agora quanto antes, a organização estatal é o âmbito em que as sociedades formam sua identidade. Aqui surgem dificuldades que parecem tornar sem sentido a questão acerca de uma identidade racional enquanto tal. Eu menciono quatro argumentos que me parecem ser os mais importantes.

1. Se estiver correta a afirmação de que a sociedade moderna forma uma identidade racional na configuração do Estado constitucional, o interesse do todo tem de se expressar nas instituições do Estado e se realizar por meio de determinados fins: "Na medida em que essa unidade não está presente, algo não é *efetivo*, ainda que a existência possa ser suposta" (*Filosofia do direito*, § 270, Adendo). Desde a crítica de Marx à filosofia do direito de Hegel, no entanto, sempre se objetou que o Estado de direito burguês, seja na forma do Estado estamental da monarquia constitucional deduzida por Hegel ou também em suas expressões liberais e típicas das democracias de massa, não seria um Estado "efetivo" (no sentido enfático da lógica hegeliana), mas um Estado "meramente existente". Enquanto a sociedade apresentar estruturas de classes, a organização estatal tem de acentuar de maneira privilegiada os interesses parciais diante dos interesses gerais. O sistema político permanece dependente de imperativos de um sistema econômico que institucionalizou a distribuição desigual da propriedade dos meios de produção, portanto, do poder e da riqueza. Contudo, por mais que o sistema econômico capitalista também tenha evoluído e se modificado no quadro de uma democracia desenvolvida com base na concorrência, em um fato fundamental ele não se modificou tanto assim: também hoje as prioridades sociais da ação estatal se formam de maneira naturalizada, não

se expressando em interesses capazes de universalização de toda a população.[16] O mesmo vale para os Estados do socialismo burocrático, nos quais o poder de disposição sobre os meios de produção encontra-se nas mãos de uma elite política.

2. O próximo argumento depende deste mencionado antes. Mesmo se a soberania do Estado não fosse limitada internamente pelas estruturas de classes e enfraquecida por uma socialização, imposta em termos econômicos, dos processos políticos de planejamento, externamente, em todo caso, a soberania do Estado se tornou anacrônica.[17] Hegel ainda pôde partir do sistema dos Estados nacionais europeus e, em contrapartida, tratar a unidade projetiva do direito das gentes na qualidade de mera representação moral (*Filosofia do direito*, § 333). Apenas o Estado soberano diante de outros Estados – Hegel o nomeia de o poder absoluto na Terra (§ 331) – pode possuir a independência exigida quando nele a sociedade deve poder formar sua identidade. Sem dúvida, como Hegel já observou, com o estabelecimento do comércio mundial, uma rede de interação cada vez mais densa se estendeu sobre as fronteiras do Estado; por isso, pode surgir a impressão que, desde então, com o desenvolvimento das técnicas de intercâmbio e de informação, e a crescente interligação econômica e tecnológica, também havia acelerado um processo internacional de socialização sem que a *estrutura* intraestatal fosse modificada. No novo horizonte da sociedade mundial, que a rede global das possibilidades de comunicação criou, não

---

16 Offe, *Strukturprobleme des kapitalistischen Staates*; Habermas, *Legitimationsprobleme im Spätkapitalismus*.
17 Cf. o caderno temático Die anachronistische Souveränität.

surgiram novas formas de organização supraestatal com competências e capacidades de controle quase estatais. Contudo, da inexistência de um Estado mundial não podemos concluir pela continuidade da soberania de Estados individuais. A margem de ação soberana dos Estados individuais foi limitada ao menos em virtude de três fatores (quase se poderia dizer: mediatizada por eles): em primeiro lugar, pelo desenvolvimento da técnica armamentista, que tornou o evitamento da guerra, como um caso de emergência, um imperativo de sobrevivência para as superpotências[18]; em segundo lugar, pela organização supraestatal da disposição sobre o capital e a força de trabalho (apenas 17 Estados têm um orçamento maior que o faturamento anual da *General Motors*)[19]; e, em terceiro lugar, pela instância moral de uma esfera pública mundial, cujas frações perpassam transversalmente os Estados (as reações efetivamente globais ao Vietnã se polarizaram mais segundo as frentes da guerra civil do que de acordo com as fronteiras do Estado).[20]

3. Enquanto esse argumento conduz à questão de saber se a realidade de uma sociedade mundial em surgimento ainda é compatível com uma identidade relacionada a territórios, o próximo argumento se dirige contra a possibilidade em geral de uma identidade ligada à sociedade mundial em geral. Problemas de identidade só podem ter sentido enquanto as sociedades forem enquadradas em um mundo da vida simbo-

---

18 Cf. Weizsäcker, *Kriegsfolgen und Kriegsverhütung*, principalmente Introdução, p.3 et seq.
19 Fröbel, Heinrichs, Kreye e Sunkel, Internationalisierung von Kapital und Arbeit.
20 Kaiser, Transnationale Politik, p.80 et seq.

licamente construído e normativamente compreensível. Na esteira da imposição do modo de produção capitalista, a economia se desatou dos limites da economia doméstica, e finalmente de uma integração mediante normas de ação. A esfera da "sociedade civil", separada tanto do Estado quanto da família, é controlada pelos imperativos do mercado e não pela orientação ética de sujeitos agentes; por isso, para Hegel, ela se apresenta como "perda da eticidade" (*Filosofia do direito*, § 181 et seq.). Certamente, Hegel precisa assumir que o sistema das necessidades, mediante a integração jurídica no Estado, *preserva* sua conexão com a vida ética. Entretanto, com a complexidade crescente da sociedade, os problemas de controle alcançam um primado tão grande que o Estado não é mais capaz de realizar a integração mediante normas. A ação administrativa, por seu turno, torna-se dependente de *problemas de controle* que são produzidos e definidos, por assim dizer, livre de normas, ou seja, sem levar em consideração *problemas do mundo da vida*, sobretudo pelos sistemas parciais que se encontram à frente: economia, técnica e ciência. Assim, pode-se hoje afirmar com boas razões que uma sociedade mundial já se constituiu "sem se apoiar em uma integração política e normativa".[21]

4. O último argumento retira sua força da evidência de um desenvolvimento histórico que não se encaixa nos conceitos de Hegel. No último um século e meio, impuseram-se duas formas de identidade coletiva: não o Estado constitucional, mas a nação e o partido. No melhor dos casos, os movimentos nacionalistas na Europa do século XIX poderiam ser relacionados àquele

---

21 Luhmann, Die Weltgesellschaft, p.33.

patriotismo que, para Hegel, também expõe um momento da identidade racional do Estado. Mas a nação só se tornou fundamento de uma identidade sólida, não incompatível de antemão com metas racionais, quando foi o elemento vinculativo para o estabelecimento do Estado democrático, de um programa universalista em seu núcleo. De modo similar, hoje, nos países desenvolvidos, o nacionalismo só adquiriu substância graças à sua vinculação com metas social-revolucionárias dos movimentos de libertação. Sem tais infraestruturas universalistas, a consciência nacionalista deve recair em um particularismo renovado; isso significa então ou, tal qual o fascismo, um perigoso fenômeno de regressão das sociedades altamente desenvolvidas, ou, como no gaulismo, um programa desde o início impotente.

A outra forma historicamente importante de identidade coletiva se formou no movimento dos trabalhadores europeus do século XIX e começo do XX, amplamente influenciada pelo marxismo. Ela foi sustentada pelos partidos revolucionários, cujo papel é determinado pelo sistema de referência da guerra civil mundial, ou seja, da luta de classes internacional. O partido comunista incorpora pela primeira vez um tipo de partidarismo em favor do universal racional que ainda não se efetivou, como Hegel supôs, na totalidade ética do Estado, mas precisa primeiramente de efetivação prática. A forma particular do partido é mediada, com o universalismo das metas, pela inclusão da dimensão futura, vale dizer, por um deslocamento diacrônico da razão. Em outras palavras: o partido pode pretender racionalidade na medida em que sua práxis de fato exige a entrada de circunstâncias em que ele mesmo se torna supérfluo na qualidade de partido. Como a experiência histórica desde a Revolução de Outubro ensina, partidos comunistas que chegaram ao poder, no entanto, estabeleceram-se por longo tempo na qualidade de partidos altamente burocratizados do Estado, enquanto aqueles que não chegaram ao poder abandonaram a missão revolucionária e se introduziram em um sistema pluripartidário. Esses exemplos corroboram a suposição de que hoje a identidade da sociedade não pode mais ser alocada em uma organização, seja o Estado nacional ou o partido paraestatal.[22]

V

Se colocarmos diante de nossos olhos todas essas dificuldades, segue-se daí que a questão de saber se e como sociedades complexas podem formar uma identidade racional deixa absolutamente de ser uma questão dotada de sentido? De fato, essa consequência foi assumida de maneira enérgica por Niklas Luhmann.

Luhmann afirma que sociedades complexas não podem mais criar uma identidade por intermédio da consciência dos membros de seus sistemas. A intersubjetividade do conhecer, do viver e do agir, produzida no mundo da vida por sistemas simbólicos de interpretação e de valor, possui uma capacidade demasiadamente restrita para combinar entre si a necessidade de controle de sistemas parciais altamente diferenciados. O invólucro do mundo da vida estruturado normativamente, que nas civilizações é formado e unificado pela religião, direito e instituições políticas, é rompido pelos problemas sistêmicos crescentes. Luhmann supõe "que a combinação peculiar de direito e política, justamente em

---

22 Luhmann, Religiöse Dogmatik und gesellschaftliche Evolution, p.76.

sua capacidade de desempenho particular, foi uma especialização errada do desenvolvimento da humanidade que [...] não pode ser transferida ao sistema da sociedade mundial".[23] A sociedade mundial se constitui, principalmente, em âmbitos de interação que, tal qual economia, técnica e ciência, criam problemas que devem ser cognitivamente elaborados. Os riscos surgidos aqui não podem ser dominados apenas por novas regulações normativas, mas unicamente graças a processos de aprendizagem que superem as contingências, os quais não se enquadram na esfera da compreensibilidade vinculada à identidade.[24] A identidade da sociedade mundial, esta é a tese, pode se realizar apenas no âmbito da *integração sistêmica*, ou seja, na medida em que os sistemas parciais altamente diferenciados apresentem entornos adequados uns para os outros, e não mais no âmbito da *integração social*.[25] Com isso, a realidade sistêmica da sociedade emigra, por assim dizer, da intersubjetividade do mundo da vida habitado por indivíduos socializados. *Os indivíduos pertencem exclusivamente ao entorno de seu sistema social.* A sociedade conquista diante deles uma objetividade que, por não se referir mais de modo algum à subjetividade, também não pode mais se envolver em um contexto de vida intersubjetivo. Sua objetividade não significa mais somente autonomização [*Verselbständigung*], não é mais sintoma de uma identidade reificada. Luhmann diz "que

---

23 Luhmann, Weltgesellschaft, p.14.
24 Cf. neste volume p.57 et seq., e nota 15.
25 Sobre os conceitos, cf. Lockwood, Social Integration and System Integration, p.244 et seq.; sobre a tese, cf. a primeira parte de meu trabalho *Legitimationsprobleme im Spätkapitalismus*.

a evolução social ultrapassou a situação em que fazia sentido referir a relação social aos homens".[26] Vimos de que maneira, no curso da desmitologização das imagens de mundo, a esfera da natureza é dessocializada e se libertou na qualidade de objeto do pensamento objetivante; esse processo deve prosseguir agora na forma de uma desumanização da sociedade, de tal modo que a sociedade é alienada em uma segunda fase de objetivação do mundo inteligível, mas não a fim de se tornar objeto do pensamento objetivador, e sim para remeter por sua vez os sujeitos à posição dos entornos sistêmicos. Porém, tão logo os indivíduos e sua sociedade se encontraram conjuntamente em relações recíprocas de sistema e entorno, o cruzamento de identidade do Eu e identidade de grupo, em que sem dúvida se expressam estruturas complementares de intersubjetividade, perdeu, por assim dizer, sua base.

Luhmann acredita que aquele cruzamento não se tornou apenas impossível, mas também desnecessário. Pois a operação peculiar da identidade, o ser-refletido-em-si de um sujeito que é consigo mesmo na retirada ao mundo, pode muito bem ser assumida pelos sistemas. A unidade do sistema pode ser tornada acessível para subsistemas parciais graças à autotematização, sem que necessitasse de algum sujeito.[27] Enquanto o sistema, por meio de *adaptação*, se orienta pelos altos e baixos de um entorno supercomplexo, um sistema parcial se refere

---

26 Luhmann, Religiöse Dogmatik und gesellschaftliche Evolution, p.37; cf. Id., Das Phänomen des Gewissens und die normative Selbsbestimmung der Persönlichkeit, p.223 et seq.
27 Luhmann, Selbstthematisierungen des Gesellschaftssystems, p.21 et seq.

na *reflexão* ao sistema abrangente ao qual ele mesmo pertence.[28] Com esses conceitos fundamentais, a questão acerca da identidade racional de uma sociedade altamente complexa pode ser reformulada nos termos de uma teoria dos sistemas. A identidade formada de maneira incompleta da sociedade mundial é introduzida como "déficit de reflexão"; isso pode ser reequilibrado "na medida em que sistemas parciais funcionalmente diferenciados aprendem ao mesmo tempo por si mesmos a se identificar e delimitar como entorno adequado de outros sistemas parciais".[29] Esse processo de aprendizagem exige uma orientação radical para o futuro. A renúncia a uma unidade sistêmica produzida mediante uma integração normativa significa que a tradição cultural pode ser manipulada segundo necessidades de controle, que a história pode ser manipulada. Os sistemas parciais podem decidir a cada vez em quais conexões vale a pena ter um passado; de resto, eles projetam suas possibilidades de desenvolvimento em um futuro contingente. Pois no horizonte do planejamento, o presente aparece agora como o passado de presentes contingentes no futuro hoje pré-selecionados.[30] A consciência histórica é paralisada em favor de uma auto-objetivação em que os futuros antecipados determinam um presente destituído de memória.

A objeção geral contra essa série de afirmações é simples. Na linguagem da teoria dos sistemas, tal objeção tem o seguinte teor: uma integração sistêmica suficiente da sociedade não é equivalente funcional algum para uma medida necessária de

---

28 Luhmann, Religiöse Dogmatik und gesellschaftliche Evolution, p.95.
29 Luhmann, Selbstthematisierungen des Gesellschaftssystems, p.35.
30 Luhmann, Weltzeit und Systemgeschichte, p.91 et seq.

integração social. Isso significaria: a conservação de um sistema social não é possível se as condições de conservação dos membros dos sistemas não forem preenchidas. A sociedade mundial concebida em processo de surgimento pode ainda aumentar muito suas capacidades de controle; se isso for possível apenas ao preço da substância humana, cada nova fase evolucionária deveria significar a autodestruição dos indivíduos socializados e de seu mundo da vida.

Horkheimer e Adorno demonstraram para a história da consciência da espécie humana uma perversão similar do progresso na racionalidade da autoconservação. A penetração racional e a disposição técnica crescente sobre uma natureza externa desmitologizada, assim descreve o diagnóstico, tem, por fim, o custo da negação da natureza interna reprimida do homem: os próprios sujeitos se atrofiam. Eles – pelos quais se iniciou a submissão, reificação e desencantamento da natureza – são afinal tão reprimidos e alienados em sua própria natureza que progresso e regresso se tornam indistinguíveis.[31] O objetivismo em relação à *natureza dessocializada*, do qual se ocupa a "dialética do esclarecimento", é superado pela auto--objetivação de uma *sociedade desumanizada*, que na qualidade de sistema não apenas se autonomizou diante dos indivíduos, mas se estabeleceu fora do mundo habitável por indivíduos. A crítica da razão instrumental, no entanto, ao revelar a aparência objetivista, elimina a legalidade própria de uma natureza irredutível à subjetividade; uma crítica da razão funcionalista

---

31 Horkheimer e Adorno, *Dialektik der Aufklärung*; sobre isso, cf. Wellmer, *Kritische Gesellschaftstheorie und Positivismus*, p.136 et seq.

tampouco pode negar a especifidade das estruturas sistêmicas que permanecem exteriores às estruturas da intersubjetividade. No primeiro volume do *Capital*, Marx empreendeu essa tentativa. Com a investigação genial do duplo caráter da mercadoria, ele construiu a relação de troca, e com isso o mecanismo de controle do mercado, como uma relação de reflexão a fim de esclarecer funcionalmente o processo econômico capitalista total não somente sob as perspectivas de controle, mas ao mesmo tempo para poder torná-lo compreensível na qualidade de antagonismo de classes, isto é, de uma totalidade ética cindida. Em termos de estratégia de pesquisa, a teoria do valor tem o sentido de permitir a ilustração de problemas de integração sistêmica no âmbito da integração social.[32] Hoje,

---

32 Isso foi demonstrado por Reichelt, *Zur logischen Struktur des Kapitalbegriffs*: "Desde as primeiras indicações na crítica ao direito público de Hegel, onde Marx nota que a 'sociedade burguesa' efetua dentro de si mesma a relação entre o Estado e a sociedade civil [*bürgerlich*]; na equiparação, explicitamente levada a cabo, entre crítica da religião e crítica do Estado político, no ensaio *Sobre a questão judaica*; nos *Manuscritos econômico-filosóficos*, com a primeira determinação mais exata da base e na *Ideologia alemã*, enquanto tentativa de conceber a duplicação do mundo na sociedade burguesa e as superestruturas idealistas como produto da autodissolução e da autocontradição do fundamento mundano, da sociedade burguesa em seus diferentes estágios, há uma linha reta que conduz à teoria do valor e do dinheiro desenvolvida por Marx. [...] Resumamos mais uma vez de forma breve a problemática fundamental da teoria do valor de Marx. Os indivíduos são integrados em um sistema de dependência multilateral, em um 'sistema de necessidades', na medida em que, em sua produção concretamente sensível, são remetidos à produção de todos os outros. No conteúdo de seus trabalhos, mostra-se o caráter social de sua atividade, ela é sempre produção social, mas — e isto sim é o decisivo — de modo algum é uma produção conscientemente coletiva.

Para a reconstrução do materialismo histórico

dificilmente ainda seria promissora uma tentativa análoga de *penetrar* nas conexões da teoria dos sistemas a partir das estruturas da intersubjetividade.[33]

O fato de os indivíduos produzirem socialmente, porém ao mesmo tempo independentemente uns dos outros, só é possível se o caráter coletivo da produção igualmente se revelar, mesmo que seja em uma forma que corresponda em sua forma determinada à forma alienada da produção social. Encontramo-nos aqui, por assim dizer, no centro nervoso daquela estrutura que conhecemos como objeto de toda a obra de juventude. A coletividade humana aparece sob a forma da alienação porque, na forma invertida da apropriação da natureza, a própria vida humana genérica se torna meio da vida individual. Esta conexão entre a obra da juventude e a da maturidade fica evidente particularmente no seu rascunho: 'Os produtores existem apenas objetivamente uns para os outros, o que é desenvolvido posteriormente apenas na relação do dinheiro, em que sua própria coletividade aparece como uma coisa exterior e, por isso, casual. O fato de a relação social, que surge pela colisão de indivíduos independentes, aparecer diante deles tanto como necessidade objetiva quanto como um vínculo externo, expõe precisamente sua independência, para a qual a existência social certamente é uma necessidade, mas apenas meio, ou seja, aparece aos próprios indivíduos como algo externo, no dinheiro inclusive como uma coisa tangível. Eles produzem na e para a sociedade, na qualidade de seres sociais, mas ao mesmo tempo isso aparece como mero meio para socializar sua individualidade. Uma vez que eles não estão subsumidos sob uma coletividade naturalizada, nem por outro lado subsumem a coletividade sob si mesmos enquanto comunidade consciente, ela tem de existir diante deles, na qualidade de sujeitos independentes, como algo objetivo igualmente independente, exterior e casual. Isso é justamente a condição para que eles se encontrem, como pessoas privadas independentes, ao mesmo tempo em uma relação social (*Grundrisse*, p.909)" (Reichelt, *Zur logischen Struktur des Kapitalbegriffs*, p.137, 150).

33 Porque a troca de mercadorias não apresenta mais o *medium* de controle para processos do sistema econômico em sociedades de capitalismo

De outro lado, as estruturas do mundo da vida têm de ser levadas em consideração como *constituintes*[34] dos sistemas sociais e inseridas, a título de *delimitações*, na análise sistêmica de soluções de problemas.[35] Uma teoria dos sistemas tornada selvagem, que desconsidera isso, torna-se vítima de uma dialética do aumento da complexidade sistêmica, que também no mesmo instante mata a sociedade cuja vida aquela desenvolve de maneira evolucionária. Pois uma sociedade separada de seus membros em virtude das relações entre sistema e entorno morreria de acordo com os conceitos de uma vida social que se individua mediante socialização.

VI

As dificuldades mencionadas na tentativa de pensar uma identidade racional para sociedades complexas não devem nos induzir, enfim, a desistir dos conceitos de identidade do Eu

---

tardio. Cf., por exemplo, Offe, Tauschverhältnis und politische Steuerung, p.27 et seq. Considero insatisfatória a tentativa defensiva de separar analiticamente a teoria do preço da teoria do valor para aliviar *a priori* esta última da exigência posta com o problema da transformação. Se a teoria do valor tivesse de solucionar exclusivamente a tarefa de esclarecer o caráter de classe do modo de produção dependente do trabalho assalariado *em geral*, ela seria redundante diante das conhecidas hipóteses fundamentais do materialismo histórico sobre a evolução das sociedades de classes e principalmente do surgimento do capitalismo. Cf. Wolfstetter, Mehrwert und Produktionspreis, p.117 et seq.

34 Eder, Komplexität, Evolution, Geschichte, p.9 et seq.
35 Döbert, *Systemtheorie und die Entwicklung religiöser Deutingssysteme*, p.66 et seq.

e de grupo; contudo, elas nos oferecem razão suficiente para reconhecer como superado o conceito de identidade formado nas grandes civilizações, centrado no Estado, articulado e, ao mesmo tempo, estabelecido em imagens de mundo. Para concluir, eu gostaria de caracterizar provisoriamente sob três pontos de vista uma nova identidade, tornada *possível* em sociedades complexas e *compatível* com estruturas universalistas do Eu, distinguindo-a das identidades de grupos, própria das grandes civilizações.

1. A nova identidade de uma sociedade estatal abrangente não está apoiada sobre determinado território, nem sobre determinada organização. A nova identidade não pode mais ser determinada pelo pertencimento ou filiação na medida em que é regulada formalmente e especificada em virtude das condições de entrada e saída (por exemplo, pertencimento ao Estado, filiação partidária etc.). Hoje, a identidade coletiva também é pensável apenas em uma forma reflexiva, a saber, de tal maneira que *esteja fundada na consciência das oportunidades universais e iguais de participação nesses processos de comunicação, nos quais a formação da identidade se realiza na qualidade de processo continuado de aprendizagem.* Tais comunicações formadoras de valores e normas de modo algum possuem a forma precisa de discursos, e de maneira alguma são sempre institucionalizados, ou seja, esperados em determinados lugares para determinado tempo. Eles permanecem frequentemente difusos, manifestam-se entre definições distintas e penetram, irradiando da "base", nos poros das esferas da vida ordenadas de forma organizada. Eles possuem um caráter subpolítico, isto é, escoam abaixo do limiar dos processos políticos de tomada de decisão: porém, influenciam indiretamente o

sistema político porque modificam o quadro normativo das decisões políticas. As discussões sobre a chamada qualidade de vida são indícios de tais modificações provocadas de maneira subcutânea ou pelo menos de tematizações. Esses processos se fazem notar muitas vezes na desdiferenciação de esferas da vida até agora autônomas. Um exemplo marcante é a arte moderna. De um lado, ela se torna cada vez mais esotérica e se apresenta como um modo não científico de conhecimento; de outro, ela deixou os museus, teatros, salas de concerto e bibliotecas, para despir a autonomia da bela aparência e penetrar na práxis da vida, ou seja, sensibilizar, transformar as rotinas linguísticas, estimular as percepções, evidentemente se incorporar em formas de vida paradigmáticas. Outros exemplos são a despatologização de doenças mentais ou a desmoralização do crime. A estes pertencem também fenômenos que poderiam levar a uma desestatização da política – por exemplo, aquelas comunicações pelas quais as administrações planificadas entram em contato com os destinatários e os concernidos, ou, inversamente, as iniciativas cívicas que as obrigam a assumir tal comportamento. O conceito de "democratização"[36] não atinge a coisa mesma porque tais iniciativas e movimentos raramente ampliam a margem de ação de um participante efetivo nas decisões políticas: seu desempenho peculiar consiste antes em modificar as interpretações das necessidades reconhecidas publicamente. Quando uma companhia de um teatro municipal, membros de uma universidade, os membros de uma organização religiosa impõem exigências de cogestão, então isso também tem um aspecto

---

36 Cf., entre outros, Vilmar, *Strategien der Demokratisierung.*

político; porém, o mais interessante não é o deslocamento do poder, mas uma circunstância que foi antes obscurecida com palavras como politização (que eu também utilizei): refiro-me ao fato de que, desse modo, as rotinas – seja da dramaturgia, do ensino acadêmico ou da assistência religiosa, ou seja, os conteúdos normativamente congelados, os valores incorporados nas normas cotidianas – tornam-se tema e são, por assim dizer, fluidificadas de maneira comunicativa. Mas isso se refere ao próximo ponto de vista.

2. A nova identidade de uma sociedade mundial prestes a surgir não pode se articular em imagens de mundo; ela certamente precisa, caso apresentasse o complemento estruturalmente análogo às identidades pós-convencionais do Eu, supor a validade de uma moral universalista. Mas essas identidades remetem às normas fundamentais do discurso racional; isso vem ao encontro, de qualquer maneira, a uma identidade coletiva que, como dito, está fundada na consciência das oportunidades universais e iguais de participar nos processos de aprendizagem formadores de valores e normas. Uma tal identidade não precisa mais de conteúdos fixos para ser estável; porém, ela precisa de conteúdos a cada vez. Sistemas de interpretação asseguradores da identidade, que hoje tornam inteligível a posição do homem no mundo, distinguem-se de imagens de mundo tradicionais não tanto em seu alcance mais restrito, mas mais em seu *status* capaz de revisão.

Em parte, essas interpretações se alimentam de uma apropriação crítica da tradição na qual a filosofia desempenha um papel mediador, ao mesmo tempo interpretativo e reconstrutivo. Em parte, as interpretações globais também remetem a ideias fundamentais da ciência capazes de se popularizar, atingindo a autocompreensão dos homens: luta de classes, origem das espécies, o inconsciente são três termos básicos provenientes de contextos científicos que tiveram ampla repercussão. Em parte, trata-se também de sínteses populares de informações cientificamente disponíveis, que são *produzidas* para os fins de uma interpretação global: penso, por exemplo, na imagem do homem de muitos pesquisadores do comportamento animal.

Se olharmos hoje à procura de projeções de identidade de origem científica, deparamos ao menos com três, digamos, tendências de interpretação. As interpretações totais inspiradas na teoria dos sistemas contestam a possibilidade e o sentido de uma formação da identidade no âmbito macrossocial: problemas de identidade se movem entre as sombras dos problemas de controle dos sistemas e conservam no máximo um significado provincial. Interpretações totais inspiradas pela etiologia nos revocam a uma identidade sólida e rigorosamente delimitada, assentada sobre um substrato natural: problemas de identidade surgem de desenvolvimentos civilizatórios errados, que violam os limites da tolerância fixados com os aparelhos orgânicos dos homens. Por fim, *as* interpretações totais que remetem à tradição de Hegel e Marx, e das quais ofereço um exemplo hoje, não confiam mais em um aparelho universal da razão seguramente dado; mas elas se atêm, no entanto, àquelas pressuposições universais e inevitáveis que, sempre de maneira contrafática, habitam de tal modo o discurso e, com isso, a forma de vida sociocultural que liga os processos de socialização ao imperativo de uma formação das identidades do Eu e de grupos.

Tais projeções da identidade não podem erguer a pretensão de *status* de teorias científicas; elas se assemelham, pelo contrário, a hipóteses práticas que só podem ser comprovadas ou malogradas se estruturarem de maneira essencial a autocompreensão e a compreensão de mundo de uma população. Elas são falíveis de um modo muito doloroso, isto é, causam dor quando promovem uma identidade falsa.

3. A nova identidade de uma sociedade mundial, acompanhada da consciência de que ainda está inacabada, não pode ser orientada retrospectivamente por valores tradicionais, mas também não pode ser orientada *de maneira exclusivamente prospectiva* por tarefas de planejamento ou por formas de vida projetadas. Nas *tarefas de planejamento* se refletem os problemas sistêmicos e as delimitações das estruturas sistêmicas na medida em que se tornam conscientes e objeto de decisões políticas ou de tarefas administrativas. Nas *formas de vida* projetadas manifestam-se deslocamentos comunicativos de valores e normas. Mas a orientação radical para o futuro, que se estende até a formação da identidade, encontra seus limites nos fundamentos da nova identidade. Se à luz de presentes contingentes em relação ao futuro, ou seja, à luz de um futuro que não seria senão um espectro de perspectivas de planejamento, *tudo* estivesse à disposição, algo como uma identidade não poderia ser formada. Ora, vemos na consciência das oportunidades universais e iguais de participação nos processos de aprendizagem formadores de valores e normas o fundamento de uma nova identidade; ela mesma não precisa ser uma mera projeção. Caso contrário, ela também não seria senão um programa, permanecendo, tal qual Hegel censurou

com razão nas ideias do Esclarecimento e na ética kantiana, abstrata. Mas de onde retiramos a convicção de que as estruturas comunicativas universais obterão por si mesmas, pelo menos sem uma ação organizada e orientada estrategicamente, a validade de uma base da identidade? Pois não podemos partir de que hoje isso já é o caso.

Não é fácil responder à questão, mas para concluir eu gostaria de ao menos indicar *uma* resposta.

Adoto o exemplo do planejamento dos currículos. Até hoje, podiam ser prescritos sem grande problema novos planos de ensino. Entre os especialistas ocorreram certamente discussões, mas entre estudantes e pais, ou mesmo na esfera pública política mais ampla, inovações curriculares raramente foram notadas (talvez com uma exceção: a introdução da teoria darwinista da origem das espécies no ensino escolar).[37] Mesmo a complementação ou delimitação dos *humaniora* pelas ciências naturais foi uma revolução estabelecida no século XIX mediante a qual as autoridades escolares apenas ratificam o que, em todo caso, havia se modificado na consciência pública: não era necessário, na verdade, uma intervenção administrativa na tradição. A desilusão diante do humanismo de formação nos termos das ciências naturais é seguida hoje por outra onda de desilusão desencadeada pelas ciências sociais. Mas esta onda não se realiza mais no *medium* de uma tradição que, a partir de teores culturais em princípio acessíveis, faz uma seleção, tornando-a obrigatória e legítima. A tradição cultural era altamente seletiva e, ao mesmo tempo, evidente nessa seletividade. Hoje, as administrações devem planejar os currículos sem

---
37 Agradeço a H. Lübbe por ter me lembrado verbalmente deste caso.

poder se apoiar na tradição. Em parte, as evidências culturais foram desgastadas e as pretensões de validade tradicionais afetadas; em parte, a administração não encontra mais nichos de tradição correspondentes para as funções sociais modificadas, às quais a educação escolar deve se adaptar. Assim, o planejamento curricular parte do fato de que tudo poderia ser diferente. O planejamento curricular tenta assumir por si próprio uma operação essencial da tradição, a saber, fazer uma seleção legítima a partir de uma quantidade de tradições disponíveis. Enquanto torna precisos os objetivos da aprendizagem, fundamenta sua seleção de maneira argumentativa, concretiza as conexões de tais objetivos e os operacionaliza em etapas de aprendizagem particulares, o planejamento curricular reforça a pressão para a justificação diante daquela esfera que havia se caracterizado justamente por força de sua autorregeneração argumentativamente empobrecida.

Porém, nessa tentativa, as administrações fazem uma experiência típica: sua legitimação não é suficiente para a nova tarefa de uma seleção justificada argumentativamente a partir de possibilidades culturais. As amplas e enervadas reações aos novos planos de ensino, efeitos preocupantes de tipo inesperado, trazem à consciência que uma produção administrativa de legitimidade cultural é absolutamente impossível. Pelo contrário, para tanto é preciso antes aquelas comunicações formadoras de valores e normas, que vigoram apenas entre pais, professores e estudantes e são trazidas à cena, por exemplo, com iniciativas cívicas. Aqui as estruturas comunicativas de um discurso prático universal são realizadas por si mesmas porque a formação contínua da tradição é arrancada de seu *medium* naturalizado e porque um novo consenso em torno de valores não pode ser alcançado sem a ampla base de uma formação da vontade filtrada de maneira argumentativa.

Gostaria de tirar desse exemplo uma lição para nossa discussão. Os limites da intervenção administrativa na tradição e a pressão à fluidificação comunicativa da tradição revelam aquela legalidade própria em torno da qual hoje unicamente é possível cristalizar uma nova identidade, caso venha a existir: tendo em vista que as tradições formadoras de motivação perdem sua força naturalizada, equivalentes não podem ser criados por via administrativa; na mesma medida, as estruturas de comunicações formadoras de valores e normas, pelo contrário, exercem seu direito de continuar sendo as únicas geradoras de motivação, caso não se deva utilizar coerção manifesta. Isto, no entanto, é apenas uma indicação da *lógica* de *possíveis* transformações; com isso, nada ainda foi dito a respeito de *mecanismos empíricos* que permitiriam avaliar o alcance efetivo de tais transformações.[38] Eu quero tão somente afirmar o seguinte: se

---

38 A (admitida) inocuidade política dos meus exemplos, indicada pelos críticos do meu discurso, e que poderia reforçar os outros em sua "suspeita de idealismo", explica-se pela limitação de minha tarefa proposta: iniciativas comunais dos cidadãos ou lutas pela cogestão em domínios culturais são exemplos convincentes se tivermos de ilustrar que, a partir dos argumentos oferecidos pela lógica de desenvolvimento, não pode haver equivalente funcional algum para as comunicações deste tipo (ilimitadas e formadoras de motivação), tão logo e na medida em que as tradições formadoras de motivação se tornaram ineficazes. Com isto, não estou afirmando um automatismo empírico de desenvolvimento. Pois uma tarefa totalmente diferente seria a investigação de condições empíricas sob as quais uma nova identidade pode ser formada; esta tarefa seria compatível com a exigência de esclarecer as condições de transformação da estrutura sistêmica de sociedades capitalistas desenvolvidas e de sociedades

em sociedades complexas se formasse uma identidade coletiva, esta teria a forma de uma identidade quase nunca prejulgada em termos de conteúdo e independente de organizações determinadas, a identidade de uma comunidade daqueles que formam de maneira discursiva e experimental o seu saber, ligado à identidade, sobre projeções de identidade concorrentes, isto é, na memória crítica da tradição[39] ou estimulados pela ciência, filosofia e arte.[40] Entretanto, isso permitiria à estrutura temporal de uma memória orientada ao futuro formar estruturas universalistas do Eu mediante a tomada de partido a favor das tendências de interpretação particulares em cada caso; pois cada posição pode concordar com as outras posições, às quais se contrapõe *no presente*, precisamente na parcialidade em prol de um elemento universal a ser realizado *futuramente*.

---

socialistas burocráticas. – Esta seria uma exigência um tanto difícil para uma conferência.
39 Metz, Erinnerung [verbete], p.386 et seq.
40 As investigações estéticas de Walter Benjamin tratam da tarefa da arte de libertar e conservar potenciais semânticos; cf. meu ensaio intitulado "Bewuβtmachen oder rettende Kritik – die Aktualität Walter Benjamins", p.302 et seq.

III
Evolução

5
Para a comparação de teorias em sociologia: O exemplo da teoria da evolução*

I

Nota preliminar. Tanto quanto me é conhecido, até agora não existem teorias que explicam ou mesmo concebem de maneira adequada a evolução social. Um pressuposto necessário para a comparação entre teorias, que podiam concorrer entre si, não foi preenchido. Por essa razão, para nossa discussão vejo a dificuldade de que, sob pontos de vista fictícios de comparação entre teorias, tenhamos primeiramente de tornar plausíveis algumas abordagens teóricas. Nessa tentativa, temos a opção de citar algo conhecido, porém ultrapassado; ou, de outro modo, reformular o que é modestamente aceito; ou então introduzir

---

* No dia 31 de outubro de 1974, o Congresso Alemão de Sociologia em Kassel foi aberto com um simpósio em que N. Luhmann, J. Mathes, K. D. Opp, H. H. Tjaden e eu pudemos defender diferentes abordagens. Apresento em seguida minha contribuição a esse simpósio preparado conjuntamente com K. Eder (I) e um comentário posterior à discussão (II). (Ambos apareceram nos Anais do Congresso de Sociologia, Enke, Stuttgar, 1976.)

programas mais exigentes. Para ir direto ao ponto: temos a opção entre a dogmática, a trivialidade e a programática. Eu me decido pela programática.

1. As *quatro abordagens teóricas* que devem ser tratadas aqui se distinguem certamente em suas perspectivas metodológicas. Mas, no que diz respeito à teoria da evolução social que tenho em mente, elas não se relacionam entre si de maneira excludente. A aparência de ecletismo não poderá ser evitada por muito tempo enquanto uma teoria complexa e potencialmente esclarecedora ainda estiver em *statu nascendi*.

Eu percorro cada uma das abordagens:

a) Gostaria de me apropriar da pretensão teórica do *materialismo histórico*. Uma teoria da evolução social deveria ser concebida na qualidade de história da espécie de tal modo que ao menos três problemas poderiam ser esclarecidos: a passagem para as civilizações avançadas e, com isso, o surgimento de sociedades de classes; a passagem para a modernidade e, com isso, o surgimento de sociedades capitalistas; finalmente, a dinâmica de uma sociedade mundial antagônica. Também partilho da concepção segundo a qual a teoria da evolução teria um *status* reflexivo, de modo que ela pudesse esclarecer tanto seu próprio contexto de surgimento quanto suas possíveis funções em contextos sociais dados.

Por outro lado, não vejo por que essas intenções deveriam me obrigar a assumir de maneira mais ou menos dogmática os meios construtivos ou as suposições específicas de uma teoria enraizada no século XIX, ou mesmo a reconhecer codificações tardias de uma superciência (com ensinamentos tão questionáveis quanto a "dialética da natureza" e a "teoria do reflexo").

b) A teoria da ação põe à disposição conceitos fundamentais para a determinação do domínio de objetos científico. O "*action frame of reference*" [quadro de referência da ação] desenvolvido por Parsons foi modificado (ao menos) em três aspectos. O interacionismo determinado por G. H. Mead e a teoria fenomenológica da ação ligada a A. Schütz evidenciaram as operações construtivas do ator em situações carentes de regulação e capazes de interpretação. A etnometodologia, a análise das formas de vida ligadas ao Wittgenstein tardio e a etnolinguística desenvolveram a conexão sistemática entre linguagem e interação e, finalmente, a recepção crítica da teoria dos papéis ofereceu nas últimas décadas argumentos que tinham em vista uma identificação do poder incorporado discretamente nos sistemas de ação, ou seja, da violência estrutural.

Por outro lado, a teoria da ação continua sendo uma salada-mista de conceitos com *status* inexplicado, dado que não ergue nem resgata uma forte pretensão em termos de uma pragmática universal: ela precisa reconstruir os pressupostos universais e necessários da comunicação, ou seja, as estruturas universais da ação orientada ao entendimento e a capacidade universal de ação de sujeitos socializados.

c) A *teoria comportamental* adapta uma teoria psicológica da aprendizagem às problemáticas sociológicas. Partilho da intenção de remontar a evolução social a processos de aprendizagem. Contudo, uma teoria da aprendizagem presa ao quadro behaviorista não é complexa o bastante para compreender mais do que mecanismos de aprendizagem periféricos. Além disso, ela se fecha ao conceito de lógica de desenvolvimento demonstrado na psicologia do desenvolvimento cognitivista, o qual permite distinguir entre o nível de aprendizagem a ser formalmente caracterizado e os processos de aprendizagem possíveis a cada vez nesse nível. De maneira análoga, um sistema social com suas conquistas evolucionárias adquire condições de possibilidade de novos processos de aprendizagem.

d) A *teoria funcionalista dos sistemas* é o quadro em que a sociologia hoje dá continuidade às teorias evolutivas do século XIX, no que as suposições da filosofia da história sobre monocausalidade, linearidade, continuidade e necessidade da evolução social são abandonadas. Com o funcionalismo, deparamo-nos, todavia, com uma pré-decisão em favor da análise de problemas de controle. O ponto de referência das teorias do desenvolvimento funcionalistas é a capacidade de adaptação e de assimilação da complexidade. Para as aplicações da teoria sistêmica em termos de uma teoria da evolução, com isso também a dimensão de desenvolvimento possível (como já sucede em Spencer) é fixada no sentido de um aumento de complexidade *(from incoherent homogeneity to coherent heterogeneity*)*. Essa conceituação só se torna frutífera para uma teoria da evolução social se o domínio de objetos puder ser especificado e for indicada uma teoria da aprendizagem ligada à especificidade do domínio de objetos. Se não tivermos clareza a respeito do significado do desiderato de uma formação conceitual e teórica específica de um domínio de objetos, a teoria do sistema pode degenerar em um jogo de linguagem sem força explicativa.

2. *Determinação do domínio de objetos.* Suponhamos que o neodarwinismo pudesse esclarecer de maneira satisfatória o sur-

---

* Trad.: "da homogeneidade incoerente à heterogeneidade coerente". (N.T.)

gimento da forma de vida sociocultural; assim, a formação da teoria em termos de uma ciência social poderia se ligar imediatamente àquela biológica: o estado inicial da evolução social podia ser descrito na linguagem da teoria da evolução natural. Esse pressuposto, contudo, não foi preenchido até agora. Por isso, precisamos introduzir com os meios de uma teoria da ação os constituintes da sociedade e os conceitos fundamentais que constituem o domínio de objetos sociológico. Pois se evitarmos procedimentos *ad hoc* e quisermos encontrar um acesso sistemático, e se pudermos tornar plausível que o nível de desenvolvimento sociocultural é caracterizado em primeira linha pela aquisição da comunicação linguística, então devemos exigir uma teoria que aponte as propriedades formais da ação comunicativa. Eu acredito que uma tal teoria da comunicação pode ser exposta hoje em seus traços fundamentais.

Nesse caso, trata-se de uma teoria que procede reconstrutivamente que, como a lógica ou a linguística, contém propostas de reconstrução das competências universais, intuitivamente dominantes, isto é, diz respeito aqui à competência dos participantes na interação e no discurso em geral. A teoria da ação comunicativa que tenho em mente visa à apreensão sistemática e à análise pelo menos dos seguintes elementos:

— "*sentido*" enquanto função semântica de símbolos utilizados com significado idêntico;

— *universais pragmáticos* (sistemas de referência, sistema de pronomes pessoais e tipos de ato de fala, sistema de expressões intencionais);

— *pretensões de validade* (verdade, correção ou adequação, veracidade, inteligibilidade);

— *modos de experiência* (objetividade da natureza externa, normatividade de valores e normas, subjetividade da natureza interna, intersubjetividade da linguagem) e modalizações regionais correspondentes (ser/aparência; ser/dever-ser; essência/fenômeno; signo/significado);

— *aspectos da ação*: social (comunicativa *versus* estratégica) *versus* não social (instrumental);

— *estágios da comunicação* (interação mediada simbolicamente; ações diferenciadas proposicionalmente; discursos exonerados da ação);

— *âmbitos da realidade normativa* (interações, papéis e normas, regras de produção de normas);

— medias *de comunicação*, que são obtidos a partir da institucionalização dos diferentes modos de emprego cognitivo, interativo e expressivo da linguagem (verdade, direito, arte) ou do padrão da ação estratégica (troca, luta; dinheiro, poder).

Neste ponto, eu tenho de contentar-me com a certificação de que, com esses meios fornecidos pela teoria da comunicação, é possível descrever sistematicamente os constituintes da sociedade. Considero "sociedade" todos os sistemas que, mediante ações coordenadas de maneira linguística (instrumentais ou sociais), apropriam-se da natureza externa pelos processos de produção e da natureza interna pelos processos de socialização. Com isso, circunscreve-se o domínio de objetos do que é considerado social, contudo não o da evolução social. Pois a sociedade não pode, caso a separarmos do sistema de personalidade, sustentar sozinha a evolução. Pelo contrário, somente esses dois complementos (sistema da sociedade e da personalidade) *tomados em conjunto* representam um sistema capaz de evolução. Os processos de aprendizagem evolucionários não podem ser atribuídos unicamente a um dos dois sistemas. Na verdade, o sistema da personalidade sustenta o processo de aprendizagem da ontogênese; e, de certo modo, são unicamente os sujeitos socializados que aprendem. Mas os sistemas sociais podem, com o esgotamento do nível de aprendizagem de sujeitos socializados, formar novas estruturas com a finalidade de conduzir sua capacidade de controle a um novo nível. Com isso, o domínio de objetos de uma teoria da evolução social só pode ser determinado de maneira suficiente se, em razão de uma *teoria da aprendizagem ligada à especificidade de um domínio de objetos*, pudermos indicar as relações de troca entre sistema de personalidade e de sociedade que são relevantes para o desenvolvimento.

3. *Aprendizagem evolucionária*. Para cada sistema de sociedade bem delimitado, na medida em que só pode ser apreendido e analisado de forma suficiente em sua estrutura interna e em suas relações de troca com o entorno, é possível indicar grandes quantidades de problemas de controle insolúveis. Tais problemas de controle podem, sob certas circunstâncias, desafiar uma ampliação evolutiva da capacidade de controle limitada estruturalmente. Esta pode ser novamente colocada sob pontos de vista funcionalistas conhecidos e concebida na qualidade de diferenciação e unificação de sistemas parciais especializados de maneira funcionalista em um patamar sempre superior. Contudo, processos de diferenciação não devem ser equiparados com processos evolutivos. Processos de diferenciação podem ser *indícios* de processos evolutivos, mas igualmente *causas* para se enredar em becos sem saída na evolução (como mostram os exemplos das castas de cupins

ou das burocracias despóticas nas civilizações asiáticas). Um sociólogo que equipara desenvolvimento social com aumento de complexidade comporta-se como um biólogo que descreve a evolução natural com conceitos de diferenciação morfológica. Uma *explicação* da evolução deve remontar, todavia, a um repertório de comportamento das espécies e ao mecanismo de mutação. De maneira correspondente, deveríamos distinguir no âmbito da evolução social entre a solução de problemas de controle e os mecanismos de aprendizagem subjacentes. Com a ajuda de mecanismos de aprendizagem, podemos explicar por que alguns sistemas encontram solução para seus problemas de controle, progredindo evolutivamente, enquanto outros falham diante de desafios evolucionários.

Uma teoria, relacionada à ontogênese, do desenvolvimento de competências cognitivas, linguísticas e interativas hoje parece se reproduzir como resultado de uma ligação de diferentes tradições teóricas. Ela se apoia no conceito de lógica de desenvolvimento de Piaget e compreende:

— *dimensões de desenvolvimento* analiticamente selecionadas (cognitiva, linguística, interativa);

— *mecanismos de aprendizagem* (acomodação/assimilação; identificação com pessoas de referência, internalização de padrões de relacionamento; abstração reflexionante);

— classes universais de *problemas relacionados à ação* (disposição técnica sobre a realidade objetiva; regulação consensual de conflitos de ação);

— dimensões em que *se acumulam soluções de problemas* (autonomia diante da natureza interna e externa);

— *estágios de desenvolvimento* cognitivo, linguístico e interativo, isto é, níveis de aprendizagem (para a competência cognitiva: sensomotor/pré-operacional/operacional-concreto/ operacional-formal);

– estágios de *sistema de delimitação do Eu* (simbiótico/egocêntrico/sociocêntrico-objetivista/ universalista).

Essas competências universais são realizadas, certamente, apenas sob condições secundárias. Mas, inversamente, capacidades de aprendizagem individuais, quando se manifestam em estruturas de imagens de mundo e através disso se tornam passíveis de serem herdadas e institucionalizáveis, podem ser socialmente úteis e convertidas em formas mais amadurecidas de integração social ou em forças produtivas intensificadas. Nessas dimensões, é possível verificar estruturas hierarquicamente ordenadas para as quais a psicologia do desenvolvimento já ofereceu modelos bem analisados. Assim, resulta, *por exemplo*, uma série passível de ser reconstruída nos termos de uma lógica de desenvolvimento para a institucionalização moral de expectativas de comportamento e para as formas correspondentes de regulação de conflito (do direito):

– *sociedades pré-civilização*: a) a diferenciação de âmbitos entre ações e normas ainda não é consciente, os sistemas de interpretação não se diferenciaram dos sistemas de ação; b) a regulação dos conflitos sob pontos de vista de um realismo moral: avaliação da infração de acordo com o peso das consequências da ação, ideias de restauração do *status quo ante*, isto é, de uma compensação do dano causado.

– *civilizações arcaicas*: a) diferenciação explícita de âmbitos entre ações e papéis sociais ou normas, diferenciação de uma imagem de mundo que pode assumir funções de legitimação para detentores de posições de poder; b) regulação de conflitos sob pontos de vista de uma moral convencional relacionada às pessoas de referência: avaliação de acordo com as intenções da ação, punição em vez de retaliação, responsabilidade individual em vez de responsabilidade solidária.

– *civilizações desenvolvidas*: a) diferenciação completa de âmbitos de ação, sistemas de normas e imagem de mundo estruturada de maneira amplamente argumentativa; abstração do sistema de dominação em relação aos detentores de posições de poder; b) regulação de conflitos sob pontos de vista de uma moral convencional desenvolvida: sistema de jurisprudência, penalização do desvio em relação ao sistema de normas justificado de maneira tradicionalista.

– *modernidade nascente*: a) diferenciação de âmbitos de ações, sistemas de normas e princípios de justificação; o direito moderno é estabelecido de forma positiva, universalmente abstrato e moralmente neutro a título de direito legalista coercitivo, apesar de depender em seu todo da legitimação (pelo direito natural). Ao mesmo tempo, burocratização e moralização do exercício do poder político; b) regulação de conflitos sob pontos de vista do direito formal fundado em termos de direito natural e racional, e de uma moral privada fundada em princípios.

Em relação a este ponto, eu gostaria de resumir minha tese no sentido de que o processo de aprendizagem evolucionário da espécie humana pode ser concebido no quadro de uma teoria que explica os avanços evolucionários dos sistemas sociais por meio de uma ligação de duas problematizações: a) quais problemas de controle são solucionados de maneira inovadora?; b) graças a quais competências de aprendizagem tais inovações foram possíveis? À teoria subjaz a suposição de que processos de aprendizagem ontogenéticos se adiantam por assim dizer aos

Para a reconstrução do materialismo histórico

impulsos sociais evolutivos de modo que os sistemas sociais, tão logo sua capacidade de controle estruturalmente delimitada é sobrecarregada por problemas inevitáveis, podem recorrer, sob certas circunstâncias, a capacidades individuais excedentes de aprendizagem, e também acessíveis coletivamente mediante as imagens de mundo, com a finalidade de esgotar tais capacidades para a institucionalização de novos níveis de aprendizagem.

Eu introduzi sub-repticiamente a distinção entre sociedades "arcaicas", grandes civilizações e sociedades modernas. Tais classificações de épocas perdem sua arbitrariedade somente se for possível introduzir uma sequência evolucionária a partir das *formações sociais* (não a partir de sistemas sociais concretos). Eu gostaria de distinguir as formações sociais segundo seus *princípios de organização*. Ao fazer isso, compreendo por princípios de organização aquelas inovações socioestruturais que se tornam possíveis graças às etapas de aprendizagem passíveis de ser reconstruídas em termos de lógica de desenvolvimento e, com o esgotamento das capacidades de aprendizagem individuais, institucionalizam um novo nível de aprendizagem da sociedade; eles estipulam margens de ação possíveis e determinam as estruturas no interior das quais são possíveis mudanças do sistema institucional; a extensão em que as forças produtivas existentes podem ser utilizadas ou pode ser estimulado o desenvolvimento de novas operações de controle; e com isso também a medida que tais operações de controle podem ser intensificadas. Princípios de organização esclarecem, com isso, os mecanismos pelos quais as sociedades ampliam sua capacidade de controle limitada estruturalmente.

A segunda parte da contribuição do simpósio continha dois esboços de esclarecimentos feitos por K. Eder. O primeiro esboço deveria esclarecer a passagem das sociedades arcaicas para as civilizações nascentes, isto é, o desenvolvimento das sociedades de classes. Nesse ínterim, K. Eder elaborou esse esboço em forma monográfica (*Zur Entstehung staatlich organisierter Gesellschaften*). Eu gostaria neste momento de resumir de maneira sucinta o percurso argumentativo do livro com a finalidade de ilustrar o programa teórico:

a) Eder oferece, de início, uma descrição das sociedades neolíticas arqueologicamente documentadas. Com tal descrição ele distingue entre culturas rurais, tribos pastorais nômades e Estados campestres de artesãos. A partir deste último tipo, para o qual Eder indica oito exemplos, desenvolveram-se as primeiras civilizações.

b) Eder desenvolve então sua hipótese de acordo com a qual a passagem de sistemas sociais organizados de maneira parental para os sistemas estatalmente organizados foi possível em virtude de uma "moralização do direito":

> O direito arcaico se baseia nas regras de retribuição e de defesa contra prejuízos; estão ligadas a elas a responsabilidade coletiva do clã, vingança dele ou a penalidade compensatória por meio dele; o direito civilizado baseia-se, pelo contrário, na pena e na dissuasão; ligam-se a tal direito a responsabilidade individual e a confissão da culpa; penas são proferidas como penas corporais, monetárias, à liberdade e à honra mediante uma instância de julgamento independente de relações de parentesco.
>
> A passagem da retribuição à pena, da responsabilidade coletiva à responsabilidade individual, da vingança privada à sanção pública pode ser descrita na qualidade de processo de desenvolvimento de uma consciência pré-convencional a uma consciência moral

convencional da ação. No direito civilizado, a intencionalidade da ação se torna o fundamento do poder social de coerção, a ação é atribuída ao indivíduo e produz um padrão normativo de orientação que reconhece uma instância de *"Law and Order"* [lei e ordem] fora da retribuição ou vingança. Com isso, são mobilizadas representações da justiça tradicionalmente transmitidas, fixadas na dominação legítima, que possibilitam a solução social de conflitos de interação em um novo patamar "superior".

A moralização do direito permite a diferenciação externa do papel de um juiz soberano, em torno do qual se forma um sistema político. O princípio de organização estatal permite a) regular a pertença a um sistema social em virtude de dependências políticas em vez de relações de parentesco e b) organizar as relações de troca dentro de uma sociedade de maneira assimétrica e não graças a pontos de vista parentais de reciprocidade.

c) Além disso, Eder analisa os limites do aumento de complexidade decorrente de sociedades neolíticas com sua organização familiar. Tendo em vista que uma sociedade pode se ampliar somente por divisão segmentária, a intensificação da economia doméstica logo se depara com limites.

d) Eder vê o verdadeiro mecanismo de produção de complexidade nas estruturas cognitivas que se desenvolvem com o surgimento de imagens de mundo míticas. Ele as investiga sob os pontos de vista formais de um novo conceito de causalidade e de uma nova categoria de representação do tempo.

e) Pela hierarquização do sistema de parentesco, algumas sociedades neolíticas podem cumprir as pressões para o aumento de complexidade produzida pelas imagens de mundo míticas e novas técnicas de produção. Tanto mais importante é identificar precisamente as condições ecológicas e demográficas do entorno que reforçam a pressão adaptativa também sobre sociedades altamente complexas, mas organizadas ainda de maneira parental, de modo que elas são confrontadas com um desafio evolucionário.

f) Em um passo seguinte da argumentação, Eder mostra que nas sociedades *promissoras* em termos evolutivos se encontra um processo de aprendizagem moral. Ele demonstra isso com representações míticas do direito, que já estão no estágio da moral convencional.

g) As sociedades *bem-sucedidas* em termos evolutivos se aproveitam desse potencial cognitivo disponível em âmbitos de imagens de mundo, dado que (a) reorganizam o poder judicial no estágio do direito moralizado e (b) fundem os papéis do juiz e do chefe em um papel especificamente político. Com esse passo, é possível a "politização de um orçamento importante" que Max Weber designou de patrimônio: o princípio do orçamento, à medida que é transferido a uma associação política, produz uma nova forma da autoridade, não familiar.

h) Eder menciona a escrita como mecanismo de estabilização para a nova sociedade, agora constituída politicamente. Parece-me que, nesse contexto, outros fatores — por exemplo, a construção de sistemas de irrigação — deveriam ser mencionados.

i) Finalmente, Eder mostra de que maneira a organização estatal da sociedade possibilita simultaneamente diferenciação funcional e estratificação. Ele acompanha então três linhas de desenvolvimento sobre as quais as civilizações iniciais se desenvolveram. Esse panorama sobre os modos de produção asiático, antigo e feudal, porém, abre-nos antes de tudo uma perspectiva para investigações futuras.

II

As quatro abordagens teóricas trazidas à discussão podem ser caracterizadas cada qual segundo um paradigma, isto é, um protótipo intuitivamente disponível de experiência pré-científica, a saber, a comunicação distorcida de maneira sistemática de partes em convivência, mas hostis (dialética); o comportamento de atores [*Schauspieler*] segundo papéis (teoria da ação); o comportamento provocado por estímulos de um organismo diante de seu entorno (teoria da aprendizagem); a máquina autorregulada (teoria dos sistemas).[1] Cada abordagem individual comprova-se melhor em determinados domínios de fenômenos do que em outros: o materialismo histórico, no domínio dos movimentos sociais e dos conflitos de classes; a teoria dos papéis, no domínio da ação cotidiana conduzida intuitivamente; a teoria da aprendizagem, no domínio de processos de aprendizagem (periféricos) controlados externamente; a teoria dos sistemas das ciências sociais, no domínio da organização e controle. No estado presente da discussão, nenhuma das abordagens teóricas mencionadas fundamenta uma teoria da evolução social rica em conteúdos e passível de ser comprovada. Eu gostaria de afirmar com mais detalhe:

---

1 Não foram considerados o comportamento da escolha racional ou o modelo do jogo social (teoria da decisão e teoria do jogo); demolição e reconstrução de um prédio, de uma máquina etc. (teoria construtiva do desenvolvimento).

— que os modelos que subjazem tanto à dialética da luta de classes quanto à teoria da ação não foram suficientemente analisados e só podem ser universalizados, integrados e reconstruídos de maneira satisfatória no quadro de uma teoria da ação comunicativa;

— que a teoria da ação, tal qual é praticada hoje, apresenta um quadro categorial para descrições *ad hoc*, mas não permite generalizações fortes e é inútil para fins explicativos;

— que os conceitos fundamentais da teoria da aprendizagem behaviorista são bem pouco complexos para o domínio de objetos compreendido pela "evolução social" e não permitem suposições empíricas apropriadas sobre a aprendizagem evolutiva;

— que a teoria dos sistemas é um paradigma útil para a análise de um aspecto importante da evolução social, mas que o funcionalismo totalizado de característica luhmanniana não admite uma especificação suficiente do domínio de objetos e hipóteses empiricamente ricas em conteúdo sobre os processos de aprendizagem em termos de evolução social.

Em relação a Tjaden: a) A hipótese fundamental do materialismo histórico, de acordo com a qual o incremento das forças produtivas (e o respectivo aumento da produtividade do trabalho social) representa o mecanismo de aprendizagem com ajuda do qual podemos explicar as passagens para novas formações sociais, certamente não pode ser empiricamente mantida. Nem sequer em sistemas sociais desenvolvidos de forma capitalista o desenvolvimento das forças produtivas desdobra ainda uma "força explosiva"; em sociedades tradicionais e arcaicas, a espécie e a utilização de forças produtivas existentes foram delimitadas tanto mais pelas relações de produção. Pro-

Para a reconstrução do materialismo histórico

cessos de aprendizagem bem-sucedidos em termos evolutivos não se realizam apenas na dimensão cognitivo-instrumental, mas também no domínio da interação; e *desses* processos de aprendizagem no domínio do saber prático-moral resulta imediatamente a infraestrutura do sistema de instituições sociais.

b) Recomenda-se distinguir entre modos de produção e formação social. Cada sociedade histórica pode ser caracterizada por determinados modos de produção. Mas estes precisam ser analisados, por sua vez, sob pontos de vista evolucionários, em termos de regulações abstratas do princípio de organização determinante para uma formação social. É por isso que, por exemplo, os modos de produção asiático, antigo e feudal pertencem à mesma formação social civilizada.

c) Eu não sei se a introdução nominal das "leis genético-estruturais" contribui em algo para o esclarecimento da relação da teoria da evolução com a história. A teoria da evolução social – ao se apoiar nas teorias da aquisição de competências, cuja tradição de pesquisa remonta a Piaget, Freud e Chomsky – possui um *status* que, se vejo corretamente, é atípico para ciências nomológicas. Isso se explica pela ligação sistemática entre propostas de reconstrução de estruturas dispostas segundo uma lógica de desenvolvimento, de um lado, e hipóteses empíricas sobre mecanismos de desenvolvimento e sobre condições de entorno efetivadas em fases específicas. Essa perspectiva teórica da evolução social não pode ser ligada novamente no âmbito teórico à perspectiva histórica de sujeitos politicamente agentes.[2]

---

2 Marx superou o objetivismo da filosofia da história com o ponto de vista de uma teoria da revolução a ser compreendida de modo

Para Opp: a) Recomenda-se distinguir entre individualismo metodológico (de acordo com o qual enunciados sobre o comportamento de entidades coletivas devem ser remetidos ao comportamento de indivíduos) e o reducionismo behaviorista. Os dois postulados, por sua vez, devem ser separados de descrições empíricas de sistemas capazes de aprendizagem ou evolução. O conceito de evolução social que Opp obtém com as duas exigências restritivas mencionadas é, em uma perspectiva, muito amplo, pois só podemos falar de evolução no caso de mudanças de características cumulativas, e não neutras quanto à direção, e, em outra, é muito restrito, já que as interdependências conhecidas de processos de amadurecimento e aprendizagem supostamente também se estendem à evolução social.

b) Não estou negando que os enunciados da teoria da aprendizagem sobre processos evolucionários sejam logicamente possíveis, mas sim que sejam fecundos de acordo com o estágio atual da formação de hipóteses. Opp não ilustra com exemplo algum que seja frutífera a tentativa de aplicar as hipóteses da teoria da aprendizagem comprovadas em fenômenos de pequenos grupos ao domínio de objetos da evolução social. Uma taxa modificada de criminalidade econômica em geral não pertence à classe de fenômenos que uma teoria da evolução social deve pretender explicar. Pelo contrário, esse

---

completamente experimental, pois tentou hipoteticamente assumir o lugar de um sujeito-classe que toma consciência de si; contudo, ele não sublinhou de maneira suficientemente clara que esse lugar só pode ser projetado de forma construtiva: neste, a perspectiva do agente está de acordo com a perspectiva daquele que interpreta sua própria situação à luz de uma teoria da evolução social.

exemplo mencionado por Opp levanta a suspeita de que macrofenômenos carentes de explicação têm de se apoiar sobre uma perspectiva trivial, porque a descrição adequada dos fenômenos da evolução social realmente não pode ser reduzida aos enunciados admitidos na microteoria.

Considero a *teoria de Luhmann* excessivamente abstrata (ou seja, o ganho intencional de abstração se transforma subitamente em perda ocasionada pela abstração) e excessivamente complexa (ou seja, as argumentações profundas e brilhantes não resultam da abordagem metódica, mas apesar desta). Não posso desenvolver aqui os paradoxos dos conceitos fundamentais e aquelas dificuldades do funcionalismo totalizado que, tal qual acredito, resultam do fato de que, segundo uma autocompreensão radical do ponto de vista funcionalista,

– a seleção dos problemas de referência não pode mais ser teoricamente justificada;

– explicações causais e funcionalistas não podem mais ser transferidas umas para as outras;

– o domínio de objetos da teoria da sociedade não pode mais ser determinado de maneira específica;

– e a perspectiva do teórico dos sistemas não pode mais se diferenciar o suficiente da perspectiva prático-histórica do agente (e se relacionar de maneira sistemática).

Aqui eu gostaria apenas de dizer que a tripartição da construção teórica referida a Luhmann meramente alude a uma diferenciação nas diversas teorias parciais que se pressupõem reciprocamente – na verdade a teoria dos sistemas é como a noite em que todos os gatos são pardos. Portanto, a teoria da comunicação se esforça por um conceito fundamental de ação comunicativa e de intersubjetividade produzida de forma comunicativa novamente apenas sob pontos de vista funcionalistas: o "sentido" é definido, sob o ponto de vista das preferências estratégicas, pela elaboração de um entorno supercomplexo; os "*media* comunicativos" são introduzidos, sob o ponto de vista de sua operação específica, pela transferência da seletividade de um sujeito da ação a outro. Logo, não surge nada novo em relação à teoria dos sistemas. São igualmente redundantes as hipóteses fundamentais da teoria da evolução de Luhmann; esta trata de operações de seleção e estabilização que voltam a ser explicadas em termos funcionalistas, mas não de processos de aprendizagem que necessitam de uma explicação genética. Porque Luhmann toma o aspecto funcionalista pelo todo, ele não pode indicar nem as estruturas do domínio de objetos nem os mecanismos de aprendizagem específicos para o domínio de objetos.

Assim ele afirma, por exemplo, que o sistema jurídico podia ser o portador da evolução social porque apresentava um domínio parcial autossubstitutivo (com função concernente à sociedade como um todo). Considero correta a afirmação, mas não vejo de que maneira Luhmann poderia fundamentá-la. É difícil demonstrar que as normas do direito só podem ser substituídas por normas do direito, pois assim remeteríamos (no quadro de uma teoria da comunicação que não estava unificada de maneira funcionalista desde o começo) o caráter vinculante do direito a uma pretensão de validade universal que geralmente é configurada na ação comunicativa. E só se pode falar de uma evolução daquele sistema parcial, em que a pretensão de correção de normas de ação é diferenciada, se for de modo metafórico, já que não se pode relacioná-la a uma dimensão seletiva de desenvolvimento, em que as pessoas podem aprender em razão de mecanismos identificáveis (e com um efeito cumulativo para o sistema social) – trata-se aqui, portanto, da dimensão de desenvolvimento da consciência moral.

6
Para a reconstrução do materialismo histórico*

Marx se manifestou apenas duas vezes de maneira coesa e a fundo em relação à concepção materialista da história;[1] nos outros casos, ele se serviu desse quadro teórico no papel de um historiador, com a finalidade de interpretar determinadas situações ou desenvolvimentos — e de modo insuperável no *18 de brumário de Luís Bonaparte*. Engels caracterizou o materialismo histórico como fio condutor e método.[2] Isso poderia criar a impressão de que Marx e Engels teriam vinculado a essa doutrina apenas a pretensão de uma heurística que, tanto agora quanto antes, ajuda a estruturar a exposição narrativa da história com um propósito sistemático. Porém, o materialismo histórico não foi compreendido dessa forma — nem por Marx e Engels, nem pelos teóricos marxistas, tampouco na história do movimento operário. Por isso, não vou tratá-lo na qualidade de heurística, mas de teoria, mais precisamente como uma

---

* O presente texto serviu de preparação para um painel de discussão que ocorreu durante o Congresso Hegel de Suttgart, organizado pela Associação Hegel Internacional em maio de 1975.
1 Na primeira parte da *Ideologia alemã* e no Prefácio de *Contribuições à crítica da economia política* de janeiro de 1859.
2 Sobre a relação das apreciações do materialismo histórico por Marx e Engels, cf. Krader, *Ethnologie und Anthropologie bei Marx*.

teoria da evolução social que, em razão de seu *status* reflexivo, é informativo para os fins da ação política e pode ser vinculado, sob certas circunstâncias, com uma teoria da revolução e estratégia revolucionária. A teoria do desenvolvimento capitalista, que Marx elaborou nos *Grundrisse* e em *O capital*, integra-se no materialismo histórico a título de *teoria parcial*.

Em 1938, Stalin codificou o materialismo histórico de uma maneira cheia de consequências.[3] As pesquisas baseadas no materialismo histórico, empreendidas desde então, permanecem presas em larga medida a esse quadro teórico.[4] A interpretação do materialismo histórico sancionada por Stalin necessita de uma reconstrução. Ela deve servir à utilização crítica de abordagens concorrentes (sobretudo do neo-evolucionismo das ciências sociais e do estruturalismo). No entanto, posso apenas tornar plausíveis alguns pontos de vista sob os quais uma tal reconstrução pode ser ensaiada de maneira promissora.

De início, eu gostaria de introduzir e considerar criticamente *conceitos* e *hipóteses fundamentais* do materialismo histórico; em seguida, indicar *dificuldades* que surgem em virtude da aplicação das hipóteses, fazendo e ilustrando uma *proposta de solução* ainda

---

3 Stalin, Über dialektischen und historischen Materialismus.
4 Kon, *Die Geschichtsphilosophie des 20. Jahrhunderts*, Bd. II.; Zukov, Über die Periodisierung der Weltgeschichte, p.241-154; Engelberg, Fragen der Evolution und der Revolution in der Weltgeschichte, p.9-18; Hoffmann, Zwei aktuelle Probleme der geschichtlichen Entwicklungsfolge fortschreitender Gesellschaftsformationen, p.1265-1281; Lewin, Zur Diskussion über die marxistische Lehre von den Gesellschaftsformationen, p.137-151; Engelberg (org.), Probleme der Marxistischen Geschichtswissenschaft.

abstrata; e, por fim, examinar o que pode ser aprendido de *abordagens concorrentes*.

I

Primeiramente, tratarei dos conceitos de "trabalho social" e de "história da espécie", bem como de três hipóteses fundamentais do materialismo histórico.

(1) *O trabalho organizado socialmente* é o modo específico com que homens, diferentemente dos animais, reproduzem sua vida:

> Pode-se diferenciar os homens dos animais pela consciência, pela religião, seja pelo que se queira. Eles mesmos começam a se diferenciar dos animais tão logo começam a *produzir* seus meios de subsistência, um passo que é condicionado por sua organização corporal. À medida que produzem seus meios de subsistência, produzem indiretamente sua própria vida material.[5]

Em um âmbito de descrição inespecífico para o modo de vida humano, a troca entre o organismo e seu entorno é investigada em termos fisiológicos de processos metabólicos. Mas se quisermos apreender o que é específico do modo de vida humano, é recomendável descrever a relação entre organismo e entorno no âmbito dos processos de trabalho. Isso significa, sob o aspecto físico, um desgaste de energia humana e a transposição de energia na economia da natureza externa; porém, é

---

5 Marx, Engels, *Werke*, Bd. 3, p.21.

decisivo, por sua vez, o aspecto sociológico da transformação, dirigida a fins, do material segundo as *regras da ação instrumental*.[6] Contudo, Marx não compreende por produção apenas as ações instrumentais de um indivíduo em particular, mas a *cooperação social* de diferentes indivíduos:

> A produção da vida, tanto da própria vida no trabalho quanto da vida alheia na procriação, parece já se mostrar imediatamente como uma dupla relação – de um lado, na qualidade de relação natural, de outro, na de relação social – social no sentido de que por ela é compreendida a cooperação de mais indivíduos, não importando sob quais condições, de que modo e para qual fim. Disso resulta que um modo de produção determinado ou estágio industrial sempre estão unidos a um determinado modo de cooperação ou estágio social, e este modo de cooperação é ele mesmo uma "força produtiva", de modo que a quantidade de forças produtivas acessíveis aos homens condiciona o estado social e também a "história da humanidade" sempre tem de ser estudada e elaborada em conexão com a história da indústria e da troca.[7]

As ações instrumentais dos diferentes indivíduos são racionais com respeito a fins, vale dizer, coordenadas tendo em vista o fim da produção. As *regras da ação estratégica*, de acordo com as quais se realiza a cooperação, são um componente necessário do processo de trabalho.

---

[6] Para a delimitação dos tipos de ação, cf. Habermas, *Technik und Wissenschaft als 'Ideologie'*, p.62 et seq.
[7] Marx, Engels, *Werke*, Bd. 3, p.30.

Porém, os meios de subsistência são produzidos somente para ser consumidos. Como o trabalho, também a distribuição dos produtos do trabalho é organizada socialmente. No caso das regras de distribuição, não se trata da elaboração de material ou do emprego de meios coordenados com respeito a fins, mas de uma combinação sistemática de expectativas recíprocas ou interesses. Com isso, a distribuição dos produtos fabricados exige regras de interação que, no nível do entendimento linguístico, podem ser intersubjetivamente descoladas de situações particulares e estabelecidas por tempo ilimitado na qualidade de normas reconhecidas ou *regras da ação comunicativa*.

Denominamos de *economia* um sistema que regula socialmente trabalho e distribuição; por isso, de acordo com Marx, a forma econômica de reprodução da vida é característica do estágio de desenvolvimento humano.

Esse conceito de trabalho social como *forma de reprodução da vida humana* tem uma série de conotações. Relaciona-se criticamente com a mais importante hipótese fundamental da filosofia moderna do sujeito ou da reflexão. A sentença "Assim como os indivíduos expressam sua vida, assim eles são. O que eles são coincide, portanto, com sua produção, tanto com *o que* eles produzem quanto também com *como* eles produzem"[8] pode ser compreendida, conforme a primeira das "Teses sobre Feuerbach", no sentido de um *pragmatismo* orientado pela teoria do conhecimento, ou seja, como uma crítica ao fenomenalismo daquelas orientações (empíricas ou racionalistas) que compreendem o sujeito cognoscente enquanto uma consciência passiva, que repousa em si mesma. A mesma

---

8 Ibid., p.21.

sentença também possui conotações *materialistas*: ela se orienta em igual medida contra o idealismo tanto teórico quanto prático, o qual afirma o primado do espírito sobre a natureza e da ideia sobre o interesse. Ou observemos a outra sentença: "A essência humana não é algo abstrato que habita o indivíduo. Em sua realidade, ela é o conjunto das relações sociais".[9] Isso é uma declaração de guerra, instruída pelo conceito de *espírito objetivo* de Hegel, contra o individualismo metodológico das ciências sociais burguesas e contra o individualismo prático da filosofia moral inglesa e francesa — ambos fixam o sujeito capaz de ação na qualidade de mônada isolada.

Em nosso contexto, no entanto, interessa saber se o conceito de trabalho social caracteriza de maneira *suficiente* a forma de reprodução da vida humana. Por essa razão, precisamos determinar melhor o que queremos entender por modo de vida humano. Nas últimas gerações, a antropologia reuniu novos conhecimentos sobre aquela fase, ao longo de mais de quatro milhões de anos, em que se realizou o desenvolvimento do primata ao homem, portanto o vir-a-ser do homem partindo de um antepassado comum (postulado) do chimpanzé e do homem, passando do *Homo erectus* ao *Homo sapiens*. De um lado, alterou-se o tamanho do cérebro e importantes características morfológicas durante este período da antropogênese, em razão de uma longa série de mutações; de outro, os ambientes, dos quais procede a pressão seletiva, não são mais caracterizados pela ecologia natural, mas sim pelas operações ativas de adaptação de hordas de hominídeos caçadores. Apenas no limiar para o *Homo sapiens* essa forma misturada de aspectos

---

9 Ibid., p.6.

orgânicos e culturais da evolução deu lugar a uma *evolução exclusivamente social*. O mecanismo natural de evolução foi suspenso. Não surgem mais novas espécies. Em vez disso, a exogamia, que sustentou a socialização do *Homo sapiens*, tem como resultado uma dispersão e mescla intraespecífica ampla da herança genética; essa diferenciação interna é o fundamento natural de uma diversificação cultural que se tornou evidente em uma multiplicidade de processos sociais de aprendizagem. Portanto, recomenda-se delimitar o estágio sociocultural de desenvolvimento, em que unicamente se realiza a evolução social (ou seja, a sociedade está em processo de evolução), não apenas em relação ao estágio dos primatas, em que se realiza ainda de forma exclusiva a evolução orgânica (isto é, as espécies estão em processo de evolução). Uma delimitação também é recomendável em relação ao estágio dos hominídeos, em que já se interpenetram ambos os mecanismos evolucionários (nos quais a evolução do cérebro representa a variável particular mais importante).[10]

(2) Se observarmos o conceito de trabalho social à luz dos novos conhecimentos antropológicos, vê-se que ele tem um alcance profundo na escala evolucionária: não só os homens, mas já os hominídeos se diferenciam dos antropoides, na medida em que se adaptam à reprodução por meio do trabalho social e criam uma economia: os machos formam hordas de caçadores que (a) dispõem de armas e ferramentas (técnica), (b) cooperam de acordo com uma divisão de trabalho (organização cooperativa) e (c) distribuem a presa no coletivo

---

10 Rensch, *Homo Sapiens*; Morin, *Das Rätsel des Humanen*.

(regras de distribuição). A fabricação de meios de produção e a organização social tanto do trabalho quanto da distribuição dos produtos do trabalho preenchem as condições de uma forma econômica de reprodução da vida. A reconstrução da sociedade hominídea causa mais dificuldades do que o modo de produção. Não está claro o quanto o sistema de comunicação avança em relação às interações mediadas por gestos já encontradas entre os primatas: supõe-se uma *linguagem* gestual e um sistema de *chamados por sinais*.[11] Em todo caso, a caça cooperativa de grandes animais exige uma compreensão a respeito de experiências, de tal modo que devemos supor uma protolinguagem por meio da qual se iniciou pelo menos uma ligação sistemática, importante para a hominização, entre operações cognitivas, manifestações afetivas e relações interpessoais. Nos grupos dos hominídeos, formaram-se supostamente dois sistemas parciais em termos de divisão de trabalho: de um lado, os homens adultos, que se encontravam conjuntamente em hordas igualitárias de caçadores e ocupavam, em seu todo, uma posição dominante; de outro lado, as mulheres, que colhiam frutos e conviviam com suas crianças, de quem elas cuidavam. O que é novo se compararmos com as sociedades de primatas são as formas estratégicas de cooperação e as regras de distribuição; ambas as novidades se conectam imediatamente com o estabelecimento de um *primeiro modo de produção*, vale dizer, a caça cooperativa.

O conceito de trabalho social de Marx é apropriado para a delimitação do modo de vida dos hominídeos diante daquele

---

[11] Hockett, Asher, The Human Revolution, p.135-147; Hewes, Primate Communication and the Gestural Origin of Language, p.5-29.

Para a reconstrução do materialismo histórico

dos primatas; mas ele não alcança a reprodução especificamente humana da vida. Pois não são os hominídeos, e sim os homens que primeiro arrebentam aquela estrutura social que surgiu com a série dos vertebrados: a classificação unidimensional em que um e somente um *status* é atribuído a cada animal. Esse sistema de *status* controla, entre chipanzés e babuínos, as relações agressivas entre machos adultos, relações sexuais entre machos e fêmeas e as relações sociais entre velhos e novos. Uma relação semelhante à família só é encontrada entre a mãe e seus filhos e entre irmãos. Não é permitido o incesto[12] entre mãe e filho adolescente, faltando uma barreira correspondente ao incesto entre pai e filha porque não existe o *papel de pai*. Também as sociedades hominídeas convertidas na base do trabalho social não conhecem ainda *estrutura familiar* alguma. Podemos imaginar, no entanto, como a família poderia ter surgido. O modo de produção da caça organizada socialmente criou um problema sistêmico que foi solucionado pela *familiarização do homem* (Count),[13] isto é, pela introdução de um *sistema de parentesco* apoiado na exogamia. A sociedade da horda de caçadores formada por homens se tornou independente das fêmeas colhedoras de plantas e dos jovens, os quais se recolhiam durante as atividades de caça. Com essa diferenciação concernente à divisão de trabalho surgiu uma nova necessidade de integração, a saber, a necessidade de uma troca controlada entre os dois

---

12 Sobre barreiras ao incesto entre invertebrados, cf. Bischoff, The biological Foundations of the Incest-taboo, p.7-36. As investigações etiológicas não consideram que de início as barreiras ao incesto entre pai e filha abriram o caminho culturalmente inovador para a estrutura familiar. Cf. Fortes, Kinship and the Social Order, p.285-296.
13 Count, *Das Biogramm*.

sistemas parciais. Com certeza, porém, os hominídeos dispunham somente do padrão de relações sexuais dependente de *status*. Esse padrão não estava à altura da nova necessidade de integração, e isso tanto menos quanto mais a ordem de *status* dos primatas deve ter sido solapada pelas pressões à equalização dentro da horda de caçadores. Apenas um sistema familiar apoiado no casamento e na descendência regulada permite ao membro macho adulto vincular, *via* papel do pai, um *status* no sistema masculino do grupo de caçadores a um *status* no sistema de mulheres e crianças e, mediante isso, (a) integrar funções do trabalho social com funções de cuidado na alimentação para os jovens e, além disso, (b) coordenar funções da caça masculina com aquela da colheita das fêmeas.

(3) Só podemos falar de reprodução de vida *humana*, alcançada com o *Homo sapiens*, quando a economia da caça é complementada por uma estrutura social familiar. Esse processo durou muitos milhões de anos; ele significa uma substituição não trivial do sistema de *status* animal, que, já no caso dos antropoides, se apoia nas interações mediadas simbolicamente (no sentido de G. H. Mead), por um sistema de normas sociais que pressupõe a *linguagem*. A classificação dos primatas é unidimensional; cada indivíduo só pode assumir um *status*, isto é, o mesmo *status* em todos os domínios funcionais. Apenas quando um indivíduo puder unificar diferentes posições de *status* e diferentes indivíduos puderem assumir o mesmo *status* será possível uma troca regulada socialmente entre sistemas parciais especificados de maneira funcional. A ordem de *status* animal apoia-se na capacidade de ameaça de cada um dos detentores do *status*, ou seja, no poder enquanto atributo pessoal. Sistemas sociais de papéis,

por outro lado, baseiam-se no reconhecimento intersubjetivo de expectativas de comportamento normatizadas e não no respeito pelas possibilidades de sanção das quais dispõe todo detentor de papel em dada situação em razão das particularidades de sua estrutura de personalidade. Isso significa uma *moralização dos motivos da ação*. Papéis sociais podem ligar condicionalmente duas diferentes expectativas de comportamento de tal modo que se forma um sistema de motivação recíproco. Alter pode contar com que ego cumpra as expectativas de comportamento de alter porque ego pode contar com que alter cumpra em todo caso as expectativas de comportamento de ego. Pelos papéis sociais, a influência social sobre o motivo do outro pode ser separada dos contextos contingentes da situação, e a formação dos motivos pode ser obtida no mundo simbólico da interação. Para tanto, contudo, três condições precisam ser satisfeitas.

a) Papéis sociais pressupõem que os participantes da interação não apenas *assumam* a perspectiva do outro participante (como já ocorre na interação mediada simbolicamente), mas que possam *trocar* a perspectiva do participante pela perspectiva do observador. Ambos os participantes devem poder adotar, diante de si e do outro, uma perspectiva de observador, a partir da qual eles consideram de fora o sistema de suas expectativas e ações — caso contrário, eles não podem ligar condicionalmente suas expectativas recíprocas e torná-las a base de sua própria ação *na qualidade de um sistema*.[14]

b) Papéis sociais só podem se constituir se os participantes da interação dispuserem de um *horizonte temporal* que ultrapasse as consequências imediatas das ações atuais. Caso contrário,

---

14 Habermas, *Entwicklung der Interaktionskompetenz*.

expectativas de comportamento diferenciadas espacial, temporal e objetivamente não poderiam estar ligadas a um único papel social. Rituais fúnebres são um signo de que o convívio familiar induziu uma consciência temporal ampliada de maneira categorial.[15]

c) Papéis sociais precisam ser vinculados a mecanismos de sanção se puderem controlar os motivos da ação dos participantes. As possibilidades de sanção *não estão mais* cobertas (como em sociedades de primatas) pelas características contingentes de pessoas de referência concretas, *nem* pelos meios de poder da dominação política (como nas grandes civilizações), elas podem consistir apenas nas *interpretações* ambivalentes das normas válidas. Como se pode depreender pelo modo de atuar dos tabus, padrões de interpretação vinculados a papéis sociais reelaboraram aquelas ambivalências de sentimentos, que devem ter emergido em grande medida pela desdiferenciação do sistema de pulsões, na consciência da validade da norma, isto é, na disposição de respeitar normas válidas.[16]

---

15 Morin, *Das Rätsel des Humanen*, p.115 et seq. para uma ontogênese da consciência temporal, cf. Piaget, *Die Bildung des Zeitbegriffs beim Kinde*.

16 Claessens, *Instinkt, Psyche, Geltung*; já Durkheim investigou o caráter obrigatório das normas de ação, que de início produziam por si mesmas seu poder de sanção, sob o aspecto da ligação de ambivalências de sentimentos. Durkheim, *Soziologie und Philosophie*, p.99 et seq.: "Aliás, há um outro conceito que aponta para a mesma dualidade: a saber, o do sagrado. O objeto sagrado nos inspira, senão o temor, ao menos o respeito que nos mantém distante dele. Ao mesmo tempo, é objeto de amor e de desejo; tendemos a nos aproximar dele, aspiramos por ele. Aqui também temos de lidar com um sentimento duplo". Cf. também a tese de Gehlen sobre "obrigações indeterminadas" em *Urmesch und Spätkultur*, p.154 et seq.

Por diferentes razões essas três condições não podem ser satisfeitas antes que a linguagem esteja plenamente formada. Podemos supor que apenas nas estruturas do trabalho e da linguagem tiveram lugar os desenvolvimentos que conduziram a uma forma de reprodução especificamente humana e, com isso, ao ponto de partida da evolução social. *Trabalho e linguagem são mais antigos que o homem e a sociedade.*

Para os conceitos antropológicos fundamentais que o materialismo histórico seleciona, isso quer dizer o seguinte:

— o conceito de trabalho social é fundamental porque as aquisições evolucionárias da organização social concernentes ao trabalho e à distribuição precedem abertamente o desenvolvimento de uma comunicação formada pela linguagem, e esta, por sua vez, o desenvolvimento dos sistemas de papéis sociais;

— mas o modo de vida especificamente humano só pode ser suficientemente caracterizado se vincularmos o conceito de trabalho social ao princípio de organização familiar;

— as estruturas da ação concernente a papéis assinalam, diante das estruturas do trabalho social, um novo estágio de desenvolvimento; as regras da ação comunicativa, portanto, normas de ação intersubjetivamente válidas e asseguradas de forma ritual, não podem remontar às regras da ação instrumental ou estratégica;

— produção e socialização, trabalho social e cuidado dos filhos possuem igual importância para a reprodução da espécie; nesse caso, é fundamental a estrutura familiar da sociedade, que controla *ambas* as coisas: a integração tanto da natureza externa quanto da interna.[17]

---

17 Para o conceito de natureza "interna" *versus* "externa", cf. Habermas, *Erkenntnis und Interesse*; Id., *Legitimationsprobleme im Spätkapitalismus*, p.19 et seq.

II

Marx liga o conceito de trabalho social ao de *história da espécie*. Este termo deve sinalizar de início a mensagem materialista segundo a qual a evolução natural se desenvolve na margem de ação de uma única espécie com outros meios, a saber, mediante a atividade produtiva dos próprios indivíduos socializados. Na medida em que os homens conservam sua vida em virtude do trabalho social, eles produzem ao mesmo tempo suas relações de vida materiais, produzem sua sociedade e o processo histórico em que, junto com sua sociedade, também os indivíduos se transformam. A chave para a reconstrução da história da espécie é oferecida pelo conceito de *modo de produção*: Marx concebe a história como uma sequência discreta de modos de produção que, ao se dispor segundo uma lógica de desenvolvimento, possibilita conhecer a direção da evolução social. Permitam-me relembrar as definições mais importantes.

Um *modo de produção* é caracterizado por um patamar determinado de desenvolvimento das forças produtivas e por formas determinadas de intercâmbio social, ou seja, relações de produção. As *forças produtivas* consistem a) na força de trabalho empregada na atividade de produção, dos produtores; b) no saber tecnicamente útil, na medida em que é convertido em meio de trabalho para a intensificação da produtividade, em técnicas de produção; c) do saber organizacional, dado que que é utilizado para *pôr em movimento* as forças de trabalho de maneira eficiente, *qualificar* as forças de trabalho e *coordenar* com eficácia a cooperação dos trabalhadores em termos de divisão de trabalho (mobilização, qualificação e organização da força de trabalho). As forças produtivas determinam o grau de disposição possível sobre os processos naturais. De outro lado, valem a título de *relações de produção* aquelas instituições e mecanismos sociais que estabelecem de que modo as forças de trabalho, em um dado patamar das forças produtivas, são combinadas com os meios de produção disponíveis. A regulação do acesso aos meios de produção, ou o modo de controle da força de trabalho socialmente útil, decide de maneira indireta também sobre a distribuição da riqueza produzida socialmente. As relações de produção expressam a distribuição do poder social; elas prefiguram, com o padrão de distribuição de oportunidades socialmente reconhecidas de satisfação das necessidades, a *estrutura de interesses* existente em uma sociedade. O materialismo histórico parte então de que as forças produtivas e as relações de produção não variam entre si de maneira independente, mas formam estruturas que a) correspondem umas com as outras, e b) demonstram um número finito de estágios de desenvolvimento de estruturas análogas, de modo que c) resulta uma série de modos de produção dispostos nos termos de uma lógica de desenvolvimento. ("O moinho manual criou uma sociedade com senhores feudais, o moinho a vapor uma sociedade com capitalistas industriais.")[18]

A versão ortodoxa distingue cinco modos de produção: o modo de produção de *comunidades primitivas* de hordas e sociedades tribais pré-civilização, o modo de produção *antigo*, baseado na escravidão, os modos de produção *feudal*, *capitalista* e, finalmente, *socialista*. A discussão acerca da classificação do antigo Oriente e da antiga América no desenvolvimento social

---

18 Stalin, Über dialektischen und historischen Materialismus.

levou à inserção de um modo de produção *asiático*.[19] Esses seis modos de produção assinalariam estágios universais da evolução social. Sob pontos de vista evolucionários, cada *estrutura econômica* particular pode ser analisada em termos de modos de produção diferentes, inserindo em uma sociedade historicamente concreta uma vinculação hierárquica. Para isto, a análise de Godelier a respeito da cultura inca no momento da colonização hispânica oferece um bom exemplo.[20]

A versão dogmática do conceito de história da espécie partilha com os projetos de uma filosofia da história do século XVIII uma série de fraquezas. O currículo da história universal até agora, que aponta uma sequência de cinco ou seis modos de produção, estabelece o *desenvolvimento linear, necessário, ininterrupto e ascendente* de um *macrossujeito*. Gostaria de contrapor a esse modelo de história da espécie uma versão mais fraca, que não se expõe às conhecidas objeções contra o objetivismo do pensamento concernente à filosofia da história.[21]

a) O materialismo histórico não precisa supor um *sujeito da espécie* no qual se realiza a evolução. Os portadores da evolução são antes as sociedades e os sujeitos da ação que as integram. E a evolução pode ser depreendida daquelas estruturas que, de acordo com um padrão passível de ser reconstruído de maneira racional, são substituídas por estruturas cada vez mais abrangentes. No curso desse processo formador de estruturas,

---

19 Pecirka, Von der asiatischen Produktionsweise zu einer marxistischen Analyse der frühen Klassengesellschaften, p.141-174; Danilova, Controversial Problems of the Theory of Precapitalist Societies, p.269-327.
20 Godelier, *Ökonomische Anthropologie*, p.92 et seq.
21 Recentemente: Marquardt, *Schwierigkeiten mit der Geschichtsphilosophie*.

as sociedades e os indivíduos se transformam junto com suas identidades do Eu e de grupos.[22] Mesmo se a evolução social apontasse na direção de uma influência consciente dos indivíduos associados sobre o próprio processo dessa evolução, de forma alguma surgiriam sujeitos em grande formato, mas quando muito coletividades intersubjetivas, autoproduzidas e de nível superior. (Uma outra questão diz respeito à especificação do conceito de desenvolvimento, ou seja, à questão de saber em que sentido pode-se interpretar o *surgimento* de novas estruturas como um *movimento*; certamente, em movimento estão apenas os substratos empíricos.[23])

b) Se separarmos a lógica de desenvolvimento da dinâmica de desenvolvimento, ou seja, separarmos o *padrão*, passível de ser reconstruído de maneira racional, de uma hierarquia de estruturas cada vez mais abrangentes dos *processos* com os quais os substratos empíricos se desenvolvem, não precisaremos exigir nem linearidade, nem necessidade, nem continuidade, nem irreversibilidade da história. Sem dúvida, contamos com estruturas universais profundamente enraizadas de maneira antropológica que se formaram na fase de hominização e estabeleceram o ponto de partida da evolução social: estruturas que supostamente surgiram na medida em que o potencial cognitivo e motivacional dos antropoides foi reformado e reorganizado sob as condições da comunicação linguística. Essas estruturas correspondem possivelmente às estruturas da cons-

---

22 Cf. a Introdução ao presente volume.
23 Luhmann manifestou nesse contexto dúvidas acerca da utilidade do conceito de consciência em um manuscrito ainda não publicado sobre a teoria da evolução.

ciência das quais as crianças hoje normalmente dispõem entre os 4 e 7 anos de idade, tão logo suas capacidades cognitivas, linguísticas e interativas são integradas umas com as outras. Tais estruturas fundamentais descrevem o espaço lógico em que as formações mais abrangentes de estruturas podem se realizar; mas saber afinal se e quando, dado o caso, tais formações de estruturas ocorrem, depende de condições secundárias *contingentes* e de processos de aprendizagem passíveis de ser empiricamente investigados. A explicação genética de por que uma determinada sociedade alcançou um determinado nível de desenvolvimento depende da explicação estrutural de como se comporta um sistema que, em cada estágio dado, se orienta segundo a lógica de suas próprias estruturas adquiridas a cada vez. Muitos caminhos podem conduzir ao mesmo nível de desenvolvimento; desenvolvimentos *não lineares* são tão improváveis quanto mais numerosas as unidades evolucionárias. Também não existe garantia alguma para desenvolvimentos *descontínuos*; depende antes de constelações contingentes saber se uma sociedade permanece de maneira improdutiva em um limiar de desenvolvimento, ou se soluciona seus problemas sistêmicos graças ao desenvolvimento de novas estruturas. Finalmente, são possíveis *regressões* na evolução e muitas delas já foram empiricamente comprovadas; contudo, uma sociedade não pode recair abaixo de um nível de desenvolvimento estabelecido uma vez sem os sintomas de uma regressão forçada – como se pode mostrar de maneira exemplar no caso da Alemanha fascista. Os processos evolucionários não são *irreversíveis*, mas sim as sequências estruturais que uma sociedade precisa percorrer *se* e *enquanto* for concebida em processo evolucionário.

c) O ponto mais controverso, no entanto, diz respeito à *teleologia* que, de acordo com o materialismo histórico, habita a história. Quando falamos de evolução, estamos nos referindo de fato a processos cumulativos que permitem que se reconheça uma direção. O neoevolucionismo considera o *aumento de complexidade* um critério de direção aceitável. Quanto mais estados um sistema pode assumir, maior é a complexidade do entorno que, dado o caso, o sistema assimila e diante do qual pode afirmar sua estabilidade. Também Marx atribuiu uma grande importância à categoria de "divisão social de trabalho"; com isso, ele se referia a processos de diferenciação sistêmica e à integração de sistemas parciais funcionalmente especializados em um nível superior, ou seja, processos que aumentam a complexidade própria e a capacidade de controle de uma sociedade. Contudo, como critério de direção da evolução social, a complexidade tem uma série de desvantagens:

— A complexidade é um conceito multidimensional. Uma sociedade pode ser complexa tendo em vista sua extensão, interdependência, diferenciação, tendo em vista suas operações de generalização, integração e reespecificação. Por isso, comparações concernentes à complexidade podem ser imprecisas e permanecerem abertas questões de classificação global sob o ponto de vista da complexidade.[24]

— Aliás, não há qualquer relação evidente entre complexidade e conservação da estabilidade; existem ampliações de complexidade que se mostraram como becos sem saída evolucionários. Sem essa conexão, porém, o aumento de complexidade como critério de direção e a complexidade do sistema

---

24 Luhmann faz referência a tais pontos no manuscrito mencionado.

como fundamento de avaliação não seriam apropriados para o patamar de desenvolvimento.

— Mas a conexão entre complexidade e conservação da estabilidade se tornou problemática, pois sociedades, diferentemente de organismos, não conhecem problemas de conservação da estabilidade claramente definidos e passíveis de ser decididos de maneira objetiva. A reprodução das sociedades não é medida com base em uma taxa de reprodução, ou seja, segundo as possibilidades de sobrevivência física de seus membros, mas na segurança de uma identidade da sociedade estipulada normativamente, de uma vida "boa" ou "tolerável" interpretada em termos culturais.[25]

Marx não avaliou o desenvolvimento social de acordo com o aumento de complexidade, mas segundo a etapa de desenvolvimento das forças produtivas, de um lado, e do amadurecimento das formas de intercâmbio social, de outro.[26] O desenvolvimento da força produtiva depende da aplicação do saber tecnicamente utilizável; as instituições de base de uma sociedade incorporam saberes prático-morais. Os progressos

---

25 Cf. minha crítica em Habermas e Luhmann, *Theorie der Gesellschaft*, p.150 et seq. Ver também Döbert, *Systemtheorie und die Entwicklung religiöser Deutungssysteme*, p.66 et seq.

26 Gericke (Zur Dialektik von Produktivkraft und Produktionsverhältnis im Feudalismus, p.914-932) distingue por exemplo o "grau sempre mais elevado de dominação da natureza" das "formas sempre mais refinadas de convívio social": "Aperfeiçoamento das forças produtivas, principalmente o aumento da atividade consciente, direcionada a um fim e interessada no êxito de produtores imediatos, que permite a um número sempre crescente de homens participar de maneira objetiva nos acontecimentos econômicos, sociais, políticos e culturais, são os critérios mais importantes e os fatores decisivos do progresso histórico". (p.918).

nessas duas dimensões são avaliados de acordo com as duas pretensões de validade universais com as quais também medimos os progressos do conhecimento empírico e o discernimento prático-moral, a saber, segundo a verdade das proposições e a correção de normas. Eu gostaria, portanto, de defender a tese segundo a qual os critérios do progresso histórico, que o materialismo histórico sublinha com o desdobramento das forças produtivas e o amadurecimento das formas de intercâmbio social, são capazes de uma justificação sistemática. Eu voltarei a isso.

III

Após ter esclarecido os conceitos de "trabalho social" e de "história da espécie", gostaria de discutir brevemente duas *hipóteses fundamentais* do materialismo histórico: a teoria da superestrutura e a dialética entre forças produtivas e relações de produção.

(1) A célebre formulação da teoria da superestrutura diz o seguinte:

> Na produção social de sua vida, os homens entram em relações determinadas, necessárias, independentes de sua vontade, relações de produção que correspondem a uma determinada etapa de desenvolvimento de suas forças produtivas materiais. A totalidade dessas relações de produção forma a estrutura econômica da sociedade, a base real sobre a qual se ergue uma superestrutura jurídica e política, e à qual correspondem determinadas formas sociais de consciência. O modo de produção da vida material

condiciona o processo de vida social, político e espiritual. Não é a consciência dos homens que determina seu ser, mas inversamente é seu ser social que determina sua consciência.[27]

Em toda sociedade, as forças produtivas e as relações de produção, de acordo com o modo de produção dominante, formam uma estrutura econômica a partir da qual todo outro sistema parcial da sociedade é determinado. Durante muito tempo se afirmou uma *interpretação econômica* desse teorema. Segundo essa interpretação, toda sociedade (sempre de acordo com o grau de sua complexidade) se reparte em sistemas parciais que podem ser classificados hierarquicamente na seguinte sequência: domínio econômico, político-administrativo, social e cultural. O teorema afirma então que os processos dos subsistemas superiores são determinados pelos processos dos sistemas parciais sempre inferiores no sentido de uma dependência causal. Uma versão mais fraca dessa tese afirma que os sistemas parciais inferiores delimitam de forma estrutural os superiores; assim, "em última instância", como exprime Lenin, o sistema econômico determina a margem de ação dos cursos possíveis dos outros sistemas parciais. Em Plekhanov encontramos formulações que apoiam a primeira interpretação, em Labriola e Max Adler passagens textuais que apoiam a segunda interpretação. Em hegelo-marxistas como Lukács, Korsch e Adorno, o conceito de totalidade social proíbe um modelo por camadas; aqui o teorema da superestrutura assume a forma segundo a qual há uma espécie de dependência concêntrica de todos os fenômenos sociais em relação à estrutura econômica, em que esta é concebida

---

27 Marx, *Zur Kritik der Politischen Ökonomie*, Vorwot, p.13.

dialeticamente na qualidade de essência que vem à existência em fenômenos observáveis.

O contexto em que Marx elabora seu teorema torna evidente, entretanto, que a dependência da superestrutura em relação à base se referia de início apenas à fase crítica em que uma sociedade passa para um novo nível de desenvolvimento. Ela não se refere a alguma constituição ontológica da sociedade, mas ao papel dirigente que a estrutura econômica assume na evolução social. Karl Kautsky viu isso de maneira interessante:

> Apenas em última linha o aparelho jurídico, político e ideológico em seu todo deve ser considerado uma superestrutura que fica sobre a base econômica. Isso de modo algum vale para seu fenômeno individual na história. Ele se realizará em muitas relações, seja de forma econômica, ideológica ou qualquer outra que se queira, como superestrutura, em outras como base. *Apenas para os fenômenos sempre novos na história* a proposição de Marx a respeito da base e da superestrutura vale de maneira incondicional.[28]

Marx introduz o conceito de base para circunscrever um domínio de problemas ao qual uma explicação das inovações evolucionárias tem de se referir. O teorema diz então que inovações evolucionárias devem solucionar unicamente tais problemas que surgem a cada vez no domínio da base da sociedade.

Ora, a equiparação entre "base" e "estrutura econômica" poderia levar à visão de que o domínio da base sempre coincide com o sistema econômico. Isso vale, todavia, apenas

---

28 Kautsky, *Die materialistische Geschichtsauffassung*, Bd. I, p.817 et seq.

para sociedades capitalistas. Nós determinamos as relações de produção por sua função de regular o acesso aos meios de produção e, com isso, indiretamente, a distribuição da riqueza social. Essa função é assumida em sociedades primitivas pelos sistemas de parentesco, e em sociedades civilizadas pelos sistemas de dominação. Apenas quando, no capitalismo, o mercado, ao lado de sua função de controle, adota também a função de estabilizar as relações de classe, surgem as relações de produção enquanto tais, assumindo a forma econômica. As teorias da sociedade pós-industrial apontam inclusive para uma situação em que o primado evolucionário do sistema econômico passa para os sistemas educacional e científico.[29] Seja como for, as relações de produção podem atender a diferentes instituições.[30]

Esse núcleo institucional, em torno do qual se cristalizam as relações de produção, estabelece uma determinada *forma de integração social*; por tal integração social eu entendo, com Durkheim, o asseguramento da unidade de um mundo da vida social por meio de valores e normas. Pois se problemas sistêmicos não podem ser solucionados em acordo com as formas dominantes de integração social, se esta mesma precisa ser revolucionada com a finalidade de criar margem de ação para novas soluções de problemas, então a identidade da sociedade corre perigo.

(2) Marx vê da seguinte maneira o mecanismo dessa crise:

---

29 Cf. Touraine, *Die postindustrielle Gesellschaft*; Bell, *The Coming of Postindustrial Society*.
30 Godelier, *Ökonomie und Antropologie*, p.35.

Para a reconstrução do materialismo histórico

Em certo estágio de seu desenvolvimento, as forças produtivas materiais entram em contradição com as relações de produção existentes ou, o que é apenas uma expressão jurídica disso, com as relações de propriedade no interior das quais tinham se movido até agora. De formas de desenvolvimento das forças produtivas, essas relações se transformam em seu próprio entrave. Com a transformação da base econômica toda a vasta superestrutura é revolucionada de maneira mais lenta ou mais rápida.[31]

A dialética entre forças produtivas e relações de produção é frequentemente entendida em um *sentido tecnicista*. Pois o teorema afirma que técnicas de produção não exigem apenas determinadas formas de organização e de mobilização da força de trabalho, mas também a organização social do trabalho, as relações de produção que lhes são adequadas. O processo de produção é concebido de tal modo como uma unidade que o homem, por meio das forças produtivas, engendra também a partir de si mesmo as relações de produção. No jovem Marx, exatamente esse tipo de conceituação idealista ("a objetivação das forças essenciais no trabalho") dá suporte a essa ideia; em Engels, Plekhanov, Stalin entre outros, o conceito de "procedência" das relações de produção a partir das forças produtivas é sustentado na verdade pelos modelos de ação instrumental.[32]

Ora, temos de separar, porém, o âmbito da ação comunicativa do âmbito da ação instrumental e estratégica associada à cooperação social. Se considerarmos isso, o teorema pode ser compreendido de tal modo que a) preserve um mecanismo de

---

31 *Zur Kritik der Politischen Ökonomie*, Vorwot, p.13.
32 Stalin, *Über dialektischen und historischen Materialismus*.

aprendizagem endógeno que cuida do crescimento espontâneo do saber utilizável de maneira técnica e organizacional e de sua conversão em forças produtivas; que b) somente haja um modo de produção em estado de equilíbrio se existir as correspondências estruturais entre patamar de desenvolvimento das forças produtivas e as relações de produção, e que c) o desdobramento das forças produtivas causado endogenamente permita surgir incompatibilidades estruturais entre essas duas ordenações, as quais d) em dado modo de produção devem causar desequilíbrios e levar ao revolucionamento das relações de produção existentes. Foi nesse *sentido estruturalista* que Godelier, por exemplo, se apropriou do teorema.[33]

Contudo, também nessa interpretação ainda não está claro em que consiste o mecanismo de desenvolvimento com a ajuda do qual poderíamos explicar inovações evolucionárias. O mecanismo de aprendizagem postulado explica o crescimento de um potencial cognitivo e talvez ainda sua conversão em tecnologias e estratégias intensificadoras de produtividade. Ele pode explicar o surgimento de problemas sistêmicos que, caso as dessemelhanças estruturais entre forças produtivas e relações de produção aumentem muito, ameaçam a estabilidade do modo de produção. A introdução de novas formas de integração social, por exemplo, a substituição do sistema de parentesco pelo Estado, exige um saber de tipo prático-moral – não um saber tecnicamente utilizável que pode ser implementado em regras da ação instrumental e estratégica; ela não exige a expansão de nosso controle sobre a natureza, mas um saber que pode encontrar sua incorporação em estruturas de interação, com

---

33 Godelier, Mythos und Geschichte, p.26 et seq.

uma palavra: uma expansão da autonomia social em relação à nossa própria natureza interna. Isso pode ser mostrado no exemplo das sociedades industrialmente desenvolvidas. O progresso das forças produtivas levou aqui a uma divisão altamente diferenciada dos processos de trabalho e a uma diferenciação da organização do trabalho dentro das indústrias, todavia o potencial cognitivo que é introduzido nessa "socialização da produção" não possui semelhança estrutural alguma com a consciência prático-moral, que pode produzir movimentos sociais impelindo a um revolucionamento da sociedade burguesa. Por isso, "o progresso da indústria" não põe, como afirma o *Manifesto do Partido Comunista*, "a união revolucionária no lugar do isolamento dos trabalhadores",[34] mas põe no lugar da antiga organização do trabalho uma nova.

Podemos, portanto, compreender o desdobramento das forças produtivas como mecanismo gerador de problemas, que certamente *desencadeia* o revolucionamento das relações de produção e uma inovação evolucionária do modo de produção, *porém não os causa*. Mas também nessa interpretação é difícil defender o teorema. Existem alguns exemplos conhecidos mostrando que devido a um incremento das forças produtivas surgiram problemas sistêmicos que exigiram demais da capacidade de controle de sociedades organizadas em termos de parentesco e abalaram a ordem das comunidades primitivas – tão evidente na Polinésia e na África do Sul.[35] Mas os grandes impulsos evolucionários de desenvolvimento, que levaram ao surgimento das primeiras civilizações ou ao surgimento

---

34 Marx/Engels, *Werke*, Bd. 4, p.474.
35 Sellnow, Die Auflösung der Urgemeischaftsordnung, p.69-112.

do capitalismo europeu, não tiveram como condição, mas sim como consequência um desdobramento considerável das forças produtivas. Nestes casos, o desdobramento das forças produtivas não levou a um desafio evolucionário. Recomenda-se fazer uma distinção entre o potencial do saber disponível e a implementação deste saber. Parece que o mecanismo, evidenciado com clareza por Moscovici, da não capacidade de não aprendizagem [*Nicht-nicht-Lernenkönnen*] sempre fornece um excedente cognitivo que significa um potencial de saber técnico-organizatório não utilizável, ou então utilizável de início apenas de maneira marginal. Quando esse potencial cognitivo é esgotado, torna-se fundamento para as divisões sociais de trabalho estruturantes (entre caçadores e coletores, entre agricultores e criadores de gado, entre agricultura e artesãos citadinos, entre artesanato e indústria etc.).[36] O crescimento endógeno de saber, por conseguinte, é uma condição necessária da evolução social. Mas apenas quando surgiu um quadro institucional novo, os problemas sistêmicos até então insolúveis puderam ser tratados com a ajuda do potencial cognitivo acumulado, de onde *resultou* um incremento das forças produtivas. Apenas *neste* sentido é possível defender a proposição de que uma formação social não se extingue e novas relações de produção mais elevadas não tomam seu lugar "antes que as condições materiais de sua existência tenham brotado no próprio seio da antiga sociedade".[37]

A discussão conduziu ao seguinte resultado provisório:

---

36 Moscovici, *L'histoire humanie de la nature*.
37 Marx, *Zur Kritik der Politischen Ökonomie*, Vorwot, p.14.

Para a reconstrução do materialismo histórico

— problemas sistêmicos, que não podem ser solucionados sem inovações evolucionárias, surgem no domínio da base da sociedade;

— cada modo de produção superior significa uma nova forma de integração social que se cristaliza em torno de um novo núcleo institucional;

— um mecanismo de aprendizagem endógeno cuida para que haja o acúmulo de um potencial cognitivo, o qual pode ser empregado para a solução de problemas sistêmicos geradores de crises;

— mas este saber apenas pode ser implementado com o resultado de um desdobramento das forças produtivas se for realizado o passo evolucionário em direção a um novo quadro institucional e a uma nova forma de integração social.

Permanece aberta a questão de *como* este passo é realizado. A resposta *descritiva* do materialismo histórico é a seguinte: pelos conflitos sociais, pela luta, pelos movimentos sociais e confrontos político (que, caso se encontrem sob condições de uma estrutura de classes, podem ser analisados a título de luta de classes). Mas apenas uma resposta *analítica* pode explicar *por que* uma sociedade realiza um passo evolucionário, e como devemos entender que lutas sociais conduzem sob determinadas circunstâncias a uma nova forma de integração social e, com isso, a um novo nível de desenvolvimento da sociedade. A resposta que eu gostaria de sugerir é a seguinte: a espécie não aprende somente na dimensão do saber tecnicamente utilizável para o desdobramento das forças produtivas, mas também na dimensão da consciência prático-moral, determinante para as estruturas da interação. As regras da ação comunicativa se desenvolvem certamente em reação às transformações no

233

domínio da ação instrumental e estratégica, mas seguindo aí *uma lógica própria*.

IV

O conceito de história da espécie do materialismo histórico exige a reconstrução do desenvolvimento social em termos de uma *sequência de desenvolvimento de modos de produção*. Eu gostaria de indicar algumas vantagens e dificuldades que surgem da aplicação desse conceito e, em seguida, colocar em discussão uma proposta de solução.

(1) As *vantagens* se mostram em comparação com tentativas concorrentes de encontrar pontos de vista sob os quais é possível ordenar o material histórico em termos de lógica de desenvolvimento. Assim, existem propostas de periodização que fundamentam os *materiais principais* trabalhados (da pedra, bronze e ferro até os plásticos do presente) ou as *fontes de energia* utilizadas (do fogo, água e ar até a energia atômica e solar). Mas a tentativa de descobrir nestas sequências um padrão de desenvolvimento logo conduz às *técnicas* de elaboração e de exploração dos recursos naturais. Para a história da técnica parece de fato se oferecer um padrão de desenvolvimento.[38] Contudo, o desenvolvimento técnico se conforma à interpretação segundo a qual os homens *teriam* projetado, no âmbito dos meios técnicos, um depois do outro, os componentes elementares do círculo funcional da ação racional com respeito a fins, que

---

38 Gehlen, Anthropologische Ansicht der Technik; cf. minha contribuição em Technik und Wissenschaft als 'Ideologie', p.55 et seq.

se estabelece de início no organismo humano, aliviando a si mesmos das funções correspondentes – em primeiro lugar, das funções dos aparelhos motores (pernas e mãos), em seguida, da produção de energia do corpo humano e, finalmente, das funções dos aparelhos sensoriais (olhos, ouvidos, pele) e do cérebro. No entanto, na história do desenvolvimento é possível recuar ainda aquém do âmbito da história da técnica. (Modelos de natureza [*Moscovici*].) Piaget demonstrou no âmbito ontogenético uma *sequência de desenvolvimento universal* que vai do pensamento pré-operacional, passando pelo operacional-concreto, até chegar ao operacional-formal. Provavelmente, a história da técnica está ligada aos grandes impulsos evolucionários da sociedade por meio da *evolução* das *imagens de mundo*; e esta ligação pode ser esclarecida por seu turno pelas estruturas formais do pensamento, para cuja classificação em termos de lógica de desenvolvimento a psicologia cognitivista oferece um modelo ontogenético bastante investigado.[39]

Todavia, desde a "revolução neolítica", as grandes invenções técnicas não levaram a novas épocas, mas somente as acompanharam; uma história da técnica, por mais que seja passível de ser reconstruída de maneira racional, não é apropriada para delimitar formações sociais. O conceito de modo de produção dá conta do fato de que o *desdobramento das forças produtivas* certamente é uma dimensão importante do desenvolvimento social, embora *não uma dimensão decisiva* para a periodização. Outras propostas de periodização podem ser guiadas por uma classificação de *formas de cooperação*; e, sem dúvida, o desenvolvimento da empresa familiar desempenha um importante papel, passan-

---

39 Piaget, *Abriβ der genetischen Epistemologie*.

do pela coordenação de tais empresas na indústria editorial, pela fábrica, pela empresa nacional com divisão de trabalho até chegar às empresas multinacionais. Mas podemos acompanhar essas linhas de desenvolvimento no interior de uma única formação social, a capitalista. Nesta já se mostra que a evolução social não pode ser reconstruída com o fio condutor da organização da força de trabalho. O mesmo vale para o desenvolvimento do *mercado* (do mercado doméstico, passando pela economia urbana e política até o mercado mundial) ou para o desenvolvimento da *divisão social de trabalho* (entre caça e colheita; agricultura e pecuária; artesanato citadino e agricultura; agricultura e indústria etc.). Os desenvolvimentos aumentam a complexidade da organização social; mas não está escrito na testa de nenhum destes fenômenos quando uma nova forma de organização, um novo meio de comunicação, uma nova especificação funcional representa um desenvolvimento das forças produtivas, isto é, um poder acentuado de disposição sobre a natureza externa, e quando este serve à repressão da natureza interna e precisa ser concebido como componente das relações de produção. Por isso, é mais informativo determinar diretamente os diferentes modos de produção pelas relações de produção e analisar as *transformações da complexidade* de uma sociedade em *dependência* de seus *modos de produção*.[40]

(2) Também pela aplicação desse conceito, contudo, aparecem *dificuldades*. É decisivo aqui o ponto de vista com o qual é regulado o acesso aos meios de produção. O estado da discus-

---

40 Welskopf, Schauplatzwechsel und Pulsation des Fortschritts, p.122-133.

são no interior do materialismo histórico é caracterizado hoje pela aceitação de *seis modos de produção* universais e sucessivos de acordo com a lógica do desenvolvimento.[41] Em sociedades primitivas, o trabalho e a distribuição são organizados com a ajuda de relações de parentesco; não há qualquer acesso privado à natureza e aos meios de produção (modo de produção de comunidades primitivas). Nas civilizações iniciais da Mesopotâmia, Egito, antiga China, antiga Índia e antiga América há uma propriedade estatal da terra e do solo, administrada pelo clero, pelos militares e pela burocracia, que reformou os vestígios da propriedade comunitária das aldeias (o chamado modo de produção asiático). Na Grécia, Roma e outras sociedades mediterrâneas, o proprietário de terras unificou a posição de um senhor despótico sobre escravos e diaristas no quadro da economia doméstica com a posição de um cidadão livre na comunidade política da cidade ou do Estado (modo de produção antigo). Na Europa medieval, a dominação feudal se baseou na propriedade privada de grandes quantidades de terra, que foi dividida por muitos proprietários individuais, processo no qual estes se colocavam em múltiplas relações de dependência (chegando à servidão) definidas ao mesmo tempo em termos políticos e econômicos (modo de produção feudal). No capitalismo, por fim, a força de trabalho se torna mercadoria de modo que a dependência dos produtores imediatos em relação aos proprietários dos meios de produção é assegurada legalmente pela instituição do contrato de trabalho e economicamente pelo mercado de trabalho.

---

41 Hoffmann, Zwei Aktuelle Probleme; Guhr, Ur- und Frühgeschichte und ökonomische gesellschaftsformationen, p.167-212.

Na pesquisa antropológica e histórica, a aplicação desse esquema depara com dificuldades. Também se trata neste caso de problemas de formas mistas e transitórias: apenas em poucos casos, como se sabe, a estrutura econômica de uma determinada sociedade se adapta a um único modo de produção; difusões interculturais tanto quanto sobreposições temporais fazem surgir estruturas complexas que têm de ser decifradas como combinação de outros modos de produção. Mas é ainda mais importante o problema que estabelece a classificação dos modos de produção em termos de lógica de desenvolvimento. A discussão atual, se vejo corretamente, gira em torno, sobretudo, dos seguintes complexos temáticos:

(a) Não é absolutamente claro de que maneira as sociedades paleolíticas podem ser distinguidas das sociedades neolíticas com base no mesmo modo de produção das comunidades primitivas. A "revolução neolítica"[42] não caracteriza somente um novo patamar de desenvolvimento das forças produtivas, mas um novo modo de vida. Por essa razão, sugeriu-se diferenciar um estágio de economia apropriativa de um estágio de economia produtiva de bens (*appropriative vs. producing economy*): enquanto caçadores e coletores se apoderam dos tesouros naturais para seu uso direto, a agricultura e a pecuária já exigem tais meios de produção (terra e solo, gado) com os quais se põe a questão da propriedade.[43] Outras investigações se referem à complexidade da organização social (horda, tribo, chefatura – *band, tribe, chiefdom*).[44] Por fim,

---

42 Childe, Die neolitische Revolution, p.176-185; Id., *Soziale Evolution*; Cipella, Die zwei Revolutionen, p.87-95.
43 Danilova, Controversial problems, p.282 et seq.
44 Service, *Primitive Social Organization*.

podemos fundamentar a suposição de que as inovações técnicas, que marcam a passagem para a sociedade neolítica, dependem da configuração coerente de imagens de mundo míticas.[45]

(b) A discussão ramificada em torno do chamado modo de produção asiático levantou toda uma série de questões sistemáticas. Esse modo de produção deve ser atribuído ainda ao último estágio da ordem das comunidades primitivas ou ser concebido como a primeira forma da sociedade de classes?[46] Se a segunda alternativa puder se tornar plausível, como acredito, neste caso o modo de produção asiático caracteriza um estágio de desenvolvimento universal ou uma linha de desenvolvimento especial das sociedades de classe *ao lado* do caminho trilhado pelo modo de produção antigo? Ou se trata de uma forma mista dos modos de produção antigo e feudal?[47]

(c) Mesmo a classificação do feudalismo gera grandes dificuldades.[48] Trata-se afinal de um modo de produção claramente determinável ou de um conceito coletivo analiticamente despretensioso? Se houver um modo de produção independente desse tipo, ele caracteriza um estágio de desenvolvimento universal? Caso sim, apenas a sociedade da Europa medieval alcançou esse estágio, em outras palavras, o feudalismo é um fenômeno particular ou também outras civilizações alcançaram o estágio de desenvolvimento feudal?

(d) Conecta-se com isso uma outra questão. De que maneira civilizações arcaicas podem ser diferenciadas de civilizações

---

45 Eder, *Die Entstehung staatlich organisierter Gesellschaften*.
46 Pecirka, *Asiatische Produktionsweise*.
47 Gunther, *Herausbildung uns Systemcharakter der vorkapitalistischen Gesellschaftsformationen*, p.1204-1211.
48 Gericke, *Feudalismus*.

desenvolvidas? A diferenciação de sistemas sociais parciais e o aumento da estratificação se realizam no quadro da mesma organização política de classes. Contudo, em todas as civilizações bem-sucedidas em termos evolucionários ocorreu uma notável mudança estrutural da imagem de mundo – a mudança de uma imagem de mundo cosmogônico-mitológica para uma forma das éticas cosmológicas de imagem de mundo racionalizada. Esta mudança ocorreu entre os séculos XIII e III a. C. na China, Índia, Palestina e Grécia.[49] Como ela pode ser esclarecida em termos materialistas?

(e) Finalmente, a este contexto também pertence a controvérsia entre teorias da sociedade pós-industrial, de um lado, e teorias do capitalismo organizado, de outro. Neste caso, trata-se, entre outras coisas, da questão de saber se o capitalismo regulado pela intervenção estatal nos países industrializados desenvolvidos do Ocidente representa a última fase do antigo modo de produção ou a passagem para um novo.

(f) Um problema particular é o da classificação das chamadas sociedades socialistas de transição. O socialismo burocrático, em comparação com o capitalismo avançado, é afinal uma formação social superior em termos evolucionários ou se trata de variações do mesmo estágio de desenvolvimento?

Esses e outros problemas semelhantes permitiram que um historiador marxista tão importante quanto Hobsbawm duvidasse (em sua introdução a *Formações econômicas pré-capitalistas*, de Marx) do conceito de estágios de desenvolvimento *universais*. Naturalmente, coloca-se a questão de se os problemas mencio-

---

[49] K. Jaspers mencionou estes fenômenos em sua construção da "era axial". Cf. *Vom Ursprung und Ziel der Geschichte*.

nados abrem o caminho para uma discussão científica normal, ou se precisam ser entendidos como indícios da infertilidade de um programa de pesquisa. Eu acredito que a alternativa hoje não pode ser colocada *de tal forma*. Talvez o conceito de modo de produção não seja a chave errada para a lógica do desenvolvimento social, mas uma chave que ainda não foi suficientemente desbastada.

V

O conceito de modo de produção não é abstrato o bastante para alcançar os universais próprios do nível do desenvolvimento social. Os âmbitos em que os modos de produção podem ser comparados entre si são: a) a regulação do acesso aos meios de produção e b) a compatibilidade dessas regras com cada patamar de desenvolvimento das forças produtivas. No primeiro âmbito, Marx diferencia propriedade comunal e privada. O ponto de vista da *disposição exclusiva sobre os meios de produção* conduz, todavia, apenas à delimitação de sociedades com ou sem estrutura de classes. A outra diferenciação, segundo graus de imposição da propriedade privada e formas de exploração (exploração estatal das comunidades rurais, escravidão, servidão, trabalho assalariado), foi até agora muito imprecisa para permitir comparações evidentes.[50] Para precisar este ponto, Finley sugere os seguintes pontos de vista:[51] *claims to property vs. power over things; power over human labor-force vs. power over human movements; power to punish vs. im-*

---

50 Tökei, *Zur Frage der asiatischen Produktionsweise*.
51 Finley, Between Slavery and Freedom.

munity from punishment; privileges vs. duties in the sacral, political and military spheres.* Estes pontos de vista sociológicos universais sem dúvida permitem uma descrição concreta de cada estrutura econômica, mas ao mesmo tempo ampliam e não aprofundam a análise. O resultado desse procedimento seria uma dispersão pluralista de modos de produção e uma diluição de sua lógica de desenvolvimento. Ao final desse caminho indutivo se encontra a renúncia do conceito de história da espécie — e, com isso, a renúncia do materialismo histórico. Não se pode excluir *a priori* que as pesquisas histórico-antropológicas poderiam um dia forçar a isso. Mas, por enquanto, parece-me que o caminho em direção oposta não está sendo suficientemente explorado.

Ele aponta na direção de uma generalização ainda mais forte, a saber, na busca por princípios de organização social altamente abstratos. Compreendo sob princípios de organização aquelas inovações que são possíveis graças a passos de aprendizagem passíveis de ser reconstruídos em termos de lógica de desenvolvimento e a institucionalização de níveis de aprendizagem da sociedade cada vez mais novos.[52] O princípio de organização de uma sociedade circunscreve margens de ação possíveis, estabelecendo principalmente as estruturas no interior das quais são possíveis mudanças do sistema institucional, a extensão em que as capacidades existentes das forças produti-

---

52 Habermas, *Legitimationsprobleme im Spätkapitalismus*, p.30 et seq.; Eder, Komplexität, Evolution und Geschichte.

* Trad.: "demandas por propriedade vs. poder sobre as coisas; poder sobre força de trabalho humana vs. poder sobre movimentos humanos; poder de punir vs. imunidade ante a punição; privilégio vs. obrigações na esfera sacra, política e militar". (N. T.)

vas podem ser socialmente úteis ou o desdobramento de novas forças produtivas possa ser estimulado; e, com isso, também a medida em que podem ser intensificadas a complexidade e os desempenhos dos sistemas. Um princípio de organização consiste em regras tão abstratas que nas formações sociais estabelecidas por ele são permitidos outros modos de produção funcionalmente equivalentes. A estrutura econômica de uma sociedade determinada deveria ser investigada em dois âmbitos de análise: inicialmente, em termos de modos de produção, que são introduzidos em sua vinculação concreta; e depois em termos daquela formação social à qual pertence cada modo de produção dominante. É mais fácil propor do que satisfazer tal postulado; eu posso apenas tentar esclarecer e tornar plausível o programa de pesquisa.

Princípios de organização social podem ser caracterizados, em uma primeira aproximação, pelo núcleo institucional que estabelece cada forma dominante de integração social. Esses núcleos institucionais ainda não foram completamente analisados em seus componentes formais: o parentesco como instituição total, o Estado como ordem política total, a relação complementar entre Estado especificado funcionalmente e sistema econômico diferenciado. Mas eu não gostaria aqui de perseguir este caminho da análise porque os componentes formais dessas instituições fundamentais se encontram em tantas dimensões diferentes que dificilmente podem ser empregados em uma sequência concernente à lógica de desenvolvimento. É mais promissora a tentativa de classificar imediatamente as formas de integração social, que são determinadas pelos princípios de organização social, segundo critérios evolucionários. Em todo caso, as conexões da lógica de desenvolvimento já se mostraram plausíveis para a ontogênese da competência de agir, em particular da consciência moral. Naturalmente, não podemos tirar da ontogênese conclusões precipitadas para o nível de desenvolvimento das sociedades. Os processos de aprendizagem socioevolutivos não podem ser atribuídos unicamente nem à sociedade nem aos indivíduos. Sem dúvida, o sistema da personalidade conduz o processo de aprendizagem da ontogênese; e, de certo modo, são apenas os sujeitos socializados que aprendem. Mas sistemas sociais podem, sob o esgotamento das capacidades de aprendizagem dos sujeitos socializados, formar novas estruturas com a finalidade de solucionar problemas de controle perigosos para a estabilidade. Nesse caso, o processo de aprendizagem evolucionário das sociedades é dependente das competências dos indivíduos que lhes pertencem. Estes, por sua vez, adquirem suas competências não na qualidade de mônadas isoladas, mas na medida em que se aprimoram nas estruturas simbólicas de seu mundo da vida. Esse desenvolvimento percorre três estágios de comunicação, os quais eu gostaria de caracterizar de maneira bem grosseira.

No *estágio da interação mediada simbolicamente*, a fala e a ação ainda se cruzam no quadro de um único modo de comunicação determinado de maneira imperativa. A manifesta com a ajuda de um símbolo comunicativo uma expectativa de comportamento diante da qual B reage com uma ação com o propósito de preencher as expectativas de A. O significado do símbolo comunicativo e a ação se definem reciprocamente. Os participantes supõem que poderiam em princípio trocar seu lugar em relações interpessoais, mas permanecem presos à sua atitude performativa. No *estágio do discurso diferenciado de maneira proposicional*, fala e ação se separam pela primeira vez. A e B podem ligar a atitude performativa de um participante com a atitude proposicional de um observador; ambos podem não apenas *adotar* a perspectiva dos outros participantes, mas *trocar* a perspectiva do participante pela perspectiva do observador. Por esta razão, duas expectativas recíprocas de comportamento podem ser coordenadas de tal modo que constituam um sistema de motivações recíprocas, ou, como também podemos dizer, um papel social. Neste estágio, ações se separam de normas. No terceiro estágio, caracterizado pelos *discursos argumentativos*, as pretensões de validade, que vinculamos aos atos de fala, podem ser transformadas em temas. À medida que, em um discurso, fundamentamos afirmações ou justificamos ações, tratamos hipoteticamente de tal modo enunciados ou normas (que subjazem às ações) que estes poderiam ou não ser o caso, poderiam ser corretas ou incorretas. Normas e papéis aparecem como carentes de justificação; sua validade pode ser contestada ou fundamentada com referência a princípios.

Deixo de lado o aspecto cognitivo desse desenvolvimento comunicativo e remeto apenas à diferenciação gradual de uma realidade social escalonada em si mesma. De início, ações, motivos (ou expectativas de comportamento) e sujeitos agentes ainda são percebidos em uma única dimensão de realidade. No próximo estágio, ações e normas se separam, as normas se movem, junto com os agentes e seus motivos, a um âmbito que reside por assim dizer atrás da dimensão real das ações. No último estágio, os princípios, com os quais podem ser produzidas normas de ação, são diferenciados dessas próprias normas; os princípios, juntos com os agentes e seus motivos, ainda retrocedem atrás da linha das normas, ou seja, dos sistemas de ação existentes.

Nesse caminho, podemos obter os conceitos fundamentais de uma teoria genética da ação, os quais permitem ser lidos de duas maneiras: eles podem ser compreendidos na qualidade de conceitos para as competências, adquiridas gradativamente, do sujeito capaz de falar e agir habitando um universo simbólico; ou na qualidade de conceitos para a infraestrutura dos próprios sistemas de ação. Neste segundo sentido, gostaria de empregá-los para a caracterização de diferentes formas de integração social. Desse modo, pretendo distinguir as instituições, que regulam o caso normal, das instituições especiais, que em casos de conflito restauram a intersubjetividade comprometida do entendimento (direito e moral).

Enquanto conflitos de ação não são regulados com violência ou meios estratégicos, mas sobre uma base consensual, entram em cena estruturas que moldam no indivíduo a consciência moral, e em sociedades o sistema da moral e do direito. Elas definem o domínio nuclear das estruturas universais de ação já mencionadas, pelas quais representações de justiça se cristalizam em torno das relações de reciprocidade subjacentes a todas as interações. Na tradição de pesquisa de Piaget, foram encontrados conhecidos estágios de desenvolvimento da consciência moral que correspondem aos estágios da competência interativa.[53] No estágio pré-convencional, em que ações, motivos, sujeitos da ação ainda são percebidos em uma única dimensão de realidade, são valoradas, no caso de conflitos de ação, apenas as *consequências da ação*. No estágio *convencional*, os motivos podem ser estimados independentemente das consequências concretas da ação; é decisiva a conformidade com

---

53 Kohlberg, *Zur kognitiven Entwicklung des Kindes*.

um papel social determinado ou com um sistema de normas existente. No estágio *pós-convencional*, tais sistemas de normas perdem sua validade naturalizada; eles carecem de justificação sob pontos de vista universalistas.

Eu distingui entre estruturas universais de ação, que subjazem ao estado normal pobre em conflitos, e estruturas nucleares, que se encontram na base da regulação consensual dos conflitos. Essas estruturas da consciência moral podem ser expressas por sua vez no mero julgamento ou na solução ativa de conflitos de ação. Se, simultaneamente, tivermos em vista os estágios de desenvolvimento de acordo com os quais podemos classificar essas estruturas, torna-se intuitivamente plausível saber por que com frequência surgem diferenças de nível entre esses domínios de ação, ou seja, tanto a) entre a capacidade de dominar situação normais de ação e a capacidade de tratar situações de conflito sob pontos de vista jurídico-morais quanto b) entre juízo moral e ação moral. Como ocorre no comportamento dos indivíduos, também no âmbito dos sistemas sociais surgem diferenças de níveis. Por exemplo, nas sociedades neolíticas os sistemas da moral e do direito se encontram no estágio pré-convencional do direito de arbitragem e de contendas, enquanto as situações normais pobres em conflito são reguladas no quadro do sistema de parentesco, ou seja, no estágio convencional. O mesmo ocorre com o desnível entre as estruturas de consciência, que já são claramente válidas nos sistemas de interpretação, mas ainda não encontram incorporação institucional alguma nos sistemas de ação. Assim, em muitos mitos de sociedades pré-civilizadas já se encontram modelos de conflito e de solução configuradas de maneira narrativa que correspondem ao estágio de desenvolvimento da consciência moral, enquanto simultaneamente o direito institucionalizado preenche os critérios do estágio pré-convencional da consciência moral.

Na mera tentativa de distinguir *níveis de integração social*, recomenda-se por isso uma separação entre a) estruturas de ação universais, b) estruturas de imagens de mundo, na medida em que são determinantes para a moral e para o direito, e c) estruturas do direito *institucionalizado* e das representações morais *vinculantes*.

Sociedades neolíticas: a) sistema de ação estruturado de maneira *convencional* (a realidade simbólica é nivelada segundo âmbitos de ação e de normas); b) imagens de mundo míticas, ainda entrelaçadas de forma imediata com o sistema de ação (com padrões de soluções *convencionais* para conflitos de ação morais); c) regulação jurídica do conflito sob pontos de vista *pré-convencionais* (valoração das consequências da ação, compensação dos danos causados, recomposição do *status quo ante*).

Civilizações iniciais: a) sistema de ação estruturado de maneira *convencional*; b) uma imagem de mundo mítica destacada do sistema de ação, atribuindo a função de legitimação ao detentor de posições de dominação; c) regulação do conflito sob pontos de vista de uma moral *convencional* ligada à figura dominante do sistema judicial ou representada pela justiça (valoração segundo intenções da ação, passagem da retribuição à pena, da responsabilidade coletiva para a individual).

Civilizações desenvolvidas: a) sistema de ação estruturado de maneira *convencional*; b) rompimento com o pensamento mítico, formação de imagens de mundo racionalizadas (com representações *pós-convencionais* do direito e da moral); c) regulação do conflito sob pontos de vista de uma moral convencional descolada da pessoa de referência do dominador (sistema desenvolvido de jurisprudência, direito dependente da tradição, porém sistematizado).

Modernidade: a) domínio de ação estruturado de maneira *pós-convencional*: diferenciação de um domínio regulado universalmente de ação estratégica (empresa capitalista, direito privado civil). Abordagens sobre uma formação política da vontade fundamentada em princípios (democracia formal); b) doutrinas de legitimidade estruturadas de maneira *universalista* (direito natural racional); c) regulação do conflito sob pontos de vista de uma estrita *separação entre legalidade e moralidade*; direito universal, formal e racionalizado, moral privada conduzida por princípios.

VI

Gostaria de ilustrar com um exemplo de que maneira essa abordagem pode ser frutífera para uma teoria da evolução social. Escolho o problema do surgimento da sociedade de classes, já que posso me apoiar aqui no estudo mencionado de Klaus Eder.[54]

(1) Sociedades de classes se formam no quadro de uma ordem política; aqui, a integração social não depende mais do sistema de parentesco, podendo ser assumida pelo Estado. Ora, existe uma série de teorias sobre o surgimento do Estado, as quais eu gostaria brevemente de mencionar e criticar.[55]

---

54 Eder, *Entstehung staatlich organisierter Gesellschaften*.
55 Krader, *Formation of the State*.

a) A *teoria da sobreposição*[56] explica o surgimento de uma camada política dominante e o estabelecimento de uma ordem estatal pelas tribos de pastores nômades que submeteram agricultores e criadores de gado sedentários e edificaram um governo de dominação. Essa teoria é considerada hoje empiricamente refutada, pois as práticas nômades são mais recentes do que as primeiras civilizações.[57] O surgimento do Estado deve ter tido causas endógenas.

b) A *teoria da divisão de trabalho*[58] é defendida na maior parte das vezes em uma versão complexa. A produção agrícola obteve excedentes e (juntamente com o crescimento demográfico) levou à liberação de forças de trabalho. Isso possibilitou a divisão social de trabalho. Os diferentes grupos sociais surgidos nesse processo se apropriam de maneiras diferentes da riqueza social e formam classes sociais, das quais (ao menos) uma assume funções de dominação. Apesar de sua força sugestiva, essa teoria não é coerente. A divisão social de trabalho significa uma especificação funcional dentro do sistema profissional; porém, os grupos profissionais diferenciados segundo conhecimento e capacidades não têm de formar *per se* oposições de interesses que causam um acesso diferenciado aos meios de produção. Falta um argumento mostrando por que das oposições de interesses enraizadas na especialização profissional precisam surgir funções de dominação. É evidente que a divisão social de

---

56 Os mais importantes representantes desta teoria são F. Ratzel, P. W. Schmidt., F. Oppenheimer e A. Rüstow.
57 Mühlann, Herschaft und Staat, p.248-296.
58 Essa concepção, desenvolvida por Marx e Engels primeiro na *Ideologia alemã*, encontrou muitos seguidores; um bom representante é Childe, *Old World Prehistory*.

trabalho existe até mesmo no interior das classes politicamente dominantes (entre clero, militares e burocracia).

c) A *teoria da desigualdade*[59] remete o surgimento do Estado diretamente aos problemas de distribuição. Com a produtividade do trabalho, surge um excedente de bens e meios de produção. As diferenças crescentes de riqueza têm como consequência diferenças sociais que uma organização de parentesco igualitária no que concerne às relações não pode superar. Os problemas de distribuição exigem outra organização do intercâmbio social. Essa tese poderia, caso estivesse certa, explicar o surgimento de problemas sistêmicos que podem ser solucionados pela organização estatal; mas com isso não seria explicada essa própria nova forma de integração social. Aliás, a hipótese de um crescimento automático das forças produtivas é incorreta pelo menos para a produção agrícola. Os índios do Amazonas, por exemplo, possuem todos os meios técnicos para a produção de um excedente de alimentos; mas apenas o contato com colonos europeus deu estímulo para a utilização do potencial de produção existente.[60] Entre criadores de gado, contudo, havia desigualdades sociais consideráveis, já que os rebanhos aumentavam de maneira relativamente fácil.

d) A *hipótese da irrigação*[61] explica a fusão de várias comunidades rurais em uma unidade com o desejo de dominar a aridez da terra mediante instalações de irrigação em grande escala; está ligada à construção de tais instalações a exigência funcional de uma ad-

---

59 Lenski, *Power and Privilege*. Eu também defendi anteriormente esta tese em Technik und Wissenschaft als 'Ideologie', p.66, e Habermas e Luhmann, *Theorie der Gesellschaft oder Sozialtechnologie*, p.153-175.
60 Caneiro, Eine Theorie zur Entstehung des Staates, p.153-175.
61 Wittfogel, *Wirtschaft und Gelsellschaft Chinas*; Id., *Orientalischer Despotismus*.

ministração que se torna o núcleo institucional do Estado. Essa hipótese pode ser empiricamente refutada porque na Mesopotâmia, na China e no México a formação dos Estados ocorreu antes dos projetos de irrigação. Aliás, essa teoria explicaria apenas o surgimento de problemas sistêmicos, não seu tipo de solução.

e) A *teoria da densidade populacional*[62] explica o surgimento do Estado em primeira linha em virtude de fatores ecológicos e demográficos. Pode-se partir de um crescimento endógeno da população que normalmente conduziu à ampliação espacial de sociedades segmentárias, isto é, à emigração para novas áreas. Se então a situação ecológica, as montanhas contíguas, o mar ou o deserto, as regiões inférteis etc. evitam a emigração e o fluxo, os conflitos desencadeados pela densidade populacional e pela escassez não têm outra saída senão a submissão de grandes parcelas da população à dominação política de uma tribo vencedora. A complexidade das povoações muito populosas só pôde ser superada pela organização estatal. Mesmo se problemas populacionais desse tipo pudessem ser comprovados em *todas* as civilizações iniciais, ainda assim essa teoria também não explica por que e como tais problemas puderam ser resolvidos.

Nenhuma das teorias mencionadas distingue entre *problemas sistêmicos*, que exigem demais da capacidade de controle de sistemas de parentesco, e o *processo evolucionário de aprendizagem*, que explica a mudança para uma nova forma de integração social. Unicamente com a ajuda de mecanismos de aprendizagem é

---

62 Coulborn, Struktur und Prozeß im Aufstieg und Niedergang zivilisierter Gesellschaften, p.145-175; Caneiro, Eine Theorie zur Entstehung des Staates.

possível explicar por que algumas poucas sociedades puderam encontrar soluções para seus problemas de controle em geral desencadeados em termos evolutivos e por que precisamente esta solução concernente à organização estatal. Por essa razão, parto das seguintes orientações:

— Para a ontogênese das capacidades de conhecimento e de ação é possível distinguir estágios de desenvolvimento (no sentido da psicologia cognitivista do desenvolvimento). Compreendo esses estágios como níveis de aprendizagem que determinam as condições dos possíveis processos de aprendizagem. Como os mecanismos de aprendizagem pertencem à constituição do organismo humano (capaz de linguagem), a evolução social pode se apoiar nas capacidades individuais de aprendizagem somente se são preenchidas as condições marginais (em parte específicas das fases).

— As capacidades de aprendizagem, adquiridas inicialmente pelos membros individuais das sociedades ou por grupos marginais, encontram uma entrada no sistema de interpretação da sociedade por meio de processos de aprendizagem exemplares. As estruturas de consciência coletivamente partilhadas e os estoques de saber apresentam um potencial cognitivo que pode ser socialmente útil em termos de conhecimentos empíricos e discernimentos prático-morais.

— Também podemos falar de processo de aprendizagem evolucionário no caso das sociedades na medida em que elas solucionam problemas sistêmicos que apresentam desafios evolucionários. Estes são problemas que, nos limites de uma dada formação social, exigem demais das capacidades de controle disponíveis. As sociedades podem aprender em termos evolucionários porque usam o potencial cognitivo contido em imagens de mundo para a reorganização de sistemas de ação. Esse processo pode ser representado como uma incorporação institucional de estruturas de racionalidade que já se manifestaram nas imagens de mundo.

– A introdução de um novo princípio de organização significa o estabelecimento de um novo nível de integração social. Este permite novamente a implementação do saber técnico-organizatório existente, vale dizer, um incremento de forças produtivas e uma ampliação da complexidade sistêmica. Para a evolução social, os processos de aprendizagem na dimensão da consciência prático-moral possuem uma função pioneira.

(2) Partindo dessas orientações, gostaria de propor os seguintes esboços como esclarecimento para o surgimento de sociedades de classes:[63]

a) O *fenômeno carente de explicação* é o surgimento de uma ordem política que organiza uma sociedade de tal modo que seus membros podem pertencer a diferentes linhagens. A função sociointegrativa passa das relações de parentesco para as relações de dominação. A identidade coletiva não é mais representada pela figura de um ancestral comum, mas pela figura de um dominador comum.

b) *Interpretação teórica* do fenômeno: Uma posição de dominação autoriza o exercício do poder legítimo. A legitimidade do poder não pode se basear unicamente na autorização graças a um *status* de parentesco; pois as pretensões baseadas

---

63 Apoio-me no esboço apresentado por Eder no 16º Congresso Alemão de Sociologia em Kassel (1974).

na posição familiar, em geral em relações de parentesco legítimas, encontram justamente seus limites no poder político do dominador. O poder legítimo se cristaliza em torno da função da jurisprudência e da posição do juiz, de acordo com o qual o direito é organizado a fim de preencher os critérios da moral convencional. Este é o caso quando o juiz, em vez de se ligar às constelações de poder contingentes das partes concernidas na qualidade de mero árbitro, pode julgar segundo normas do direito intersubjetivamente reconhecidas, consagradas pela tradição; quando, ao lado das consequências concretas da ação, também considera a intenção do autor; quando não se deixa mais guiar pela ideia da retribuição pelos danos causados e pela recomposição do *status quo ante*, mas pune a violação da regra por parte de um réu. O poder legítimo tem de início a forma do poder de disposição sobre meios de sanção de uma jurisprudência convencional. Por isso, a imagem de mundo mítica assume, para além de sua função explicativa, funções de justificação no sentido da legitimação da dominação.

c) Disso se segue o *objetivo da explicação*. A diferenciação de posições de dominação pressupõe que o provável dominador forma o poder legítimo por força da jurisprudência convencional. O surgimento do Estado, por isso, deve ser explicado com a estabilização bem-sucedida da posição de um juiz permitindo a regulação consensual de conflitos de ação no estágio da moral convencional.

O esboço de explicação detalhado:

d) *O ponto de partida*: incluo as sociedades neolíticas, em que a complexidade do sistema de parentesco já conduziu a uma divisão hierárquica mais acentuada, entre as sociedades mais bem-sucedidas em termos evolucionários. Elas já institucionalizaram papéis políticos temporalmente delimitados. Contudo, os chefes, reis ou líderes são avaliados por suas ações concretas; suas ações não são legítimas *per se*. Tais papéis são institucionalizados de maneira apenas temporária (por exemplo, ao conduzirem uma guerra) ou restritos a tarefas especiais (por exemplo, para cuidar da chuva ou da boa safra). Visto em termos de estrutura social, esses papéis ainda não se moveram ao centro da organização social.[64]

e) *Problemas sistêmicos particulares*: nas sociedades neolíticas bem-sucedidas em termos evolucionários, surgem problemas sistêmicos que não podem ser superados por meio da capacidade de controle limitada pelo princípio de organização familiar. Trata-se nestes casos, por exemplo, de problemas ecologicamente condicionados de escassez e de densidade populacional, ou problemas de distribuição desigual da riqueza social. Esses problemas insolúveis em dado quadro são sempre mais visíveis quanto mais frequentemente levarem a conflitos que exigem demais das instituições jurídicas arcaicas (cortes de arbitragem, direito de contenda).

f) *O teste de novas estruturas*: algumas sociedades, que se encontram pressionadas pelos desafios evolucionários, utilizam o potencial cognitivo de suas imagens de mundo e, de início a título de experiência, institucionalizam uma jurisprudência no nível convencional. Assim, por exemplo, o chefe de guerra era autorizado a julgar não mais apenas segundo distribuições concretas de poder, mas de acordo com normas socialmente reconhecidas e fundadas na tradição. Portanto, o direito não

---

64 Ibid., p.14.

é mais apenas aquilo em que as partes podem chegar a um acordo.

g) *Estabilização pela formação sistêmica*: essas posições de juiz podem ser pioneiras da evolução social. Mas nem todos os experimentos promissores, como mostra o exemplo do reinado africano de Barotse, levam, através de tais funções de jurisprudência, à institucionalização duradoura de uma posição de dominação, ou seja, a um êxito evolucionário. Apenas sob condições secundárias apropriadas, como a imposição militar de uma tribo ou a instalação de um projeto de irrigação, podem tais papéis se diferenciar por longo tempo, isto é, ser estabilizados de modo a se tornar um sistema político parcial. Por isso, é possível distinguir os sistemas sociais bem-sucedidos em termos evolucionários daqueles meramente promissores.

h) *Surgimento de estruturas de classes*: "com base na dominação política o processo de produção material pode então se desacoplar das condições restritivas do sistema de parentesco e ser reorganizado pelas relações de dominação".[65] O dominador garante a lealdade de seus oficiais, dos sacerdotes e das famílias conduzindo guerras, assegurando-lhes um acesso privilegiado aos meios de produção (economia do palácio e do templo).

i) *Desdobramento das forças produtivas*:

as forças produtivas, que já foram encontradas durante a revolução neolítica, só podem ser utilizadas em grande massa: a intensificação da agricultura e da pecuária, a expansão do artesanato são o resultado da capacidade de organização ampliada da socie-

---

65 Ibid., p.15.

dade de classes. Assim surgem novas formas de cooperação (por exemplo, na agricultura de irrigação) ou de troca (por exemplo, no intercâmbio de mercado entre cidade e campo).[66]

(3) Esse argumento poderia, caso fosse empiricamente comprovado, explicar também como desenvolvimentos opostos se conectam na evolução social: a saber, o processo de aprendizagem cumulativo, de um lado, sem o qual a história não poderia ser interpretada na qualidade de evolução, isto é, de processo direcionado, e a exploração do homem pelo homem imposta violentamente nas sociedades de classes, de outro.[67] O materialismo histórico nivelou os progressos lineares no eixo do desenvolvimento das forças produtivas e se valeu de figuras de pensamento dialéticas para o desenvolvimento das relações de produção. Se admitirmos processos de aprendizagem não apenas para a dimensão do saber tecnicamente utilizável, mas também para a dimensão da consciência prático-moral, afirmamos estágios de desenvolvimento tanto para as forças produtivas quanto também para as formas de integração social. Ora, o grau de exploração e repressão de modo algum está em relação inversa com este nível de desenvolvimento. A

---

66 Ibid.
67 "A contradição profunda residia no fato de que, de tempos em tempos, o domínio sobre a natureza e a autorrealização do homem tinham de entrar em oposição, já que o primeiro processo em direção a uma eficácia crescente exigiu a escravidão como meio para a realização da organização e da mobilidade (da força de trabalho), mas o segundo processo tem a liberdade como meta e base. Contudo, o primeiro processo, a dominação sobre a natureza, só adquire sentido em última instância quando o segundo processo, a autorrealização do homem, alcança a humanização das relações humanas" (Welskopf, Schauplatzwechsel, p.131).

integração social, que é realizada pelas relações de parentesco e em casos de conflito, é garantida pelas instituições jurídicas pré-convencionais, se considerarmos em termos de lógica de desenvolvimento, pertence a um estágio mais inferior do que a integração social que se realiza pelas relações de dominação e em casos de conflito é garantida pelas instituições jurídicas convencionais. Apesar desse progresso, a exploração e a repressão praticadas *necessariamente* em sociedades políticas de classes, em comparação com as desigualdades sociais mais irrelevantes que o sistema de parentesco *admite*, têm simultaneamente de ser avaliadas como um retrocesso. Como isso ocorre assim, as sociedades de classes não podem satisfazer a carência de legitimidade que elas próprias produzem. Isso é, sem dúvida, a chave para a dinâmica social da luta de classes. De que maneira essa *dialética* deve ser explicada?

Vejo a explicação do seguinte modo. Novos níveis de aprendizagem não significam somente a ampliação de margens de ação opcionais, mas também novas situações problemáticas. Um patamar de desenvolvimento superior das forças produtivas e de integração social se alivia certamente dos problemas de cada formação social já superada; os problemas que emergem nos novos estágios de desenvolvimento, porém, na medida em que são comparáveis em geral com os mais antigos, podem aumentar em intensidade. Parece que, pelo menos intuitivamente, é possível lidar com os fardos que surgem novamente na passagem para sociedades organizadas de maneira estatal. Por outro lado, a perspectiva que assumimos para fazer essa comparação foi distorcida, já que não levamos em conta também os fardos específicos de sociedades pré-estatais: sociedades organizadas na forma de parentesco devem se sair melhor se as avaliarmos *de acordo com o tipo* de problemas que são típicos de sociedades de classes. Os conceitos de exploração e opressão, característicos da luta socialista, não discriminam o suficiente entre situações problemáticas diferentes em termos evolucionários. Contudo, em tradições heréticas, encontram-se indicações para diferenciações não somente no conceito de progresso, mas também no de exploração. É possível diferenciar violações do corpo (fome, exaustão e doença), lesões à pessoa (humilhação, escravidão e medo), e finalmente desesperos da alma (solidão e vazio), aos quais correspondem por sua vez a esperança de bem-estar e segurança, liberdade e dignidade, felicidade e plenitude.

Excurso sobre progresso e exploração

Eu tentei referir as instituições fundamentais com as quais podemos circunscrever inicialmente os princípios de organização social (ou seja, família, Estado, sistema econômico diferenciado) ao progresso histórico, passando pelos estágios do desenvolvimento da interação social. Mas as inovações bem-sucedidas em termos evolucionários não representam a cada vez apenas um novo nível de aprendizagem, mas também uma nova situação de problemas, e isso significa uma nova categoria de fardos que acompanham as novas formações sociais. A dialética do progresso se mostra no fato de que *com a aquisição de novas capacidades de solução de problemas vêm à consciência novas situações de problemas.* Na medida em que, por exemplo, a medicina baseada nas ciências naturais controla algumas doenças, forma-se uma consciência da contingência em relação a todas as doenças. Essa experiência reflexiva é retida no conceito de naturalização: é naturalizada uma dimensão da vida considerada em seu aspecto pseudonatural. O sofrimento diante das contingências de um processo incontrolável ganha uma nova qualidade ao confiarmos na competência de intervir nele. Esse sofrimento é então o negativo de uma nova necessidade. Assim podemos tentar interpretar a evolução social pelo fio condutor daqueles problemas e necessidades que são causados primeiramente graças a avanços evolucionários: o próprio processo de aprendizagem socioevolucionário gera em cada estágio de desenvolvimento novos recursos que significam novas dimensões de escassez e, com isso, novas carências históricas.

Com a passagem para a forma de vida sociocultural, ou seja, com a introdução da estrutura familiar, surge o *problema da delimitação da sociedade em oposição à natureza externa*. No mais tardar, nas sociedades neolíticas, a harmonização da sociedade com o entorno natural torna-se um tema. O poder sobre a natureza vem à consciência na qualidade de recurso escasso. A experiência da impotência diante das contingências da natureza externa precisa ser mais amplamente interpretada pelo mito e pela magia. Com a introdução de uma ordem política global surge o problema do *autocontrole do sistema social*. No mais tardar, nas civilizações desenvolvidas, as operações estatais de ordenação se tornam uma necessidade central. A segurança jurídica vem à consciência na qualidade de recurso escasso. A experiência da repressão social e do arbítrio precisa ser compensada pelas legitimações da dominação. Isso é possível no quadro de imagens de mundo racionalizadas (com as quais, aliás, o problema central do estágio precedente [impotência] pode ser atenuado). Na modernidade, surge, com a autonomização da economia (e uma complementação do Estado), o problema de uma *troca autorregulada do sistema social com a natureza externa*. No mais tardar, no capitalismo industrial, a sociedade se comporta de maneira consciente diante dos imperativos do crescimento econômico e do aumento da riqueza. Tornamo-nos conscientes do valor como um recurso escasso. A experiência da desigualdade social traz ao primeiro plano movimentos sociais e estratégias de satisfação correspondentes. Esses parecem conduzir ao seu objetivo nas democracias de massa do Estado de bem-estar social (com as quais, aliás, o problema central do estágio precedente [insegurança jurídica] pode ser atenuado). Se, por fim, sociedades pós-modernas, tal como são visadas hoje por diferentes lados, fossem caracterizadas por um primado do sistema científico e educacional, poderíamos especular sobre o problema então surgido de uma *troca autorregulada do sistema social com a natureza interna*. Seria tematizado, por sua vez, um recurso estruturalmente escasso: não a constituição de poder, segurança ou valor, mas a constituição de motivação e sentido. Na medida em que a integração social da natureza interna, o processo decorrido até agora de maneira naturalizada de interpretação das necessidades, fosse realizado discursivamente, os princípios da participação poderiam avançar em muitas dimensões da vida, enquanto o perigo ao mesmo tempo crescente de anomia (ou de acédia) poderia provocar novas administrações caracterizadas pelo controle da motivação. Talvez se forme então, em torno de um novo princípio de organização, um novo núcleo institucional, em que se misturam elementos da educação pública, da assistência social, da execução penal liberalizada e da terapia de doenças psíquicas.

    Menciono essas perspectivas, para as quais no melhor dos casos existem alguns indícios, apenas para explicar a *possibilidade* de que um padrão, ancorado nas estruturas sociais, de exercício diferencial do poder social poderia sobreviver até mesmo à *forma econômica* da dominação de classe (seja exercida mediante direitos de propriedade privada ou mediante burocracias do Estado ocupadas de maneira elitista). Em uma forma futura de dominação de classe, ao mesmo tempo atenuada e intensificada como coerção psicossocial, a "dominação" (a palavra relembra a forma aberta, pessoal e política do exercício social do poder, sobretudo no feudalismo europeu) seria rompida uma segunda vez – não pelo direito privado civil, mas pelo sistema educacional do Estado de bem-estar social. Mas saber então se iria se exercer um círculo vicioso entre participação ampliada e administração social crescente, entre o vir-a-ser reflexivo dos processos de formação de motivos e o acréscimo de controle social (isto é, de manipulação dos motivos) é para mim uma questão que, apesar dos juízos decididos de revigorados antropólogos pessimistas, não pode ser decidida de antemão.

Eu sugeri um espectro de problemas de autoconstituição da sociedade que abrange a delimitação diante do entorno, passa pelo autocontrole e pela troca autorregulada com a natureza externa e chega à troca autorregulada com a natureza interna. Com cada novo problema em termos evolucionários surgem novos problemas de escassez, a saber, escassez de poder tecnicamente permitido, de segurança politicamente construída, valor economicamente produzido e sentido culturalmente constituído; e, com isso, aparecem no pano de fundo novas necessidades históricas. Se considerarmos plausível esse esquema audacioso, resulta que, com o vir-a-ser reflexivo da formação de motivos e a escassez de sentido, é esgotada a margem de ação lógica para novos âmbitos de problemas. O fim da *primeira travessia* poderia significar, no novo nível, um retorno aos problemas de delimitação, ou seja, a descoberta de limites internos com que se chocam os processos de socialização e a *irrupção de novas contingências nos limites da individuação social*.

VII

Para concluir, eu gostaria de mencionar as perspectivas que surgem para a discussão com abordagens explicativas concorrentes. São propostos como abordagens no âmbito da teoria da evolução o estruturalismo, o neoevolucionismo e o funcionalismo sociológico. O conceito de progresso histórico, vinculado de maneira estreita àquele de evolução social, levanta ademais questões concernentes à lógica científica, que são tratadas na forma de uma crítica à filosofia da história,[68] de um lado, e no quadro de uma ética evolucionista,[69] de outro.

1. Althusser e Godelier tentaram trazer para o materialismo histórico conceitos e hipóteses desenvolvidos por Lévi--Strauss.[70] O *conceito de estrutura* é extraído de sociedades pré--civilizadas, mais precisamente das estruturas analógicas do "pensamento selvagem", da mesma maneira que das estruturas familiares das relações sociais. O conceito se refere aos sistemas de regras fundamentais que acompanham o conhecimento, a fala e a interação. Essas regras não devem ser depreendidas diretamente da superfície dos fenômenos; trata-se, pelo contrário, de estruturas profundas que os indivíduos, ao produzirem figuras culturalmente observáveis, seguem de maneira

---

68 Popper, *The Poverty of Historicism*.
69 Waddington, *The Ethical Animal*.
70 Sobre isso, cf. Leppenies e Ritter (orgs.), *Orte des wilden Denkens*.

não intencional. As regras não valem apenas para indivíduos em particular, pois possuem validade coletiva. Além disso, formam um sistema que permite produzir relações de transformação entre os proferimentos gerados. As estruturas são passíveis de uma reconstrução racional.[71]

Não posso apresentar aqui as diferentes tentativas de adoção dos conceitos estruturalistas fundamentais em termos marxistas. Eles promoveram um uso inflacionário desses conceitos, para além da dimensão antropológica bem circunscrita; por isso são necessárias definições claras. No âmbito do sistema da personalidade, é possível demarcar entre si três dimensões estruturais: conhecimento, linguagem e interação. Isso significa que o indivíduo forma estruturas e desenvolve competências correspondentes que possibilitam a) operações do pensamento, elaboração cognitiva de experiências e da ação instrumental, b) a produção de proposições gramaticalmente bem formadas e c) tanto interações quanto regulação consensual de conflitos de ação. A comunicação linguística (e de outro modo também a ação estratégica) exige, ao contrário, uma integração de estruturas a partir de várias dimensões. Por isso, as estruturas dos *proferimentos* linguísticos, para além do aspecto ligado à linguística, não são simples de analisar. O significado do *medium* linguístico encontra-se à mão: nele se coadunam consciência individual e social. No âmbito do sistema social, se vejo corretamente, podem-se apontar estruturas seletivas e elementares profundas para as forças produtivas e formas de integração social. As forças produtivas

---

71 Piaget também evidencia isso como o momento que liga os diferentes estruturalismos. Piaget, *Der Strukturalismus*.

incorporam um saber técnico e organizatório que se deixa analisar em termos de estruturas cognitivas. O quadro institucional e os mecanismos de regulação de conflito incorporam um saber prático que se deixa analisar em termos de estruturas de interação e formas de consciência moral. Imagens de mundo, pelo contrário, são construtos altamente complexos, determinados por formas de consciência cognitivas, linguísticas e prático-morais, no que a composição e a atuação em conjunto dessas estruturas não são fixadas de uma vez por todas.

As tentativas de uma reconstrução racional chegaram até agora no máximo onde é possível isolar mais facilmente estruturas elementares profundas: na linguística, a saber, na teoria da fonética e da sintaxe; na antropologia, na medida em que se ocupa com sistemas primitivos de parentesco (as imagens de mundo míticas são acessíveis a uma análise estruturalista porque ainda não se reduzem imediatamente às estruturas de interação);[72] e, finalmente, também a psicologia é frutífera, haja vista que se ocupa (na tradição de pesquisa de Piaget) com a ontogênese do pensamento e da consciência moral.[73] As tentativas de reconstrução são menos exitosas ali onde se interligam muitas estruturas: isso se mostra na teoria pragmática, na sociolinguística e na etnolinguística, na medida em que se ocupam com os aspectos universais dos processos de proferimento e entendimento; na teoria psicanalítica da linguagem, que investiga as condições da comunicação distorcida de maneira sistemática; e, finalmente,

---

72 Lévi-Strauss, *Das Wilde Denkens*; Godelier, Mythos und Geschichte, p.301-330.
73 Kohlberg, *Zur kognitiven Entwicklung des Kondes*.

na análise estruturalista das imagens de mundo, que raramente atravessam a superfície das tradições complexas.[74] O estruturalismo, no entanto, esbarra nas barreiras de todas as investigações sincrônicas; essas foram menos perceptíveis na linguística e na antropologia apenas por causa das qualidades estáticas do domínio de objetos. O estruturalismo limita-se no máximo à lógica das estruturas existentes e não se estende ao padrão dos processos estruturantes. Unicamente a abordagem elaborada por Piaget de um estruturalismo genético, que segue a lógica do desenvolvimento do processo de formação de estruturas, constrói uma ponte com o materialismo histórico. Ele oferece, como mostrado, a possibilidade de colocar os diferentes modos de produção sob pontos de vista mais abstratos em termos de lógica de desenvolvimento.

Certamente é possível ilustrar a história da técnica nos estágios de desenvolvimento cognitivo analisados de maneira ontogenética de modo a tornar visível a lógica do desdobramento das forças produtivas. Mas a sequência histórica dos modos de produção pode ser analisada em termos de princípios abstratos de organização social apenas se pudermos indicar quais estruturas das visões de mundo correspondem a formas particulares de integração social, e como tais estruturas delimitam o desenvolvimento do saber profano. Em outras palavras: justamente a abordagem histórico-materialista está direcionada para uma análise estrutural do desenvolvimento das imagens de mundo. A evolução das imagens de mundo faz uma mediação entre os

---

74 Goeppert e Goeppert, *Sprache und Psychoanalyse*; Döbert, Zur Logik des Übergangs von archaischen zu hochkulturellen Religionssystemen, p.330-363; Schlieben-Lange, *Linguistische Pragmatik*.

estágios de desenvolvimento das estruturas de interação e o progresso do saber tecnicamente utilizável. Nos conceitos do materialismo histórico isso significa: a dialética entre forças produtivas e relações de produção se realiza por intermédio das ideologias.

2. As teorias antropológicas da evolução do final do século XIX (Morgan, Tylor) foram repelidas pelas concepções da escola funcionalista baseadas no relativismo cultural; apenas autores como V. G. Childe e L. White se ativeram ao conceito de estágios de desenvolvimento universais.[75] Sob a influência da antropologia cultural dominante (Kroeber, Malinowski, Mead), as concepções da teoria do desenvolvimento, como mostra o "evolucionismo multilinear" de um J. H. Steward,[76] só foram defendidas de uma forma moderada e adaptada à ecologia cultural. Recentemente, contudo, os resultados teóricos de uma teoria biológica da evolução estimularam novamente uma renovação do evolucionismo nas ciências sociais. A evolução social não aparece apenas de forma vaga como continuidade da evolução orgânica; os neoevolucionistas (Parsons, Luhmann, Lenski)[77] partem antes de que a evolução social possa ser explicada pelo modelo bem analisado e comprovado da evolução natural. É inquestionável a utilidade heurística do modelo biológico; é duvidoso, todavia, saber se ele é capaz de mostrar o caminho

---

75 Childe, *What happened in History*; White, *The Science of Culture Change*.
76 Steward, *Theory and Culture Change*.
77 Parsons, *Gesellschaften*; Lenski, *Human Societies*; para uma crítica, cf. Utz, Evolutionism Revisited, p.227-240; Luhmann, *Zweckbegriff und Systemrationalität*.

rumo a uma teoria da evolução universalizada que possa valer em igual medida para o desenvolvimento natural e cultural.[78] O modelo biológico se apoia, como se sabe, no conceito de conservação da existência de um sistema autorregulado e delimitado em contraposição a um entorno supercomplexo. Entre entorno e sistema existe um desnível em complexidade; o sistema conservador de limites se coloca ante a tarefa de desenvolver complexidade própria a ponto de poder reduzir suficientemente a complexidade do entorno. Os portadores da evolução natural são *espécies* sempre representadas por uma determinada característica genética capaz de se reproduzir. As espécies se reproduzem na forma de *populações* que se estabilizam em seus ambientes ecológicos. Elas são compostas por sua vez por *organismos* particulares que interagem entre si e com seu entorno. O processo evolucionário se liga imediatamente à característica genética. Pelo processo de *mutação*, que pode ser compreendido como falha na transmissão das informações genéticas, são produzidos fenótipos *divergentes*, que são *escolhidos* sob a pressão seletiva do entorno e possibilitam a *estabilização* de uma população dependente das condições de seu entorno. Esse processo de aprendizagem controlado de maneira não teleológica conduz a um resultado que permite ser interpretado teleologicamente: as espécies podem ser classificadas sob pontos de vista da morfologia e do comportamento, isto é, segundo a complexidade de sua organização corporal e o alcance de seu potencial de reação.

Ao transferir esse modelo para o desenvolvimento social colocam-se três problemas essenciais: Em que consiste o equi-

---

78 Dunn, *Economic and Social Development*, p.80 et seq.

valente para o processo de mutação? Em que consiste o equivalente para a capacidade de sobrevivência de uma população? Em que consiste, por fim, o equivalente para a escala da evolução preenchida com diferentes espécies? (a) Eu vejo a utilidade heurística do modelo biológico no fato de dirigir a atenção para o mecanismo de aprendizagem evolucionário. Um mecanismo variante, que em um sentido por enquanto muito vago corresponde à mutação, subjaz evidentemente à tradição cultural. A evolução natural não depende dos processos de aprendizagem individuais de organismos particulares (pois a modificação está limitada ao ciclo vital do organismo particular e não se reacopla à próxima etapa de reprodução do objeto). Nos estágios de desenvolvimento socioculturais, pelo contrário, os processos de aprendizagem são organizados de antemão de maneira social de modo que os resultados da aprendizagem podem ser transmitidos. Assim, a tradição cultural oferece um *medium*, que pode ser percorrido ao longo das variações nas inovações, de acordo com o qual o mecanismo de evolução natural é paralisado.

As diferenças entre processo de mutação e aprendizagem social saltam à vista.[79] Aqui o processo de aprendizagem não se consuma pela transformação das características genéticas, mas pela transformação de um potencial de saber; a diferença entre fenótipo e genótipo perde nesse âmbito seu significado. O saber partilhado e transmitido de maneira intersubjetiva é componente do sistema social e não posse de indivíduos isolados; pois estes se formam enquanto indivíduos apenas em virtude da socialização. A evolução natural conduz a um

---

79 Ibid.

repertório comportamental mais ou menos homogêneo entre os membros de uma espécie, enquanto a aprendizagem social tem por consequência uma diversificação acelerada de comportamento. Essa comparação pode continuar. Vejo uma dificuldade fundamental, porém, no fato de que nas últimas décadas a bioquímica conseguiu analisar o processo de mutação, enquanto o mecanismo de aprendizagem, que está na base de um fenômeno tão complexo quanto a tradição cultural, é quase desconhecido. São promissoras, por sua vez, as psicologias do desenvolvimento cognitivista e analítica, que apontam mecanismos de aprendizagem ou acomodação e assimilação durante a aprendizagem de novas estruturas cognitivas ou identificação e projeção na construção de uma base motivacional. Enquanto esses mecanismos não são suficientemente analisados, não podemos avaliar, contudo, se a comparação entre mutação e tradição é meramente metafórica, ou se o mecanismo de aprendizagem social subjacente permite reconhecer uma certa equivalência funcional com o processo de mutação. *Uma* diferença deveria despertar nossa suspeita: o processo de mutação produz variações de acordo com um princípio casual, ao passo que a ontogênese de estruturas de consciência é um processo altamente seletivo e dirigido.

b) Na evolução natural, o resultado dos processos de aprendizagem é medido de acordo com a capacidade de uma população de se estabilizar em um dado entorno; nesse processo, a reprodução da espécie depende em última instância da capacidade de sobrevivência dos organismos particulares. É possível apontar, por seu turno, parâmetros evidentes para a capacidade de um organismo de evitar a morte. Não tanto para a capacidade de uma sociedade de evitar a morte

– não é de modo algum claro o que isso significaria. Pois a sobrevivência física de um número de membros da sociedade capazes de se reproduzir certamente é uma condição necessária, mas não suficiente para a conservação da identidade de uma sociedade. A identidade de uma sociedade é normativamente determinada e depende de seus valores culturais; de outro lado, estes valores podem se modificar em razão de um processo de aprendizagem. Não existe uma meta funcional a ser claramente determinada em que pudéssemos medir a ultraestabilidade das sociedades. Dunn fomula esse estado de coisas da seguinte maneira:

> *The apropriateness of novel behavior is tested by its contribution to goal convergence. If it fails that test it Will usually fail to win a permanent place in the behavioral repertoire. However the failure to generate goal convergence may not only cause the new behavioral mode to be identified as maladaptative, it may also call into question the appropriateness of the goal. In short, just as the goals form the test of adaptive behavior giving rise to the revision of behavioral ideas, behavioral ideas sometimes form a test of adequacy of goals and lead to goal revision.**

---

* Trad.: "A adequação do novo comportamento é testada por sua contribuição à convergência de meta. Se esse teste falhar, ele geralmente falhará para conquistar um lugar permanente no repertório comportamental. Contudo, a falha em gerar a convergência de metas não pode causar apenas o novo modo comportamental a ser identificado como mal-adaptado, ela também deve colocar em questão a adequação da meta. Em suma, assim como as metas formam o teste do comportamento adaptativo ao permitir a revisão das ideias comportamentais, as ideias comportamentais às vezes formam um teste de adequação das metas e levam à revisão das metas". (N. T.)

Não pretendo acompanhar as propostas que Dunn[80] e Luhmann[81] fazem para uma avaliação evolucionária dos valores supremos dos sistemas (*system targets goals*), porque eles não ultrapassam o círculo vicioso de uma definição autorreferencial da vida social. No estágio sociocultural, os processos de aprendizagem são organizados desde o início de forma linguística, de modo que a objetividade da experiência do indivíduo é entrelaçada de maneira estrutural com a intersubjetividade do entendimento dos indivíduos entre si. Por isso, entre os indivíduos socializados e sua sociedade não existe a mesma relação instrumental que entre exemplar e espécie nos estágios de desenvolvimento sub-humanos. Também não tem sentido a representação de uma instrumentalização dos valores supremos dos sistemas tendo em vista o que os indivíduos sempre sabem e querem; pois estes foram socializados em sua sociedade. Se existissem pontos de vista normativos para a ultraestabilidade das sociedades, poderíamos, na melhor das hipóteses, procurá-los nas estruturas fundamentais da comunicação linguística, em que as sociedades se reproduzem juntamente com seus membros. As espécies se reproduzem na medida em que os exemplares evitam a morte em número suficiente; as sociedades se reproduzem na medida em que evitam transmitir muitos erros. Se a capacidade de sobrevivência dos organismos é um caso-teste para o processo de aprendizagem das espécies, então os casos-teste correspondentes para as sociedades residem na dimensão da produção e aproveitamento do saber utilizável de maneira técnica e prática.

---

80 Ibid., p.160 et seq.
81 Em um manuscrito inédito sobre a teoria da evolução social.

(a) Por fim, no caso da transposição do modelo biológico para o desenvolvimento social, resulta também uma dificuldade do fato de que o ponto de vista do aumento de complexidade não é suficiente para sublinhar os limites evolucionários ou níveis de desenvolvimento. Dunn propõe distinguir três estágios de desenvolvimento social: no primeiro estágio, o sistema social consome sua capacidade de adaptação ao lidar com os riscos da natureza externa; no segundo estágio, são necessárias mais operações de adaptação para lidar com outros sistemas sociais do que a de superação da natureza; no terceiro estágio, as operações de adaptação, que foram desenvolvidas em relação com o ambiente natural e social, tornam-se reflexivas: a aprendizagem da aprendizagem.[82] Luhmann propõe uma divisão que deve ser realizada de acordo com o grau de diferenciação de três funções evolucionárias fundamentais, portanto, de acordo com uma separação gradual de variação, seleção e estabilização. Mesmo que este material possa ser aplicado sobre um material histórico, tais critérios são insatisfatórios porque, sob pontos de vista funcionalistas, permitem diferenciar certamente os *graus* de complexidade – mas não justamente os *estágios* da evolução.

Também na evolução natural o grau de complexidade não é um critério suficiente para a classificação de uma espécie na hierarquização evolucionária; pois frequentemente o aumento de complexidade da organização corporal ou do modo de vida se mostra um beco sem saída. Uma classificação evolucionária segura só é possível quando conhecemos a lógica interna de uma sequência de transformações ou de uma ampliação

---

82 Dunn, *Economic and Social Development*, p.97 et seq.

do potencial de reação. É prototípico o papel que o sistema nervoso central desempenha na comparação filogenética: a estrutura universal e a lógica de desenvolvimento do sistema nervoso central (SNC) precisam ser conhecidas se quisermos classificar diferentes espécies segundo o patamar de desenvolvimento desse sistema.[83] Também na evolução social não poderemos conhecer as formações sociais pelo seu patamar de desenvolvimento antes que as estruturas universais e a lógica de desenvolvimento sejam conhecidas. Ao sistema nervoso central correspondem aqui as estruturas cognitivas fundamentais em que é produzido o saber técnico e o saber prático-moral.

3. O neoevolucionismo das ciências sociais geralmente se dá por satisfeito com o critério direcional de incremento de capacidade de controle (*adaptative capacity*). Sob este ponto de vista, os conceitos e as problematizações do *funcionalismo* desenvolvido pela teoria dos sistemas são abarcados na teoria do desenvolvimento. A evolução da sociedade é assim ilustrada nos processos de diferenciação, de especificação funcional, de integração e de reespecificação. As teorias da modernização se movem, por exemplo, nesse quadro metodológico. A unificação dos repertórios conceituais da teoria dos sistemas e da teoria da evolução apresenta sem dúvida vantagens para a investigação das mudanças estruturais que expandem a capacidade de controle de uma sociedade. Essa conquista analítica, por outro lado, induziu a confundir estruturas de capacidade de aprendizagem com complexidade social. Um funcionalismo autonomizado desconhece o fato de que aumentos de

---

83 Nissen, Phylogenetic Comparison, p.34 et seq.

complexidade só são possíveis no nível de aprendizagem que a cada vez é obtido com o princípio de organização da sociedade. Mas não podemos explicar o estabelecimento de novos princípios de organização sem antes conhecer as estruturas fundamentais específicas para processos de socialização e sua lógica de desenvolvimento. O esclarecimento das capacidades de aprendizagem específicas de um domínio de objetos tem de preceder a análise da complexidade.

Isso se mostra, por exemplo, no uso do conceito de *medium* comunicativo pela teoria dos sistemas. O *medium* fundamental é sem dúvida a linguagem. Passos importantes em termos evolucionários são, entre outros, a fixação escrita da linguagem, bem como a diferenciação de sistemas parciais que são alcançados através de um *medium* especial respectivo: o sistema político através do direito, o sistema econômico através do dinheiro, o sistema científico através da verdade etc.[84] Uma análise funcionalista pode aqui apenas mostrar *que* tais inovações aumentam a complexidade da sociedade: ela não explica *como* o desdobramento dos *media* comunicativos é *estruturalmente possível* com base na linguagem, e muito menos explica *por que* determinados *media são introduzidos* em uma dada forma de integração social. Não posso indicar neste ponto a derivação dos diferentes *media* segundo a teoria da comunicação a partir das estruturas fundamentais da linguagem e da ação, mas eu gostaria ao menos de remeter a uma consequência.

Apenas quando conseguirmos classificar uma sequência de princípios de organização em termos de lógica de desenvol-

---

84 Luhmann, Einführende Bemerkungen zu einer Theorie symbolisch generalisierter Kommunikationsmedien, p.236-255.

vimento e determinar estágios correspondentes de evolução social, a análise da complexidade pode encontrar seu lugar adequado: ela serve então para explicar a *evolução especial* que as sociedades percorrem ao se adaptar às condições ecológicas e às circunstâncias históricas. A morfologia sociocultural das diversas sociedades iria se subtrair à teoria da evolução se não pudéssemos complementar a pesquisa genético-estruturalista da evolução geral com uma investigação das evoluções especiais dirigida de maneira funcionalista.[85]

4. Na conclusão de nossas reflexões eu gostaria de retomar mais uma vez as implicações normativas que cada teoria do desenvolvimento possui; pois também a teoria da evolução natural precisa, como foi mostrado, indicar um critério de direção que permita a valoração de propriedades morfológicas e capacidades de reação. A escolha desse critério parece menos problemática no caso da evolução natural do que no caso da evolução social apenas porque podemos recorrer ao valor fundamental da "sobrevivência" (ou à "saúde"). A vida orgânica é sinônima à reprodução dessa vida a tal ponto que atribuímos as preferências normativas de todos os estados "saudáveis" não ao observador, mas aos próprios sistemas viventes: na medida em que vivem, os próprios organismos realizam uma valoração de acordo com a qual a conservação da estabilidade é preferível à negação do sistema, a reprodução da vida à morte, a saúde aos riscos da doença. O teórico da evolução se sente livre de juízos de valor, ele parece apenas reproduzir o "juízo de valor" posto com a forma de reprodução da vida orgânica. Isso é um

---

[85] Devo essa indicação a uma conversa com K. Eder.

erro lógico: da constatação descritiva de que sistemas viventes preferem determinados estados a outros, de modo algum se segue uma valoração positiva por parte do observador.

Talvez se possa dizer que o teórico da evolução, porque ele mesmo é um ser vivo, inclina-se espontaneamente a observar a preferência normativa da negação da morte não apenas como um fenômeno natural, mas também em concordância com ela? Apenas este acordo justifica no melhor dos casos a atitude de muitos biólogos que consideram a direção da evolução algo bom e não apenas distinguem as espécies segundo o lugar que assumem na hierarquização evolucionária, mas as valoram. De qualquer modo, apenas sob esses pressupostos são compreensíveis as tentativas de esboçar uma ética evolucionária.[86]

Na versão de C. H. Waddington, a ética evolucionária se baseia no discernimento metaético dos biólogos (*biological wisdom*), "*that the function of ethical beliefs is to mediate human evolution, and that evolution exhibits some recognizable direction of progress*".[87] Waddington acredita evitar uma falácia naturalista:

> *I argue that if we investigate by normal scientific methods the way in which the existence of ethical beliefs is involved in the casual nexus of the world's happenings, we shall be forced to conclude that the function of ethicizing is to mediate the progress of human evolution, a progress which now takes place mainly in the social and psychological sphere. We shall also find that this progress, in the world*

---

86 Huxley, *Evolution. The modern Synthesis*; Id., *Tochstone for Ethics*; Dobhansky, *The Biological Basis of Human Freedom*; Raphael, Darwinism and Ethics.
87 Waddington, *The Ethical Animal*, p.59. [Trad.: "que a função da crença ética é mediar a evolução humana, e que a evolução exibe alguma direção reconhecível de progresso". – N. T.]

as a whole, exhibits a direction which is as well or ill defined as the concept of physiological health. Putting these two points together we can define a criterion, which does not depend for its validity on any recognition by preexisting ethical belief.[88]

Mas se a sabedoria biológica das éticas caracterizadas em termos evolucionários explicita que tais éticas estimulam a evolução e a capacidade de aprendizagem de sistemas sociais, então é preciso pressupor: a) que se sabe de que modo a evolução pode ser medida, e b) que se considera a evolução social algo de bom. Waddington parte de que tais pressupostos foram suficientemente esclarecidos na biologia, porque a) o critério direcional da evolução natural também vale para evolução social e porque b) é posto com a reprodução da "saúde" da vida na qualidade de valor objetivo. Mesmo se (a) fosse uma hipótese não problemática, cai (b) na falácia naturalista: sem dúvida, o biólogo de modo algum precisa adotar a tendência à autoconservação, que ele observa, como preferência – a não ser que seja pelo fato de que ele mesmo é um ser vivo. Ele pode, contudo, ignorar tal fato na atitude objetivante do sujeito cognitivo.

Ocorre de maneira diferente com o fundamento normativo da comunicação linguística, no qual temos de nos ater enquan-

---

88 Ibid. [Trad.: "Digo que se investigarmos por um método científico normal a forma com que a existência de crenças éticas está envolvida com um nexo causal dos eventos do mundo, seremos forçados a concluir que a função da eticização é mediar o progresso da evolução humana, um progresso que agora tem lugar principalmente na esfera social e psicológica. Também devemos achar que esse progresso, no mundo como um todo, exibe uma direção que é definida da mesma maneira que o conceito de saúde psicológica. Reunindo estes dois pontos, podemos definir um critério que para sua existência não depende de reconhecimento algum pela crença ética pré-existente". – N. T.]

to teóricos. Na medida em que adotamos uma atitude teórica, na medida em que entramos em um discurso (e, evidentemente, na ação comunicativa em geral), já sempre aceitamos, ao menos de maneira implícita, determinados pressupostos, unicamente sob os quais é possível um consenso: assim, o pressuposto de que pressuposições verdadeiras são preferíveis às falsas, e que normas corretas (isto é, capazes de justificação) são preferíveis às incorretas. A base de validade do discurso constitui, para um ser vivo que se conserva nas estruturas da comunicação da linguagem cotidiana, a vinculação de pressupostos universais e inevitáveis — neste sentido, "transcendentais".[89] O *teórico* não tem a mesma possibilidade de escolha diante das pretensões de validade imanentes ao discurso do que diante do valor biológico fundamental da saúde; caso contrário, ele deveria poder contestar justamente os pressupostos sem os quais também a própria teoria de evolução seria absurda. Porém, se não somos livres para rejeitar ou aceitar as pretensões de validade ligadas ao potencial cognitivo da espécie humana, não tem sentido querer "decidir" a favor ou contra a razão, a favor ou contra a ampliação do potencial da ação fundamentada.[90] Por isso, não considero arbitrária a decisão em favor do critério de progresso do materialismo histórico: o desdobramento das forças produtivas em vinculação com o amadurecimento de formas de integração social significa progressos da capacidade de aprendizagem em ambas as dimensões, progressos no conhecimento objetivante e no discernimento prático-moral.

---

89 Apel, Das Apriori der Kommunikationsgemeischaft und die Grundlagen der Ethik, p.358-436; Habermas, Was heiβt Universalpragmatik?
90 Cf. capítulo 12 neste mesmo volume.

7
História e evolução*

A inclusão de conceitos e hipóteses sociológicos (das ciências sociais em geral) na historiografia levou, com certo atraso na República Federal da Alemanha, a uma "sociologização da historiografia".[1] Neste âmbito, a relação entre história e sociologia foi desanuviada. A boa vontade do historiador, contudo, cessa diante do que Luhmann denomina "a verdadeira oferta teórica da sociologia para a história": diante de uma teoria da evolução social que hoje, no entanto, está apenas sendo esboçada em seus começos.[2] Podem-se ver paralelos, no âmbito da

---
* O seguinte texto responde a um artigo de N. Luhmann sobre a evolução e história (ambos os artigos foram publicados também em *Geschichte und Gesellschaft*, Caderno 2, 1976).
1 Cf. as coletâneas organizadas por Wehler, *Geschichte und Psychoanalyse*; Id., *Geschichte und Soziologie*; Id., *Geschichte und Ökonomie*. Além disso, o caderno especial da KZSS organizado por Ludz, *Soziologie und Sozialgeschichte*; Schulin, Rückblicke auf die Entwicklung der Geschichtswissenschaft, p.11 et seq.; Vierhaus, Geschichtswissenschaft und Soziologie, p.69 et seq. Para uma literatura mais antiga (até 1966), cf. minha resenha *Zur Logik der Sozialwissenschaften*, p.91 et seq.
2 Parsons, *Societies, Evolutionary and Comparative Perspectives*; Lenski, *Human Societies*; Eisenstadt, *The political System of Empires*; Zapf (org.), *Theorien des*

história das ideias, na confrontação da Escola Histórica Alemã com a herança da filosofia da história hegeliana, sobretudo com as teorias sociológicas do desenvolvimento (de Marx a Spencer). Entretanto, os embaraços políticos do historicismo foram certamente tão bem analisados que desapareceram as resistências encobertas metodologicamente contra a invasão das ciências sociais – mas a oposição entre história universal e teoria do desenvolvimento não pôde ser superada.

Ernst Schulin termina seu panorama instrutivo sobre a historiografia universal contemporânea com a constatação de que a história universal não pode mais ser concebida na qualidade de *continuum*, de percurso unitário ou processo das origens históricas até o presente.[3] Concepções históricas estruturadas em termos evolucionários são *passé* [passado]. Schulin considera válidos dois acessos legítimos à história universal: a comparação tipológica de estruturas universais no estilo da pesquisa de Max Weber, Otto Hintze, Marc Bloch, Barrington Moore etc.; e, de outro lado, uma historiografia que se concentra de maneira espaçotemporal em determinadas civilizações (e seus intercâmbios), mas assim tem em conta interdependências globais e dependências intrassistêmicas; neste caso, são indicados a título de exemplo especialistas em islamismo como Grousset, Schaeder e Hogdson. A igual resultado chega Franz Georg Maier. Ele vê uma abordagem metodologicamente inatacável sobre a história universal uni-

---

sozialen Wandels; Eder, *Die Entstehung staatlich organisierter Gesellschaften*. Para uma literatura mais antiga, cf. Dreizetel (org.). *Sozialer Wandel, Zivilization und Fortschritt als Kategorien der soziologischen Theorie*.

3 Schulin, (org.), *Universalgeschichte*, Introdução, p. I I et seq.; cf. também Heuss, *Zur Theorie der Weltgeschichte*.

camente na comparação prototípica de estruturas e decursos semelhantes nas diferentes regiões históricas e na observação de contatos, relações e eventuais contextos de influência entre elas.[4] A procura da história universal por estruturas universais e padrões de evolução, na opinião de ambos os autores, tem a função heurística de fornecer conceitos e pontos de vista comparativos para uma historiografia global. Eles não consideram que o mesmo método de descoberta de aspectos universais da sociedade também possa servir para uma teoria do desenvolvimento. Pois abordagens evolucionistas lhes parecem formas híbridas de história universal

história universal como filosofia da história aplicada: projetos totais de um desenvolvimento histórico da humanidade, que tanto temporal quanto espacialmente buscam apreender a totalidade dos decursos particulares e ao mesmo tempo pretendem interpretar a direção e o sentido do processo histórico.[5]

Antes de encorajarmos o historiador, tal como fez Luhmann, a cooperar, a dar o salto da história universal tipologicamente comparativa até a teoria do desenvolvimento, deveríamos perguntar pelas razões sistemáticas que podem validar suas reservas. Para tal fim, é útil distinguir entre *pesquisa* histórica e *historiografia*. As exposições históricas possuem em princípio uma forma narrativa; elas estão ligadas ao sistema de referência das narrativas. O saber que o historiador usa na sua exposição, no entanto, é obtido em processos discursivos de apuração e elaboração de dados, de escolha de pontos de vista teóricos e de

---

4 Meier, Das Problem der Universalität, p.84 et seq.
5 Ibid., p.92 et seq.

conceitos, de aplicação de hipóteses, de teste de interpretações etc. Os métodos de pesquisa histórico-filológicos concernentes à crítica das fontes, à comparação, à hermenêutica etc., que atingem seu auge no século XIX e, nesse ínterim, foram complementados por um repertório das ciências sociais, caracterizam a atividade do historiador no papel de pesquisador da história, e não de historiógrafo. A pesquisa histórica tem um papel instrumental. Ela não precisa servir aos fins da historiografia; na qualidade de pesquisa social, ela pode mesmo ser usada para a comprovação (e continuação do desenvolvimento) de teorias das ciências sociais. Nesta perspectiva, a pesquisa histórica expõe um corretivo benéfico diante do provincialismo temporal, regional e objetivo da pesquisa social dominante.

O duplo papel metodológico da pesquisa histórica se tornou mais evidente principalmente nas discussões sobre a relação entre história econômica quantitativa e teoria econômica.[6] De uma "econometria retrospectiva" não decorre um novo tipo de historiografia econômica imediatamente porque os dados históricos servem à comprovação da teoria. No papel do pesquisador social empírico, o historiador também pode utilizar seus métodos para a construção de uma teoria econômica, que se estende sobre o tempo-espaço histórico. Mas o historiador só mantém o papel do historiógrafo na medida em que aplica estas ou outras teorias semelhantes no quadro de uma narrativa com a finalidade de explicar narrativamente uma série de acontecimentos. Com razão Pierre Vilar se volta contra um uso equivocado da linguagem: "Não seria melhor,

---

6 Cf. a segunda parte de Wehler (org.)., *Geschichte und Ökonomie*, p.143 et seq., principalmente as contribuições de J. Marczewski e P. Vilar.

em vez de história quantitativa, falar de econometria retrospectiva, que está a serviço da análise econômica e, no caso de sua ampliação, aplica o método histórico?"[7]

Relembro o duplo papel metodológico da pesquisa histórica porque a relação entre história e sociologia levanta diferentes problemas que, dependendo do lado, determina a perspectiva. Para os sociólogos, a oferta do historiador de adotar as tarefas de uma pesquisa social diacrônica não é problemática em termos metodológicos, mas de fato incômoda, porque pode demonstrar a estreiteza provincial do campo de aplicação de muitas teorias que entram em cena com pretensões universalistas. Para o historiador, pelo contrário, a oferta (por mais que modesta) das ciências sociais não deixa de ter problemas em termos metodológicos, porque ele aplica narrativamente conceitos e hipóteses das ciências sociais na historiografia, isto é, ele precisa ampliar de maneira teórica o fundamento, baseado no *Common-sense* [senso comum], da explicação narrativa sem poder renunciar à estrutura da narrativa. Com esta renúncia do sistema referencial narrativo, o historiador deveria abrir mão do papel de historiógrafo.

Parece-me, por sua vez, que a reserva do historiador diante das ofertas de uma teoria da evolução social (encontrando-se em seus começos) é bem fundada sob certa perspectiva. Se não se pretende apenas a ajuda da pesquisa histórica para uma teoria da evolução social, o que é indispensável; se também, inversamente, se quer aplicar a teoria do desenvolvimento na forma de uma historiografia universal, surgem então confusões que se expõem às conhecidas objeções contra o objetivismo da filosofia

---

7 Ibid., p.180.

da história. Mais precisamente, surgem figuras de pensamento concernentes à filosofia da história a partir justamente da projeção de uma teoria do desenvolvimento no âmbito da exposição narrativa, aqui a exposição da história universal. Por isso, a oferta de cooperação para a teoria da evolução deve ser apenas unilateral: pois não é possível assegurar uma base empírica para uma tal teoria sem *pesquisa* histórica; mas isso não significa que a teoria da evolução pode ser aplicada na historio*grafia*. Eu gostaria, no que se segue, de fundamentar essa tese.

A linha argumentativa se complica, contudo, já que a teoria da evolução que Luhmann tem em vista apresenta pretensões explicativas muito fracas. Essa versão fraca da teoria do desenvolvimento parece francamente uma complementação com explicações históricas, porque ela mesma não pode responder questões genéticas. Minha contribuição tem, nesse sentido, uma tarefa dupla de elucidar a relação entre teoria da evolução e historiografia e ao menos esboçar um conceito alternativo à teoria da evolução de Luhmann. Para este fim servem os seguintes passos argumentativos:

– A sociologização da historiografia orientada pelos acontecimentos não conduz (como receiam ainda muitos historiadores) a um conceito de história isenta de qualquer acontecimento, o qual é incompatível com estruturas narrativas (I).

– Modelos racionais também podem ser aplicados na historiografia de maneira narrativa; contudo, tão logo sejam promovidos a paradigmas de uma teoria universal da sociedade (e não mais permanecem referidos a tarefas ou sistemas particulares), a teoria sociológica e a historiografia se tornam incompatíveis – isso também vale para teorias da evolução social (II).

Para a reconstrução do materialismo histórico

— A divisão de trabalho prevista por Luhmann entre sociologia e história é explicada a partir das fraquezas específicas de um funcionalismo autonomizado. Em vez disso, o conceito de causalidade e a vinculação entre teoria dos sistemas e teoria da ação deveriam ser concebidos de tal modo que a teoria da evolução não precise transferir o fardo explicativo, que ela mesma tem de carregar, para a história (III).

— O conceito alternativo de uma teoria do desenvolvimento se apoia nas hipóteses sobre estruturas de consciência universais e níveis de aprendizagem classificados de acordo com a lógica de desenvolvimento; isso deve ser elucidado no exemplo da passagem à modernidade (IV).

— As aporias da filosofia da história surgem da tentativa de transferir a teoria do desenvolvimento para uma historiografia. Não se pode exigir da teoria da evolução o papel de uma teoria da história porque a história enquanto tal não é passível de ser teorizada. A teoria da evolução encontra sua aplicação não na historiografia, mas no discurso prático (V).

I

A historiografia se move em um sistema referencial narrativo. Existiu uma série de tentativas promissoras de reconstruir este quadro: da hermenêutica (Dilthey, Heidegger), passando pela fenomenologia (Husserl, Schütz) e pelo interacionismo simbólico (Mead, Goffman), até à etnometodologia (Garfinkel, Cicourel) e à teoria analítica da linguagem e da ação (Wittgenstein, Danto). Eu me contento em recordar alguns *conceitos fundamentais*. Estes descrevem a) as estruturas da intersubjetividade: *sujeitos* capazes de fala e ação, linguagem e outros *media* simbólicos do entendimento, *manifestações* intencionais tais quais as ações instrumentais ou sociais, gestos expressivos etc., *situações* de ação com suas dimensões concernentes ao mundo da vida e suas *condições secundárias não normativas*; b) as estruturas da normatividade: instituições e *normas* de ação, máximas de decisão, *sistemas de valores*, conteúdos culturais em geral e acervos de tradições, estruturas das *imagens de mundo* etc.; e, finalmente, c) estruturas da subjetividade: interpretações da situação e orientações da ação, *intenções* em geral, vivências, motivos etc. Seja como for que reconstruamos esse sistema intuitivamente dominado de conceitos fundamentais, o historiógrafo, caso queira ao mesmo tempo expor e explicar de maneira narrativa uma conexão de eventos, tem de se movimentar no interior deste sistema. O historiador domina esses conceitos fundamentais em virtude da competência que ele dispõe (independente de suas competências particulares) na qualidade de sujeito capaz de fala e ação; ele partilha esta competência com todos os membros adultos de sua sociedade.

Na medida em que o historiador narra uma história, ele forma enunciados com estes conceitos fundamentais. Podemos notar particularmente estruturas temporais em tais enunciados narrativos. Eu recordo alguns resultados da teoria analítica da história.[8]

a) Uma narrativa descreve os eventos como dados que recebem seu significado no quadro de uma *história*. Uma história se constrói a partir de interações; ela é conduzida e ao

---

8 Cf. Danto, *Analytical Philosophy of History*; cf. Habermas, *Zur Logik der Sozialwissenschaften*, p.266 et seq.; Baumgartner, *Kontinuität und Geschichte*, p.249 et seq.

mesmo tempo suportada por ao menos uma pessoa agente — o agente, na qualidade de autor de uma história, está ao mesmo tempo "implicado nesta". Uma história se divide em episódios; ela é delimitada pelos episódios com os quais ela começa e termina. Os eventos narrados têm continuidade pelo significado que recebem nos contextos de vida biográficos e suprassubjetivos dos indivíduos e grupos participantes. Ações e eventos são explicados, em referência a condições secundárias da situação, com base em normas e valores, ou intenções e motivos da ação.

b) Enunciados narrativos referem-se ao menos a dois *eventos temporalmente diferentes*, em que o evento precedente E 1 é descrito com referência ao evento posterior E 2. Enunciados narrativos descrevem com isso um evento com predicados sob os quais não poderia ter sido observado. O historiador narra um evento não enquanto testemunha ocular, mas como membro de uma geração posterior; o narrador não tem o papel de um cronista, ele aproveita as observações coetâneas apenas como documentos. Um evento é contado com base em predicados sob os quais este não apenas não poderia ter sido observado pelas testemunhas oculares (na qualidade de episódio em curso), como também não poderia ter sido contado pelos participantes (imediatamente após o término do episódio). Mesmo no caso limite de uma autobiografia, na qual o narrador e o participante são a mesma pessoa, continua mantida a *diferença de horizontes temporais*; o presente, passado e futuro decorridos (de um estado biográfico precedente) estabelecem outra perspectiva narrativa como presente, passado e futuro atuais (do autor durante a redação de sua autobiografia). Junto com o horizonte temporal se desloca também a perspectiva narrativa.

c) Na medida em que o historiador distingue o horizonte temporal a partir do qual ele narra do horizonte temporal em que um participante vivenciou a história narrada (e a partir do qual ele, por seu turno, a teria narrado), ele leva em consideração também a *diferença de significados* que o evento contado tem para ele, o historiador, e que teve para os participantes. Com isso, o historiador não conquista, de modo algum, uma posição neutra a partir da qual ele pode narrar os episódios "como foram". Pelo contrário, depende da escolha do respectivo quadro interpretativo saber em qual história E 1 é inserido ou qual história é contada a respeito de E 1. A narrativa que um participante poderia fazer após a conclusão de um episódio em que ele estava implicado é privilegiada, em comparação com as narrativas de não participantes ou de nascidos posteriormente, somente na medida em que contém as observações de uma testemunha ocular, portanto, na medida em que possuem valor documental; contrariamente, ela não possui um valor posicional privilegiado a título de narrativa. Por sua vez, depende da decisão do historiador de que maneira pretende hierarquizar as diferentes narrativas do episódio E 1 (que se referem, em cada caso, aos diferentes episódios E 2, E 3... E n), de modo que sua própria narrativa seja complexa o suficiente para explicar de maneira narrativa tanto o evento histórico como também a *história da tradição* deste evento.

d) A *continuidade de uma história* só é constituída de certa maneira pela própria narrativa. Certamente a continuidade produzida de forma narrativa dos episódios narrados apoia-se na força, fundadora de unidade, dos contextos de vida, nos quais os eventos já conquistaram sua relevância para os participantes antes que o próprio historiador os apresentasse. Para esta unidade pré-existente, a identidade do eu na mudança de seus estados biográficos constitui o modelo intuitivamente convincente – no que a unidade da história de vida, por seu turno, decorre de uma sequência de construções narrativas que o próprio eu coloca em uma ordem hierárquica.[9] De outro lado, não podemos deixar de reconhecer que o historiador, ao escolher seu quadro de interpretação sobre o começo e o fim de uma história, decide o que deve ser considerado um *período*, no qual são concebidos os eventos relevantes como elementos de um contexto único, produzido de maneira narrativa. Essas opções são importantes tanto para a historiografia quanto para a consciência histórica da sociedade contemporânea, porque através da ligação com – ou pela dissolução crítica de – uma tradição são produzidas aquela espécie de atribuições que marcam as identidades coletivas. (Um bom exemplo é a

9 Baumgartner pretende conceber a continuidade histórica exclusivamente como propriedade formal da construção narrativa; ele afirma "que a continuidade histórica significa uma formação autônoma que não deriva nem de sujeitos idênticos ao longo do tempo nem os ilustra reproduzindo-os. [...] A duração temporal de uma pessoa, de um evento, é justamente pressuposto no substrato da história, mas não ingrediente da história e sua própria continuidade". *Kontinuität und Geschichte*, p.299 et seq. Baumgartner desconsidera que narrativas não organizam apenas as histórias que o historiador relata, mas também aquelas *a partir das quais* o historiador relata: o historiador encontra um domínio de objetos já constituído, mais precisamente pré-constituído de maneira narrativa. Nessa medida, a história é um contexto de vida objetivo e ainda não "teórico", construído por historiógrafos. As construções do historiógrafo se ligam antes às construções tradicionais respectivas. Cf. minha interpretação de Dilthey em *Erkenntnis und Interesse*. Além disso, ver Koselleck, Darstellung, Ereignis und Struktur, p.307 et seq.

investigação, ligada à crítica da tradição, sobre a legitimidade da modernidade empreendida por Blumenberg.)[10]

e) Enquanto enunciados teóricos permitem a dedução de previsões condicionais sobre *eventos que devem ocorrer no futuro*, enunciados narrativos só podem se referir a *eventos passados*. Todo evento referencial E 2 ocorre após o evento relatado E 1, mas antes do momento da própria narrativa. A escolha do quadro interpretativo, ou seja, a escolha por uma história determinada entre muitas outras possíveis, também depende da interpretação que o narrador faz do futuro, vale dizer, das expectativas dos eventos futuros. Todavia, as antecipações do narrador não pertencem à história narrada, mas à situação de partida hermenêutica. O horizonte de expectativa condutor do interesse do narrador não pode determinar ao mesmo tempo a construção de uma história e ser seu conteúdo. As antecipações do narrador são importantes para a perspectiva da narrativa, mas *a própria narrativa permanece retrospectiva*. Certamente, o conteúdo proposicional de tais antecipações pode ser idêntico ao conteúdo de uma história *diferente*; mas sua construção seria determinada, por sua vez, pelas antecipações que o narrador faz dessa outra história. Isso tem consequências para a estrutura temporal do conceito de história. Se atribuirmos à história todos os episódios que puderam ser relatados (e transmitidos) até um respectivo determinado ponto do tempo presente, mas tão somente estes episódios, então é inconsistente o conceito de uma "história futura". Podemos antecipar eventos futuros, mas não na qualidade de

---
10 Cf. a versão revista: Blumenberg, *Der Prozess der theoretischen Neugierde*; Id. *Säkularisierung und Selbsbehauptung*.

eventos históricos. Podemos certamente adotar de maneira fictícia a posição de um futuro historiador e a partir de seu horizonte de expectativa agora antecipado compreender nosso futuro como seu passado (futuro). Uma história correspondente de passados futuros, porém, seria uma narrativa fictícia, não histórica – um romance do futuro. Mas então também a ideia de uma história de todas as histórias possíveis, ou seja, a antecipação da história em seu todo ou o pressuposto de uma totalidade da história, é incompatível com a estrutura narrativa das histórias.[11] Também a história universal tem de se restringir à reconstrução dos aspectos passados; ela não tem teor prognóstico algum.

Com os conceitos fundamentais da teoria da ação mencionados e as estruturas temporais formais da narrativa que acabaram de ser especificadas (narrativa como construção de histórias; diferença temporal dos eventos e diferença dos horizontes temporais do narrador e do narrado; vinculação da narrativa da perspectiva temporal ao ponto de partida hermêutico; continuidade como construção narrativa; retrospectividade da narrativa), o sistema referencial narrativo está suficientemente caracterizado para nossos fins. De início, eu gostaria apenas de

---

11 Baumgartner, *Kontinuität und Geschichte*, p.277 et seq. Eu aceito a crítica de Baumgartner à minha interpretação inicial (ibid., p.239 et seq.) na medida em que, como vejo, o aspecto evolucionário (história da espécie sob a ideia de processo de formação) e o aspecto histórico (história universal como construção narrativa) precisam ser separados de maneira cuidadosamente analítica, porque, caso contrário, podem surgir as confusões investigadas adiante (seção V). De outro lado, eu gostaria de me ater à objetividade do contexto de vida histórico e não reduzir a continuidade das histórias relatadas às condições formais da narrativa.

mostrar que uma historiografia sociologizada ainda se move no interior desse sistema referencial. Nessa perspectiva, de modo algum considero "incomensuráveis" a sociologia e a história. Em contraposição a isso, Tenbruck, que na qualidade de sociólogo advoga de forma impressionante a favor da historiografia, defende a tese de que a sociologia orientada pela "sucessão de estados sociais desprovida de acontecimentos" sugere uma concepção de mudança social que seria incompatível com a história. Eu gostaria de exemplificar esta posição com uma longa citação, porque ela me parece exprimir receios injustificáveis, mas cada vez mais disseminados, de muitos historiadores.

> Ora, trata-se da perspectiva agregadora, que rejeita a representação de eventos, cuja eliminação da discussão é característica da des-historização de nossa imagem da história. Pois, sem dúvida, não é por acaso que classicamente a história se volta aos processos cuja característica principal que assumem como eventos não é sentida somente em razão de seu significado para a sociedade, mas também justamente por causa de seus momentos surpreendentes, tais quais as guerras, revoluções, tratados, conflitos, decretos, fundações religiosas etc. Suas características estão ausentes, de maneira típica, em fenômenos e processos agregados: a obrigação de identificar indivíduos agentes, em vez da relação sumária com as coletividades, e a evidência espaçotemporal, em geral a característica da saliência se prendem a eles na medida em que não são esperados no sentido de regularidades e constâncias fixadas em dados agregados, ou seja, na medida em que chamam nossa atenção em razão de sua imprevisibilidade (ou também de suas consequências). Nós os presenciamos e classificamos como eventos porque não se encaixam na lógica agregadora de expec-

tativas. E eles não podem fazer isso porque aqui a estratificação social da ação é diferente do que nos processos que podemos descrever de maneira agregadora. Lá temos então processos essencialmente anônimos no sentido de uma ação medianamente regular em determinados grupos, aqui indivíduos identificáveis como atores; lá, transformações que se passam na maior parte das vezes na camada dos valores e dos significados, ou seja, abaixo do nível do esforço consciente da ação ou, onde isso ocorre de fato, assumem sempre o perfil de um padrão de ação socialmente dado, em virtude de sua característica massiva, mediana, gradual e repetitiva, aqui, por outro lado, ações que por falta de um padrão socialmente dado exigem dos atores um esforço de ação particular e dos observadores um esforço particular de entendimento, considerando seu surgimento e suas consequências; lá, mudanças tipicamente prolongadas, tanto em termos graduais quanto temporais, cujos limites e desenvolvimentos permanecem vagos no espaço e no tempo, aqui processos situados espacial e temporalmente e tipicamente repentinos. Lá, portanto, processos que se baseiam na difusão de uma ação sincrônica e diacronicamente semelhante, e que neste sentido são repetitivos, aqui, pelo contrário, processos que, em um sentido descrito de forma mais precisa, podem ser nomeados uma única vez, chegando-se com isto ao ponto em que a discussão clássica entre história e sociologia se torna enviesada [...] A sociologia e a história, portanto, se ligam imediatamente por dois componentes diferentes da realidade e, por isso, desde o início também foram pressionadas a existir com o componente não imediatamente incluído. Assim, é conhecido o quanto os historiadores se recusaram de maneira persistente a incluir sistematicamente dados agregados. Mas se esquece que os sociólogos, inversamente, procederam de acordo com a mesma receita e deixaram de bom grado os eventos do lado de fora da casa.[12]

Tenbruck se formou na conceitualização dualista com a qual o neokantismo do sudoeste alemão apreende metodologicamente as ciências da cultura; assim ele ressalta os aspectos complementares da realidade sob os quais a historiografia orientada por eventos, de um lado, e a teoria da ação, de outro, consideram o mesmo objeto. Dessa descrição, contudo, não se segue de modo algum que uma sociologização da história dos eventos levaria não somente a outro tipo de historiografia, mas também a *algo diferente da* historiografia – exatamente a um conceito anistórico da história na qualidade de mudança social. Enquanto a pesquisa sociológica se mover no quadro da teoria da ação que ela partilha com a pesquisa histórica, as descrições e explicações sociológicas poderão ser admitidas no sistema referencial narrativo sem solução de continuidade. No seu ensaio introdutório à coletânea *Soziologie und Geschichte* [Sociologia e história], Cahnman e Boskoff afirmam com razão:

> Se passamos os olhos mais uma vez na literatura, então notamos um fato geralmente desconhecido: a relativa despreocupação com que historiadores e sociólogos foram capazes de utilizar os conceitos, dados, teorias e métodos gerais uns dos outros.[13]

O historiador não abre mão do sistema narrativo de referência quando descreve eventos históricos no âmbito analítico

---

12 Tenbruck, Die Soziologie vor der Geschichte, p.29 et seq.
13 Cahnman e Boskoff, *Soziologie und Geschichte*, p.168.

de conceitos e hipóteses sociológicos. Não pretendo analisar em pormenor o "uso narrativo" de teorias das ciências sociais, mas ilustrá-lo a partir de alguns exemplos.[14] Certamente, na medida em que ocorre a sociologização da história, no lugar de grandes indivíduos entram *atores coletivos*; mas a estrutura da narrativa não depende disso. A capacidade de ação é um conceito de interação – os indivíduos também agem apenas como membros ou representantes dos grupos aos quais pertencem. O coletivo, por seu turno, "age" apenas em um sentido figurado, incorporando, porém, a rede de interação em que unicamente podem ocorrer ações imputáveis de maneira individual. No primeiro capítulo de *Geschichte des Deutschen Keiserreichs, 1871-1918* [História do Império Alemão, 1871-1918] de H. U. Wehler, considerado exemplo padrão de uma historiografia sociologizada, foram mencionados apenas nomes pessoais isolados: alguns (Bruck, Schwarzenberg) para a caracterização dos períodos do governo; outros como

---

14 A literatura sobre o problema da explicação na história assumiu grandes proporções desde a discussão inaugurada por W. Dray a respeito da aplicabilidade do modelo Hempel-Oppenheim. Duas novas contribuições: Acham, Zum wissenschaftlichen Status und zur pragmatik der Geschichtswissenschaft, p.129 et seq.; Hübner, Erkenntnistheoretische Fragen der Geschichtswissenschaften, p.41 et seq. Eu falo de um "uso narrativo" de hipóteses das ciências sociais porque me refiro ao fato de que explicações históricas só podem ser suficientemente analisadas se a forma lógica de explicação for investigada em conexão com os conceitos fundamentais constitutivos dos objetos da exposição histórica. Para o estado presente da discussão sobre "compreender e explicar", principalmente na maneira como foi desencadeada por G. V. Wright, cf. agora: Apel, *Causal Explanation, Motivaitonal Explanation, Hermeneutical Understanding*.

exemplo para uma fusão de elites (Miquel, Bamberger); apenas Bismarck surge no papel narrativo de sujeito da ação gestante da história. Apesar disso, o sistema referencial narrativo permanece conservado. Os papéis de autores são assumidos pelos atores coletivos:

> a casta tradicional dos agricultores nobres, da nobreza oficial e funcionários (defende) seus privilégios sociais e políticos; o jovem operariado industrial (se organiza) em partidos e nas formas iniciais dos sindicatos; a burguesia industrial (ergue) [...] pretensões políticas junto com grupos liberais de classe média; os grupos dirigentes implementam uma série de medidas de bem-estar para agricultores, artesãos, trabalhadores da indústria e seus filhos etc.[15]

Algo diferente ocorre com o *primado* que a análise dos *sistemas institucionais* conserva diante do relato de processos, ações e decisões históricas particulares. Ações e normas que regulam ações se encontram em uma relação complementar. Ambos os elementos não podem adotar o mesmo papel narrativo, mas pertencem ao sistema referencial da narrativa. Assim, os dois grandes episódios que Wehler relata no terceiro capítulo de seu livro sob os títulos, "O governo diretorial bonapartista até 1890" e "A crise permanente do Estado desde 1890",[16] conquistam uma concatenação narrativa apenas com o pano de fundo do *sistema político* (surgido com a constituição do Im-

---

15 Wehler, *Das Deutsche Keiserreich 1817-1918*. Os exemplos foram retirados do capítulo I, p.10-40.
16 Ibid., p.63 et seq.

pério de 1871). Seguindo a análise de Marx do bonapartismo francês, Wehler vê o império como

um regime diretorial bonapartista no invólucro de uma monarquia militar que favorecia uma elite tradicional, mas submetida a uma rápida industrialização com sua modernização parcial, meio absolutista e pseudoconstitucional, influenciada em parte pela burguesia e pela burocracia.

A investigação desse sistema de instituições permite conhecer a margem de ação objetiva que Bismarck preencheu inicialmente de forma autoritária: por exemplo, com uma política hegemônica da Prússia em detrimento dos outros Estados federados; com uma enérgica mudança de curso na política econômica; com uma substituição dos seguidores parlamentares entre 1876 e 1879; com um imperialismo social e econômico cheio de consequências nos anos 1880 etc. O vácuo de poder, que surgiu após Bismarck desistir dessas margens de ação institucionalmente existentes, explica o comportamento de Guilherme II imediatamente após 1890, a rápida mudança do chanceler, o zigue-zague da política alemã interna e externamente, a autonomização da burocracia, a influência crescente de figuras-chave concorrentes da elite do poder prussiana (de Tirpitz até os diretores das associações econômicas) etc. Incontáveis episódios, ações e abstenções dos detentores do poder político foram muito comparados entre si pela referência ao sistema de instituições do Império nos períodos antes e depois de 1890 e apresentados em seu contexto histórico.

Em uma historiografia sociologizada, tradições culturais distantes não são mais tomadas *at face value* [em si mesmas], em termos de uma história das ideias, mas investigadas com base em suas funções latentes. Também o *tratamento das ideias em termos de crítica da ideologia* continua relacionado às situações de interesse, isto é, aos motivos dos indivíduos e grupos agentes. É assim que Wehler elucida as transformações do nacionalismo liberal em nacionalismo imperial alemão a partir dos estereótipos do inimigo que tal nacionalismo constrói e consolida; ele mostra de que maneira a ideologia nacionalista se serve da discriminação, na política interna, dos inimigos do Império que eram social-democratas, católicos, poloneses e liberais de esquerda.[17] Com isso, é possível explicar, por exemplo, a mobilização de um eleitorado suficiente para o governo e a repressão de uma crise iminente de legitimação.

Por fim, resta o *privilégio de estados agregadores* diante de eventos históricos – uma tendência com a qual Tenbruck fundamenta em primeira linha a incompatibilidade entre sociologia e história. Contudo, na medida em que os dados agregados servem à descrição das situações, eles tornam mais precisas apenas as condições secundárias da ação social, de modo algum exigindo um conceito de mudança social isenta de eventos que seria incompatível com a forma da exposição narrativa. A fim de expor a situação inicial do novo Império Alemão, Wehler cita em trinta páginas quase exclusivamente dados de tendências, ou seja, sequências temporais em que, por exemplo, lê-se sobre o desenvolvimento do preço do solo, a produtividade elevada na economia rural, o crédito crescente dos bancos de pensão estatais, a duração dos ciclos de conjuntura, o surgimento de um exército de reserva, a aceleração dos investimentos na eco-

---

17 Ibid., p.107 et seq.

nomia industrial, a expansão do mercado de capitais, a entrada em cena de setores de ponta da indústria, o desenvolvimento de um sistema de grandes bancos etc. Essa exposição da história social e econômica tem o objetivo de tornar compreensível a história da fundação do Estado como reação às constrições que emergem de um impulso capitalista de desenvolvimento bastante veloz da economia agrária para a industrial. A "história", que Wehler narra neste primeiro capítulo, é a do surgimento do Império em decorrência de três guerras pela hegemonia, que tinham a função de legitimação da dominação diante do ímpeto emancipatório de camadas burguesas e de um operariado industrial em formação. O tema da narrativa continua sendo um contexto de ação, a saber, a política da Prússia de Bismarck, que

> sob a pressão das constrições à legitimação motivadas de maneira social, econômica e política, empreendera a fuga para a frente e, após três guerras, dera aos alemães o Império na continuidade da revolução a partir de cima, como uma grande Prússia da pequena Alemanha.[18]

Essas observações exemplares provam que uma forte sociologização leva certamente a uma mudança tipológica da historiografia, mas não a uma explosão de seu quadro categorial. Sem dúvida, a história enquanto ciência social conduz da história política das sanções do chefe e do Estado, enquadrada nos termos de uma história das ideias, à história econômica e social que também é integrada à história da cultura — mas tal história é, tanto agora quanto antes, organizada de forma

---
18 Ibid., p.39.

narrativa. O deslocamento do peso se explica em virtude de uma sociologização que acentua a ação de atores coletivos, que estende a história das ideias para a crítica da ideologia e leva em consideração de maneira mais intensa os processos sociais anônimos, apreendidos de maneira quantitativa. Com isso, também a função explicativa da narrativa se torna mais clara diante de sua função descritiva. Mas, em todas as narrativas, as condições secundárias da situação na conexão com normas e valores possuem o valor explicativo de causas: estes componentes, que nas explicações narrativas desempenham o papel de *explanans*, obtêm, em uma historiografia fortemente sociologizada, contudo, uma importância diante da *explananda*, ou seja, dos eventos históricos, que eles não possuíam na historiografia convencional do século XIX.

II

A questão que nos ocupa não é apenas a da sociologização da história em geral, mas especialmente: se e, conforme o caso, de que maneira uma teoria da evolução social pode ser vinculada à historiografia. Desde que digam respeito a domínios de aplicação particulares, as ciências sociais podem se inserir em exposições históricas; mas isso também vale para uma teoria geral da sociedade? Eu não gostaria neste contexto de abordar as teorias do comportamento desenvolvidas pelas ciências sociais, porque estas tratam de maneira reducionista a forma narrativa da exposição histórica (na medida em que são desenvolvidas com conceitos fundamentais rigorosamente behavioristas, hipóteses desse tipo não são aplicadas de maneira narrativa, isto é, utilizadas para explicações no interior do

Para a reconstrução do materialismo histórico

sistema referencial narrativo). Em vez disso, gostaria de aludir a três *modelos racionais* e suas respectivas teorias com a finalidade de sublinhar outros estágios da sociologização da história e identificar os limiares em que a estrutura narrativa é implodida. Compreendo por modelos racionais todo procedimento que organiza os processos históricos pelas vias idealizadas da solução de problemas. O ponto de partida de uma história racionalizada deste modo é definido por uma problematização para a qual podemos oferecer de forma sistemática um número limitado de soluções (e caminhos de soluções funcionalmente equivalentes). A própria história consiste então de episódios que são avaliados com base no padrão subjacente de solução de problemas. Ela termina com um episódio que leva à solução feliz ou significa um malogro das tentativas de solução de problemas. Essa descrição dos modelos racionais não inclui, por exemplo, tipos ideais no sentido de Max Weber (que, como os tipos de dominação, de comunidade religiosa, de formação do Estado, de formas de mercado etc., servem à elaboração comparativa do material). Em contrapartida, incluem-se aqui: modelos de escolha racional, reconstruções racionais e modelos sistema-entorno.

Para os modelos de escolha racional, serve como um bom exemplo o modelo de democratização de Lipset e Rokkan.[19] Ele se aplica às nações européias cuja formação dos Estados começa nos séculos XVI e XVII e se caracteriza, entre outras coisas, pelos confrontos com as pretensões de poder supranacional da cúria romana. O modelo distingue quatro fases

---

19 Rokkan, Die vergleichende Analyse der Staaten- und Nationalbildung, p.228 et seq.

críticas: reforma, revolução nacional, revolução industrial e a chamada revolução internacional. As formas dos diferentes regimes políticos são deduzidas dos processos idealizados da luta política durante estes quatro períodos. Para as linhas de frente, alianças, estratégias de vitória e derrota das lutas, serve um modelo de decisão que prevê exatamente sete atores coletivos com possibilidades limitadas de escolha para a formação de alianças. O problema é a formação de um Estado nacional com forma representativa de governo; as vias alternativas de solução de problemas devem permitir uma explicação dos diferentes sistemas partidários e eleitorais nacionais. Ora, cada narrativa contém, ao menos implicitamente, hipóteses sobre problemas, orientações axiológicas e motivos de ação das partes implicadas. Modelos de decisão apenas tornam explícitas tais hipóteses, pressupondo, no entanto, que as tarefas tematizadas permitem soluções sistemáticas e que as partes implicadas estejam dispostas a agir racionalmente com respeito a fins. Eles estilizam, portanto, as decisões das partes que agem de maneira estratégica e são aplicáveis somente na medida em que suas condições ideais são preenchidas. Mas eles se adaptam comodamente ao quadro categorial da historiografia porque também um contexto de ação racionalizado deste modo pode ser *narrado*.

Os outros dois modelos racionais apenas sob determinadas restrições possuem uma semelhante relação não problemática com a estrutura da narrativa. Por essas restrições, torna-se patente o limite da força de integração da historiografia em comparação com a sociologia; e tal limite é alcançado precisamente com a abordagem teórica que parece ser a "verdadeira oferta teórica da sociologia para a história": a teoria da evolução social.

Para a reconstrução do materialismo histórico

Quero falar (em nosso contexto) de modelos de reconstrução racional quando, para uma operação inovadora, pode ser oferecido de forma sistemática ao menos um *processo de aprendizagem* complexo. Tais modelos desempenham um papel em muitas histórias especiais. Isso é comum na *história da filosofia* desde os dias de Aristóteles, que a cada vez apresenta a própria teoria na qualidade de solução de um problema que os predecessores filosóficos só resolveram gradual e aproximativamente. A virtuosidade conceitual de Hegel se mostrou, não em último lugar, pelo fato de descrever a história da filosofia em seu todo de tal modo que podia ser compreendida como processo de aprendizagem universal, culminando no próprio sistema das ciências de Hegel. Continuando com bastante pretensão, Richard Kroner, no espírito do mestre, tentou mostrar que a enciclopédia de Hegel expõe o resultado irrefutável de um processo de aprendizagem reconstruído de maneira racional, que leva de Kant a Hegel, passando por Fichte e Schelling. Esse tipo de historiografia da filosofia foi alçado à categoria de um "método concernente à história de problemas" (N. Hartmann). Da mesma maneira que uma história sistemática, digamos, do movimento fenomenológico, também se pode pensar em uma história sistemática do *descobrimento geográfico* dos séculos XV e XVI – o descobrimento da América no ano de 1492 se encontra, sem dúvida, em uma longa série de expedições científicas cujos resultados, em conexão com a astronomia copernicana, levou finalmente a um atlas mundial bastante preciso em termos empíricos e corretamente estruturado em termos teóricos. Algo semelhante valeria para uma história do descobrimento da fissão nuclear. Em geral, a *história da técnica e da ciência* é rica em monografias que poderiam servir como exemplos de uma historiografia reconstruída de maneira racional. Em todos esses casos, trata-se, apesar de tudo, do modelo racional subjacente (mais ou menos explícito) que descreve as tarefas, a solução de problemas e os processos de aprendizagem idealizados, de exposições narrativas; pois elas narram tarefas historicamente dignas de atenção e tentativas inovadoras de solução que pessoas ou grupos identificáveis empreenderam em parte de maneira fracassada, em parte vitoriosa; e estes êxitos ou malogros dos processos de aprendizagem, historicamente cheios de consequência, refletem-se nos contextos de interação que são contados (e avaliados) com referência sistemática à matriz de aprendizagem subjacente. O aspecto narrativo consiste, portanto, no fato de que, em situações particulares, ou seja, em determinadas circunstâncias ou eventos, sujeitos em aprendizagem — sentindo-se capacitados e motivados ou desenganados e desmotivados — percebem, elaboram e muitas vezes solucionam de forma inovadora novas tarefas.

Esse aspecto narrativo, contudo, desaparece na medida em que, com as inovações expostas, não se trata mais de tarefas particulares, mas universais. Suponhamos que não tivesse sido narrada uma história racional de inovações técnicas ou científicas particulares, nem a invenção do trabalho no bronze, nem o descobrimento da circulação sanguínea ou o surgimento da teoria da relatividade, mas sim uma história racional *da* técnica ou *da* ciência moderna. Uma tal "história" não poderia mais ser *narrada* em sentido estrito, pois o modelo racional, que deveria ser encontrado para a técnica e para a ciência moderna, não podia mais ser indicado como uma reconstrução racional de tarefas *particulares* e processos de aprendizagem *determinados*.

De qualquer maneira, modelos racionais para *a* técnica e para *a* ciência moderna só poderiam ser apresentados sob o pressuposto de que o desenvolvimento chegou a um certo termo[20] e que estão excluídas inovações substantivas. Além disso, estes modelos não remeteriam a soluções de problemas particulares e a processos de aprendizagem passíveis de reconstrução, mas a potenciais de solução de problemas e níveis de aprendizagem universais.[21] Aparelhos e procedimentos técnicos particulares ou teorias determinadas só poderiam ser, nesse contexto abrangente, a expressão exemplar de regras de produção ou de capacidades generalizadas, ou seja, de estruturas de consciência universais. Finalmente, modelos racionais desse tipo não reconstroem *qualquer* competência, mas uma competência de alcance universal – competências da espécie, pois as pretensões de validade ligadas à técnica e à ciência não são dependentes de épocas ou específicas de culturas, mas vinculantes para todos os homens.

Se uma inovação, por exemplo, uma teoria geral dos campos, que, no sentido de Heisenberg, encerraria, por seu turno, uma série de "teorias" acabadas, não pode mais ser compreendida na qualidade de solução de uma tarefa particular, mas expressa uma competência plenamente desenvolvida, insuperável em sua dimensão e, além disso, pretensamente universal, então o modelo racional correspondente (se puder ser reconstruído) não é mais apropriado enquanto base

---

20 Para os problemas de uma história reconstrutiva da ciência, cf. Diederich (org.), *Theorien der Wissenschaftsgeschichte*.
21 Para ilustração, recordo o programa teórico desenvolvido por Weizsäcker, *Einheit der Natur*.

de uma narrativa. Tais competências não possuem *história* alguma, mas produzem um *desenvolvimento* (estabelecido, dado o caso, de maneira "lógica", ou seja, por estágios passíveis de reconstrução).[22] Em um sentido fundamental, toda história está aberta; ela pressupõe que, em virtude de novos acontecimentos (e perspectivas modificadas do narrador), seu tema pode ser colocado sob nova luz. Porém, para o desenvolvimento de uma competência, que é compreensível nas possibilidades de sua realização, há somente uma única teoria correta – e se uma teoria inicialmente válida é substituída por outra melhor, isso não depende do andamento dos acontecimentos e de retrospectivas modificadas. Uma história é em princípio uma conexão de interações; nela os atores produzem algo mediante suas ações. Competências, contudo, são *adquiridas*, e *surgem* estruturas de consciência de tal modo que não existem mais absolutamente aqueles graus de liberdade estabelecidos com a capacidade de ação e com as alternativas de ação que possibilitam um interesse histórico. Uma narrativa sempre trata de eventos particulares, vindo à tona nela essencialmente aspectos constantes dos indivíduos. Uma competência da espécie, porém, que ergue pretensões de universalidade, não pertence mais à categoria de um evento que pode gerar por si a atenção histórica. Logo, apenas de maneira contingente o surgimento de uma tal competência está ligada a pessoas ou grupos identificáveis – estes formam, por assim dizer, o substrato dos processos de aprendizagem

---

22 Piaget, *Abriß der genetischen Epistemologie*; para a aplicação de sua lógica da competência nos termos de uma história da ciência, cf. Piaget, *Die Entwicklung des Erkennens*.

que são possíveis graças a um nível de aprendizagem correspondente. Isso significa: com a passagem das reconstruções racionais de processos inovadores limitados para a lógica do desenvolvimento de competências universais, o limite do sistema referencial narrativo é ultrapassado.

Algo semelhante ocorre com a universalização do modelo sistema-entorno que de início pode se inserir nas estruturas da narrativa. Na qualidade de exemplo proeminente de uma teoria dos sistemas aplicada historicamente, tomemos o ramo da pesquisa da modernização relacionado ao "desenvolvimento político", especialmente aos processos de formação de Estados e nações da modernidade.[23] H. U. Wehler mostrou por que essa abordagem pode ser significativa para uma história da ciência social.[24] O modelo do sistema conservador de limites, que se conserva no intercâmbio com um entorno modificado de maneira contingente e supercomplexo, oferece-se como um modelo racional para processos históricos na medida em que ao menos dois pressupostos podem ser preenchidos: a identificação (ou estabelecimento) de limites sistêmicos e estruturas importantes para a existência de uma operacionalização suficiente de valores deontológicos ou condições de equilíbrio. Pois assim é possível então distinguir problemas referenciais que o sistema soluciona ao se adaptar às condições variáveis do entorno, tendo em vista que ele transforma estados internos. É assim, por exemplo, que as teorias do desenvolvimento

---

23 Cf. sobretudo os trabalhos do Commitee on Comparative Politics of the Social Science Research Concil sob a presidência de L. W. Pye. O último volume consiste de uma longa série de publicações: Tilly (org.), *The Formation of the National States in Western*.
24 Wehler, *Modernisierungstheorie und Geschichte*.

político (como é comum na sociologia política) observam o Estado (com as instituições da administração pública e a formação política da vontade) como um sistema que se encontra em intercâmbio com seus diferentes entornos, sobretudo com o sistema econômico e o sociocultural. Disso resulta uma série de problemas universais. Com a diferenciação de uma organização estatal, cabem ao sistema político as tarefas de expressar e manter a *identidade* do sistema da sociedade em seu todo. Além disso, concentram-se no Estado as capacidades de autocontrole da sociedade, de modo que o sistema político assume os *operações ordenadoras* para os outros domínios da vida. Por fim, o meio da dominação política, com o qual essas tarefas são cumpridas, exige a *legitimação* de todas as instituições de dominação. Tais *problemas universais de conservação do sistema político* assumem uma versão especial no curso da modernização, quando os entornos do sistema político são determinados pela passagem a uma economia industrializada, pela mobilização social e por uma expansão de valores universais. A forma da identidade coletiva, que nas sociedades modernas soluciona no melhor dos casos o problema da imputação dos membros dos sistemas e, com isso, garante no melhor dos casos a integração social, é evidentemente a "nação". A forma do aparelho do Estado, que no melhor dos casos pode satisfazer a carência de ordem de uma sociedade econômica industrial, é uma administração moderna, que mobiliza recursos (impostos e força de trabalho), assegura o intercâmbio jurídico de pessoas privadas e leva a cabo tarefas coletivas (infraestrutura, exército etc.). O problema de legitimação, por fim, pode ser observado sob os três aspectos do Estado de direito, da democracia e do Estado de bem-estar social.

Assim o Comitê de Política Comparada* (se desconsiderarmos as variações) distingue cinco *problemas de desenvolvimento do Estado moderno*: problemas de identidade, de penetração, de legitimação, de participação e de redistribuição. Em caso normal, tais problemas são solucionados pela formação das nações, pela construção de uma administração moderna, pela institucionalização de direitos fundamentais e um sistema jurídico, pela democracia política e a instituição de um sistema de segurança social (redistribuição). Esse *sistema referencial funcionalista* é evidentemente determinado pela imagem que as democracias de massa do Estado de bem-estar social de tipo ocidental projetaram no espelho das teorias americanas sobre a dominação democrática das elites (Bachrach) na década de 1950 e 1960. Medidos de acordo com as representações desse fim, e referindo-se aos processos de modernização nos entornos do sistema político, é possível deduzir os cinco problemas de referência mencionados. Estes exigem uma ampliação da capacidade de controle do Estado, com a qual podem ser identificadas soluções funcionalmente equivalentes com base em inovações institucionais: "Novas formas institucionais de tratamento de um domínio de problemas deixam na história, por assim dizer, um vestígio com a ajuda do qual o valor posicional de um problema determinado pode ser estabelecido em um momento determinado".[25] O conteúdo empírico de um tal modelo precisa naturalmente ser mostrado na aplicação histórica.

---

* Habermas se refere no original à sigla CCP, concernente ao Commitee on Comparative Politics aludido na nota 23 deste capítulo. (N. T.)
25 Verba, Entwicklungskrisen und ihre Abfolge, p.299. Cf. no mesmo volume as contribuições de Huntington e Flanagan.

Desse modo, por exemplo, pode-se tratar de uma comparação internacional de variações de desenvolvimento funcionalmente equivalentes de democracias ocidentais, ou da comparação de variações do estado de amadurecimento de diferentes democracias, ou das sequências patológicas de desenvolvimento de Estados que não superaram (pelo menos) um dos problemas de desenvolvimento – ou só o fizeram de maneira insuficiente ou tardiamente – e assim apresentaram padrões desproporcionais de desenvolvimento de uma modernização parcial. O modelo é constituído para fins de diagnóstico, tendo em vista hoje os países que se encontram em desenvolvimento, porque estes processos de modernização provocados externamente são em grande medida "patogênicos" graças a uma "concentração de problemas", isto é, em razão do aparecimento simultâneo de muitos problemas.

Porque esse modelo tem uma clara referência normativa e porque ele permite uma interpretação concernente à teoria da ação, ele pode ser bem utilizado para os objetivos das exposições narrativas. A escolha do ponto de referência normativo do "Estado democrático nacional" ou da "democracia de massas do Estado de bem-estar social" garante à narrativa um caráter particular; a posição do evento de referência E 2 assume aqui o estado de equilíbrio normativamente caracterizado de um sistema solucionador de problemas. Esse referencial sistêmico permite inteiramente que a *mesma* história possa ser relativizada sob um *outro* referencial sistêmico (que, à luz de novos eventos, por exemplo, no caso de crises imprevistas, apareça como mais adequado). Contextos de interação se deixam inscrever em um tal modelo porque os problemas sistêmicos indicados são compreendidos como tarefas elaboradas e solucionadas (ou suportadas) pelos atores, ou seja, pelas elites agentes (e não elites). Assim, os desenvolvimentos patológicos podem ser projetados sobre os âmbitos de ação, mediante a capacidade de aprendizagem deficiente das elites. Ao aplicar o modelo de desenvolvimento político do CPC à história do Império Alemão,[26] Wehler explicita tanto a referência normativa quanto a interpretação da teoria da ação:

> Desse modo se impõe a questão de saber em qual direção deveríamos nos modernizar, quais possíveis objetivos da aprendizagem deveriam ser ambicionados no horizonte de pensamento da época. Uma ideia de fundo reside sob nossas explicações: de acordo com ela, era possível à época sincronizar de maneira aproximada a mudança e o desenvolvimento socioeconômicos em tal direção de modo a ampliar e garantir formalmente direitos de participação e a legitimação democrática de decisões ou então suportar a produção de um potencial perigoso de tensão, uma fragilidade arriscada da constituição, para assim se perder em uma grande "patologia da aprendizagem" e, com isso, colocar em questão, talvez mesmo em tempos de paz, a capacidade de desenvolvimento. Com certeza a industrialização e a democratização não pertencem necessariamente uma à outra. É isso o que a história da Alemanha, Japão, Rússia e a maioria dos países em desenvolvimento têm nos mostrado. É mais correto dizer que a industrialização e a burocratização foram acopladas em uma dependência funcional. Nesse caso, a democratização de modo algum é resultado imediato da industrialização – embora muito frequentemente desde o século XVIII a Revolução Industrial e a

---

26 Wehler, *Das Deutsche Kaiserreich 1871-1918*, p.233 et seq.

Revolução Democrática também se apresentaram vinculadas – mas o resultado obtido todas as vezes de maneira custosa das lutas políticas e sociais a fim de desenvolver e conservar a constituição mais adequada até agora para a industrialização. Pois uma ordem democrática de fundo parece fornecer a tais países, antes de mais nada, aquela elasticidade necessária das instituições políticas e aquela base capaz de legitimação na construção do Estado de bem-estar social moderno, sem as quais não seriam evitadas as crises fundamentais difíceis de serem solucionadas. A modernização sociopolítica pode, portanto, ser separada da realidade de uma constituição democrática, e o juízo a respeito da capacidade social de aprendizagem poderia ser medido de acordo com o quanto e em que velocidade as transformações socioeconômicas no mundo industrial vêm ao encontro dos direitos de igualdade, transparência das decisões, controle democrático dos detentores do poder, assistências adequadas à existência etc., em suma, à realização gradual de um Estado de bem-estar social democrático.

Ao olhar para as consequências tardias de uma modernização malograda, que se iniciaram com a vitória do fascismo na Alemanha, Wehler concentra a exposição do Império Alemão nos problemas que permaneceram sem solução. Que tenham permanecido insolúveis, porém, foi algo atribuído, na atitude narrativa, aos atores, pois também as barreiras estruturais da aprendizagem podem significar em um sistema referencial narrativo nada mais do que a solidificação institucional de ações e omissões cumulativas.[27]

---

27 Ibid., p.228 et seq.

Uma aplicação narrativa dos modelos sistema-entorno é possível na medida em que a teoria não pretende explicar desenvolvimentos sociais *unicamente a partir da dinâmica de sistemas autorregulados*, sem considerar situações e ações. É assim que Bendix expressa a resistência do historiador quando se recusa a esclarecer a estabilidade das estruturas sociais com as concepções de equilíbrio da teoria dos sistemas:

> Não considerei apropriado o conceito de "equilíbrio" para este fim porque a estrutura social ou o próprio "sistema" não se conserva em equilíbrio [...]; pelo contrário, são os homens que alcançam ou não um determinado grau de estabilidade mediante suas ações, por mais condicionadas que sejam [...]. Considerada dessa forma, a estabilidade de uma estrutura social não é um equilíbrio que possa ser atribuído a um sistema, mas o resultado de um esforço constante para conservar a estabilidade.[28]

No comentário de Bendix mistura-se a reserva metodológica dos individualistas metodológicos, que deixei de lado, com as considerações dos teóricos da ação, nas quais estou interessado aqui. Enunciados da teoria dos sistemas podem, sem violar as estruturas da narrativa, se integrar na historiografia enquanto derivarem da concepção que a teoria dos sistemas tem de problemas parciais, cuja elaboração (mediante o modelo da aprendizagem) em conceitos da teoria da ação significa que podem se vincular aos atores e assim também ser expostos de forma narrativa. Uma teoria geral da sociedade como sistema e a correspondente teoria funcionalista

---

28 Bendix, Die vergleichende Analyse historischer Wandlungen, p.183.

do desenvolvimento renunciam a este referencial da ação. É a elas que se dirige a reserva de Bendix: elas se furtam a uma aplicação narrativa.

"Sistema" e "mundo da vida" (ou ação) designam diferentes paradigmas; desde seus começos, a sociologia lida com o problema de saber como conceitos fundamentais da teoria da ação e da teoria dos sistemas podem ser relacionados entre si, e até agora foram encontradas apenas soluções controversas.[29] *Um* dos rumos da discussão segue hoje a delimitação entre integração sistêmica e social. A *integração social* é considerada uma medida para uma estabilidade dos sistemas sociais causada pelos sistemas de interpretação asseguradores da identidade, por meio do consenso em torno de valores e do reconhecimento de normas de ação – a anomia é um conceito complementar (que remete a Durkheim) para estados de desintegração social. Em contrapartida, a *integração sistêmica* é considerada uma medida para as capacidades de controle e de aprendizagem de um sistema em relação à necessidade de controle que surge de um entorno complexo respectivo. Naturalmente, é possível observar os mesmos fenômenos sob estes diferentes aspectos analíticos. As estratégias conceituais das ciências sociais, porém, se distinguem conforme o aspecto que é relativizado a cada vez em comparação com o outro. Isso não tem nada a ver com a consideração de categorias de substrato (tal qual a disposição de recursos) em detrimento

---

29 Lockwood, Social Integration and System Integration, p.244-256; Bergmann, *Die Theorie des sozialen Systems von Talcot Parsons*; Habermas, *Legitimationsprobleme im Spätkapitalismus*, p.92 et seq.; Mouzelis, Social and System Integration, p.395-409.

das estruturas normativas,[30] nem também com a distinção entre valores controladores e limitações condicionantes.[31] O decisivo consiste antes em saber qual paradigma é visto como preponderante, a partir do qual o respectivo outro é redefinido. Vejamos dois exemplos.

Marx expôs a acumulação do capital no interior dos modelos cíclicos da Economia Política de sua época, de tal modo que hoje uma reformulação, em termos de teoria dos sistemas, de suas hipóteses sobre as relações fundamentais de valor se tornou possível em diferentes setores e por períodos diferentes.[32] Simultaneamente, contudo, Marx remete de maneira sociológica o conceito econômico fundamental de valor à unidade de valor de uso e valor de troca, a qual, em última instância, é produzida no mercado de trabalho pela instituição do contrato de trabalho. A teoria do valor pode ser compreendida como um sistema de regras de correlação que permite traduzir enunciados que, nos termos da teoria dos sistemas, descrevem o processo econômico capitalista sob os pontos de vista do controle em enunciados sobre as relações antagônicas entre classes sociais: o "capital" é tanto uma expressão de valor, com a qual podem ser formados enunciados no âmbito analítico do sistema econômico, quanto também expressão para uma relação de classe que pode ser analisada com base nos conceitos fundamentais da teoria da ação. No que concerne à estratégia de pesquisa, a teoria do valor tem o sentido de tornar reproduzíveis proble-

---

30 Ritsert, Substratbegriffe in der Theorie des sozialen Handels, p.119-137.
31 Parsons, Die jüngste Entwicklungen in der strukturell-funktionalen Theorie; Id., An Approach to Psychological Theory in terms of the Theory of Action, p.612-712.
32 Helberger, *Marxismus als Methode*.

mas de integração sistêmica no âmbito da integração social. Marx constrói o mecanismo de controle da troca como uma relação reflexiva entre parceiros em interação, com a finalidade de chegar às lutas de classe por meio das conexões típicas da teoria dos sistemas, ou seja, chegar assim às interações passíveis de ser expostas historicamente.

Inversamente, *Parsons* se esforça em reconfigurar de tal modo o quadro de uma teoria da ação extraído de Pareto, Durkheim e Max Weber[33] que se adapte ao paradigma sistêmico (que só se tornou evidente posteriormente nos modelos cibernéticos). Nos *Working Papers* [Artigos de trabalho],[34] Parsons tenta articular os conceitos fundamentais da teoria dos sistemas e da teoria da ação, na medida em que procura deduzir as orientações universais fundamentais da ação (*pattern variables* [variáveis padronizadas]) a partir das funções básicas dos sistemas de ação (esquema A-G-I-L). O sentido estratégico é uma unificação da teoria social nos termos da teoria dos sistemas, de modo que o problema até aqui fundamental da integração social pode ser redefinido como problema parcial da problemática abrangente da integração sistêmica, isto é, da aquisição da capacidade suficiente de controle.

Ao dar o passo de maneira programática em direção a uma teoria geral da sociedade como sistema, Parsons também precisa substituir a história, na qualidade de *medium* de transformação dos sistemas sociais, pelos processos de desenvolvimento. A *história* se forma no *medium* das ações e das narrativas; o *desenvolvimento sistêmico* se consuma na forma de uma ampliação

---

33 Parsons, *The Structure of Social Action*.
34 Parsons, Bales, Shils, *Working Papers in the Theory of Action*.

estrutural das capacidades de controle, de aumento de complexidade. Uma teoria da sociedade como sistema, com pretensão de universalidade, exige como complemento, por isso, uma teoria da evolução social, porque não pode mais tratar os processos direcionados de transformação como uma história construída de maneira narrativa. A ideia de que problemas sistêmicos poderiam ser percebidos (ao menos vagamente sentidos) ou solucionados ou malogrados por atores históricos é inadmissível a partir de razões analíticas, já que o modelo sistema-entorno não é aplicado mais a contextos particulares, mas é fundamento de uma teoria geral dos sistemas. Esta faz com que as interações, como também as estruturas narrativas sob as quais aquelas são tematizadas pelo historiador, dependam das alterações de cada um dos sistemas ou das transformações da estrutura sistêmica. A evolução social atravessa a história, fazendo da história um epifenômeno.

No projeto de Parsons de uma teoria da evolução social podemos ver[35] de que maneira o material antropológico e histórico resulta de seus contextos narrativos, servindo como evidência casuística para hipóteses sobre *"adaptative upgrading"* [atualização adaptativa] ou *"enhancement of adaptative capacity"* [melhoramento da capacidade adaptativa], para o aumento de complexidade dos sistemas sociais. Ora, Luhmann radicalizou a abordagem parsoniana ao menos nas seguintes perspectivas:

a) Luhmann reduziu os conceitos fundamentais da teoria da ação aos termos da teoria dos sistemas; ele não pretende mais, tal qual Parsons, integrá-los em um quadro de conceitos

---

35 Parsons, *Society, Evolutionary and Comparative Perspectives*.

fundamentais heterogêneos. Assim, para dar alguns exemplos, ele concebe o *"sentido"* enquanto um modo seletivo que permite controlar seleções atuais em uma esfera de possibilidades mantidas no presente. Ele compreende "ação" como um processo seletivo na medida em que tal processo pode ser atribuído a um sistema de interação. *"Sistemas de interação"* são caracterizados por uma dupla contingência: ego e alter veem respectivamente seu próprio comportamento e o do outro como resultado de uma decisão contingente. "Relações comunicativas" servem à coordenação da ação e da vivência seletivas de ego e alter, no que a comunicação *linguística* ao mesmo tempo possibilita e ultrapassa altas diferenças de seletividade. Nestas e em outras reformulações semelhantes, evaporam-se, nos termos da teoria dos sistemas, os conceitos fundamentais relacionados à linguagem e à ação.

b) Luhmann refina a interpretação sociológica da teoria dos sistemas. Ele distingue a diferenciação sistêmica sob os pontos de vista da diferenciação externa (de um sistema social em relação a seus entornos naturais), da diferenciação de níveis (segundo os níveis da formação sistêmica – interação, organização, sociedade) e da diferenciação interna (da formação de entornos internos em virtude da segmentação ou especificação funcional). (Não poderei me aprofundar neste ponto).

c) Luhmann melhora a teoria introduzida por Parsons dos *media* de comunicação simbolicamente generalizados. Ao adotar a linguagem, na qualidade de *medium* universal, o poder, o direito, o dinheiro, o amor, a verdade, ou seja, os *media*, são diferenciados externamente, os quais são especializados na transmissão e reprodução de determinadas classes de operações seletivas. Eles cuidam para que as ofertas seletivas de um lado para o outro sejam não apenas compreendidas, mas também aceitas. Luhmann tentou abarcar em um sistema os diferentes *media* de comunicação com base nas relações entre a vivência/ ação de ego/alter.[36] (Também terei de deixar de lado essa tentativa interessante de substituir uma teoria da comunicação específica a um domínio de objetos).

d) Luhmann toma emprestado da teoria da evolução orgânica três mecanismos que ele interpreta como linguagem (para o mecanismo de variação), *media* de comunicação (para o mecanismo de seleção) e operações de diferenciação sistêmica (para o mecanismo de estabilização). A linguagem deve produzir variedade porque dispõe de um "potencial de negação" superior (até agora isso é uma fórmula vazia).

e) Luhmann totaliza, por fim, a pretensão da teoria da sociedade como sistema na medida em que também a aplica a si mesma. Parsons mantém a separação entre o âmbito dos enunciados teóricos e o domínio de objetos, atribuindo até mesmo, no interior do domínio de objetos, um *status* "de não causado", interpretado de forma idealista, ao sistema de interpretação cultural, a título de âmbito supremo de controle. Luhmann elimina não apenas tais resíduos exterritoriais, mas considera também a teoria dos sistemas desenvolvida nas ciências sociais um meio de autotematização de sociedades altamente diferenciadas. A inclusão autorreferencial da teoria naqueles processos de redução da complexidade, que ela ao mesmo tempo tem por objeto, em especial a autoaplicação de um conceito de verdade interpretado a título de *medium* de comunicação (e com isso

---

36 Luhmann, Einführende Bemerkungen zu einer Theorie symbolisch generalisierter Kommunikationsmediem, p.236-252.

relativizado de maneira pragmática), traz consigo problemas que Luhmann não pode mais tratar argumentativamente, mas somente de forma decisionista.[37] Nos próximos parágrafos, recuperarei *ad hoc* os comentários dos pontos a), d) e e). De início, gostaria de retornar à questão acerca do que pode levar Luhmann a incorporar novamente o tema da "história e evolução" após justamente ele ter dado à teoria geral da sociedade como sistema uma versão tão radical a ponto de todas as pontes entre teoria da evolução e historiografia parecerem estar rompidas.

III

Luhmann parece abrir possibilidades inesperadas de cooperação entre teoria da evolução e historiografia quando interpreta as operações da abordagem da teoria da evolução de maneira bem restritiva. De início, considero que ele rejeita com razão a concepção da evolução como um processo causal ocorrendo conforme leis; pois hipóteses nomológicas, que podem ser interpretadas na qualidade de leis naturais do comportamento humano, conduzem, caso sejam aplicadas a um material histórico complexo, quando muito a explicações triviais; e as leis evolutivas diacrônicas, que pretendem ser válidas para todos os períodos históricos, não resistem a verificações. Em vez disso, Luhmann introduz o conceito de causalidade contingente que, no entanto, não resolve tanto o problema da causalidade das teorias do desenvolvimento radical, mas antes significa uma cura radical: pois, com este conceito, Luhmann

---

37 Luhmann, Systemtheoretische Argumentationen, p.221 et seq.

recupera em geral pretensões explicativas e limita a tarefa da teoria da evolução a perseguir uma progressiva diferenciação externa dos três mecanismos evolucionários mencionados (que cada vez mais variam de forma independente um do outro), obtendo assim enunciados globais sobre a transformação de estruturas temporais dependentes de sistemas, sobre a aceleração do ritmo evolutivo etc. Essa teoria da evolução renuncia, portanto, à pretensão de indicar as condições para os impulsos evolucionários, para a passagem de sistemas sociais de um nível de desenvolvimento ao próximo; sem dúvida, ela não pretende mais identificar diferentes formações sociais sob pontos de vista evolutivos. Sem levar em conta os enunciados mencionados acerca das tendências que apontam as consequências globais resultantes dos aumentos de complexidade, a teoria dos sistemas dedicada ao desenvolvimento social ainda acredita investigar, para os estados sistêmicos dados em cada caso (e para as quantidades de estados) margens de ação contingentes condicionadas estruturalmente no interior das quais são possíveis "seleções de conexão" para os estados consequentes. Aqui Luhmann vê o ponto onde teoria da evolução e historiografia podem se interligar. Os historiadores devem investigar de que maneira é construída contingentemente a pressão da decisão, produzida nos horizontes de possibilidades abertos estruturalmente: eles devem expor de maneira narrativa como e por que uma situação dada se converte em uma situação consequente. De outro lado, o sociólogo,

> com seu discernimento sobre a variação evolucionária de conexões estruturais [...] mantém o historiador sob sua vista [...] na medida em que a constelação de realidades e possibilidades em

determinadas situações históricas não surge da própria situação, mas precisa ser explicada em razão de conexões universais.[38]

Com essa proposta de cooperação, Luhmann ignora a dificuldade metodológica que resulta da incompatibilidade de conceitos fundamentais da teoria dos sistemas e da teoria da ação. Tão logo o historiador passe a organizar sua exposição no quadro da teoria dos sistemas, fica esgarçado o sistema referencial narrativo com a escolha da evolução (ou da história em seu todo) na qualidade de ponto de referência, de modo que o historiador renuncia ao papel de narrador e o troca pelo papel de um cientista auxiliar que produz dados ao se conduzir de maneira sociológica. Em contrapartida, Luhmann precisa estar interessado no papel que o historiador desempenha enquanto aquele que descreve a história, pois ele espera da historiografia operações explanatórias das quais a teoria da evolução não é capaz. Enquanto a teoria da evolução analisa possibilidades estruturais, a história explica de que maneira tais possibilidades são seletivamente utilizadas.

A questão acerca da maneira pela qual os paradigmas do sistema e da ação podem ser atrelados nessa divisão de trabalho disciplinar, contudo, acaba por se mostrar como desprovida de objeto; pois o lugar que a história deve assumir na concepção de Luhmann só vem à tona quando ele tenta fazer da necessidade de um funcionalismo autonomizado em ciência universal uma virtude. Pois Luhmann precisa reduzir as pretensões explicativas da teoria da evolução social unicamente a iluminações de uma investigação sobre possibilidades, porque a radicalização da teoria do sistema, que *ele* propõe, tem como

---

38 Luhmann, *Evolution und Geschichte*, p.24.

consequência o fato de que as problemáticas genéticas não podem mais ser elaboradas neste quadro. O que Luhmann aponta como benefício para uma cooperação com a historiografia, a saber, o conceito de causalidade contingente, ressalta, na verdade, as fraquezas de um método funcionalista que se põe a si mesmo de maneira absoluta: Luhmann gostaria que a arbitrariedade de enunciados funcionalistas sobre equivalências fosse limitada pela investigação de fatos históricos.

Há muito tempo já são conhecidos e suficientemente analisados os limites metodológicos do funcionalismo das ciências sociais;[39] tais limites tampouco foram contestados por Luhmann. Não pretendo repetir as razões para tanto, apoiadas na estrutura do domínio de objetos, segundo as quais "a identificação de valores condutores ou estados de equilíbrio dos sistemas sociais, diferentemente do que ocorre no caso de sistemas orgânicos, levam a dificuldades metodológicas fundamentais".[40] É importante notar aqui apenas que, por causa dessas dificuldades de identificação nas ciências sociais, a escolha dos pontos de referência para a análise funcionalista permanece arbitrária. Não é possível de modo algum inferir critérios a partir uma teoria da sociedade como sistema, com orientação funcionalista, de acordo com os quais fosse possível justificar teoricamente o estabelecimento de um quadro de referências. Por isso, o funcionalismo precisa combater ao menos duas fraquezas: ele não

---

39 Habermas, *Zur Logik der Sozialwissenschaften*, p.164 et seq.; Mayntz, Strukturell-Funktionale Theorie; Ridder, Historischer Funktionalismus, p.333-352; Döbert, *Systemtheorie und die Entwicklung religiöser Deutungssysteme: Zur Logik des sozialwissenschaftlichen Funktionalismus*, parte I.

40 Döbert, *Systemtheorie und die Entwicklung religiöser Deutungssysteme: Zur Logik des sozialwissenschaftlichen Funktionalismus*, p.66 et seq.

pode nem explicar o *surgimento* de novas estruturas nem determinar a *identidade* dos sistemas sociais na alternância das transformações de estrutura e de estado. Uma transformação sistêmica observável na estrutura ou no estado não pode ser explicada considerando a função (ou funções) que ela deve cumprir sob um ponto de referência apresentado externamente; pois, dependendo da escolha do ponto de referência, o mesmo processo pode assumir funções muito diferentes, ao passo que, segundo um ponto de referência estabelecido, outros processos podem cumprir a mesma função. O funcionalismo das ciências sociais serve à descoberta de classes de transformações de estado ou de formações de estruturas funcionalmente equivalentes, mas não para a explicação da gênese de estados e estruturas novos que entram em cena. Como se sabe, o funcionalismo não contribuiu com valor explicativo algum para a problemática que a teoria da evolução deveria tratar em primeira linha, sem poder nem uma única vez preencher o pressuposto sob o qual questões genéticas unicamente poderiam ser tratadas. Neste quadro não é possível identificar as estruturas de uma sociedade determinando a margem de variação que não deve ser ultrapassada se esta sociedade tiver de preservar sua identidade:

> Com a finalidade de poder distinguir mudanças sistêmicas relevantes e variações superficiais irrelevantes, é necessário um análogo para o conceito de morte de sistemas orgânicos. Esta função poderia ser preenchida pelas descrições das etapas individuais de um modelo evolutivo baseado em estágios, uma vez que transformações que precisam ser atribuídas a impulsos evolucionários *per definitionem* deveriam ser consideradas relevantes.[41]

---

41 Ibid., p.69.

Döbert menciona com isso a exigência mais importante que uma teoria da evolução tem de satisfazer: ela não precisa replicar as fraquezas da teoria dos sistemas, mas antes compensá-las. Por outro lado, Luhmann também insere a teoria da evolução no quadro conceitual fundamental da teoria dos sistemas e faz da necessidade funcionalista uma virtude da cooperação, na medida em que apela à história para que esta controle as arbitrariedades de um método funcionalista autonomizado. Tais limitações certamente não podem ser alegadas *ad hoc*, mas apenas introduzidas no âmbito teórico, ao se tentar explicar uma mudança estrutural cheia de consequências em termos evolucionários mediante a aprendizagem evolucionária.

Eisenstadt, um decano do funcionalismo das ciências sociais, dá neste contexto uma importante indicação a respeito do

> *crucial problem for the whole reappraisal of evolutionary perspectives — namely the explanation of the variability of institutionalized solutions to the problems arising from the development of a given level of structural differentiation. Here it should be recognized that the emergence of a solution, i. e., the institutionalization of a social order congruent with the new range of problems,* is not necessarily given in the process of differentiation *and to 'structural sensitivity' to a greater range of problems* do not necessarily create the capacity to solve these problems *or determine the nature of such solutions.*[42]

---

42 Eisenstadt, Social Change and Development, p.16; cf. também o antigo trabalho do mesmo autor: Social Change, Differentiation and Evolution, p.375-386. [Trad.: "problema crucial para uma reavaliação integral das perpectivas evolucionárias, a saber, a explicação da variabilidade das soluções institucionalizadas para os problemas que surgem do desenvolvimento de um dado estágio de diferenciação

Eisenstadt torna claro que o surgimento e a percepção de problemas sistêmicos de modo algum *explicam* como um sistema cria as capacidades para também solucionar esses problemas. Ele requer uma distinção clara entre, de um lado, quantidades de soluções (equivalentes) para um *problema* especificamente *sistêmico*, a serem investigadas de maneira funcionalista, e, de outro, os *processos de aprendizagem* que podem explicar por que alguns sistemas aumentam suas capacidades para solucionar problemas, enquanto outros falham diante dos mesmos problemas. Eisenstadt, assim como os expoentes da pesquisa sobre a modernização, busca a explicação no surgimento de elites que oferecem potenciais de solução e dão estímulos inovadores. Ele fala de uma interação "*between processes of change on the one hand and 'mutative' elites on the other*".[43] Eisenstadt escolhe a expressão "*mutation*" [mutação] porque atribui às elites o papel de um mecanismo que gera novas variantes de solução.

Como se sabe, também Luhmann introduz um mecanismo gerador de variedade; contudo, trata-se de uma grandeza abstrata, a linguagem. Todavia, Luhmann considera tal mecanismo não como portador de processos de aprendizagem socioculturais, com ajuda do qual podemos explicar de forma

---

    estrutural. Aqui deveríamos reconhecer que a emergência de uma solução, ou seja, a institucionalização de uma ordem social congruente com uma nova gama de problemas, *não é necessariamente dada no processo de diferenciação* e que as condições que dão origem à diferenciação estrutural e à 'sensitividade estrutural' a uma gama ainda maior de problemas *não criam necessariamente a capacidade para resolver estes problemas* ou determinar a natureza de tais soluções". – N. T.]

43 Ibid., p.19. [Trad.: "entre processos de mudança, de um lado, e elites geradoras de 'mutação', de outro". – N. T.]

específica, em cada caso, por que alguns sistemas, diante de problemas de controle irresolúveis, formam novas estruturas e aumentam sua complexidade, mas outros não. No entanto, pode-se ver uma certa plausibilidade no fato de Luhmann primeiro introduzir um mecanismo de explicação e logo lhe retirar a força explicativa, quando se tem diante dos olhos o caráter meramente metafórico dos conceitos emprestados de variação, seleção e estabilização, e se tem clareza de que a referência ao "potencial de negação" da linguagem dificilmente poderia servir para apreender o mecanismo de aprendizagem sociocultural que corresponde ao processo de mutação analisado amplamente pela bioquímica. Para tanto, é necessária antes uma teoria genética da cognição mediada pela linguagem (no domínio do pensamento objetivante e no do discernimento prático-moral), que explica a aprendizagem evolucionária como um processo de construção e de reconstrução no sentido de Piaget, em vez de abordá-la desde o início de maneira funcionalista.

Por outro lado, a referência às elites que incorporam potenciais de solução é muito concretista para apresentar uma alternativa séria à introdução da "linguagem geradora de mutação", recomendada por Luhmann. Apenas sob condições socioculturais determinadas as elites e as contraelites são portadoras de potenciais inovadores. Se tomarmos o exemplo de Eder acerca da passagem de sociedades primitivas para sociedades organizadas de forma estatal (= sociedades de classes arcaicas),[44] então parece questionável que tenham surgido elites que converteram as formas de consciência de uma moral

---

44 Eder, *Die Entstehung staatlich organisierter Gesellschaften*.

convencional já disponíveis no mito em novas instituições da jurisprudência. Pois o que falaria *a priori* contra a possibilidade de que tais inovações sejam impostas pelas massas na luta contra elites dominantes? Mas reflexões sociológicas de modo algum são oportunas aqui porque lhes falta o patamar de abstração em que têm de ser determinadas as condições estruturais de possibilidade de processos de aprendizagem, cheios de consequências em termos evolucionários. Grupos sociologicamente identificáveis podem *indicar* a presença [*Vorhandensein*] de um potencial inovador, mas não *explicar* a formação de um potencial inovador. Potenciais de aprendizagem estão ligados antes às estruturas de consciência que podem ser compreendidas como níveis de aprendizagem.

Uma reflexão hipotética deveria esclarecer de início o valor posicional do conceito de estruturas de consciência, organizadas segundo uma lógica de desenvolvimento. Se introduzíssemos esse conceito e uma teoria da evolução social (não mais presa somente ao paradigma sistêmico), as dificuldades metodológicas do funcionalismo das ciências sociais poderiam ser reparadas. A identidade de sistemas sociais poderiam ser estabelecidas sob pontos de vista evolucionários se, em seus sistemas culturais de interpretação, se expressassem estruturas de consciência que na evolução variam mediante um padrão de estágios de desenvolvimento, passível de ser reconstruído racionalmente. Pois uma lógica de desenvolvimento comprovada para as estruturas de consciência coletivamente partilhadas permitiria sublinhar, de maneira não arbitrária, as estruturas de uma sociedade que são importantes para sua existência. Döbert levou adiante este argumento em sua investigação sobre o desenvolvimento dos sistemas religiosos:

Para a reconstrução do materialismo histórico

Apenas uma teoria da evolução social, que formula com precisão o conceito de "morte" de sistemas sociais na qualidade de retorno a um estágio precedente de desenvolvimento ou de passagem a uma nova fase, pode evitar que a disjunção entre mudança social e estabilidade social desvaneça completamente. Pois uma tal teoria precisa definir implicitamente quais transformações podem ser consideradas relevantes.[45]

Se, deste modo, pudermos justificar em termos teóricos os critérios de estabelecimento dos pontos de referência, também temos a possibilidade de ligar a análise funcionalista das transformações no estado e na estrutura com o esclarecimento de questões genéticas. Isso é particularmente evidente se as estruturas de consciência partilhadas coletivamente são compreendidas como níveis de aprendizagem, ou seja, condições estruturais de processos de aprendizagem possíveis. O processo de aprendizagem evolucionário reside assim na aquisição construtiva de níveis de aprendizagem. Processos de aprendizagem evolucionários são reflexivos – uma aprendizagem aplicada às condições estruturais de aprendizagem.

Para um tal conceito, é sabido que a psicologia do desenvolvimento oferece um modelo ontogenético suficientemente analisado. Piaget, sua Escola de Genebra e os psicólogos americanos situados nesta tradição de pesquisa (como Bruner, Flavell, Furth, Kohlberg etc.) verificaram no caso do desenvolvimento cognitivo da criança níveis de aprendizagem

---
45 Döbert, *Systemtheorie und die Entwicklung religiöser Deutungssysteme*, p.69.

ordenados nos termos de uma lógica de desenvolvimento[46] e deram provas do conceito construtivista de aprendizagem (obtido pela mediação entre concepções baseadas na maturação e concepções baseadas na teoria das influências exercidas pelo ambiente). Entretanto, é possível também analisar inteiramente, em termos de uma lógica do desenvolvimento, a evolução da consciência moral como núcleo de uma competência universal baseada em papéis. (Essas estruturas de consciência são imediatamente relevantes para uma investigação ontogenética dos conceitos fundamentais da teoria da ação). Ainda estão emperradas no começo as tentativas de reencontrar estruturas de consciência semelhantes no âmbito de desenvolvimento de macrossistemas, ou tentativas de ao menos tornar fecundos os descobrimentos da psicologia cognitivista do desenvolvimento para uma investigação, delineada em termos de uma lógica do desenvolvimento, de estruturas de consciência partilhadas coletivamente. De qualquer modo, estas abordagens, existentes para o desenvolvimento da religião (Bellah, Döbert) e também para o desenvolvimento do direito e da moral, são estimulantes. Também se encontram pontos de convergência para uma investigação estrutural correspondente de identidades coletivas, tais quais tribo, império, nação etc.[47]

---

46 Sobre o conceito de lógica de desenvolvimento, cf. Pinard e Laurendeau, 'Stage' in Piaget's Cognitive-Developmental Theory, p.121-170; Flavell e Wohwill, Formal and Functional Aspects of Cognitive Development, p.67-120; Flavell, An Analysis of Cognitive Developmental Sequences, p.279-350.

47 Não apenas as estruturas prático-morais da consciência, mas também as estruturas cognitivas em sentido rigoroso são importantes para a passagem evolucionária às formações sociais superiores – por

exemplo, estruturas temporais que estabelecem como um sistema social pode se comportar a cada vez diante do passado e do futuro. Uma vez que Luhmann menciona este exemplo, eu gostaria de confrontar nas estruturas temporais as estratégias de uma teoria da evolução funcionalista com as de uma teoria da evolução apoiada na lógica de desenvolvimento.

O domínio fenomênico é o mesmo em ambos os casos, a saber, as transformações evolucionárias nas formas de consciência social do tempo, que podem ser depreendidas das estruturas da imagem de mundo e da relação especializada com o passado, ou seja, a partir da história: as representações míticas do tempo em que o horizonte do passado e o do futuro ainda não se diferenciaram claramente (de modo que ambas as dimensões convergem "um dia" entre si); as representações do tempo das civilizações, que coordenam o círculo cósmico e o ciclo da idade da vida com uma sucessão linear dos eventos políticos (pela qual a escatologia apresenta uma forma particular de coordenação que, com a ideia da história da salvação, já contém o modelo para a história universal concebida posteriormente como unidade); por fim, as representações de um tempo historicizado que, com o horizonte temporal tornado reflexivo, possibilita o conceito de *uma* história como a continuidade criada pela tradição de interpretações escalonadas dos *respectivos* passados. Luhmann (em Weltzeit und Systemgeschichte, p.81-115) apreende estes conceitos fundamentais do tempo social com a teoria dos sistemas e os compreende como uma determinada forma de reprodução de seletividade. Assim a diferenciação do horizonte temporal, cheia de consequências em termos evolucionários, aparece apenas como resultado de uma complexidade crescente do sistema: horizontes temporais mais complexos, isto é, mais amplos, mais abstratos e diferenciados em si mesmos são mais adequados para a conservação de sociedades complexas porque permitem a estas manter ao mesmo tempo relações complexas e simplificadas com o entorno (pois a lembrança e o esquecimento são operações complexas). Com isso, não apenas nada seria explicado – pois se a consciência social do tempo foi analisada primeiramente com conceitos fundamentais funcionalistas, o surgimento de estruturas temporais de maneira alguma também ainda pode ser explicado.

Jürgen Habermas

É possível também, a partir do que foi precedido, lançar uma outra luz ao problema causal tratado por Luhmann. Junto com ele, sou da opinião de que não é sensato compreender a evolução social como um processo causal obedecendo leis da natureza. Mas o conceito de "causalidade contingente" significa uma alternativa que impõe renúncias desnecessárias de explicação. Sugiro explicar as transformações evolucionárias dos sistemas

>Ocorre de outro modo se não abordarmos as estruturas temporais dominantes de maneira funcionalisticamente reducionista, mas de tal modo que possam ser reconstruídas racionalmente. Um exemplo para o primeiro passo de uma reconstrução das estruturas temporais hoje dominantes, e que podem ser lidas na historiografia moderna, são as investigações de Koselleck sobra a singularização, temporalização, produção e aceleração da "história" desde o século XVIII (Koselleck, Historia Magistra Vitae, p.196-220). Um outro passo foi dado por Danto com sua análise das estruturas temporais da narrativa, que poderia ser levada adiante de maneira mais rigorosa com os meios da lógica temporal. Uma descrição estrutural satisfatória da consciência moderna do tempo poderia ser comparada com descrições estruturais semelhantes para outras estruturas temporais que podem ser verificadas na historiografia política, nas grandes religiões e nas interpretações cosmológicas do mundo, nas crônicas arcaicas do poder, nas cosmogonias e nas tradições míticas locais. Suponhamos que existisse uma variante do padrão da lógica de desenvolvimento, que Piaget teria podido demonstrar para o caso da ontogênese (pela qual os conceitos do tempo físico e do tempo "vivido", portanto também do tempo social, alteram-se abertamente com os estágios do desenvolvimento cognitivo universal − cf. Piaget, *Die Bildung der Zeitbegriff beim Kinde*), então a série de desenvolvimento reconstruída a partir das estruturas temporais coletivamente partilhadas poderia contribuir para *explicar* processos de aprendizagem nos termos da evolução social. Pois nem toda explicação das transformações do estado e da estrutura significa explicação com a ajuda de hipóteses nomológicas que são interpretadas como leis da natureza.

Para a reconstrução do materialismo histórico

sociais fazendo referência simultaneamente às lógicas de desenvolvimento (estruturas de consciência) e aos processos históricos (eventos). Contudo, lógica de desenvolvimento e história, tanto quanto estrutura e evento (na reinterpretação estruturalista do materialismo histórico), não podem ser separadas de modo abstrato. Seria igualmente errada uma combinação hegelianisante precipitada, que atrela lógica de desenvolvimento e história como dois momentos da mesma totalidade (pois assim não evitamos o risco de interpretar o processo pelo qual a totalidade se conserva como um movimento seja do espírito construtivo, seja do sujeito trabalhador, em todo caso nos limites da filosofia do sujeito). Parece-me apropriado partir por enquanto da interdependência de duas causalidades concorrentes. Se diferenciarmos o âmbito das possibilidades estruturais (níveis de aprendizagem) do âmbito dos acontecimentos factuais, é possível esclarecer ambas as causalidades mudando as perspectivas de explicação. Podemos explicar a ocorrência de um novo evento histórico com referência às condições marginais contingentes e ao *desafio posto pelas possibilidades estruturalmente mantidas em aberto*; por outro lado, explicamos o aparecimento de uma nova estrutura de consciência com referência ao padrão, obtido de acordo com a lógica de desenvolvimento, de estruturas precedentes e ao *estímulo criado por eventos produzindo problemas*. No entanto, isso pode significar o seguinte: compreendemos melhor o que é ser "desafiado" por possibilidades estruturalmente mantidas em aberto, ou ser "estimulado" por eventos geradores de problemas quando, de um lado, entendemos as estruturas de consciência, tal qual sugerido, a título de condições universais de processos de aprendizagem possíveis, e quando, de outro, interpretamos os eventos na qualidade de processos que, à luz de capacidades limitadas de resolução, significam exigências excessivas, isto é, problemas. A conexão de ambas as causalidades – com a qual tentamos esclarecer a influência das estruturas sobre a história (e, com isso, os processos cumulativos), e, inversamente, a influência da história sobre as estruturas (e, com isso, a atualização de padrões de desenvolvimento e o surgimento de novas estruturas) – pode ser analisada seriamente apenas no quadro de uma lógica processual de produção e de solução de problemas.

IV

Eu defendo a tese de que uma teoria da evolução social, que não desmente a si mesma com renúncias desnecessárias à explicação, não pode ser desenvolvida unicamente no quadro funcionalista das ciências sociais. Uma teoria da evolução promissora deveria combinar, na minha concepção, ambos os modelos racionais que tratamos sob as palavras-chave "sistema/mundo da vida" e "reconstrução". Assim, a evolução social pode ser compreendida como um comportamento de dois níveis voltado à solução de problemas de macrossistemas.

Em outra oportunidade, propus caracterizar formações sociais com base em regulações altamente abstratas, que podemos chamar de princípios de organização. Entendo por tais princípios aquelas inovações que são criadas mediante passos de aprendizagem passíveis de ser reconstruídos nos termos de uma lógica de desenvolvimento e fixam a cada vez um novo nível de aprendizagem social. Um nível de aprendizagem significa condições estruturais de possibilidade de processos de aprendizagem técnico-cognitivos e prático-morais. O princípio de organização

Para a reconstrução do materialismo histórico

de uma sociedade circunscreve margens de variação. Ele determina principalmente as estruturas no interior das quais são possíveis mudanças de sistemas institucionais e de interpretação; em qual extensão as capacidades existentes das forças produtivas são socialmente úteis ou o próprio desenvolvimento das forças produtivas pode ser estimulado; e com isso também o quanto a operação de controle, ou seja, a complexidade de uma sociedade, pode ser aumentada. Na explicação da passagem de uma formação social à outra temos de esclarecer o núcleo institucional de um novo princípio de organização – por exemplo, um sistema estatal diferenciado externamente na passagem para civilizações arcaicas, um sistema econômico diferenciado externamente (com um Estado complementar) na passagem para a modernidade (de início capitalista). Com tais explicações, reconduzimo-nos (a) aos problemas sistêmicos que apresentam desafios evolucionários porque exigem excessivamente da capacidade de controle das antigas formações sociais, e recorremos (b) ao processo de aprendizagem evolucionário que cria um novo princípio de organização. A evolução social segue em dois níveis na medida em que é consumada tanto nos processos de aprendizagem e de adaptação no nível de aprendizagem *dado a cada vez* (até chegar ao esgotamento de suas possibilidades estruturais) quanto também naqueles impulsos evolucionários improváveis que conduzem a *novos* níveis de aprendizagem. Uma sociedade pode aprender em um sentido construtivista quando assume os desafios evolucionários, diante dos quais falha sua capacidade disponível de controle, e os enfrenta por meio da seleção e *institucionalização* dos potenciais de inovação individuais excedentes (e disponíveis de maneira já latente nas imagens de mundo). Desse modo, o primeiro passo é o estabelecimento de uma nova

Jürgen Habermas

forma de integração social (via família, formas de organização estatais, relações universalizadas de troca e relações jurídicas com as identidades coletivas correspondentes, tais quais tribo, o império, a nação etc.); apenas esta nova forma de integração social, em que se exprime o novo nível de aprendizagem a ser explicado pela lógica de desenvolvimento, possibilita mais um aumento da complexidade sistêmica, por exemplo, a utilidade social das forças produtivas, a formação de novas formas de organização, novos *media* etc. Aqui a análise funcionalista encontra seu lugar: ela pode explicar por que diversas sociedades escolhem, em um dado nível de desenvolvimento, diferentes variantes de desenvolvimento, por que, por exemplo, o mesmo princípio de organização (da família) se expressou em uma das diferentes formas de sistema do parentesco: matrilinear, patrilinear ou bilinear.

Essa abordagem, apresentada aqui de forma apenas programática, comprovou-se frutífera na tentativa de K. Eder de explicar o surgimento do Estado na passagem para as grandes civilizações arcaicas. Eu não quero complementar essa investigação fundadora esboçando uma explicação para o surgimento da modernidade, mas eu gostaria de aproveitar as considerações que Luhmann faz acerca desse tema como indicações que ainda podem iluminar a diferença de nossas abordagens. Luhmann nomeia algumas "condições estruturais que, na passagem do século XVIII para o XIX, tornaram possível a imposição do novo tipo social da 'sociedade burguesa'". Em uma perspectiva funcionalista, tais condições estruturais resultaram naturalmente de um processo de diferenciação. Em virtude de uma especificação fortemente funcional, os subsistemas Estado, religião, economia, família e ciência conquistaram uma grande autonomia. Os sistemas parciais autônomos colocam novos problemas uns aos outros. Os critérios de seleção configurados de modo específico pelos subsistemas (como razão de Estado, fé privatizada, orientação pelo lucro, amor passional, critérios de verdade lógico-empíricos) não trabalham de forma coordenada e, por isso, exigem novos âmbitos de integração.

Esse problema não pode ser superado unicamente por uma nova consciência histórica, a saber, pela diferenciação de horizontes temporais e uma desvalorização de passados ligados à tradição em favor de presentes futuros antecipados, pois cada subsistema lança sua própria projeção de possibilidade no futuro. Surgem assim novidades que Luhmann denomina, junto com Parsons, de "inclusão":

> Inclusão significa que todos os contextos funcionais são feitos cada vez mais para todos os participantes da vida social: *Cada um*, e isso atinge a diferenciação entre clérigos e leigos, possui a possibilidade imediata de decidir de acordo com sua própria fé. *Qualquer um* é capaz de direitos; o direito que cada um possui é determinado exclusivamente segundo a história ocorrida no próprio sistema jurídico. *Qualquer um*, dentro dos limites funcionalmente indispensáveis (idade), têm acesso aos cargos políticos e à eleição política. *A cada um* está liberada a aquisição ou a entrega da propriedade. *Cada um* pode em princípio saber tudo, e os critérios para a verdade/falsidade estão depositados na verificação intersubjetiva. *Cada um* precisa ir à escola, e aqui também se desenvolve a tendência correspondente, mesmo que seja em tempos muito recentes, à dissolução de noções proibitivas e à universalização da responsabilização pedagógica.[48]

---

48 Cf. o trabalho citado de Luhmann sobre evolução e história.

Luhmann relembra o fato conhecido de que, no curso da modernidade, e em uma extensão cada vez maior, princípios universalistas regulam o intercâmbio nos sistemas parciais relevantes. No lugar da eticidade concreta de orientações de comportamento dependentes da tradição entram cada vez mais normas abstratas e universais e que, sob pontos de vista fundados em princípios, são tanto criticáveis quando carentes de justificação, ou seja, normas que exigem igualdade, individuação e independência (vale dizer, decisões racionais e controles internalizados). No entanto, Luhmann não está interessado na *estrutura interna* dessas regulações, mas somente nas *funções* de integração preenchidas pelas ordenações universalistas; a mencionada diferenciação dos sistemas parciais exige, como se sabe, muitas e frequentes interações. Certamente esta é apenas uma linha de argumentação luhmanniana, porém se trata de uma linha típica na medida em que esta análise funcional novamente não explica nada. Ela não explica por que afinal tais processos de diferenciação se realizam em sociedades modernas; e pressupondo que eles se realizam, a análise funcional não explica, ainda mais, por que sociedades modernas também podem satisfazer a necessidade crescente de integração, e por que a satisfaz graças à incorporação de princípios universalistas. A institucionalização de determinadas estruturas de racionalidade é, sem dúvida, tal qual mostra a comparação com a história universal, uma solução bastante improvável, que endogenamente só obteve êxito uma única vez (contanto que não queiramos construir o Japão como um segundo caso). Por isso, Marx e Max Weber estavam de início interessados na explicação dessa inovação, isto é, no *surgimento* da modernidade e não tanto na modernização, na *imposição* da modernidade desde o século XVIII. Se começamos já de maneira funcionalista a descrição dos processos de diferenciação, Eisenstadt exige com razão, uma explicação não trivial dos potenciais de inovação que tornam possível uma solução dos problemas surgidos de integração.

Com Norman Birnbaum, também considero sensato tratar as propostas de explicação de Marx e Weber como abordagens complementares, e não concorrentes.[49] De maneira grosseiramente simplificada, pode-se dizer que *Marx* descobriu na relação entre capital e trabalho o *novo princípio de organização*. A instituição do contrato de trabalho assalariado, com a qual foi possível o surgimento de uma nova classe social de produtores livres, libertos dos laços tradicionais da organização do trabalho feudal e das corporações de ofício, transformou-se no núcleo de um sistema privado que, no entanto, só foi plenamente desenvolvido no século XVIII. Este sistema incorpora princípios universalistas e regula o intercâmbio de sujeitos de direito privados de acordo com normas universais que demarcam os domínios da ação estratégica – domínios para uma persecução de interesses que se desliga da eticidade concreta e é realizada por pessoas privadas isoladas. O estabelecimento de um mercado de trabalho significa que princípios universalistas penetram no trabalho social. O trabalho assalariado é organizado no interior da empresa capitalista. Ao se separar da economia doméstica e se apoiar na contabilidade racional, a empresa trabalha orientada pelo lucro, tão logo o trabalho se torna abstrato, vale dizer, torna-se fator de custo no cálculo

---

49 Birnbaum, Konkurrirende Interpretationen der Genese des Kapitalismus: Marx und Max Weber, p.38-64.

de ganhos e perdas. A forma do trabalho abstrato possibilita a diferenciação externa, constitutiva para sociedades modernas, do sistema econômico diante da ordenação política e, inversamente, a reorganização do Estado sob os imperativos funcionais do intercâmbio econômico (ou seja, o surgimento do Estado moderno com a burocracia apresentada de maneira prototípica por Max Weber no caso da Prússia).[50]

---

[50] O Estado moderno, diferentemente do Estado em sociedades tradicionais (principalmente nos grandes impérios), é caracterizado habitualmente pela territorialidade, monopólio do poder legítimo e administração central amplamente organizada. Ao menos duas outras características são importantes e, sob pontos de vista genéticos, instrutivas: a soberania considerada externamente (isso significa o reconhecimento da autonomia do Estado em um sistema de Estados, cujas relações recíprocas em pé de igualdade se apoiam sobre a *ultima ratio* do emprego do poder militar); de outro lado, a especificação funcional do exercício do poder legal considerada internamente (isso significa uma diferenciação e uma autonomização diante de todos os outros sistemas parciais, sobretudo a separação entre sistema político e econômico). Esta relação, aliás, já foi muito bem analisada por Marx. Cf. Basso, Gesellschaft und Staat in der Marxschen Theorie, p.22 et seq.: "Na realidade, a autonomia do poder político, contudo, é sempre condicionada pelas estruturas sociais que aquele não pode prescindir, e apenas uma transformação das estruturas pode levar a uma transformação radical das relações de poder. Sob este aspecto, vale dizer que o poder político nas sociedades pré-capitalistas dispõe de mais independência do que em sociedades capitalistas, uma vez que o mecanismo funcional da sociedade é menos complexo e as relações menos complexas, senão totalmente elementares (economia agrária rural), de modo que o poder central possui uma liberdade considerável de ação [...] É importante separar dois problemas: a independência do momento político das diferentes frações da classe dominante e a independência do sistema em sua totalidade. No que concerne ao primeiro aspecto, a independência, ou melhor, a

Para a reconstrução do materialismo histórico

O interesse de *Max Weber* se direciona, de outro lado, para as analogias estruturais nas diferentes esferas de vida do intercâmbio econômico capitalista, da administração moderna, do exército permanente, do direito abstrato, da ética protestante, da democracia burguesa, da ciência que ao mesmo tempo procede de maneira experimental e é matematizada, da música contrapontística, da pintura perspectivista etc. No fio condutor desse processo abrangente de racionalização, Weber obtém discernimentos a respeito das *estruturas de consciência* que se tornaram relevantes para o surgimento da formação social moderna a partir de duas perspectivas: a) na qualidade de estruturas de imagens de mundo que, passando por determinadas tradições, sobretudo pelas interpretações religiosas, foram transpostas

---

particularidade do momento político se configura primeiro com as sociedades capitalistas, que transferem a administração do poder político a uma camada especificamente instruída, enquanto nas sociedades pré-capitalistas o poder político e o poder econômico são unidos pelas mesmas pessoas e por isso o problema da independência recíproca não se coloca. Mas se observarmos o segundo aspecto, ou seja, a independência diante do mecanismo funcional do sistema, então ela será ainda menor quanto mais complexas forem as estruturas sociais em que o Estado é integrado como um elemento essencial, mas dependente de seu funcionamento. É evidente que existe pouca ou nenhuma possibilidade de resistir à lógica do sistema à qual o Estado deve servir". C. Offe compreende de forma semelhante a relação entre Estado e economia no capitalismo desenvolvido. Cf. Offe, *Berufsbildungsreform*, p.23 et seq.

O contexto de surgimento do sistema estatal moderno com o desenvolvimento de um sistema econômico capitalista – sublinhado entre outros por Braudel (*La méditerranée et Le monde méditerranéen à l'époque de Philippe II*) – foi relativizado, contudo, por outros autores (por exemplo, Tilly, Reflections on the History os European State-Making, p.71 et seq.).

para orientações universalistas de valor e disposições de comportamento, determinando assim a base motivacional de uma condução racional da vida; isso diz respeito, entre outras coisas (de acordo com a tese de Weber), ao significado socializante do protestantismo para a ética econômica dos empresários no capitalismo inicial; b) na qualidade de estruturas que já antes da passagem para a modernidade estavam seletivamente acessíveis nas imagens de mundo e se mantiveram, por assim dizer, presentes, mas somente no rompimento em direção à modernidade determinaram o novo nível de aprendizagem da sociedade; isso diz respeito à incorporação institucional dos princípios universalistas nas diferentes esferas da vida: inicialmente no sistema do trabalho social, quando surgiram mercados também para a mercadoria força de trabalho; no sistema do direito privado e em uma administração direcionada às necessidades do intercâmbio do direito privado (com a imposição da "dominação legal"); além disso, no domínio da socialização, em que, com as atitudes de fé privatizadas e o surgimento da família burguesa, ganharam influência princípios universalistas e ao mesmo tempo individualistas da ética e da orientação pelo rendimento; no sistema científico, que precisou proteger o quadro para discursos teóricos, ou seja, para a argumentação ilimitada e pública; no domínio da formação política da vontade (com a expansão de direitos de participação nos termos da democracia formal) assim como (com a expansão das compensações do Estado de bem-estar social) nos domínios periféricos da distribuição.

Essa enumeração não deve sugerir um processo retilíneo de imposição de estruturas homogêneas de racionalidade em diferentes subsistemas da sociedade, mas antes indicar que, com o princípio de organização capitalista, alcançou-se um nível de aprendizagem cujas possibilidades estruturais, por mais seletivas que sejam, foram úteis em virtude de processos de aprendizagem formalmente semelhantes.[51] Porque Max Weber não distinguiu, com clareza suficiente, entre o significado particular, em termos de psicologia social, das estruturas universalistas de consciência para a mediação de estruturas da personalidade e da sociedade, de um lado, e, de outro, o seu significado evolucionário *universal* para as próprias estruturas sociais, suas conclusões, baseadas em um conceito de causalidade concebido de maneira muito restrita, foram compreendidas, na maior parte, como objeções contra Marx motivadas de maneira idealista. Isso foi tanto mais facilmente possível porque Weber, na qualidade de sociólogo, investiga certamente as diversas incorporações institucionais das estruturas modernas de consciência, mas não analisa logicamente estas próprias estruturas.

As descrições estruturais do pensamento operacional-formal e da consciência moral conduzida por princípios, fornecidas pela psicologia cognitivista do desenvolvimento, oferecem hoje um acesso mais adequado a estas estruturas de consciência partilhadas de maneira coletiva. Trata-se, de um lado, do significado de uma moral universalista a) para os processos de socialização, b)

---

51 Muito menos um desenvolvimento nas estruturas de racionalidade deveria sugerir a impressão de um progresso linear nos contextos reais de vida. Novos níveis de aprendizagem não significam apenas uma margem mais ampla de opções, mas também uma escassez estrutural de novos recursos e isso significa: novas categorias de fardos. Horkheimer e Adorno tratam disso em *Dialektik der Aufklärung*; cf. também o excurso que apresento no capítulo 6 deste volume.

para as relações pessoais nos domínios privados da ação comunicativa (moral), c) para as instituições da jurisprudência, d) para a justificação do direito abstrato e formal de coerção e, com isso, e) para a delimitação de um domínio da ação estratégica ("sociedade burguesa"); e, de outro lado, trata-se da institucionalização f) de procedimentos do pensamento objetivador e do cálculo (por exemplo, nas empresas e nas administrações públicas), g) da aplicação do saber técnico e organizador (por exemplo, no domínio da produção ou na esfera militar), h) determinados métodos de obtenção do conhecimento (nas ciências empíricas) e, finalmente, i) nas atitudes racionais com respeito a fins para lidar com problemas em geral (cf., por exemplo, a posição privilegiada dos órgãos técnicos das escolas jurídicas). As descrições estruturais são, ademais, necessárias para as estruturas simbólicas das identidades do Eu e de grupos correspondentes às relações racionalizadas da vida.

Nelson tematizou em diferentes trabalhos essas estruturas modernas de consciência enquanto tais e no mínimo preparou sua análise formal.[52] Nelson se concentrou, de um lado, nos discursos teológicos, filosóficos e jurídicos da Europa dos séculos XII e XIII para, com base em conceitos fundamentais como *universitas, civitas, communitas, persona, libertas, conscientia, liber, machina* etc., demonstrar os traços principais de um pensamento

---

52 Nelson, *The Idea of Usury*; Id., probabilists, Antiprobabilists and the Quest for Certitude in the 16th and 17th Century, p.267-273; Id., Scholastic Rationales of Conscience, p.157-177; Id., The Eraly Modern Revolution in Science and Philosophy, p.1-40; Id., Civilizational Complexes and Intercivilizational Encounters, p.79-105; Id., Sciences and Civilizations: East and West: J. Needham and Max Weber, p.445-488.

Para a reconstrução do materialismo histórico

apoiado em argumentos e orientado de maneira universalista. De outro lado, Nelson investiga a dupla revolução dos séculos XVI e XVII – a Reforma (Lutero, Calvino) e a ciência moderna (Galileu, Descartes), com a finalidade de demonstrar aspectos comuns dessas instituições especificamente modernas. Ambos os lados se voltam, por exemplo, contra interpretações casuísticas e probabilísticas e fundamentam uma certeza da fé ou do conhecimento na subjetividade dos indivíduos:

> *All – Luther, Calvin, Galileo, Descartes, Pascal – attacked the late medieval casuistry of conscience and probabilismo f opinion at their very roots. Moerover, their attacks against every shade and grade of conjecturalism, factionalism, and probabilism wer put forward in the name of subjective certitude and objective certainty. From the point of view of this essay, it hardly matters that Luther thought ill of the Copernican hypothesis or that Pascal was devout Catholic and not Calvinist. Under the first heading one might need to deal with the views of Luther and Calvin on conscience, the old law, usury, conflicts in Great Britain over the common law, equity, the liberty of prophecy, inner light, social compact, the Court Christian. Under second heading, we might consider two celebrated controversies in wich the rationale systems were in the balance: Galileo's encounters with the Inquisition, and Pascal's Provincial Letters (1656)and the controversies over the system of moral probabilism and the direction of the cure of souls in Italy, Spain, Portugal and elsewhere.*[53]

---

53 Nelson, Conscience and the Making of Eraly Modern Cultures: The Protestant Ethic Beyond Max Weber, p.4-21, aqui p. 12. [Trad.: "Todos – Lutero, Calvino, Galileu, Descartes, Pascal – atacaram pela raiz a antiga casuística medieval da consciência e o probabilismo de opinião. Ainda mais, seus ataques contra toda sombra e grau de conjecturalismo, ficcionalismo e probabilismo foram levados a cabo em nome da certidão subjetiva e da certeza objetiva. Do ponto de vista

Jürgen Habermas

Parece-me interessante sobretudo que, até os séculos XVI e XVII, consuma-se uma clara separação entre razão teórica e prática, entre uma lógica dos fatos e uma lógica das decisões:

During the entire period [até os séculos XVI e XVII] *under discussion it will be recalled that the logics were interdependent, in fact they were woven together in a single fabric off propositions centering around the notion of conscience. As the continuing usage of a number of modern European languages should serve to recall, the Latin* conscientia *had embedded within it a dual reference: the moral conscience of 'the proximate rule of right reason in the moral sphere', and scientific knowledge. It is, therefore, no wonder that all important cultural and social innovations in our period had to involve attack upon, or reconstruction of, the logics of decision in the spheres of action and thought, in the scientific and moral domain alike.*⁵⁴

---

deste ensaio, dificilmente importa que Lutero pensasse mal da hipótese copernicana ou que Pascal fosse um católico devoto e não um calvinista. No primeiro caso, é preciso lidar com as visões de Lutero e Calvino sobre a consciência, a antiga lei, usura, conflitos na Grã-Bretanha acerca do direito consuetudinário, equidade, a liberdade de profecia, iluminação interior, pacto social, a Corte Cristã. No segundo caso, precisamos levar em consideração duas célebres controvérsias em que os sistemas racionais foram equilibrados: os encontros de Galileu com a Inquisição e as Cartas Provinciais (1665), e as controvérsias amargas em torno do sistema moral do probabilismo e da direção da cura das almas na Itália, Espanha, Portugal e em qualquer parte" (N. T.)]

54 Ibid., p.11. [Trad.: "Durante todo o período (até os séculos XVI e XVII) em discussão será lembrado que as lógicas eram interdependentes, de fato elas eram entrelaçadas em uma única fábrica de proposições centradas em torno da noção de consciência. Como o uso contínuo de um número de modernas línguas europeias deveria servir para relembrar, a *conscientia* latina estava incrustada em uma dupla referência: a consciência moral do 'governo próximo da justa razão na esfera

Para a reconstrução do materialismo histórico

A diferença de significado entre consciência moral [*Gewissen*] e saber [*Wissen*], entre *conscience* [consciência] e *science* [ciência], mostra de forma exemplar que a condução racional da vida na modernidade não se apoia mais em uma imagem de mundo já plenamente estruturada de maneira argumentativa, mas que ainda unifica ontoteologicamente fé e saber. Fé e saber se separam da mesma maneira que, no interior do saber profano, o discernimento prático-moral e o pensamento objetivante.

Contudo, Nelson acredita que essas estruturas modernas de consciência, *que já são filhas da modernidade*, podem ser explicadas com a ajuda daquelas estruturas de racionalidade que, nos séculos XII e XIII, patrocinaram o nascimento da modernidade. Essas estruturas universalistas das imagens de mundo da Idade Média tardia europeia são consideradas por Nelson exclusivamente ocidentais. Isso o levou a sobrecarregar tais estruturas de racionalidade com o papel de uma explicação idealista da modernidade, a qual deve ter surgido "do espírito ocidental". Uma explicação mais complexa e, como penso, mais adequada pode ser obtida quando se parte do fato de que o potencial universalista de modo algum era uma peculiaridade das tradições ocidentais, mas pode ser verificado em todas aquelas imagens de mundo surgidas entre 800 e 300 a. C. na China, Índia, Grécia e Israel. Essas doutrinas superam o pensamento mítico pois objetivam o mundo em seu todo, distinguem a ordem natural da histórica, desenvolvem o conceito de uma lei abstrata, redu-

---

moral' e do conhecimento científico. Não é de se admirar, portanto, que todas as importantes inovações culturais e sociais em nosso período tivessem envolvido o ataque contra as, ou a reconstrução das, lógicas de decisão nas esferas da ação e do pensamento, da mesma maneira no domínio científico e moral". (N. T.)]

zem a multiplicidade dos fenômenos a princípios e substituem explicações narrativas por argumentativas. Ao mesmo tempo, o sujeito individual aprende a refletir acerca de sua posição e de suas próprias operações construtivas; disso surgem também os conceitos do Eu individualizado e da alma.[55] Ora, essas imagens de mundo racionalizadas, que remetem aos filósofos chineses, indianos e gregos, aos profetas e a Buda, expressam todas elas estruturas universalistas de consciência. Basta isso para que representem um corte evolucionário entre as grandes civilizações arcaicas e as desenvolvidas, que se desdobraram de forma imperial. K. Jaspers fala da "era axial", porque neste período foram abertas as possibilidades estruturais "das quais a humanidade vive até hoje. Desde então, consideramos válidos a lembrança e o ressurgimento de possibilidades da era axial – os renascimentos trazem impulso espiritual".[56]

Mas se aceitamos que o potencial universalista da tradição ocidental de modo algum é único e, assim, tampouco queremos explicar por que as estruturas de consciência potencialmente disponíveis em outros lugares só foram utilizadas e institucionalmente incorporadas para a superação de desafios evolucionários em um único lugar, é preciso fazer a tentativa de combinar as abordagens teóricas de Marx e Weber de tal forma que possamos ter à mão um fio condutor para a elaboração de um esboço de explicação. As considerações seguintes devem apenas ilustrar que aspectos poderia ter tal fio condutor.

a) *Desafios evolucionários*. Temos de poder supor problemas sistêmicos do feudalismo da Idade Média tardia que exigem

---

[55] Eder, *Die Entstehung rationalisiserter Weltbilder*.
[56] Jaspers, *Vom Ursprung und Ziel der Geschichte*.

excessivamente a capacidade de adaptação e de aprendizagem desta sociedade (representada por uma sociedade política de classes). Certamente, Marx indicou com razão problemas econômicos que, na base de uma produção agrária feudal, não puderam ser solucionados com o trabalho artesanal urbano. Nesse contexto, seria preciso investigar o papel desintegrador do capital comercial e examinar, entre outros, o argumento de Dobb, segundo o qual o comércio exterior e a economia monetária, apoiados pelo crescente consumo de luxo e pela alta exploração, levaram a uma desestabilização cheia de consequências para a economia em seu todo.[57]

b) *O novo princípio de organização.* Os problemas que levam à corrosão da ordem feudal podem ser solucionados pela diferenciação entre um sistema de economia de mercado, adaptado ao trabalho assalariado, e o domínio político (e pela produção de uma relação complementar entre economia, de um lado, e sistema do direito privado, Estado fiscal e administração moderna, de outro). O núcleo institucional da nova forma de integração social é a delimitação interna de um domínio de ação instrumental organizado de maneira universal (a reorganização das relações de trabalho na empresa capitalista).

c) *Potenciais particulares de inovação.* Desde o século XIII, a sociedade europeia experimentou, em diversos locais, as formas capitalistas de produção, a indústria editorial (Pirenne, Dobb). Apenas aqui as estruturas universalistas de consciência presentes em todas as civilizações desenvolvidas se destacam

---

[57] Dobb, *Studies in the Development of Capitalism*; para o surgimento de uma "economia europeia mundial" desde a metade do século XV, cf. Wallerstein, *The Modern World System*, vol. I.

de sua latência de imagem de mundo, apenas aqui os potenciais de inovação das elites artesãs e, em parte, das elites comerciais se condensam de tal modo que princípios universalistas foram extraídos das imagens de mundo e *institucionalizados* no domínio do trabalho social. Uma explicação desse fenômeno deveria recorrer provavelmente em primeira linha aos poderes espirituais[58] e aos desenvolvimentos especiais das cidades ocidentais (com o surgimento de uma camada de burgueses).[59]

d) *Condições de estabilização.* Até a segunda metade do século XVI, o novo modo de produção foi, por assim dizer, apenas experimentado; somente a partir do fim da Era Tudor o capitalismo se impõe. Às condições estabilizadoras do entorno do capitalismo nascente pertencem, entre outras coisas, o surgimento de um sistema de Estados territoriais[60] e uma divisão internacional de trabalho no interior da economia mundial europeia (Wallerstein), a "acumulação primitiva" nos Estados dominantes, o surgimento de um "exército de reserva"; provavelmente também a influência socializadora de tradições cultu-

---

58 Eisenstadt, Die protestantische Ethik und der Geist des Kapitalismus, p.265-299.
59 Brunner, Stadt und Bürgertum in der Europäischen Geschichte, p.97-115; cf. também Schramm, *Hamburg, Deutschland und die Welt.*
60 Rokkan (Dimensions of State Formation and Nationbuilding, p.562-600) acentua o papel antes retardador da zona urbana pré-capitalista que se estendia dos bálticos ao Norte da Itália, passando por Flandres e o Sul da Alemanha, no processo de formação dos Estados territoriais. Da mesma maneira que as metrópoles comerciais e seus entornos próximos foram importantes para o *surgimento* do modo de produção capitalista, também foram muito importantes para sua *imposição* os Estados de grandes territórios em que pela primeira vez a produção agrícola foi convertida em trabalho assalariado.

rais propícias nas camadas em que se recrutavam os empreendedores (talvez uma versão fortemente modificada da tese weberiana sobre a relação entre capitalismo e protestantismo mantenha sua importância).[61]

e) Às *consequências estruturantes* do novo modo de produção pertencem sobretudo: a) o conflito, tornado consciente enquanto conflito de classes, entre a desigualdade social implantada no modo de produção e os postulados universalistas da igualdade ancorados no sistema político, b) um incremento permanente das forças produtivas, mesmo que sempre interrompido por crises; assim como c) a institucionalização e uso tardio da ciência moderna que é caracterizada por uma objetivação metódica da natureza e só pôde se realizar graças à combinação improvável do pensamento discursivo e da matemática, da relação matematizada com a natureza e uma atitude instrumental diante dos objetos adquirida de maneira artesanal.

Se um esboço desse tipo pudesse ser elaborado, seria explicado o preenchimento das condições iniciais mais importantes sob as quais, desde o século XVIII, o que hoje é chamado de modernização pode se impor em suas variantes nacionais de desenvolvimento.

V

Vamos supor que uma teoria da evolução social, estabelecida nos termos de uma lógica de desenvolvimento, e cujo princípio eu indiquei, seja defensável. Como esta teoria se

---

61 A posição de Weber foi defendida de maneira relativamente ortodoxa por Nelson, Weber's Protestant Ethic, p.71-130. Contrariamente, cf. Lüthy, Variationen über ein Thema von Max Weber, p.99-122.

relacionaria com a pesquisa histórica e com a historiografia? Não é problemática a relação com a pesquisa histórica. Na medida em que é exercida na comparação tipológica de estruturas universais e padrões de desenvolvimento, a pesquisa histórica possui uma função heurística para a *formação* de teoremas sobre a evolução; e para a comprovação desses teoremas, a pesquisa histórica tem a função ainda insubstituível de obtenção e avaliação de dados. Ora, a estas funções da *pesquisa* histórica para uma teoria da evolução social não corresponde nenhuma tarefa que, de outro lado, a teoria da evolução social possa assumir para a *historiografia*. Pois as explicações da teoria da evolução, digamos, da passagem para as civilizações arcaicas (surgimento do Estado) ou da passagem para a modernidade (a diferenciação externa de uma sociedade de mercado e o surgimento complementar do Estado moderno coletor de impostos) não *necessitam* de uma outra reformulação narrativa, elas não *podem* ser trazidas à forma narrativa. No quadro da teoria do desenvolvimento, tais passagens precisam ser pensadas na qualidade de passagens abstratas para novos níveis de aprendizagem (que se deixam ilustrar ainda como estágios de desenvolvimento no processo de formação da espécie humana); mas elas não podem, sem colocar em risco o quadro categorial e com isso também a força explicativa da teoria, ser retraduzidas nas operações de atores e reinterpretadas como uma história levada a cabo por atores. Eu tentei fundamentar metodologicamente essa questão na seção II. Eu gostaria de retomá-la mais uma vez sob pontos de vista um pouco diferentes na medida em que tento (1) elucidar a historiografia como forma de *aplicação* do saber teórico, (2) demonstrar a ilegitimidade de uma aplicação narrativa da teoria da evolução e, em vez disso, (3) indicar o contexto de utilização prático das teorias da evolução.

1. A historiografia está ligada ao sistema referencial narrativo. Ora, com este sistema de referências, não fazemos uma demarcação entre o domínio científico de objetos e a experiência cotidiana; encontramos a ciência sobretudo como uma forma cognitiva em que relembramos e representamos as experiências cotidianas, ou seja, tornamo-las reprodutíveis. A historiografia certamente pode ser considerada uma forma estilizada superior de narrativa cotidiana inserida nos contextos de interação; mas sua ligação com o sistema referencial narrativo reforça somente uma reflexividade instalada no mundo da vida. O historiador, na qualidade de historiógrafo, transcende a práxis de vida não na atitude hipotética que ele assume como pesquisador crítico da história. O historiógrafo se serve hoje do saber teórico e dos métodos de pesquisa que as ciências sociais oferecem e que trataram a história como ciência de modo que podemos imaginar uma continuidade entre narrativas ingênuas e exposições históricas enriquecidas discursivamente; porém, *na qualidade de* exposição narrativa, ela é sempre afirmativa. Ela não diz como algo poderia ocorrer, mas de que maneira ocorreu. A história não é menos ligada à ação e, nesse sentido, menos "dogmática" do que toda outra categoria do saber aplicado – por exemplo, tecnologias.

No âmbito das reflexões metodológicas, é fácil esclarecer que a escolha dos eventos de referência, do quadro interpretativo, dos modelos racionais etc. é convencional e, em cada caso, dependente da situação hermenêutica da qual parte o narrador. Mas tão logo o historiador começa a exposição, ele pressupõe um consenso em torno destas decisões para, à luz do quadro interpretativo escolhido, narrar como a história "realmente" ou "de fato" aconteceu. Não é tão artificial a maneira com que ele pressupõe esse consenso; pois quanto mais o historiador está de acordo com a tradição considerada a cada vez, mais diretamente ele pode produzir um saber orientado pela ação na medida em que articula e mantém, torna precisa e amplia a consciência histórica que assegura a identidade. Também a história exposta de maneira crítica, preocupada menos com o prosseguimento das tradições do que com sua dissolução, como mostra, por exemplo, a história de Wehler a respeito do Império Alemão, produz uma *outra* tradição – uma história da liberalização impedida, das lutas sociais oprimidas, da emancipação perdida, uma história benjaminiana da perspectiva dos vencidos, mas para a qual novamente precisamos pressupor um consenso sobre o ponto de referência – neste caso, talvez, um consenso daqueles que se sentiram libertos dos nazistas em 1945. O fluxo da narrativa é *interrompido* pela argumentação; pois a historiografia não expõe saber teórico algum, sendo uma forma de aplicação do saber teórico.

Por outro lado, o nome de uma teoria da evolução social já sinaliza a pretensão de que, em atitude discursiva, são levantadas e testadas hipóteses gerais sobre um domínio de objetos que é constituído apenas com base em conceitos fundamentais da teoria dos sistemas e da lógica de desenvolvimento. O que acontece quando teoremas dessa proveniência são aplicados de maneira narrativa no quadro de uma história universal?

2. Quando teoremas da teoria da evolução, no curso da sociologização, são infiltrados na historiografia, quando até a

própria teoria da evolução é tratada como uma história de tipo superior, surgem formas mistas de narrativa teórica que possuem um *status* problemático. Isso leva a que se sobrecarregue a teoria da evolução com pressupostos e conceitos que só são pertinentes em exposições narrativas. Tão logo as hipóteses de fundo da teoria da evolução são projetadas no âmbito de uma narrativa da história da humanidade, os pressupostos formais de unidade, continuidade e delimitação da história narrada ganham um sentido substancial e, com isso, enganador. Parece assim que a *totalidade* da história seria objeto de uma teoria da evolução dissimulada na narrativa, e que a evolução se consumaria em um sujeito da espécie, no portador de uma *história da espécie* que segue de maneira *contínua*. Uma vez que, na qualidade de sujeitos agentes, nos encontramos em relação ao futuro sempre em uma situação provincial (já que a história "ainda não acabou"), uma teoria do *desenvolvimento* que se apresenta como teoria da *história* faz a oferta irrealizável de predizer processos históricos (e assumir o papel da "profecia").

Em contraposição a isso, U. Anacker e H. M. Baumgartner insistem com razão que a ideia de uma história em seu todo, subjacente à construção das histórias, não pode ser hipostasiada:

> A história só é possível a título de construção retrospectiva de narrativas sobre eventos do passado de certo modo arbitrários. A tese daí resultante, de que nem *a* história definitiva do passado nem *a* história enquanto conexão determinada entre passado, presente e futuro são concepções consistentes, parece conduzir ao fato de que não é mais razoável falar *da* história em geral [...] Mas se levantarmos a questão de saber em que medida

as narrativas podem ser orientadoras da ação, ou seja, ligadas ao agir humano, então é preciso tematizar em uma atitude transcendental a conexão de narrativas e interesses de modo que não apenas as narrativas isoladas não sucumbam à mera arbitrariedade, mas ao mesmo tempo fique preservada a vinculação *possível* de todas as narrativas entre si. Mas no interesse pela narrativa se esconde o interesse pela totalidade na qualidade de um todo da efetividade temporal, certamente não realizável apesar de necessariamente pressuposto, em razão do qual as construções da narrativa em geral são empreendidas [...] O "sujeito" da história, exatamente no mesmo sentido da ideia reguladora, é como *a* própria história: ambos possuem o valor posicional de um princípio de organização para as construções, o qual se deve ao interesse prático na construção, isto é, no conhecimento da mesma maneira que na ação. Mas enquanto princípio regulador a história é, por isso, necessária.[62]

Uma vez que o conceito de história é subordinado a essas limitações transcendentais do uso, ele não pode ser misturado com o conceito de evolução.

A teoria da evolução não diz respeito nem ao todo da história e nem a processos históricos em sua particularidade, na medida em que estes são concebidos *como* históricos, isto é, como uma série de eventos narráveis. Além disso, o material histórico se encontra sob as determinações da evolução social. Esta evolução não é um macroprocesso que se consuma em um

---

[62] No verbete Geschichte, p.555 et seq. Cf. também Baumgartner, Narrative Struktur und Objektivität, Wahrheitskriterioen im Historischen Wissen.

sujeito da espécie. Os portadores da evolução são a sociedade e principalmente os sujeitos da ação que a integram. A evolução pode ser depreendida do padrão de uma hierarquia de estruturas cada vez mais abrangentes, a ser *reconstruído racionalmente*. Se separarmos estas estruturas dos processos com os quais os substratos empíricos se transformam, não precisaremos nem de *univocidade*, nem *continuidade*, nem *necessidade* ou *irreversibilidade* do curso da história. Nós contamos com estruturas universais antropologicamente arraigadas que se formaram na fase de hominização e estabeleceram a situação de partida da evolução social: estruturas que provavelmente surgiram na medida em que o potencial cognitivo e motivacional dos hominídeos é reconfigurado e reorganizado sob as condições da comunicação linguística. Tais estruturas fundamentais descrevem a margem de ação lógica em que as formações mais abrangentes de estruturas podem se efetuar. Contudo, saber *se* e *quando* novas estruturas são realizadas é algo que depende de circunstâncias *contingentes*.

Algumas restrições no uso do conceito de evolução resultam já do sentido em que utilizamos o conceito de lógica de desenvolvimento. Sequências de desenvolvimento só podem ser reconstruídas para aquelas competências que são objetivamente acessíveis para nós em cada nível de desenvolvimento contemporâneo de nossa sociedade. Em um contexto metodológico semelhante, Marx se pôs a refletir que o "trabalho" só se tornou reconhecível como determinação universal dos sistemas sociais na medida em que, com o desenvolvimento capitalista, o trabalho se estabelece como trabalho abstrato, determinando o processo de socialização em seu todo. Não podemos saber *a priori*, de antemão, se no futuro também estruturas diferentes das estruturas de consciência cognitivo-instrumentais e prático-morais que são conhecidas hoje serão acessíveis a uma reconstrução, estruturas que por ora só dominamos de maneira intuitiva. Esta circunstância limita a pretensão de validade da teoria da evolução a enunciados sobre processos de aprendizagem socioevolucionários reconhecíveis retrospectivamente. Sem dúvida, esses processos podem ser identificados como plenos de consequências em termos evolucionários apenas à luz dos potenciais de inovação que hoje podemos reconstruir de acordo com uma lógica de desenvolvimento.

De resto, uma análise das lógicas de desenvolvimento só pode escapar então de falácias naturalistas, se ela não recolhe indutivamente os padrões estruturais ordenados de forma hierárquica, mas antes se justifica sistematicamente que cada nível de aprendizagem mais elevado é superior ao precedente. Essa classificação sistemática das capacidades de solução de problemas é possível caso as operações, como nas dimensões do conhecimento objetivante e do discernimento prático-moral, sejam medidas com base nas pretensões universais de validade (neste caso, na verdade proposicional e na correção normativa).[63]

3. Eu gostaria de resumir minhas reflexões afirmando que uma teoria da evolução utilizada de maneira narrativa imploderia o sistema referencial narrativo da historiografia e conduziria a uma "teorização da história". Entretanto, a "história" é uma forma cognitiva em que o saber teórico não é organizado, mas somente aplicado. Exposições históricas são um saber ligado à ação; elas se encontram no mesmo patamar

---

63 Cf. Habermas, Was heiβt Universalpragmatik?

que a consciência histórica dos coetâneos. Entre o historiógrafo e seus destinatários não existem desníveis – como entre o participante de um discurso e o agente.[64] Mas se este for o caso, duas questões permanecem em aberto:

a) apesar de toda a importância que a pesquisa história possui para a teoria da evolução, esta não tem, por seu turno, significado algum para a história na qualidade de historiografia?

b) se a teoria da evolução social já não pode estruturar a historiografia universal, onde então ela pode encontrar sua aplicação?

ad a) Não é claro para mim se uma teoria da evolução não poderia talvez ser aduzida no sentido de uma metateoria para a avaliação de histórias concorrentes acerca do mesmo âmbito fenomênico. Talvez pudéssemos derivar seus pontos de vistas da crítica da justificação dos fios condutores problemáticos e das perspectivas da narrativa. Desse modo mediado, uma teoria da evolução poderia então "inspirar" a historiografia.[65] Isso significaria que a situação de partida hermenêutica do historiador não seria mais determinada por tradições mais ou menos naturalizadas, por sistemas de interpretação sempre dominantes que asseguram a identidade, mas pelo aperfeiçoamento discursivo da tradição.

ad b) As teorias da evolução e as explicações, apoiadas em tais teorias, acerca das fases de desenvolvimento que constituem cada época podem ser inseridas naqueles "discursos" em que

---

64 Para a distinção entre ação e discurso, cf. Habermas, Wahrheitstheorien.
65 Esta questão pertence ao domínio de problemas de uma teoria da história cujo esforço de renovação se encontra em Rüsen, Begriffene Geschichte; Id., Droysen, p.7-24; Id. Zur Logik der historischen Erkenntnis, p.269-286 e p.24-55.

projeções concorrentes de identidade "estão em negociação".[66] Neste contexto, é preciso visualizar a função de crítica da ideologia, condutora de processos de esclarecimento, que as teorias da evolução aplicadas reflexivamente podem assumir. Não posso desenvolver aqui este ponto.[67]

Além disso, os enunciados da teoria da evolução a respeito das formações sociais contemporâneas têm uma referência prática imediata na medida em que servem aos diagnósticos de problemas de desenvolvimento. Nesse ponto, a restrição recomendada às explicações retrospectivas do material histórico é abandonada em favor de uma *retrospectiva projetada de antemão a partir das perspectivas da ação*: aquele que produz o diagnóstico de tempo assume o ponto de vista fictício da explicação teórico-evolutiva de um passado que remete ao futuro. Isso é típico para teorias atuais que produzem diagnóstico de tempo como, por exemplo, a "teoria da época contemporânea" de H. Freyer, o "homem unidimensional" de H. Marcuse, a "teoria da sociedade pós-industrial" de D. Bell ou as *Reith Lectures* de R. Dahrendorf sobre "a nova liberdade". Também análises marxistas do capitalismo desenvolvido partilham em regra desta posição assimétrica do teórico que analisa os problemas de desenvolvimento do sistema social do presente com o olhar nas possibilidades estruturais que ainda não foram institucionalizadas – e talvez nunca encontrem uma incorporação institucional.

Isso nos leva a ver que a aplicação de teorias da evolução em termos de diagnóstico de tempo só tem sentido no quadro de

---

66 Sobre este conceito, cf. o capítulo 4 do presente volume.
67 Cf. a introdução à nova edição de *Theorie und Praxis*.

Para a reconstrução do materialismo histórico

uma formação discursiva da vontade, ou seja, em uma argumentação prática, na qual estão em jogo fundamentações de por que, em determinadas situações de determinados atores, determinadas estratégias e normas de ação deveriam ser escolhidas em vez de outras.

8
Reflexões acerca da importância evolucionária do direito moderno*

Eu faço uso da ideia segundo a qual as sociedades aprendem em termos evolucionários ao "incorporarem institucionalmente" estruturas de racionalidade que já se expressam nas tradições culturais, ou seja, ao utilizarem-nas para a reorganização de sistemas de ação. Por exemplo, na empresa capitalista, na administração moderna do Estado ou no direito privado civil, são "incorporadas" estruturas universalistas de consciência. Neste modo de considerar, a racionalização de sistemas de ação certamente tem como consequência uma ampliação de sua capacidade de controle, mas não consiste em um aumento de complexidade do sistema. A racionalidade de estruturas de consciência incorporadas não se mistura a problemas sistêmicos, mas às tarefas que sujeitos capazes de fala e de ação solucionam pela via do conhecimento objetivante e do discernimento prático--moral. É assim que as estruturas de racionalidade (por exemplo, do direito moderno) podem ser verificadas pela racionalidade da ação dos sujeitos de direito, não pela racionalidade

---
* Apresentação a um seminário interno do Instituto de Pesquisa Social.

sistêmica do intercâmbio econômico, para o qual o direito moderno cumpre certas funções. Antes de entrar na questão de saber em que consiste a racionalidade do sistema jurídico, que se forma com o sistema dos Estados no século XVI e se desenvolve até o final do século XVIII, quero esclarecer rapidamente o sentido de racionalidade que é decisivo para a investigação dos processos de racionalização.

Em geral, denominamos "racional" uma opinião ou uma ação na medida em que pode ser fundamentada. A explicação deste conceito deveria conduzir aos pressupostos comunicativos e às regras de justificação argumentativa; mas deixo de lado aqui as questões de uma lógica do discurso. É importante apenas o fato de eu relacionar racionalidade à possibilidade de uma fundamentação objetiva e não a concepções subjetivas de fundamentação. Max Weber investigou principalmente a racionalização das ações. Podemos compreender por *racionalidade da ação* os critérios que uma ação precisa satisfazer para poder valer como solução de um problema passível de ser decidido objetivamente. E quando também se conta a escolha de normas de ação para as ações, podemos distinguir os seguintes *problemas de ação* (e os correspondentes processos de solução de problemas):

– tarefas técnicas (a construção de meios mais adequados);
– tarefas estratégicas (a influência da ação racional com respeito a fins sobre as decisões de opositores concorrentes);
– tarefas práticas (a justificação de normas e valores).

A racionalização, portanto, liga-se sempre às regras da ação instrumental, estratégica ou comunicativa. Trata-se de três diferentes aspectos da ação capazes de racionalização: da racionalização dos meios, da escolha dos meios e do consentimento em torno de normas e valores.

Em outro âmbito, encontra-se a "racionalidade" de um comportamento (por exemplo, animal) ou de uma alteração de estados (sistêmicos) que da perspectiva do observador pode ser *interpretada* como solução de um problema sem que o observador deva supor, para a conveniência da reação observada, uma ação com respeito a fins, no sentido da intenção de um sujeito agente passível de ser fundamentada. Portanto, eu reservo a "racionalidade" de início às estruturas de consciência que são incorporadas nos sujeitos capazes de conhecimento e ação ou em suas manifestações, por exemplo, em proposições ou instituições. Podemos falar então de racionalidade do comportamento ou do sistema apenas em um sentido figurado. As alterações do estado de um sistema autorregulado podem ser compreendidas como quase-ações, de tal modo *como se* assim se expressasse a capacidade de ação de um sujeito.

A *racionalidade sistêmica* é a racionalidade com respeito a fins transposta para os sistemas autorregulados: se a conservação da existência é a finalidade maior do sistema, é possível perguntar, entre outras coisas, pela função do estabelecimento de fins para a solução de problemas sistêmicos.*

A *racionalidade instrumental* se mede segundo a eficiência da solução de tarefas técnicas. A solução de problemas possibilita uma manipulação bem-sucedida de processos naturais e pressupõe para o domínio de objetos correspondente um saber causal, isto é, ao menos o conhecimento regularidades empíricas.

A *racionalidade estratégica* se mede segundo a formulação explícita e a elaboração consistente de processos de decisão a serem dominados monologicamente, ou seja, se um sujeito

---

* Cf. Luhmann, *Zweckbegriff und Systemrationatlität*.

escolhe sua ação de maneira analiticamente necessária, em dadas situações de interesse (sistemas de preferência) e nas condições secundárias percebidas, em conformidade a máximas de decisão aceitas e a partir de margens de ação alternativas que se tornaram suficientemente explícitas.

A *racionalidade normativa* se mede de forma imediata segundo problemas de justificação a serem superados; e, de forma mediada, se estão dados os pressupostos institucionais para a tematização de pretensões de validade e para o teste argumentativo. O objeto do teste consiste em saber se uma norma problemática exprime interesses (valores) capazes de universalização e compromisso, a tal ponto que poderia ser aceita por todos os potenciais concernidos (caso participassem em um discurso prático) e preferidas diante de alternativas conhecidas.

Em que consiste agora a racionalidade do direito moderno? Vejamos quatro reflexões a este respeito.

a) Os conteúdos do direito privado são determinados, em primeira linha, pelas necessidades do intercâmbio econômico capitalista: seu núcleo é a garantia institucional da propriedade com as garantias conexas da liberdade de contrato, direito de comércio e direito de herança. Os conteúdos do direito constitucional são talhados pelo Estado, o qual, apoiado sobre um aparelho administrativo amplamente centralizado, especializado em suas competências e organizado de acordo com uma divisão de trabalho, garante os pressupostos para a estabilidade de uma ordem econômica desestatizada, sem assumir propriamente funções de produção: os direitos subjetivamente públicos refletem a especialização funcional do poder do Estado diante de um intercâmbio econômico baseado na autonomia privada. Uma análise funcional das matérias jurídicas mais importantes, levada a cabo sob estes pontos de vista, poderia mostrar de que maneira o direito contribui para a racionalidade sistêmica da sociedade, de que maneira exige o desenvolvimento, a mobilização e a alocação conveniente de recursos naturais e da força de trabalho. Isso também não deixa de ser interessante na perspectiva das problemáticas evolucionárias: por esta via é possível determinar os problemas sistêmicos que puderam ser solucionados com a introdução do sistema jurídico moderno. Vê-se daí que as estruturas jurídicas não tiveram uma importância trivial para o surgimento da modernidade. Porém, estas próprias estruturas não foram esclarecidas ainda por uma investigação tão instrutiva das funções e dos conteúdos do direito moderno. Pois *as consequências sistêmicas racionais não fundamentam a racionalidade do direito.*

b) Marx Weber denominou a sistemática jurídica como uma característica essencial da racionalidade. O direito moderno é, em uma medida especial, um direito de juristas: com juízes e funcionários especializados, dotados de formação jurídica, a jurisprudência e a administração pública são profissionalizadas. Não apenas a aplicação das leis, mas também a positivação jurídica passou a se ligar, cada vez com mais força, aos procedimentos formais e, assim, à sua compreensão técnica por parte dos juristas. Estas circunstâncias promovem a sistematização das normas jurídicas, a coerência da dogmática jurídica, ou seja, uma plena racionalização do direito segundo critérios internos, puramente formais, de conceitualização analítica, rigor dedutivo, fundamentação baseada em princípios etc. Essa tendência já deve ser observada nas faculdades jurídicas da Idade Média tardia; ela se impõe completamente com o positivismo jurídico (e foi levado ao conceito, por exemplo, com Kelsen). Com certeza, esta plena estruturação formal do direito – a aplicação ilimitada do pensamento operacional-formal sobre o saber prático profissional de especialistas jurídicos – é um fato interessante; mas já a circunstância de que em diferentes desenvolvimentos nacionais do direito essa tendência se impôs de maneira muito desigual (mais presente nos países de tradição do direito romano) provoca *ceticismo* em relação à *proposta* de procurar *o crescimento de racionalidade do direito moderno sobretudo em uma sistematização interna*. A sistematização das normas jurídicas parecer ser, pelo contrário, resultado de uma racionalização de domínios de ação organizadas juridicamente: a sistemática jurídica preenche condições secundárias, sob as quais as consequências jurídicas de ações privadas são previsíveis e, com isso, calculáveis.

c) Com a diferenciação externa de um processo econômico controlado mediante decisões descentralizadas de sujeitos agentes formalmente privados, torna-se universal no interior da sociedade um tipo de ação que até então era admitido somente para as relações externas ou em setores vedados às corporações e estamentos de ofício: no "exterior interior" [*inneren Ausland*] do intercâmbio econômico capitalista, a ação estratégica se torna a forma legítima da persecução egoísta, vale dizer, eticamente neutralizada de interesses privados. O direito privado civil, a partir do qual o direito moderno foi construído, é o meio organizacional para esse domínio de ação. A racionalidade do direito poderia então ser vista *no fato de que ele é talhado de acordo com a racionalidade estratégica de sujeitos de direito agindo de maneira racional com respeito a fins*. Esse recorte pode ser observado nos aspectos estruturais, não nas matérias jurídicas: na positividade, no legalismo e na formalidade do direito.

Convencionalidade. O direito moderno é considerado direito estabelecido positivamente. Ele não é aperfeiçoado pela interpretação de tradições reconhecidas e consagradas, pois expressa antes a vontade de um legislador soberano que regula fatos sociais de maneira convencional com os meios jurídicos de organização.

Legalismo. O direito moderno não imputa às pessoas de direito motivos éticos fora a obediência geral ao direito; ele protege suas inclinações privadas dentro de limites sancionados. Não se sanciona a má índole, mas as ações normativamente desviantes (pressupondo assim imputabilidade e culpa, mas a reparação é relativizada segundo pontos de vista de melhora).

Formalidade. O direito moderno define domínios de arbítrio legítimo de pessoas privadas. A liberdade de arbítrio das pessoas de direito é pressuposta em um domínio eticamente neutralizado das ações privadas, mas atadas a consequências jurídicas. O intercâmbio do direito privado pode por isso ser regulado de maneira negativa pela via da limitação de autorizações por princípio reconhecidas (em vez de uma regulação positiva sobre deveres concretos e mandamentos materiais). Neste domínio, é permitido tudo o que não for proibido juridicamente.

Os três aspectos estruturais mencionados se relacionam ao modo da validade e da positivação do direito, aos critérios de penalidade e ao modo de sanção, finalmente ao tipo de organização da ação jurídica. Eles definem um sistema de ação no qual se *pressupõe* que todos os membros do sistema se comportam de maneira estratégica na medida em que, em primeiro lugar, sancionam as leis como públicas, mas a qualquer momento obedecem convenções legitimamente alteráveis, na medida em que, em segundo lugar, sem considerações éticas, perseguem seus interesses e, em terceiro lugar, segundo estas orientações de interesse, tomam as melhores decisões possíveis no quadro de leis válidas (isto é, tendo em vista as consequências jurídicas calculáveis); supõe-se, em outras palavras, que utilizam sua autonomia privada de maneira racional com respeito a fins.

d) As reflexões feitas até aqui se destinaram a apoiar a tese segundo a qual a racionalidade do direito na sociedade moderna não pode ser suficientemente analisada nem sob o ponto de vista de uma racionalidade sistêmica crescente, nem sob o ponto de vista de uma sistematização interna aperfeiçoada das normas jurídicas, mas unicamente sob o ponto de vista da racionalidade estratégica no intercâmbio de sujeitos de direito privados entre si. Mas também essa tese avança muito pouco.

Eu ainda não fiz menção a um quarto aspecto estrutural do direito moderno: a *generalidade*. Segundo sua pretensão, o direito moderno deve consistir em normas universais que não permitem em princípio exceções e privilégios. A discussão conduzida desde a década de 1920 sobre as "leis-medidas" [*Maβnahmegesetze*], sobre as dificuldades formais em separar atos administrativos e leis, isto é, em separá-los sob o ponto de vista da generalidade mesmo quando o legislador precisa regular fatos cada vez mais concretos, é um sintoma de que aquele aspecto estrutural é considerado essencial. Pois tal aspecto está relacionado imediatamente com a legitimidade do direito civil: se e à medida que o direito moderno *regula de maneira universalista* um domínio de ação estratégica, o sistema jurídico em seu todo pode ser justificado na qualidade de expressão de interesses universalizáveis. Certamente a crítica marxista do direito civil pôde verificar que a universalidade da norma legal está assegurada em muitos casos apenas textual e formalmente, mas não considerando suas consequências reais. Mas mesmo esta crítica pressupõe ainda a pretensão que foi vinculada ao direito abstrato. Explicitar tal pretensão e nela legitimar o direito moderno como base racional da organização do Estado e da sociedade – nisso consistiu a realização histórica do direito natural racional de Hobbes até Hegel.

Enquanto não nos limitamos ao domínio nuclear do direito privado, mas percebemos a conexão entre direito privado e público, como também entre direito e moral, é possível compreender a racionalização evolucionária decisiva da ação, com a qual foi introduzido o desenvolvimento moderno do direito, sob pontos de vista da racionalidade normativa.

As características estruturais do direito moderno mencionadas de início (convencionalidade, legalidade, formalidade) são determinações universais de uma institucionalização juridicamente vinculante de domínios bem delimitados da ação estratégica. Elas explicitam a *forma* com base na qual o direito moderno pode preencher os imperativos funcionais de um intercâmbio econômico regulado pelo mercado. Mas essa racionalidade sistêmica *decorre* das estruturas jurídicas em que a ação racional com respeito a fins pode ser universalizada, *sem explicar* como essas estruturas jurídicas são possíveis. Ao observarmos isso nos termos da lógica de desenvolvimento, *a forma do direito moderno* pode ser compreendida como uma *incorporação de estruturas de consciência pós-convencionais*; neste aspecto, o aumento de racionalidade do direito moderno se mede por sua racionalidade normativa.[1]

O direito moderno pressupõe a neutralização ética dos domínios de ação reservados a uma regulação jurídica. A convencionalização, legalização e formalização do direito significam que ele não pode mais viver da autoridade evidente de tradições éticas, mas necessita de uma fundamentação autônoma. Mas somente uma consciência moral no estágio pós-convencional pode satisfazer a uma tal exigência: apenas aqui surge a ideia de que normas jurídicas são fundamentalmente passíveis de ser criticadas e carentes de justificação, a distinção entre normas de ação e princípios de ação, o conceito de uma produção de normas orientada por princípios, a concepção de um acordo racional acerca de normas, também a ideia de um contrato que pela primeira vez tornou possível as relações contratuais, o discernimento sobre a conexão da universalidade e da capa-

---

[1] Considero equivocadas as tentativas hoje em voga por toda a parte de "deduzir" as "formas" jurídicas e políticas do Estado capitalista a partir da forma do intercâmbio econômico, em última instância, da forma mercadoria. Em vez disso, parto das determinações formais do tipo estratégico de ação que é liberado com a diferenciação externa de um sistema econômico capitalista no interior da sociedade e institucionalizado em uma forma mais ou menos pura; mostro que o direito moderno é estruturalmente talhado para esse tipo de ação; e investigo quais estruturas morais de consciência tornam possível a forma desse direito moderno, ou seja, quais são institucionalmente incorporadas nele. Contudo, para a *dinâmica de desenvolvimento*, que explica os conteúdos e as funções do direito civil, o modo de produção capitalista é decisivo, mas não para a *lógica de desenvolvimento* que explica a forma e as estruturas de racionalidade do direito civil. Cf. Hirsch, *Staatsapparat und Reproduktion des Kapitals*; Läpple, Saat und politische Organisation, p.211-240 (onde se encontra mais literatura).

cidade de fundamentação das normas jurídicas, os conceitos de capacidade jurídica universal, da pessoa abstrata de direito, da força da subjetividade na positivação do direito etc. Estes conceitos pós-convencionais fundamentais, que também já haviam sido desenvolvidos antes na filosofia e na teoria do direito, puderam impregnar e reestruturar o direito válido na passagem para a modernidade.

A separação entre moralidade e legalidade, consumada com o direito moderno, traz consigo uma consequência problemática: o domínio da legalidade como um todo necessita de uma justificação prática. Moralmente neutra, a esfera do direito, que ao mesmo tempo exige a disposição dos parceiros do direito em obedecer à lei, precisa estar ligada a uma moral fundada por seu turno em princípios. O catálogo de direitos fundamentais, contido em todas as constituições burguesas na medida em que se sedimentaram formalmente, é expressão dessa justificação tornada estruturalmente necessária junto com a determinação fundamental que vincula a competência legislativa pelo menos ao *entendimento* da formação democrática da vontade. Certamente, as instituições básicas das constituições civis que efetivam a legitimação (mesmo o direito privado e o direito penal) não podem ser compreendidas apenas como incorporação de estruturas de consciência pós-convencionais, mas também "questionadas" tanto nos termos funcionalistas quanto nos da crítica da ideologia. Porém, a crítica da ideologia se serve da análise funcionalista de sistemas jurídicos não para suspender, mas apenas reclamar as pretensões de validade normativas não resgatadas. E a concepção estendida de maneira funcionalista – segundo a qual as pretensões de validade normativas poderiam ser *analisadas* não só nos termos da teoria dos sistemas, mas também se *instalariam* na consciência dos membros dos sistemas *sem consequências para a existência do sistema jurídico* –, eu a considero uma *social-science fiction* [ficção da ciência social], e mesmo uma ficção que dificilmente pode se tornar realidade sem a transposição para *outras* bases antropológicas.

IV
Legitimação

9
*Problemas de legitimação no Estado moderno**

É sempre proveitoso saber do que se fala; deveríamos sabê-lo com especial certeza quando se trata do problema da legitimidade – nisso concordo com Hennis. Contudo, ele mesmo reservou a questão para anotações polêmicas. Seu conceito de legitimação permanece tão confuso, sua contribuição sistemática é tão pobre que, a título de compensação, preciso tentar reunir alguns conceitos gerais para uma teoria da legitimação. Fica em segundo plano a tarefa retoricamente tentadora de levar adiante uma antipolêmica.

Após introduzir algumas distinções analíticas conceituais (1), eu gostaria de investigar o princípio de legitimidade da modernidade (2). Além disso, pretendo mostrar como a temática moderna da legitimação surge das estruturas do Estado burguês e de que maneira a temática se desloca nas sociedades

---
* Em outubro de 1975, a Associação Alemã de Ciência Política de Duisburg sediou um Congresso. Wilhelm Hennis abriu o Congresso com uma apresentação. Minha coapresentação se baseou no texto que segue (uma versão reduzida apareceu no jornal *Merkur*, 30 de janeiro de 1976).

capitalistas desenvolvidas (4). Por fim, testo diferentes conceitos de legitimação com a finalidade de justificar o conceito reconstrutivo de legitimação aqui utilizado (5).

1. Legitimidade significa que a pretensão vinculada à ordem política é reconhecida como correta e justa, contendo bons argumentos a seu favor; uma ordem legítima merece reconhecimento. *Legitimidade significa que uma ordem política é digna de reconhecimento.* Ressalta-se com esta definição que a legitimidade é uma pretensão de validade contestável, de cujo reconhecimento (no mínimo) factual (também) depende a estabilidade da ordem de dominação. Tanto histórica quanto analiticamente o conceito encontra aplicação, sobretudo, nas situações em que a legitimidade de uma ordem é discutível, em que, como se diz, surgem problemas de legitimação. Trata-se de um *processo* — Talleyrand se empenha pela *legitimação* da Casa dos Bourbon. No Estado constitucional moderno (com a institucionalização de uma oposição), processos deste tipo foram desdramatizados, isto é, suavizados e normalizados. Por isso é realista falar hoje de legitimação como um problema duradouro. Naturalmente, eclodiram neste quadro conflitos de legitimação tão-somente em torno de questões de princípio (por exemplo, em 1864 acerca do Direito Orçamentário do Parlamento prussiano). Tais conflitos podem conduzir a uma perda de legitimação passageira; e tal perda pode ter, sob certas circunstâncias, consequências críticas para a estabilidade de um regime. Se a saída de tais crises de legitimação está vinculada a uma transformação das instituições de base, não apenas do Estado, mas da sociedade em seu conjunto, falamos de revoluções. (Não se contribui exatamente para o esclarecimento

quando se menciona a Reforma, a introdução do tear mecânico ou o Idealismo Alemão, inflacionando assim a expressão). Menos trivial é o *domínio de aplicação* do conceito de legitimidade. Apenas ordens políticas podem ter ou perder legitimidade, apenas elas precisam de legitimação. Corporações multinacionais ou o mercado mundial não são capazes de legitimação. Isso também vale para sociedades pré-estatais, as chamadas sociedades primitivas organizadas segundo relações de parentesco. Certamente, nestas sociedades existem mitos que interpretam a ordem da natureza e da sociedade. Eles estabelecem a pertença a grupos tribais (e seus limites), assegurando assim uma identidade coletiva. Aqui as imagens míticas de mundo possuem antes um significado constituinte do que posteriormente legitimador para as normas sociais.[1]

Falamos de legitimidade primeiramente no caso de ordens políticas. A dominação política se cristalizou historicamente em torno da função de uma magistratura real, do núcleo de uma regulação de conflito com base em normas jurídicas reconhecidas (e não mais meramente em virtude do poder de arbitragem). Neste nível, a jurisprudência fundamenta uma posição que deve sua autoridade à disposição do poder de sanção de um sistema jurídico, e não mais unicamente a um *status* de parentesco (e ao papel de mediação de um juiz de arbitragem). O poder legitimador do juiz pode se tornar o núcleo de

---

[1] O próprio sistema de parentesco tem de certo modo força legitimadora; quais são as pretensões que alguém pode erguer é algo decidido pelo *status* familiar a qual se pertence. O conceito de "herança legítima" do direito romano transpõe esse significado ao direito civil. A legitimação no sentido de uma autorização privada, contudo, pressupõe uma ordem legítima.

um sistema de dominação em que a sociedade abdica da função de intervir se a integridade da sociedade está em perigo.[2] O Estado certamente não produz por si mesmo a identidade coletiva da sociedade; nem pode ele próprio realizar a integração social mediante valores e normas que, como se sabe, não tem à disposição. Mas na medida em que o Estado assume a garantia de *evitar* a desintegração social por meio de decisões vinculantes, ele liga ao exercício do poder estatal a pretensão de conservar a sociedade em sua identidade, determinada de maneira normativa. É deste modo que a legitimidade do poder estatal é medida, devendo ser reconhecida como legítima caso deva perdurar.

Nas novas teorias do desenvolvimento político, que devem explicar o surgimento do Estado moderno, o asseguramento da identidade, a obtenção de legitimação e a integração social são especificados como problemas sistêmicos universais.[3] A reformulação destes conceitos nos termos da teoria dos sistemas, contudo, esconde o contexto que é constitutivo para a dominação política. O subsistema político assume a tarefa de proteger a sociedade da desintegração, mas não pode dispor livremente das capacidades de integração social nem do poder de definição em virtude dos quais é estabelecida a identidade da sociedade que tal sistema precisa conservar. No estágio evolucionário das sociedades organizadas de maneira estatal, diferentes formas de identidade foram caracterizadas: o Império, a comunidade urbana, o Estado nacional. Certamente estes são compatíveis apenas

---

2 Eder, *Die Entstehung staatlich organisierter Klassengesellschaften*.
3 Rokkan, Die vergleichende Analyse der Staaten- und Nationenbildung, p.228-252.

com determinados tipos de dominação política, mas esta não coincide com eles. Um império mundial, uma *polis*, uma comuna da Idade Média, uma nação exprimem a conexão de diferentes ordens políticas com cada uma das formas de vida (*ethos*).[4] É com razão, portanto, que a pesquisa acerca da modernização trata a *state-building* [formação do Estado] e a *nation-building* [formação da nação] como dois processos diferentes, ainda que interdependentes.

A restrição da categoria de legitimidade às sociedades organizadas de maneira estatal não é trivial. Essa fixação conceitual tem implicações empíricas das quais eu gostaria de mencionar algumas.

a) Se igualarmos poder legítimo com dominação política, temos de, entre outras coisas, afirmar que nenhum sistema político pode assegurar por longo prazo a lealdade das massas, isto é, a disposição dos membros à obediência, sem recorrer a legitimações. Nas discussões ramificadas sobre o tipo weberiano de uma dominação legal, que deve se "legitimar" apenas por meio de procedimentos técnicos, somente Carl Schmitt e Niklas Luhmann se aproximaram da tese de que no Estado moderno as decisões realizadas legalmente são aceitas, por assim dizer, sem consideração dos motivos. Em um âmbito um pouco diferente reside a tese de que a integração social, efetuada mediante valores e normas e protegida pela autoridade estatal, pode ser substituída em princípio pela integração sistêmica, isto é, pelas funções latentes de estruturas não-

---

4 Nesse sentido, o conceito aristotélico de *polis* é menos um conceito de constituição do que um de identidade. Cf. Ritter, Politik und Ethik in der praktischen Philosophie des Aristoteles, p.106-132.

normativas (ou mecanismos) da sociedade.[5] A este âmbito corresponde a afirmação de que as operações sistêmicas podem tornar supérfluas as concepções de legitimidade, de que então a eficiência *observável* de maneira neutra do aparelho estatal ou do sistema econômico produz legitimidade (e não apenas a eficiência percebida e avaliada pelos participantes).[6] Estas afirmações são incompatíveis com o emprego sugerido do conceito de legitimidade.

b) Além disso, de acordo com este uso da língua, problemas de legitimidade não são uma especialidade moderna. As fórmulas do *legitimum imperium* [império legítimo] ou do *legitimum dominium* [dominação legítima] foram difundidas em Roma e na Idade Média europeia.[7] As teorias políticas se ocupam da ascensão e queda da dominação legítima – na Europa no mais tardar desde Aristóteles, senão desde Sólon.[8] E os próprios conflitos de legitimação podem ser verificados em todas as antigas civilizações, mesmo em sociedades arcaicas, quando durante a colonização estas colidiram com os conquistadores das sociedades organizadas de maneira estatal. Os conflitos de legitimidade assumem tipicamente em sociedades tradicionais a forma de movimentos proféticos e messiânicos. Estes se voltam sempre contra a versão oficial de uma doutrina religiosa legitimada pelo Estado ou dominação principesca, pela igreja ou dominação colonial; desse modo, os insurgentes apelam ao

---

5 Luhmann, Die Weltgesellschaft, p.1-33; para uma crítica desta interpretação, cf. capítulo 4 no presente volume.
6 Cf. o argumento de Kielmansegg, Legitimität als analytische Kategorie, p.367-401, especialmente p.391 et seq.
7 Würtenberger, *Die Legitimität staatlischer Herrschaft*.
8 Meier, Die Entstehung des Begriffs "Demokratie", p.535-575.

conteúdo religioso original da doutrina. Exemplos disso são os movimentos proféticos em Israel, a expansão do cristianismo primitivo no Império Romano, os movimentos heréticos da Idade Média até à guerra dos camponeses, mas também os movimentos messiânicos e milenaristas entre os nativos, que furtaram a própria religião dos senhores coloniais para se voltar contra eles criticando sua legitimidade. V. Lanternari cita a palavra reveladora de um profeta Zulu: "Antes tínhamos a terra e vós a Bíblia; agora, vós tendes a terra e nos restou a Bíblia".[9] Considerando esses fenômenos globais, eu não compreendo como é possível insistir em reservar os problemas de legitimação para a sociedade burguesa e o Estado moderno.

c) Considero ainda mais incompreensível que os problemas de legitimação, tal qual afirma Hennis, nada deveriam ter a ver com conflitos de classes. Com a diferenciação externa de um centro político de controle, surgiu a possibilidade de desacoplar o acesso aos meios de produção e a apropriação da

---

[9] Lanternari, *Religiöse Freiheits- und Heilsbewegungen untedrückter Völker*. "A partir da opressão 'internalizada' pelos brancos, surgiu de maneira espontânea entre os nativos aquela 'necessidade da Bíblia', que os missionários, em décadas ou séculos de propaganda não puderam inculcar de fora nos nativos. A causa para essa 'autocristianização' de muitos grupos nativos reside antes no fato de que a invasão forçada dos brancos nas comunidades nativas produziu entre eles condições de vida que são fundamentalmente semelhantes àquelas que haviam imperado durante a expansão do cristianismo primitivo no Ocidente. Da mesma maneira que os cristãos primitivos do Oriente Próximo e da Roma antiga, também os grupos de população nativa africana, asiática, oceânica e americana sentiram uma dupla opressão: a da dominação sacerdotal militante das missões e aquela da glorificação massacrante e autoritária do Estado nos governos coloniais".

riqueza produzida socialmente dos sistemas de parentesco e reorganizá-los segundo relações de dominação. Esta possibilidade estrutural também foi utilizada em todas as civilizações. Com isso, surgiu uma estrutura de classes que certamente ainda não se manifestou *como* organização socioeconômica de classes, mas sim como estrutura de privilégios de estamentos, castas, estratos etc. Todos os indícios mostram que a estratificação, a exploração, o poder social exercido *face to face* [face à face] nos antigos Impérios alcançaram um patamar avançado. Basta estudar a história da execução penal para ver que nestas sociedades tradicionais se inserem conflitos estruturais que reiteradamente têm de despontar em crises de legitimação. Basta ler o capítulo de Rostovtzeff sobre os Gracos e os inícios das sublevações políticas e sociais em Roma.[10]

Na Idade Média europeia, difundiram-se bastante as revoltas de camponeses, artífices e comunidades urbanas; muitas delas não cruzaram os limiares da crítica da legitimação; mas isso aconteceu muitas vezes quando estavam vinculadas a movimentos heréticos. A título de exemplo temos os Irmãos e

---

10 As seguintes propostas de lei – reforma fundiária, redução do tempo de serviço militar, direito civil para os aliados – iluminam o pano de fundo das oposições das classes entre os latifundiários nobres e camponeses. A tentativa de erigir uma democracia de acordo com o modelo grego, de tirar a maior quantidade possível de questões de competência do Senado e transmiti-las à assembleia popular, de modificar a composição dos tribunais compostos de senadores, mostra que se trata de um conflito de legitimidade. Que Otávio foi afastado inconstitucionalmente do seu tribuno, que Tibério pôde se apresentar ilegalmente como candidato uma segunda vez, que o Senado não condenou penalmente o assassinato de Tibério, ocorrido no meio da rua – tudo isso fala a favor de uma perda profunda de legitimidade da ordem existente.

Irmãs do Espírito Santo, uma seita panteísta desenvolvida por volta de 1300 nos dois lados do Baixo Reno,[11] ou os Franciscanos radicais nas cidades do norte da Itália no século XIV.[12] As guerras dos camponeses são apenas o último elo significativo em uma longa cadeia de movimentos de levante hereticamente fundamentados e socialmente motivados.[13] Por fim, eu não gostaria de desperdiçar palavras falando sobre o pano de fundo de classes das revoluções burguesas.

Não causa surpresa que as oposições de classes estejam na base dos diferentes fenômenos de deslegitimação; pois a organização estatal da sociedade é a condição mais importante de uma estrutura de classes no sentido de Marx. Naturalmente que os conflitos de legitimidade em regra não são resolvidos em termos de conflitos econômicos, mas no âmbito das doutrinas legitimadoras. Eles precisam remeter às definições de identidade coletiva, as quais, por sua vez, só podem se basear em estruturas que fundam a unidade e garantem o consenso, como a linguagem, o pertencimento étnico, a tradição – ou mesmo a razão. (A única exceção que conheço é o Partido Comunista, que por um certo período determinou a identidade do movimento proletário; mas também ele apenas superficialmente é uma estrutura geradora de dissensos: a meta do movimento conduzido pelo Partido Comunista deve ser, com efeito, tornar ele mesmo supérfluo enquanto partido).

Permitam-me resumir de maneira breve a análise conceitual. Entendo por *legitimidade* o merecimento do reconhecimento

---

11 Werner e Erbstößer, *Ideologische Probleme des mittelalterlichen Plebejertum*.
12 Becker, *Florentine Politics and the Diffusion of Heresy in the Trecento*, p.67-75.
13 Cohen, *The Pursuit of the Millenium*; Russel, *Religious Dissent in the Middle Ages*.

de uma ordem política. A *pretensão de legitimidade* se relaciona à preservação sociointegrativa de uma identidade normativamente determinada da sociedade. As *legitimações* servem para resgatar essa pretensão, ou seja, para mostrar de que maneira e por que as instituições existentes (ou recomendadas) são apropriadas para empregar o poder político de modo a realizar os valores constitutivos para a identidade da sociedade. Se as legitimações convencem, se são críveis, é algo que certamente depende de motivos empíricos; mas esses motivos não se formam independentemente da força de justificação, a ser analisada de maneira formal, das próprias legitimações – ou também podemos dizer, do potencial de legitimação ou das *razões* que podem ser mobilizadas. O que é aceito como razão que tem força para produzir consenso e, com isso, formar a motivação, depende sempre do *nível de justificação* exigido. Uma vez que eu gostaria de utilizar o conceito de legitimação de maneira reconstrutiva, abordarei rapidamente essa estrutura interna da justificação.

2. P. von Kielmannsegg criticou de forma convincente os tipos weberianos de legitimidade e sugeriu compreender o tradicionalismo e o carisma como estados que *toda* ordem legítima tem de supor. Gostaríamos de distinguir entre estes aspectos de produção e conservação do poder legítimo e as expressões do poder legítimo, seus tipos de dominação. Aqui separamos, por sua vez, as *razões legitimadoras* e as *institucionalizações da dominação*. Determinados sistemas institucionais são compatíveis com um dado nível de justificação, outros não.

Não posso, no entanto, caracterizar os níveis de justificação historicamente conhecidos segundo suas propriedades formais (como seria necessário), mas apenas ilustrá-los com algumas indicações. Nas civilizações iniciais, as famílias dominantes se justificaram com a ajuda dos mitos de origem. Foi assim que os faraós se apresentaram de início na qualidade de deuses, por exemplo, como o Deus Hórus, Filho de Osíris. Neste âmbito, bastam razões narrativas, a saber, narrativas míticas. Com o desenvolvimento imperial das antigas civilizações, cresce a *necessidade* de legitimação; não é unicamente a pessoa do governante que precisa ser justificada, mas uma ordem política (a qual o governante pode transgredir). Também servem a este propósito as éticas fundamentadas de maneira cosmológica, as religiões avançadas e as filosofias que remetem aos grandes fundadores: Confúcio, Buda, Sócrates, aos profetas israelitas e a Jesus.[14] Estas imagens de mundo racionalizadas possuem a forma do saber dogmatizável. Argumentos entram no lugar de narrativas. Contudo, existem razões últimas, princípios fundadores de unidade que explicam o mundo em seu todo (o mundo natural e humano). Neste estágio, também se encontra a tradição ontológica de pensamento. Na modernidade, por fim, ao menos desde o surgimento da ciência moderna, aprendemos a distinguir de maneira mais estrita argumentações teóricas e argumentações práticas. O *status* das razões últimas se torna problemático. O direito natural clássico é reconstruído; as novas teorias do direito natural, que legitimam o surgimento do Estado moderno, erguem pretensões de validade independentemente das cosmologias, religiões ou ontologias.

 Esse desenvolvimento, passando por Rousseau e Kant, conduz à consequência de que, em questões práticas, em ques-

---

14 Jaspers, *Die großen Philosophen*.

tões de justificação de normas e ações, no lugar de princípios substantivos como natureza e Deus, entra o princípio formal da razão. Neste caso, as justificações não se *fundam* somente em argumentos, pois este também era o caso no quadro das imagens de mundo formadas filosoficamente. Agora, já que as razões últimas não podem mais ser teoricamente plausíveis, *as próprias condições formais de justificação conservam força legitimadora*. Os próprios procedimentos e pressupostos do acordo racional se tornam princípio. Nas teorias contratualistas de Hobbes e Locke até John Rawls,[15] a ficção do estado de natureza, ou de uma *original position* [posição original], *também* tem o sentido de especificar as condições sob as quais um acordo expressará o interesse comum de todos os participantes – e em que medida pode valer como racional. Nas teorias orientadas de maneira transcendental de Kant até Karl-Otto Apel,[16] essas condições se tornam pressuposições universais e inevitáveis da formação racional da vontade, sejam atreladas a um sujeito de modo geral ou a uma comunidade ideal de comunicação. Em ambas as tradições, não são as razões últimas, mas as condições formais de formação do consenso possível que conservam força legitimadora.

Quando falo de níveis de justificação, portanto, refiro-me às condições formais de aceitabilidade de razões que emprestam eficácia às legitimações, ou seja, sua força para produzir consenso e formar a motivação. Estes níveis podem ser classificados de maneira hierárquica. As legitimações de um estágio superado, não importando como se parecem em termos de conteúdo, são

---

15 Rawls, *Eine Theorie der Gerechtigkeit*.
16 Apel, Das Apriori der Kommunikationsgemeinschft und die Grundlage der Ethik, p.358-436.

desvalorizadas com a passagem para o próximo nível superior: não é esta ou aquela razão, mas *o tipo* de razões que, neste caso, não convence mais. Tal desvalorização dos potenciais de legitimação de massas inteiras de tradições ocorreu nas grandes civilizações com a dissolução do pensamento mítico, na modernidade, com a dissolução das figuras cosmológicas, religiosas e ontológicas de pensamento. Eu suspeito que os impulsos de desvalorização estejam relacionados com as passagens socioevolutivas a um novo nível de aprendizagem que estabelece as condições de possibilidade de processos de aprendizagem na dimensão tanto do pensamento objetivante quanto na do discernimento prático. Não posso desenvolver aqui este ponto. Contudo, para o problema de legitimidade da modernidade é decisivo que o nível de justificação se torne reflexivo. Os próprios procedimentos e pressupostos de justificação são, de agora em diante, as razões legitimadoras sobre as quais se funda a validade das legitimações. A ideia de um acordo levado a cabo por todos, mais precisamente por sujeitos considerados livres e iguais, determina o tipo procedimental de legitimidade da modernidade (contrariamente, foi a ideia do saber, passível de ser instruído, de um mundo ordenado que havia determinado o tipo clássico de legitimidade). A isso corresponde uma posição transformada dos sujeitos. O mito é considerado verdadeiro em uma atitude ingênua. O saber da ordem de Deus, do cosmos e do mundo humano foi conhecido como doutrina tradicional de sábios e profetas. Aqueles que chegaram a acordo sob condições idealizadas se encarregaram *eles mesmos* da competência da interpretação.[17]

---

17 Döbert, Zur Logik des Übergangs von archaischen zu hochkulturellen Religionssystemen, p.330-363.

O tipo procedimental de legitimidade foi evidenciado primeiramente por Rousseau. O *contrat social* [contrato social], que sela o rompimento com o estado de natureza, significa algo novo, o princípio social de regulação do comportamento: ele mostra por qual caminho "no comportamento (dos homens) a justiça assume o lugar do instinto". Aquela situação, em que cada indivíduo com todos os outros "transfere totalmente" à comunidade seus direitos naturalizados, sintetiza as condições sob as quais são consideradas legítimas apenas aquelas regulações que expressam o interesse comum, ou melhor, a vontade geral: "pois se cada um se entrega completamente, a situação é igual para todos; e se a situação é igual para todos, ninguém tem um interesse de torná-la difícil para os outros".[18] Contudo, Rousseau não compreendeu seu contrato ideal apenas como definição de um nível de justificação; ele mesclou a introdução de um novo princípio de legitimação com propostas para a institucionalização de uma dominação justa. A *volonté générale* [vontade geral] não deve somente explicitar razões válidas, mas também marcar o lugar da soberania. Isso confundiu a discussão acerca da democracia até os dias de hoje.

Eu penso aqui na discussão sobre a democracia de conselhos.[19] Se denominamos democracias precisamente aquelas ordens políticas que satisfazem o tipo procedimental de legitimidade, então podemos tratar questões de democratização como aquilo que são: questões de organização. Pois depende

---
18 Rousseau, *Le contrat social*.
19 Grebing, Volksrepräsentation und identitäre Demokratie, p.162-180; Fijalkowski, Bemerkungen zu Sinn und Grenzen der Rätediskussion, p.124-139; Scharpf, Demokratie als Partizipation, p.117-124; Hentig, *Die Wiederherstellung der Politik*.

justamente da situação social concreta inicial, das situações dadas de interesses, das margens de disposição, das informações etc., saber quais tipos de organização e quais mecanismos são mais apropriados a cada vez para produzir decisões e instituições legítimas em termos procedimentais. No entanto, aqui se pensa em categorias de processo. Pois posso imaginar a tentativa de instaurar democraticamente uma sociedade apenas como processo autocontrolado de aprendizagem. Trata-se de encontrar dispositivos que possam fundamentar a suposição de que as instituições de base da sociedade e as decisões políticas fundamentais encontrariam consentimento não coagido de todos os concernidos, se estes pudessem participar da formação discursiva da vontade na qualidade de livres e iguais. A democratização não pode significar uma preferência *a priori* por um determinado tipo de organização, por exemplo, pelas chamadas democracias identitárias.

Também segue de maneira equivocada a discussão entre representantes de uma teoria normativa da democracia, de um lado, e aqueles de um conceito "realista" ou "empírico" de democracia, de outro.[20] Quando se distingue as democracias de outros sistemas de dominação mediante um princípio racional de legitimação e não por tipos de organização indicados *a priori*, então os críticos opositores erram seu objetivo. Schumpeter e seus seguidores reduzem a democracia a um método de escolha de elites. Eu não considero isso duvidoso porque esta concorrência de elites é incompatível com formas de democracia

---

20 Bachrach, *Die Theorie demokratischer Eliteherrschaft*; Pateman, *Participation and Democratic Theory*; Skinner, The Enpirical Theorists of Democracy and their Critics: A Plague on both their Houses, p.287-306.

de base; sem dúvida, é possível imaginar situações iniciais em que os procedimentos da democracia concorrencial produzem mais facilmente instituições e decisões que possuem legitimidade racional em seu favor. Considero duvidoso o conceito de Schumpeter porque define democracia por procedimentos que nada têm a ver com os procedimentos e pressupostos do acordo livre e da formação discursiva da vontade. Os procedimentos da dominação democrática das elites são entendidos de maneira decisionista, de tal modo que não podem ser relacionados com a ideia de uma justificação baseada em interesses universalizáveis. Por outro lado, as teorias normativas da democracia não podem ser repreendidas pelo fato de se aterem a essa legitimidade procedimental. Porém, elas se expõem à crítica justificada na medida em que confundem um nível de justificação da dominação com procedimentos de organização da dominação. Logo, podemos facilmente objetar o que Rousseau já sabia: que nunca existiu e também jamais existirá uma verdadeira democracia.

É evidente que a distinção entre razões válidas e instituições da dominação traz dificuldades, tendo em vista o Estado moderno. Assim, segundo Kielmannsegg, por exemplo, acordo e consentimento certamente podiam se tornar condição do exercício legítimo da dominação, mas não razão válida de legitimidade porque, com efeito, a legitimidade só surgiria "pelo recurso a algo incondicionalmente válido".[21] Com isso, Kielmannsegg erra o ponto moderno de transposição do poder legítimo para um nível reflexivo de justificação. Somente os procedimentos e os pressupostos do acordo desfrutam

---

21 Kielmansegg, Legitimität als analytische Kategorie, p.381.

de validade incondicional; acordos livres são considerados racionais, a saber, válidos como expressão de um interesse universal, se pudessem ser levados a cabo sob condições ideais, as quais unicamente criam legitimidade. Uma confusão semelhante está presente em Hennis. A legitimidade do exercício da dominação no Estado moderno se apoia, segundo ele, em "razões penúltimas"; as "razões últimas" caracterizavam nesta arquitetura somente os limites da dominação legítima. Hennis pensa provavelmente na privatização dos poderes da fé com a qual as guerras confessionais chegaram ao fim, e em tudo o que hoje se encontra sob a bandeira do pluralismo (uma bandeira que mais esconde do que sinaliza). Mas o que legitima então a neutralização confessional do Estado senão (entre outras coisas) aqueles discursos que foram conduzidos de Hobbes a Hegel, ou seja, argumentos que fundamentam o fato de que tais regulações residem no interesse de todos os participantes? Hoje, nem razões penúltimas ou últimas podem legitimar – quem afirma isso se move no nível da Idade Média. Hoje, possuem força legitimadora unicamente regras e pressupostos da comunicação que permitem distinguir uma concordância ou um acordo obtido entre livres e iguais de um consenso contingente ou forçado. Em nosso contexto, é secundário saber se tais regras e pressupostos da comunicação são *interpretados* e explicados antes com a ajuda de construções jusnaturalistas e teorias do contrato, com conceitos de uma filosofia transcendental, de uma pragmática da linguagem ou mesmo no quadro de uma teoria do desenvolvimento da consciência moderna.

O moderno nível de justificação também é confundido por aqueles que se sentem acima da antiga Europa. Eles acreditam poder substituir a legitimidade procedimental no sentido do acordo racional pelos "procedimentos" no sentido das propriedades formais do exercício da dominação.[22] Sem dúvida, a força normativa do factual não é uma quimera, mas um indicador de que muitas normas são impostas contra a vontade daqueles que as obedecem. Antes que as normas da dominação sejam aceitas *sem razão* pela massa da população, as estruturas comunicativas, em que até hoje se formam nossos motivos de ação, precisariam estar completamente destruídas. Contudo, não possuímos garantia metafísica alguma de que isso não ocorra.[23]

3. Eu gostaria agora (de maneira necessariamente breve) de abordar os problemas de legitimação que surgem com o Estado moderno. Caracterizamos este Estado junto com os mesmos traços distintivos, como a monopolização do poder legítimo, a administração centralizada e racional (no sentido de Max Weber), na territorialidade etc. Estes traços circunscrevem uma estrutura de organização estatal que só é visível quando nos desprendemos da visão estreita da ciência política, fixada no Estado, e consideramos o surgimento da sociedade capitalista. Isso exige uma organização estatal diferente das sociedades de classes dos grandes impérios, constituídas de maneira imediatamente política,, seja no antigo Egito, na China, Índia, Roma ou no feudalismo europeu. Permitam-me separar o aspecto interno e externo desse processo.

Segundo o aspecto *interno*, o Estado moderno pode ser compreendido como resultado da diferenciação de um sistema

---

22 Luhmann, *Legitimation durch Verfahren*.
23 Habermas, *Legitimationsprobleme im Spätkapitalismus*, p.194 et seq.

econômico que regula o processo de produção sobre o mercado, isto é, de maneira descentralizada e apolítica. O Estado organiza as condições sob as quais os cidadãos se encarregam do processo de produção na qualidade de pessoas privadas agindo estrategicamente. O próprio Estado não produz, a não ser de maneira subsidiária em favor de empresários para quem determinados investimentos, que cumprem uma função necessária, ainda não são ou passaram a não ser mais rentáveis. Em outras palavras: o Estado desenvolve e garante o direito privado burguês, o mecanismo monetário, determinadas infraestruturas, no geral os pressupostos da estabilidade de um processo econômico despolitizado, liberto das normas éticas e das orientações baseadas no valor de uso. Uma vez que o próprio Estado não exerce atividades econômicas de forma capitalista, ele tem de desviar os recursos para suas operações de ordenação dos rendimentos privados. O Estado moderno é um Estado coletor de impostos (Schumpeter). A partir dessas determinações resulta uma constelação de Estado e sociedade civil com a qual a teoria marxista do Estado se ocupou reiteradas vezes.[24]

O Estado moderno obtém em comparação com o Estado do feudalismo ou dos antigos impérios, uma maior autonomia funcional, e no quadro da especificação funcional mais intensa também cresce a força impositiva da administração moderna diante dos cidadãos e grupos particulares. De outro lado, porém, a relação complementar entre Estado e economia torna clara antes de tudo a limitação econômica da margem de ação que o Estado dispõe.

---
24 Basso, Gesellschaft und Staat in der Marxschen Theorie, p.10-46.

Porque (o Estado) está tanto excluído da produção capitalista quanto também depende simultaneamente dela [...], ele necessita criar as condições e pressupostos formais e (de uma maneira historicamente crescente) também materiais para que a produção e a acumulação possam ser prosseguidas e sua continuidade não malogre por causa das instabilidades objetivas, temporais e sociais que habitam a socialização anárquica do processo do capital.[25]

Também o Estado pré-moderno se encontrava diante da tarefa de proteger a sociedade da desintegração sem poder dispor livremente das capacidades da integração social; mas o Estado moderno dirige suas operações de ordenação diretamente para *delimitar* um sistema parcial de sua área de soberania, o qual substitui (ao menos em parte) a integração social efetuada mediante valores e normas por uma integração sistêmica baseada nas relações de troca.[26]

Agora em relação ao *aspecto externo* da nova estrutura do Estado. O Estado moderno não surge no singular, mas na qualidade de sistema de Estados. Este se forma na Europa do século XVI, onde as estruturas tradicionais de poder são dispersas e a homogeneidade cultural é relativamente grande, onde o governo mundano e o espiritual se separaram, onde as metrópoles comerciais se desenvolveram etc.[27] Wallerstein mostrou que o sistema moderno de Estados surgiu em meio a uma "economia mundial europeia", isto é, um mercado mundial que os Estados

---

25 Offe, *Berufsbildungsreform*, p.24 et seq.
26 Cf. meu conceito de "crise sistêmica" em *Legitimationsprobleme im Spätkapitalismus*, p.41-50.
27 Tilly, Reflections on the History of European State-Making, p.3-83.

europeus dominam.²⁸ A diferença de poder entre o centro e a periferia, porém, não significava que algum Estado individual havia conquistado o poder para controlar as relações globais de troca. Isso significa que o Estado moderno não se forma apenas junto com um entorno econômico interno, mas também externo. Isso explica também a forma peculiar de soberania de um Estado que é definido pela relação com a soberania de outros Estados. A autonomia privada de sujeitos econômicos individuais agindo estrategicamente se apoia em um reconhecimento recíproco que é sancionado juridicamente e pode ser regulado de maneira universalista. A autonomia política de poderes estatais agindo individualmente de maneira estratégica se apoia em um reconhecimento recíproco que é sancionado pela ameaça do poder militar e assim, apesar das barreiras do direito internacional, permanece particular e naturalizado. As guerras e a mobilização de recursos para a construção de exércitos e frotas permanentes são constitutivas para o sistema moderno de Estados, tal como existiu por quase três séculos desde a Paz de Vestfália. A ampliação da administração fiscal, ou de um aparelho administrativo central em geral, é no mínimo tão fortemente marcada por esses imperativos quanto, de maneira imediata, pelas necessidades de organização da economia capitalista.²⁹

Se tivermos diante dos olhos esses dois aspectos da estrutura estatal, torna-se claro que o processo de formação dos Estados deveria repercutir sobre a forma de identidade

---

28 Wallerstein, *The Modern World-System*.
29 Finer, State- and Nation-Building in Europe: The Role of the Military, p.84-163.

coletiva. Os grandes *impérios* foram caracterizados pelo fato de que, na qualidade de unidades complexas com pretensão de universalidade, eles podiam se delimitar externamente, diante de uma periferia não determinada com precisão em termos territoriais, somente por anexação, submissão tributária e associação. Internamente, a identidade de tais impérios precisava apenas estar ancorada na consciência de uma pequena elite, podendo coexistir com outras identidades integradas de forma mais frouxa. O surgimento de *nações* mostra como esse tipo de identidade coletiva foi reconfigurada sob a pressão da estrutura moderna do Estado. A nação é uma estrutura de consciência (ainda não suficientemente analisada) que satisfaz ao menos dois imperativos. Em primeiro lugar, ela compatibiliza de maneira subjetiva as estruturas formalmente igualitárias do direito privado civil (e mais tarde da democracia política) internamente com as estruturas particularistas de autoafirmação dos Estados soberanos, dirigida para o exterior; e permite, em segundo lugar, um alto grau de mobilização social da população (pois todos têm lugar na consciência nacional). Também aqui a Revolução Francesa oferece o caso-modelo: a nação surge junto com o Estado constitucional burguês e o serviço militar obrigatório.

Eu recordei as estruturas de *formação dos Estados* e do *devir das nações* porque podem nos ajudar a decifrar as temáticas acerca da legitimação que acompanharam a formação do Estado burguês. Se, para simplificar, nos mantivermos nas discussões da teoria do Estado, é possível distinguir cinco complexos temáticos.[30] Estes estratos temáticos se espalham pelos séculos. Os primei-

---

30 Würtenberger, *Die Legitimation staatlicher Herrschaft.*

ros dois complexos refletem a constituição do novo nível de justificação, os outros três refletem as estruturas do Estado moderno e da nação.

a) *Secularização*. Com a especificação funcional das tarefas da administração pública e do governo, desenvolve-se um conceito do político que exige uma justificação politicamente imanente. Neste processo, a legitimação do poder estatal é dissociada das tradições religiosas, criando assim uma controvérsia de primeira grandeza. Tanto quanto posso ver, Marsílio de Pádua foi um dos primeiros, senão o primeiro, que em seu escrito *Defensor pacis* (1324) criticou, seguindo Aristóteles, a teoria da *translatio imperii* e, com isso, toda justificação teológica.[31] Essa controvérsia seguiu até o século XIX, quando teóricos como de Bonald e de Maistre tentaram fundamentar religiosamente mais uma vez os poderes tradicionais da igreja, da monarquia e da sociedade estamental.

b) *Direito racional*. A grande discussão do direito natural racional com o clássico, que ainda repercute ao longo do século XIX, se concentra na elaboração de um tipo procedimental de legitimidade.[32] De Hobbes a Rousseau e Kant, as ideias principais do acordo racional e da autodeterminação foram explicadas de tal modo que as questões da justiça e do bem comum podem ser despidas de todas as conotações ontológicas e remetidas à competência da razão prática. Está implícita nessa controvérsia a desvalorização de um nível de legitimação dependente de imagens de mundo.

---

31 Sternberger, verbete "Legitimacy", p.244-248.
32 Essa expressão foi empregada, entre outros, por Friedrich, *Die Legitimität in politischer Perspective*.

c) *Direito abstrato e intercâmbio capitalista de mercadorias.* O direito natural racional não possui, contudo, apenas um lado formal, mas também um substancial. De Hobbes e Locke, passando pela filosofia moral escocesa (D. Hume, A. Smith, J. Millar), os filósofos franceses do Iluminismo (Helvetius, d'Holbach), a Economia Política clássica até Hegel, surge uma teoria da sociedade civil que explica o sistema do direito privado civil, as liberdades fundamentais dos cidadãos do Estado e o processo econômico capitalista como uma ordem garantidora da liberdade e maximizadora do bem-estar.[33] A partir do novo nível de justificação é possível defender uma ordem do Estado e da sociedade organizada universalmente. A controvérsia com os tradicionalistas diz respeito ao preço histórico que os ideais burgueses exigem ao direito do particular, aos limites da racionalidade, ou visto a partir de hoje: à "dialética do esclarecimento".

d) *Soberania.* A imposição da soberania monárquica interna e externamente atiça uma controvérsia que foi conduzida de início pelas frentes da guerra confessional – vejam as publicações dos monarcômacos protestantes após a Noite de São Bartolomeu de 1572. De Bodin até Hobbes, a questão da soberania foi decidida, portanto, no sentido do absolutismo. No decorrer do século XVIII, tenta-se repensar a soberania dos príncipes em termos de soberania popular, e com isso a soberania externa do Estado pode ser unificada com a democracia política. A soberania popular, no entanto, é um conceito militante difuso, que foi desdobrado nos debates constitucionais do século XIX. Nele convergem diferentes motivos de pensamento: o poder

---

33 McPherson, *Die politische Theorie des Besitzindividualismus*; Euchner, *Egoismus und Gemeinwohl*; Neuendorff, *Der Begriff des Interesses*.

soberano do Estado se manifesta como expressão tanto de um princípio de legitimidade quanto da dominação do terceiro estado, bem como também da identidade nacional.

e) *Nação.* Este último complexo temático assume assim uma posição particular porque a consciência nacional se desenvolveu de maneira discreta em culturas ricamente diferenciadas, muitas vezes com base em uma língua comum, antes de ter sido dramatizada em movimentos de independência. Na verdade, a identidade nacional só se torna um tema controverso onde os processos de modernização se atrasam, como nos pequenos Estados em que se dissolveu o Sacro Império no ano 1804, ou seja, no século XIX. Sem dúvida, um nacionalismo que, como o Império de Bismarck, serve para demarcar os inimigos internos – "inimigos do Império" tais quais socialistas, poloneses e católicos – não reflete mais a temática da legitimidade do Estado burguês em seu período de formação, mas já os conflitos de legitimidade em que cai tão logo se toma consciência de que a sociedade civil moderna não dissolve estruturas de classes, mas puramente as expressa pela primeira vez *como* estruturas socioeconômicas de classes.[34] Esse choque se torna permanente tendo em vista a ameaça à legitimidade que o movimento proletário internacional representa desde o século XIX.

Até aqui discutimos temáticas acerca da legitimação que emergiram com a imposição do modo de produção capitalista e com o estabelecimento do Estado moderno. Elas são expressão de problemas de legitimação cuja escala permanece oculta na medida em que, tal qual Hennis, nos limitamos a algumas peripécias da luta de classes, a algumas crises de legitimidade

---

34 Wehler, *Geschichte des Deutschen Keiserreichs.*

Jürgen Habermas

historicamente cheias de consequências, às revoluções burguesas. A escala de tudo o que deveria ser legitimado só pode ser imaginada se olharmos os vestígios de repressões ao longo de séculos, as grandes guerras e as pequenas insurreições e derrotas que orlam o caminho para o Estado moderno. Penso, para dar um exemplo, na resistência contra o que a pesquisa da modernização trata sob o título *"penetration"* [penetração] (imposição do poder administrativo) e *mobilization* [mobilização] – revoltas provocadas pela fome quando falha o abastecimento de comida; revoltas contra impostos quando a espoliação pública se torna insuportável; revoltas contra o alistamento de recrutas etc. Essas insurreições locais contra a expansão do Estado moderno desapareceram no século XIX.[35] Elas foram substituídas pelas confrontações sociais dos artesãos, dos trabalhadores industriais e do proletariado rural. Essa dinâmica produz novos problemas de legitimação. O Estado burguês não podia reservar tais problemas unicamente à força de integração da consciência nacional; ele deveria tentar amortecer os conflitos encerrados no sistema econômico e, na qualidade de luta institucionalizada de distribuição, enquadrá-los no sistema político. Onde isso obteve êxito, o Estado moderno assumiu uma das formas da democracia de massas do Estado de bem-estar social.

4. Tendo em vista um congresso de especialistas, eu gostaria de fazer somente umas poucas considerações a respeito dos problemas de legitimação nas sociedades capitalistas desenvolvidas, mais precisamente considerações sobre a) um conflito fundamental do qual emergem hoje problemas de legitimação,

---

35 Tilly, Food Supply and Public Order in Modern Europe, p.380-456.

b) as condições restritivas da solução de problemas e c) dois níveis de deslegitimação.

a) A expressão "democracia de massas do Estado de bem-estar social" indica duas propriedades do sistema político eficazes para a legitimação. Ela primeiramente diz que a oposição sistêmica surgida no movimento proletário foi suavizada em virtude da concorrência regulada entre partidos. Entre outras coisas, isso
 – institucionalizou os papéis de oposição,
 – formalizou e tornou permanente o processo de legitimação,
 – periodizou as variações na legitimação e canalizou a perda de legitimação na forma das mudanças de governo,
 – e finalmente permitiu que *todos* participassem do processo de legitimação na qualidade de eleitores.

As ameaças à legitimação, contudo, podem ser evitadas somente se o Estado – e isso diz respeito ao outro momento – puder se apresentar de modo crível como Estado de bem-estar social, capaz de deter os efeitos colaterais disfuncionais do processo econômico, tornando-os inofensivos para os indivíduos, a saber,

 – posteriormente, graças a um sistema de proteção social que deve amenizar os riscos básicos vinculados às posições mais fracas do mercado,
 – e, preventivamente, graças a um sistema de proteção às condições de vida que deve funcionar, sobretudo, mediante o acesso igualitário à formação escolar formal.

O preenchimento deste programa típico do Estado de bem--estar social – que, nas democracias de massas, se representa não o fundamento, no mínimo expõe uma condição necessária

de legitimidade – pressupõe, no entanto, um sistema econômico relativamente estável. Desse modo, o Estado assume de maneira programática uma "garantia contra quedas" para o funcionamento do processo econômico (Böckenförde). Hoje não existem controvérsias sobre os riscos estruturais inscritos nas economias capitalistas desenvolvidas. Trata-se em primeira linha
– de interrupções do processo de acumulação determinantes da conjuntura,
– de custos externos de uma produção privada que não consegue considerar o suficiente as próprias situações problemáticas que ela mesma produz,
– do padrão de privilégios cujo núcleo apresenta uma distribuição desigual de bens e riqueza estruturalmente determinada.

As três grandes áreas de competência, com as quais se mede hoje a capacidade de legitimação de um governo, consistem em uma política conjuntural de proteção do crescimento, uma influenciação da estrutura da produção orientada para a necessidade coletiva e a correção do padrão de desigualdade social. O problema, portanto, não reside no fato de que tais competências são imputadas ao Estado e que este precisa assumi-las de maneira programática; o conflito em que podemos enxergar uma fonte de problemas de legitimação, para usar os termos de C. Offe, reside antes no fato de que o Estado deve desempenhar todas aquelas competências sem lesar as condições funcionais de uma economia capitalista, e isso significa, sem ferir a relação complementar que exclui o Estado do sistema econômico e, ao mesmo tempo, também o torna dependente de sua dinâmica.[36]

---

36 Offe, Ronge, *Thesen zur Begründung des Konzepts des 'kapitalistischen Staates'*; Id., *Strukturprobleme des kapitalistischen Staates*.

Observado em termos históricos, o Estado se destinava desde o início a proteger a sociedade normativamente determinada em sua identidade diante da desintegração, sem que nunca pudesse dispor livremente das capacidades de integração social, sem que jamais pudesse alçar, por assim dizer, à dominação da integração social. De início, o Estado moderno só preencheu esta função na medida em que garantiu os pressupostos para a existência de um sistema econômico privado e desestatizado. Distúrbios e efeitos colaterais indesejados do processo de acumulação não deviam ser convertidos em perda de legitimação, uma vez que os interesses que foram prejudicados podiam ser considerados e segmentados como interesses privados. Todavia, conforme o processo econômico capitalista penetra cada vez mais em outros domínios da vida e os submete a seu princípio de socialização, consolida-se o caráter sistêmico da sociedade burguesa. A interdependência dos estados nestes domínios outrora privados aumenta a suscetibilidade a distúrbios, conferindo também a tais distúrbios uma dimensão politicamente relevante. É por isso que os efeitos colaterais disfuncionais do processo econômico se deixam segmentar cada vez menos entre si e cada vez menos podem ser neutralizados perante o Estado. Desse modo, cresce uma *responsabilidade geral do Estado pelas deficiências* e a suposição de uma competência estatal para a reparação de tais deficiências, as quais colocam o Estado diante de um dilema. De um lado, as definições de deficiência e os critérios de êxito no tratamento dessas deficiências passam para o domínio dos objetivos políticos carentes de legitimação; pois, como se sabe, o Estado tem de recorrer ao poder legítimo caso assuma o catálogo mencionado de competências. De outro lado, o Estado não pode recorrer diretamente ao poder legítimo como de costume para impor decisões vinculantes, mas apenas para manipular, apesar de tudo, as decisões de outros que não podem ser violados em sua autonomia privada. O controle indireto é a resposta a este dilema, e os limites da eficácia do controle indireto sinalizam um dilema persistente.[37] O problema de legitimação do Estado não reside hoje em saber de que maneira as relações funcionais entre atividade estatal e economia capitalista podem ser dissimuladas em favor de definições ideológicas acerca do bem comum. Isso não é mais possível, sobretudo em tempos de crise econômica – e o desmascaramento marxista não é mais necessário. O problema reside, pelo contrário, em apresentar – ou pelo menos *supor* – as operações da economia capitalista como a melhor satisfação possível, em comparação sistêmica, de interesses universalizáveis, pela qual o Estado se vê programaticamente obrigado a manter os efeitos colaterais disfuncionais em limites aceitáveis. Nessa distribuição de papéis, o Estado presta um auxílio de legitimação a uma ordem social que pretende legitimidade.

b) O Estado só pode demonstrar ser um auxiliador de legitimação se realizar com êxito as tarefas assumidas de maneira programática – e isso pode ser verificado em grande medida. A temática da legitimação, que hoje se encontra como pano de fundo, pode ser estabelecida na linha entre as teses da tecnocracia e os modelos de participação. Não poderei abordar isso aqui.[38] Mas eu gostaria de indicar uma série de condições

---

37 Skarpelis-Sperk et. al., Ein bieder meierlicher Weg zum Sozialismus.
38 Habermas, *Technik und Wissenschaft als "Ideologie"*; Koch, Senghaas, *Texte zur Technokratiediskussion*; Habermas, *Legitimationsprobleme im Spätkapitalismus*, p.178-193.

restritivas sob as quais hoje o Estado tem de empreender suas tarefas eficazes quanto à legitimação.[39]

(1) Da relação complementar entre Estado e economia resulta um conflito de fins que vem à consciência particularmente nas fases conjunturais de recessão: o conflito entre uma política de estabilidade, que precisa ajustar suas medidas a uma dinâmica cíclica própria do processo econômico, de um lado, e uma política reformista, de outro, que deve compensar os custos sociais do crescimento capitalista e exigir investimentos sem levar em consideração as condições conjunturais e a rentabilidade das empresas capitalistas.[40]

(2) O desenvolvimento do mercado mundial, a internacionalização do capital e do trabalho também reduziu externamente a margem de ação do Estado nacional.[41] Certamente, é possível segmentar os problemas que resultam da estratificação internacional para os países em desenvolvimento de modo a não produzirem efeito algum sobre o processo de legitimação nos países desenvolvidos. Mas as consequências da interdependência das economias nacionais entre si não podem ser neutralizadas, por exemplo, a influência de empresas multinacionais. Não é fácil satisfazer a necessidade de coordenação no âmbito supranacional na medida em que os governos precisam se legitimar exclusivamente em relação às decisões nacionais e assim reagir a desenvolvimentos nacionais altamente desiguais.

---

39 Massing, Restriktive sozio-ökonomische Bedingungen parlamentarischer Reformstrategien, p.123-138.
40 Guggenberger, Herrschaftslegitimierung uns Staatskrise, p.9-10; O'Connor, *Die Finanzkrise des Staates*.
41 Fröbel, Heinrichs, Kreye, Sunkel, Internationalisierung von Arbeit, p.429-454.

Jürgen Habermas

(3) Até a metade do século XX, a identidade nacional foi marcada de tal modo nos países europeus desenvolvidos que as crises de legitimidade puderam ser controladas, ao menos com o nacionalismo. Hoje aumentam os indícios de que começou um processo de esgotamento não apenas onde a consciência nacional foi superestimulada, mas também em todas as nações antigas está em curso um processo de erosão. Pode contribuir para essa questão a desproporção que existe entre mecanismos globais de integração sistêmica (mercado mundial, sistema armamentista, redes de notícias, intercâmbio de pessoas etc.) e a integração social local do Estado. Não é mais simples hoje determinar inimigos internos e externos segundo critérios nacionais. Critérios baseados na oposição sistêmica podem valer como substitutivo (por exemplo, no sentido do decreto contra os radicais); porém, inversamente, a pertença ao sistema não pode ser erigida em um critério positivo de identificação.

(4) As condições socioestruturais também não são particularmente favoráveis para um planejamento da ideologia (Luhmann). A expansão horizontal e vertical do sistema de ensino, por sua vez, facilita um controle social sobre as mídias de massa. Mas o uso simbólico da política (no sentido de M. Edelmann) também se torna cada vez mais suscetível às práticas de autodesmentido. De noite, no telejornal, vê-se de que maneira uma personalidade proeminente do SPD [Partido Social-Democrata Alemão] soletra que o controle de investimentos é uma "política industrial prospectiva"; no dia seguinte, lê-se na *Spiegel* o desmentido de Wehner [líder social-democrata]: "Nós vivemos em um tempo em que a semântica é decisiva" (no que abstraio por um instante a difusão seletiva da *Spiegel*).

c) Se mesmo sob tais condições restritivas o Estado não consegue manter nos limites os efeitos colaterais disfuncionais do processo econômico capitalista que ainda são aceitos por um público de eleitores, se também não consegue reduzir os próprios limiares de aceitabilidade, então os fenômenos de deslegitimação são inevitáveis. Esta deslegitimação é marcada de início pelo sintoma de uma intensa luta por distribuição que procede de acordo com as regras de um jogo de soma zero entre as quotas do Estado, quotas salariais e taxas de lucro. Taxa de inflação, crise financeira do Estado e quotas de desemprego, que só podem substituir de modo limitado umas às outras, são medidas gradativas contra falhas ante as tarefas de proteção da estabilidade; o colapso da política reformista é indício da falha diante da tarefa de transformar as indesejáveis estruturas de produção e de privilégios. Na República Federal da Alemanha há atualmente alguns destes sintomas; apesar disso, as repercussões no sistema político foram quase mínimas. Não disponho de dados com os quais poderíamos explicar essa situação de maneira satisfatória, permitindo-nos fazer uma estimativa correta do peso de fatores particulares – por exemplo, o papel de uma virada na tendência, que se irradiou primeiro pelas universidades, e foi suscitada, com clara consciência de seus objetivos, por meio da mobilização do medo, de muito pessimismo antropológico, da evocação de virtudes da submissão e poucos argumentos.

Contudo, as deslegitimações pressupõem neste estágio que as categorias de compensações, em torno das quais é conduzida a luta distributiva, não sejam contestadas. Quer-se dinheiro, tempo livre e segurança. Esses *primary goods* [bens primários] são representados como meios, neutros quanto aos fins, para a obtenção de uma multiplicidade indeterminada de fins concretos, selecionados de acordo com valores. Certamente se trata neste caso de meios altamente abstratos, utilizáveis de maneira multifuncional; no entanto, tais meios estabelecem *opportunity structures* [estruturas de oportunidade] claramente delineadas. Nestes meios se reflete uma forma de vida, a forma de vida de proprietários privados de mercadoria, que oferecem sua propriedade – a saber, força de trabalho, produtos e meios de pagamento – nas relações de troca e, com isso, adéquam-se à forma capitalista de mobilização de recursos.[42] Não pretendo tratar no pormenor as características desse privatismo da família, da profissão e da cidadania [*staatsbürgerlich*]. Também não pretendo criticar a forma de vida que tem seu ponto de cristalização no individualismo possessivo (McPherson). Eu apenas duvido que *a forma de vida refletida nas compensações conformes ao sistema*, tendo em vista as alternativas abertas pelo próprio desenvolvimento capitalista, poderia ainda hoje ser legitimada de maneira tão convincente como Hobbes pôde fazê-lo em sua época. Naturalmente, tais questões relevantes acerca da legitimação não precisam de fato ser admitidas caso os nossos gestores consigam redefinir ainda questões práticas também em termos de questões técnicas; caso se consiga fazer que não se levantem de modo algum questões que radicalizam o universalismo de valores da sociedade burguesa.

Em caso contrário, a *pursuit of happiness* [procura da felicidade] poderia um dia significar algo diferente: por exemplo, não mais a acumulação de objetos materiais disponíveis de forma privada, mas a realização de relações sociais em que a recipro-

---

42 Offe, Ronge, *Thesen zur Begründung des Konzepts des 'kapitalistischen Staates'*.

cidade predomine e a libertação não signifique o triunfo de um sobre as necessidades reprimidas do outro. Neste contexto, é importante saber se o sistema educacional está acoplado de novo ao sistema ocupacional, e se uma fluidificação discursiva das interpretações de nossas necessidades – interpretações em larga medida controladas externamente ou tradicionalmente fixadas– pode ser evitada na casa dos pais, escola, igreja, nos parlamentos, administrações planejadoras, empresas, enfim, na produção cultural.

5. A título de conclusão, gostaria de retornar ao ponto de partida analítico-conceitual de nossas reflexões. O que significa o conceito reconstrutivo que emprego na análise do problema da legitimação?

O tratamento dos processos de legitimação pelas ciências sociais se move hoje, mesmo entre teóricos marxistas,[43] sob a "esfera de influência de Max Weber". A legitimidade de uma ordem de dominação se mede segundo a *crença* na legitimidade daqueles que estão subordinados à dominação. Trata-se assim da "crença de que estruturas, procedimentos, ações, decisões, políticas, oficiais ou líderes políticos de um Estado possuam a qualidade da correção, da adequação, do bem moral e devem ser reconhecidos por causa desta qualidade".[44] Para a teoria dos sistemas (Parsons, Easton, Luhmann), coloca-se a pergunta de saber com a ajuda de quais mecanismos é possível obter uma medida suficiente de legitimação ou mediante quais equivalentes funcionais uma legitimação malograda pode ser substituí-

---
43 Miliband, *Der Staat in der kapitalistischen Gesellschaft*.
44 Merelmen, Learning and Legitimacy, p.548.

da.⁴⁵ Os teóricos da aprendizagem alocam a pergunta acerca das condições sociopsicológicas sob as quais surge uma crença na legitimidade em uma teoria da motivação à obediência.⁴⁶ Trocar empiricamente a legitimidade por aquilo que se considera como tal, portanto, permite realizar pesquisas sociológicas dotadas de sentido (cujo valor será decidido pelo sucesso das abordagens da teoria dos sistemas e da comportamental em seu todo). Neste caso, não se trata, tal qual afirma Hennis, de uma idiossincrasia alemã, mas do patamar alcançado pela pesquisa internacional.

Contudo, podemos nos perguntar pelo preço que o empirista tem de pagar por uma redefinição de seu objeto. Se o domínio de objetos é concebido de tal modo que não podemos encontrar ordens que de fato já são legítimas, mas tão somente ordens *que consideramos legítimas*, a conexão existente na ação comunicativa entre razões e motivos é ofuscada; em todo caso, exclui-se metodicamente uma avaliação das razões independente do ator. O próprio pesquisador se abstém de julgar de maneira sistemática as razões em que se apoiam as pretensões de legitimidade. Desde os tempos de Max Weber, isso é considerado certamente uma virtude; mesmo se nos apropriarmos dessa interpretação, permanece a suspeita de que a legitimidade, a crença na legitimidade e a disposição a obedecer uma ordem legítima têm alguma coisa a ver com a motivação baseada em "boas razões". Mas só é possível saber se as razões são "boas razões" na atitude performativa do *participante* em uma argumentação, não pela *observação* neutra daquilo que este ou

---

45 Busshoff, *Systemtheorie als Theorie der Politik*.
46 Lüderssen, Sack, *Abweichendes Verhalten I*, p.214-243.

aquele participante do discurso considera como boas razões. Sem dúvida, o sociólogo se ocupa da facticidade de pretensões de validade, por exemplo, com o fato de que a pretensão de validade erguida para uma ordem política é reconhecida com determinada frequência em determinadas populações. Mas ele pode ignorar a circunstância de que pretensões de validade normativa encontram reconhecimento, entre outras coisas, porque as consideramos discursivamente resgatáveis, corretas e fundamentadas? Ocorre da mesma maneira nas pretensões de verdade: a universalidade desta pretensão dá ao sociólogo a possibilidade de um exame sistemático da verdade de uma afirmação independentemente de saber se ela foi ou não considerada verdadeira para uma determinada população. Pode ser decisivo para uma análise saber se uma população agiu em virtude de uma opinião correta ou falsa (por exemplo, para determinar se um erro cognitivo ou outras causas foram responsáveis por falhas observáveis). Algo semelhante poderia ocorrer com a pretensão de validade normativa das instituições políticas; pode-se, por exemplo, querer saber antes se um determinado partido renuncia à obediência porque a legitimidade do Estado *está* enfraquecida ou existem outras causas em jogo. Para julgar isso, deveríamos poder avaliar sistematicamente as pretensões de validade de modo racional e intersubjetivamente verificável. Podemos fazer isso?

Hennis é obviamente desta opinião. Ele considera imprescindível uma "delimitação crítico-normativa entre legitimidade e ilegitimidade". Mas não nomeia os procedimentos e critérios de demarcação. Ele menciona fatores de legitimidade: a reputação das pessoas, a eficiência na realização de tarefas públicas, o consentimento acerca das estruturas. Mas a autoridade pessoal não deve "advir de fontes não passíveis de fundamentação". O que pode ser considerado realização eficiente de tarefas se mede com padrões. Estes se relacionam novamente às estruturas sobre cuja legitimação Hennis diz apenas que se impõe em diferentes variantes nacionais. Porém, ele não diz o que pode valer como razão de legitimidade da dominação. Para tanto ele precisa de um conceito normativamente rico de legitimidade. Hennis não o apresenta, mas, ao menos implicitamente, ele precisa se referir a tal conceito. O recorte da estratégia argumentativa, típico da antiga Europa, faz supor vinculações com a doutrina clássica da política.

Nesta tradição, que remonta a Platão e Aristóteles, encontram-se autores que ainda dispõem de um conceito substancial de eticidade, de conceitos normativos de bem, de virtude e de bem-comum.[47] Especialmente o neoaristotelismo experimentou um renascimento nos escritos de Hannah Arendt, Leo Strauss, Joachin Ritter e outros. Já o título *Metaphysik und Politik* [Metafísica e política], usado por Ritter ao publicar seus estudos de Aristóteles, dá indícios da dificuldade das condições em que se encontra a argumentação. O direito natural clássico é uma teoria dependente de imagens de mundo. Para Christian Wolff, ainda era bem claro no final do século XVIII que a filosofia prática "pressupõe em todas as suas doutrinas a ontologia, a psicologia natural, a cosmologia, a teologia e toda a metafísica".[48] A ética e a política de Aristóteles são impensáveis sem a conexão com a física e a metafísica, em

---

47 Schaar, Legitimacy in Modern State, p.277-237; Spaemann, Die Utopie der Herrschaftsfreiheit, p.211-234.
48 Ritter, Naturrecht bei Aristoteles, p.133-182, especialmente p.135.

que são desenvolvidos os conceitos fundamentais de forma e substância, ato e potência, causa final etc. Segundo esta concepção, na *polis* se realiza o que é "justo por natureza", "porque com a *polis* a natureza dos homens obtém sua realização [...] enquanto o homem, por seu turno, onde não existe a *polis* [...] pode existir na qualidade de homem apenas segundo a possibilidade, mas não em ato".[49] Hoje não é mais fácil tornar plausível a abordagem deste pensamento metafísico. Não é de se estranhar que os escritos neoaristotélicos deixem de conter doutrinas sistemáticas, mas apresentem obras de grande arte interpretativa, que mais sugerem a verdade de textos clássicos mediante a interpretação que a fundamenta.

Assim, certas formas de redução do aristotelismo têm chances maiores. Descontando sua pretensão teórica, elas reduzem a filosofia prática a uma hermenêutica das concepções cotidianas do bem, da virtude e do justo a fim de assegurar que na aplicação prudente deste saber se conserva o núcleo imutável da eticidade substancial. Um exemplo é o emprego que Hennis faz da tópica na ciência política, um outro é a interpretação da *Ética a Nicômaco* feita por Gadamer:

> A ética filosófica (está) na mesma situação em que todos se encontram. O que vale como justo, o que aceitamos ou contestamos no juízo sobre nós mesmos ou sobre os outros, segue nossas ideias universais do que é bom e justo, mas só adquire sua verdadeira determinação na realidade concreta do caso, deixando de ser um caso de aplicação de uma regra universal [...] O universal, o típico, que pode ser dito unicamente em uma

---

49 Ibid., p.169.

investigação filosófica consagrada à universalidade do conceito, não é essencialmente diverso daquilo que em toda reflexão ética e prática guia a consciência normativa medianamente geral. Não se distingue dela sobretudo na medida em que também inclui as mesmas tarefas de aplicação em dadas circunstâncias, as quais dizem respeito aos indivíduos tanto quanto àqueles que atuam na qualidade de homens do Estado.⁵⁰

Mas se a ética filosófica e a teoria política não podem saber mais do que aquilo que a consciência cotidiana de diferentes populações já contém em todo caso a respeito das normas, e se isso nem mesmo pode ser conhecido de outro modo, então elas também não podem distinguir de maneira *fundamentada* entre uma dominação legítima e uma ilegítima. Também a dominação ilegítima encontra assentimento, pois de outro modo ela não poderia durar (basta somente lembrar dos dias em que grandes massas do povo se concentravam sem pressão em praças e ruas para aclamar um império, uma tropa ou um líder – que outra coisa deveria ser expressa nisso senão uma consciência não-teórica e mediana a respeito das normas?). Se, contrariamente, a ética filosófica e a teoria política liberassem o núcleo ético da consciência geral e o *reconstruíssem* a título de conceito normativo do ético, então elas teriam de indicar critérios e oferecer razões, ou seja, produzir saber teórico.

Uma interessante variante do mesmo impasse (baseada na análise linguística inspirada por Wittgenstein) se encontra

---

50 Gadamer, Über die Möglichkeit einer philosophischen Ethik, p.179-191, aqui p.187-189; Hennis, *Politik und praktische Phiulosophie*; sobre esta questão, cf. Kuhn, Aristoteles und die Methode der politischen Wissenschaft, p.261-290.

em Hannah Pitkin. Ela interpreta o diálogo entre Sócrates e o sofista Trasímaco acerca da justiça, que Platão descreve no livro *A república*.[51] Se imaginarmos tal diálogo no contexto da discussão atual, Trasímaco defende um ponto de vista empirista: para ele, a justiça é um outro nome para o interesse particular dos mais fortes em cada caso. Sócrates desenvolve um conceito normativo de justiça: todo aquele que denomina algo como injusto precisa aplicar padrões e também poder fundamentá-los. Ambos os lados partem do fato de que surgiu uma grande discrepância entre o teor normativo do conceito "justiça", como foi compreendido outrora pelos gregos, e as instituições, ações e práticas contemporâneas, das quais se supõe que são legítimas e incorporam a justiça. Mas Sócrates utiliza o conceito de maneira crítica contra as instituições, enquanto seu oponente deflaciona o conceito com a finalidade de descrever um comportamento prático em nome da justiça.

Hannah Pitkin mostra então como se distinguem as gramáticas dos dois jogos de linguagem em que o mesmo termo é usado, uma vez sem e outra com aspas. Nós assumimos diferentes atitudes reguladas "gramaticalmente" dependendo de se dissermos "o quadro me agrada" ou "o quadro é bonito" (pois no segundo caso podemos continuar: "e, apesar disso, não me agrada"). Ocorre de maneira análoga se dissermos "X lutou por algo justo" ou "X alegou lutar por algo justo" (pois neste caso podemos continuar: "mas na verdade ele perseguiu seus próprios interesses"). A atitude que assumimos no uso de conceitos normativos, tais quais os de justiça, beleza

---

51 Pitkin, *Wittgenstein and Justice*, p.169-192.

e verdade (com os quais estão ligadas pretensões de validade universais), está claramente enraizada de maneira profunda nas formas de vida dos homens; uma mudança de atitude em direção à posição neutra do observador precisa transformar o significado destes termos. No entanto, o que se segue daí para uma reconstrução das pretensões de validade e do conteúdo normativo dos conceitos correspondentes? "Nossos conceitos são convencionais", afirma Hannah Pitkin, "mas as convenções em que se apoiam estes conceitos não são arbitrárias; elas são determinadas pela situação humana geral (*human condition and conduct* [condição e conduta humanas] e por nossas formas de vida".[52] Pode ser isso mesmo. Porém, quem garante que a gramática destas formas de vida não regula apenas *costumes*, mas também expressa a *razão*? Essa apropriação conservadora da grande tradição, feita com base nos jogos de linguagem, está somente a um pequeno passo do tradicionalismo de um Michael Oakeshott.[53] Este também é o lugar que Hennis assume quando pressupõe justamente a virtude e a justiça como base de validade da dominação legítima, mas recorrendo assim apenas aos costumes.

Discuti dois conceitos de legitimação, o empirista e o normativista. Um deles é aplicável nos termos das ciências sociais, porém é insuficiente porque abstrai o peso sistemático de razões válidas; o outro seria satisfatório deste ponto de vista, mas é insustentável por causa do contexto metafísico em que está inserido. Proponho por isso um terceiro conceito de legitimação que chamo de reconstrutivo.

---

52 Ibid., p.272.
53 Oakeshott, *Rationalismus in der Politik*.

Eu gostaria de partir da premissa segundo a qual o enunciado "a recomendação de X é legítima" é idêntica ao enunciado "a recomendação de X é de interesse geral (ou público)", no que X pode ser tanto uma ação quanto uma norma de ação, ou mesmo um sistema de normas de ação (no nosso caso, um sistema de dominação). Ora, "X é de interesse geral" deve significar que a pretensão de validade normativa vinculada a X é considerada justificada [*berechtigt*].[54] Um sistema de justificações possíveis decide sobre a justificação de pretensões de validade concorrentes deste tipo; chamamos uma justificação em particular de uma legitimação. A reconstrução de legitimações dadas pode consistir de início em encontrar o sistema de justificação que permite avaliar as legitimações dadas como válidas ou inválidas em S. "Válidas em S" deve significar apenas que todo aquele que aceita S, ou seja, um mito, uma cosmologia ou uma teoria política, também tem de aceitar as razões indicadas nas legitimações válidas. Esta necessidade expressa uma conexão de consistência que resulta das relações internas do sistema de justificação.

Se conduzimos a reconstrução até este limiar, interpretamos uma crença na legitimidade e a examinamos em sua consistência. Unicamente por essa via hermenêutica, contudo, não alcançamos um juízo acerca da legitimidade *na* qual se crê. A comparação da crença na legitimidade com o sistema justificado de instituições tampouco nos ajuda muito mais; sob o pressuposto de que não há um abismo entre ideia e realidade, é preciso antes uma avaliação do sistema de justificação

---

54 Eu aceito a sugestão de Held, *The Public Interest*. Held se apoia em Hart, *Der Begriff des Rechts*.

reconstruído. Com isso, retornamos à questão fundamental da filosofia prática. Ela foi retomada de maneira reflexiva na modernidade como uma questão acerca dos procedimentos e pressupostos sob os quais as justificações podem ter força para obter consenso. Mencionei a teoria da justiça de Rawls, que investiga de que maneira a posição original deveria estar constituída para com isso poder levar a cabo um consenso racional sobre as decisões fundamentais e as instituições de base de qualquer sociedade. P. Lorenzen investiga as normas metódicas da práxis discursiva que em tais questões práticas possibilita um consenso racional. K. O. Apel radicaliza finalmente esta problemática considerando os pressupostos universais e necessários, vale dizer, transcendentais dos discursos práticos, pelos quais o conteúdo normativo dos pressupostos universais da comunicação deve formar o núcleo de uma ética universalista da linguagem.[55] Este é o ponto de convergência ao qual parecem se dirigir as tentativas de uma renovação da filosofia prática.

Ainda que concordemos com esta tese, uma objeção salta à vista. Toda teoria universal da justificação permanece peculiarmente abstrata diante das expressões históricas da dominação legítima. Se os critérios de justificação discursiva forem aplicados a sociedades tradicionais, procede-se de maneira "injusta" em termos históricos. Existe uma alternativa a essa injustiça histórica de teorias universais, de um lado, e

---

55 Rawls, *A Theory of Justice*; Lorenzen, *Normative Logic and Ethics*; Kambartel, Wie ist praktische Philosophie konstruktiv möglich?, p.9-33; Apel, Sprechakt Ethik, p.7 et seq.; Para o estado da discussão em lingual alemã, cf. Riedel (org.), *Rehabilitierung der praktischen Philosophie*, 2. Vols; além disso, cf. Bubner, Eine Renaissance der praktischen Philosophie, p.1-34.

da falta de critérios da compreensão meramente histórica, de outro? O único programa promissor[56] que vejo é uma teoria que esclarece de maneira estrutural a sucessão, historicamente observável, de diferentes níveis de justificação e a reconstrói como uma concatenação própria a uma lógica de desenvolvimento. A psicologia cognitivista do desenvolvimento, que foi bem confirmada e que reconstruiu estágios ontogenéticos da consciência moral, pode ser compreendida ao menos como um guia heurístico e como incentivo.[57]

---

56 Cf. capítulo 6 no presente volume.
57 Kohlberg, *Die kognitive Entwicklung des Kindes*.

10
O que significa crise hoje?
Problemas de legitimação
no capitalismo tardio*

Quem utiliza a expressão "capitalismo tardio" afirma implicitamente que também no capitalismo regulado de maneira estatal as sociedades desenvolvidas procedem de forma "contraditória" ou sujeitas à crise. Por isso, eu gostaria inicialmente de esclarecer o conceito de crise.

O conceito de crise nos é familiar de maneira pré-científica pela linguagem da medicina. Temos em vista com ele a fase do processo de uma doença em que se decide se as forças de autorregeneração do organismo são suficientes para assegurar a recuperação. O processo crítico, a doença, parece ser um tanto objetivo. Uma doença infecciosa, por exemplo, é provocada por influências externas sobre o organismo; e os desvios do organismo afetado podem ser observados a partir de seu estado desejado, do estado normal da pessoa saudável, e medidos, caso necessário, com base em indicadores. A consciência dos

---

* Feita por ocasião do convite do Instituto Goethe de Roma, a conferência contém teses que eu havia apresentado no meu livro publicado em 1973 sobre o mesmo tema (publicado pela primeira vez no jornal *Merkur*, 17, maio de 1973).

pacientes não desempenha papel algum neste caso. *Como* o paciente se sente e *como* vivencia sua doença é, quando muito, um sintoma de um acontecimento que ele dificilmente pode influenciar. Não obstante, já que em termos medicinais se trata da vida e da morte, não falaríamos de uma crise se neste processo o paciente não estivesse envolvido com toda sua subjetividade. Uma crise não deve ser solucionada pela visão interior daquele que foi afetado: o paciente experimenta sua impotência diante da objetividade da doença somente porque se tornou um sujeito condenado à passividade, de quem se tirou temporariamente a possibilidade de ser um sujeito na posse integral de suas forças.

Vinculamos às crises a representação de um poder objetivo que retira do sujeito um pedaço de sua autonomia, da qual ele normalmente dispõe. Na medida em que concebemos um processo como uma crise, damos-lhes tacitamente um sentido normativo: a solução da crise traz para o sujeito envolvido uma libertação.

Isso fica mais claro quando passamos do conceito medicinal para o dramatúrgico de crise. Na estética clássica, de Aristóteles a Hegel, a crise indica o ponto de virada de um processo fatídico que, em virtude de toda sua objetividade, não pode simplesmente ser rompido de fora. A contradição, que se expressa na intensificação catastrófica de um conflito de ação, está colocada na estrutura do sistema de ação e no sistema da personalidade dos próprios heróis. O destino se consuma na descoberta de normas contestadas em que a identidade dos participantes é dilacerada caso eles, por seu turno, não juntem forças para recuperar sua liberdade, já que acabaram com o poder mítico do destino.

O conceito de crise obtido na tragédia clássica encontra seu correspondente no conceito de crise na história da salvação. Passando pela filosofia da história do século XVIII, essa figura de pensamento adentrou as teorias sociais evolucionistas do século XIX. Foi assim que Marx desenvolveu pela primeira vez um conceito de crise sistêmica nos termos das ciências sociais. A partir deste pano de fundo falamos hoje de crises sociais ou econômicas. Quando se fala, por exemplo, da Grande Crise Econômica do início da década de 1930, as conotações marxistas são reconhecíveis.

Uma vez que as sociedades capitalistas possuem a capacidade de desenvolver as forças produtivas técnicas de maneira relativamente constante, Marx compreende por crise econômica o padrão de uma *evolução crítica do crescimento econômico*. A acumulação do capital está ligada à apropriação de mais-valia; isso significa que o crescimento econômico é regulado por um mecanismo que ao mesmo tempo estabelece e encobre uma relação de poder. Por isso, o padrão do aumento de complexidade é contraditório no sentido de que o sistema econômico produz novos e mais variados problemas a cada novo estágio de solução de problemas. A acumulação do capital total é consumada pela desvalorização periódica de componentes do capital: esta forma evolutiva corresponde ao ciclo de crises que Marx pôde observar em seus dias. Ele tentou explicar o tipo clássico de crise com a ajuda da lei da queda tendencial da taxa de lucro. Mas eu não gostaria de abordar aqui este ponto. Minha questão consiste antes em saber se também o capitalismo tardio segue seu próprio padrão de desenvolvimento ou um padrão semelhante de desenvolvimento autodestrutivo, como o clássico do capitalismo concorrencial. Ou o princípio de organização do capitalismo tardio se alterou de tal modo que o processo de acumulação não produz mais problemas que colocam em perigo sua estabilidade? Gostaria de partir de um modelo dos critérios estruturais mais importantes das sociedades de capitalismo tardio (1). Em seguida, gostaria de indicar três tendências de crise que hoje, mesmo não sendo específicas aos sistemas, estão no primeiro plano da discussão (2). E finalmente gostaria de apresentar argumentos que devem fundamentar a tendência de crise do capitalismo tardio (3).

I

A expressão capitalismo organizado, ou regulado de maneira estatal, se refere a duas classes de fenômenos que podem ser atribuídos a um patamar avançado do processo de acumulação: de um lado, ao processo de concentração das empresas (o surgimento de corporações nacionais e, neste ínterim, também de multinacionais) e à organização de mercados de bens, de capital e de trabalho; de outro lado, ao fato de que o Estado intervencionista se insere nas crescentes lacunas funcionais do mercado. A propagação de estruturas oligopolistas de mercado significa com certeza o fim do capitalismo concorrencial; mas por mais que as empresas expandam sua perspectiva temporal e ampliem o controle sobre seu ambiente, o mecanismo de controle do mercado não é anulado por muito tempo uma vez que as decisões de investimento ainda estão submetidas aos critérios de rentabilidade das empresas. A complementação e a substituição parcial do mecanismo de mercado pela intervenção estatal significa igualmente o fim do capitalismo liberal; mas qualquer que seja a extensão com que é reduzido de maneira administrativa o domínio do intercâmbio dos proprietários de mercadorias baseado na autonomia privada, não vigora por muito tempo um planejamento político da alocação de recurso escassos, já que as prioridades da sociedade em seu todo se desenvolvem de forma naturalizada, a saber, como consequências das estratégias privadas das empresas.

Em sociedades capitalistas avançadas, é possível caracterizar o sistema econômico, administrativo e legitimador da seguinte maneira.[1]

O sistema econômico. Durante os anos 1960, diferentes autores desenvolveram, a partir do exemplo americano, um modelo trissetorial que se apoia na distinção entre setor privado e público. A produção da economia privada é orientada para o mercado, no que um setor é regulado, tanto agora quanto antes, pela competição, enquanto o outro setor é determinado pelas estratégias de mercado dos oligopólios que toleram uma *competitive fringe* [periferia competitiva]. Em contrapartida, no setor público, principalmente naquele que resulta na produção armamentista e espacial, surgiram grandes empresas que, em suas decisões de investimento, podem operar de maneira independente do mercado: ou se trata de empresas controladas diretamente pelo Estado ou de firmas privadas que vivem das demandas estatais. No setor monopolista e no público dominam as indústrias de capital intensivo, no setor competitivo, indústrias de trabalho intensivo. No setor monopolista obser-

---

[1] Para o que se segue, cf, O'Connor, Die Finanzkrise des Staates. Offe, Strukturprobleme des kapitalistischen Staates.

vamos progressos relativamente rápidos da produção. No setor público, as empresas não *precisam* racionalizar na mesma medida, e no setor competitivo elas não o *podem*. Contudo, este modelo não pode ser transposto sem mais para as condições europeias.

O sistema administrativo. De um lado, o aparelho estatal regula o ciclo econômico em seu todo mediante planejamento global, de outro, melhora as condições de valorização do capital. O planejamento global é determinado negativamente pelos limites da disposição autônoma privada sobre os meios de produção (a liberdade de investimento das empresas privadas não pode ser restringida) e positivamente ao evitar as instabilidades. As medidas para regular o ciclo voltadas à política fiscal e monetária, bem como as medidas individuais que deveriam regular o investimento e a demanda total (concessão de crédito, garantias de preço, subvenções, empréstimos, redistribuição secundária de renda, demandas estatais controladas pela conjuntura política, política indireta para o mercado de trabalho etc.), têm o caráter reativo de estratégias para evitar riscos no quadro de um sistema de metas, que é determinado pelo equilíbrio exigido de maneira convencional entre os imperativos concorrentes do crescimento constante, da estabilidade monetária, do pleno emprego e do balanço equilibrado do comércio exterior.

Enquanto o planejamento global manipula as condições secundárias das decisões privadas das empresas a fim de *corrigir* o mecanismo de mercado tendo em vista seus efeitos colaterais disfuncionais, o Estado *substitui* o mecanismo de mercado por toda parte onde ele cria e melhora as condições de valorização para o capital acumulado excedente:

— pelo "fortalecimento da capacidade nacional de competição", pela organização dos blocos econômicos supranacionais, pela defesa imperialista da estratificação internacional etc;
— pelo consumo improdutivo do Estado (indústria armamentista e espacial);
— pela condução político-estrutural do capital nos setores negligenciados pelo mercado autônomo;
— pela melhoria da infraestrutura material (sistemas de transporte, de educação e de saúde, centros de recreação, planejamento urbano e regional, construção de habitações etc.);
— pela melhoria da infraestrutura imaterial (fomento científico universal, investimentos em pesquisa e desenvolvimento, mediação de patentes etc.);
— pelo incremento da produtividade do trabalho humano (sistema educacional universal, sistema de formação profissional, programas de formação e de reciclagem etc.);
— pela liquidação dos custos sociais e objetivos resultantes da produção privada (auxílio ao desemprego, bem-estar social; danos ao meio ambiente).

O sistema legitimador. Com as fraquezas funcionais do mercado e os efeitos colaterais disfuncionais do mecanismo de mercado também desmorona a ideologia burguesa baseada na troca justa. Por outro lado, surge uma necessidade intensificada de legitimação: o aparelho do Estado, que agora não assegura mais apenas os pressupostos para a existência do processo de produção, mas toma a iniciativa de intervir em tal processo, precisa ser legitimado nos domínios crescentes da intervenção estatal, sem que agora houvesse a possibilidade de recorrer à existência de tradições que foram soterradas e desgastadas no capitalismo concorrencial. Com os sistemas de valores universais da ideologia burguesa, foram universalizados além disso os direitos dos cidadãos, entre os quais também o direito à participação na eleição política. Por isso, a obtenção de legitimação só pode depender dos mecanismos do sufrágio universal sob circunstâncias extraordinárias e por tempo determinado. O problema que surge disto é solucionado pela democracia formal.

O recorte das instituições e dos procedimentos da democracia formal cuida para que as decisões administrativas possam ser tomadas de maneira relativamente independente dos fins e motivos concretos dos cidadãos. Uma ampla participação dos cidadãos nos processos de formação política da vontade – portanto, democracia material – iria lançar luz sobre a contradição entre a produção socializada de maneira administrativa e uma forma tanto agora quanto antes privada de apropriação dos valores produzidos. Para se livrar desta contradição da tematização, o sistema administrativo tem de ser suficientemente autônomo em relação à formação legitimadora da vontade. Isso ocorre mediante um processo de legitimação que conquista a lealdade das massas, mas evita a participação. Em meio a uma sociedade em si política, os cidadãos desfrutam do *status* de cidadãos passivos com direito à conservação da aclamação. A decisão em termos de autonomia privada sobre os investimentos encontra seu complemento no privatismo da cidadania da população.

Estrutura de classes. As estruturas do capitalismo tardio podem ser compreendidas como um tipo de formação reativa. Para a defesa contra a crise sistêmica, as sociedades do capitalismo tardio direcionam todas as forças sociointegrativas para o lugar do conflito mais plausível em termos estruturais a fim de mantê-lo latente da maneira mais eficaz possível.

Neste contexto, a estrutura quase-política dos salários, dependente de negociações entre organizações empresariais e sindicais, desempenha um papel importante. A "determinação de preços pelo poder", que nos mercados oligopolistas substitui a concorrência dos preços, encontra seu correspondente no mercado de trabalho: da mesma maneira que os grandes concernidos controlam de forma quase administrativa os movimentos de preço em seus mercados de consumo, por outro lado eles também chegam a compromissos quase-políticos sobre negociações salariais com seus contraentes sindicalizados. Nos ramos da indústria do setor monopolista e do setor público, centrais para o desenvolvimento econômico, a mercadoria força de trabalho conserva um preço "político". Os "parceiros da negociação salarial" [*Tarifpartner*] encontram uma ampla zona de compromisso já que os crescentes fatores de custo podem ser repassados para os preços e as exigências de ambos os lados em relação ao Estado convergem no médio prazo. Esta imunização das zonas originais de conflito pode, sob certas circunstâncias, ter diferentes consequências: a) uma inflação duradoura com a redistribuição temporalmente correspondente de renda, em prejuízo dos empregados não organizados e outros grupos marginais; b) uma crise duradoura das finanças estatais com pobreza pública, isto é, pauperização do sistema público de transporte, educação, habitação e saúde; e c) um equilíbrio insuficiente de desenvolvimentos econômicos desproporcionais tanto setorial (agricultura) quanto regionalmente (periferias).

Nas décadas seguintes à Segunda Guerra Mundial, foi possível aos países capitalistas desenvolvidos manter latente em seu cerne o conflito de classes, estender temporalmente o ciclo conjuntural e converter as fases periódicas de desvalorização do capital em uma crise inflacionária duradoura com flutuações conjunturais moderadas, e finalmente filtrar de maneira ampla os efeitos colaterais disfuncionais da crise econômica amortecida e espraiá-los entre "quase-grupos" (consumidores, estudantes e pais de estudantes, passageiros de transporte público, doentes, idosos etc.) ou "grupos parciais" com reduzido grau de organização. É dissolvida assim a identidade social de classes e fragmentada a consciência de classe. O compromisso de classes selado na estrutura do capitalismo tardio transforma (quase) todos os implicados e atingidos em uma única pessoa; pela clara e crescente distribuição desigual de bens e de poder, no entanto, é bom distinguir quem pertence mais a um ou mais a outro grupo.

II

Os rápidos processos de crescimento das sociedades do capitalismo tardio confrontaram o sistema da sociedade mundial com problemas que *não* podem ser compreendidos *como* fenômenos de crise *específicos aos sistemas*, mesmo que as possibilidades de administrar as crises sejam limitadas de maneira específica aos sistemas. Penso neste contexto nas perturbações do equilíbrio ecológico, no distúrbio do sistema da personalidade (alienação) e na carga explosiva das relações internacionais.

Equilíbrio ecológico. Se fosse possível reduzir o crescimento econômico de modo abstrato à aplicação informada tecnicamente de mais energia para o incremento da produtividade do trabalho humano, então a formação da sociedade capitalista seria caracterizada pelo fato de ter resolvido de maneira impressionante o problema do crescimento econômico. No entanto, com a acumulação do capital, o crescimento econômico foi institucionalizado de forma naturalizada, de tal modo que não há uma opção para o controle autoconsciente deste processo. Os imperativos de crescimento seguidos inicialmente pelo capitalismo obtiveram neste ínterim validade global mediante o sistema de concorrência e a difusão planetária (apesar da estagnação ou mesmo da tendência recessiva em alguns países do Terceiro Mundo).

Os mecanismos estabelecidos de crescimento exigem um crescimento populacional e um incremento da produção em escala mundial. Grandezas materiais limítrofes se defrontam com a necessidade econômica de uma população em crescimento e a exploração produtiva cada vez maior da natureza: de um lado, recursos limitados (ou seja, áreas de terra cultivável e habitável, bem como água potável e alimentos; além disso, matérias-primas não regeneráveis: minerais, combustíveis etc.); de outro, sistemas ecológicos não substituíveis que absorvem substâncias tóxicas, como lixo radioativo, dióxido de carbono ou calor residual. Contudo, as avaliações feitas por *Forrester* e outros acerca dos limites do crescimento exponencial da população, da produção industrial, da exploração dos recursos naturais e da poluição ambiental ainda possuem fracas bases empíricas. Os mecanismos de crescimento populacional são tão pouco conhecidos quanto o são os limites máximos da capacidade de absorção da Terra para o caso das substâncias nocivas mais importantes. Além disso, não podemos prever o desenvolvimento tecnológico com exatidão o suficiente para saber quais matérias-primas podem futuramente ser substituídas ou restauradas.

Mesmo no caso de suposições otimistas, é possível, entretanto, indicar *um* limite absoluto ao crescimento (ainda que por enquanto não possamos determiná-lo de maneira precisa), a saber, o limite da sobrecarga ambiental térmica quanto à dependência do consumo de energia. Se o crescimento econômico está necessariamente acoplado ao consumo crescente de energia, e se toda energia natural transformada em energia economicamente utilizável é liberada em última instância na forma de calor, então o consumo crescente de energia tem de levar no longo prazo a um aquecimento global. A apuração do período de tempo crítico, por sua vez, não é simples de ser feita em termos empíricos. Estas reflexões mostram pelo menos que um crescimento exponencial da população e da produção, isto é, a extensão do controle sobre a natureza externa, precisa esbarrar um dia com os limites da capacidade biológica do ambiente.

Isso vale de maneira não específica para todos os sistemas sociais complexos. *Específicas dos sistemas* são as possibilidades de *desviar-se* dos riscos ecológicos. Sociedades de capitalismo tardio dificilmente poderiam seguir os imperativos de restrição do crescimento sem renunciar a seu princípio de organização, porque a transposição do crescimento capitalista naturalizado para um crescimento qualitativo exige um planejamento da produção orientado por valores de uso.

O equilíbrio antropológico. Enquanto os distúrbios do equilíbrio ecológico apontam para a exploração dos recursos naturais, não existem sinais claros para os limites de capacidade dos sistemas da personalidade. Duvido que em geral seja possível identificar algo como constantes psicológicas da natureza humana que restrinjam de dentro o processo de socialização. Vejo uma limitação, contudo, no tipo de socialização pelo qual os sistemas sociais produziram até agora motivos para a ação. Nosso comportamento se orienta por normas carentes de justificação e sistemas de interpretação garantidores da identidade. Essa organização comunicativa do comportamento pode ser um entrave para sociedades complexas. Pois, nas organizações, a capacidade de controle cresce na medida em que as instâncias de decisão se tornam independentes da motivação de seus membros. A escolha e a efetivação das metas da organização em sistemas com alto grau de complexidade própria têm de se tornar independentes de motivos circunscritos de maneira rigorosa: serve-lhe a obtenção da disposição generalizada ao consentimento (que nos sistemas políticos tem a forma da legitimação). Mas na medida em que estamos lidando com uma forma de socialização que envolve a natureza interna em uma organização comunicativa do comportamento, é impensável uma legitimação de normas de ação que garanta uma aceitação de decisões isenta de motivação. O motivo para a disposição à conformidade diante de decisões ainda indeterminadas quanto ao conteúdo é a convicção de que uma norma de ação legítima subjaz a tais decisões. Apenas se os motivos da ação não decorressem mais de normas carentes de justificação e as estruturas da personalidade não encontrassem mais sua unidade em sistemas de interpretação garantidoras da identidade, a aceitação de decisões isenta de motivação poderia se tornar algo rotineiro, poderia portanto produzir a disposição à conformidade em qualquer extensão.

O equilíbrio internacional. Em um outro âmbito encontramos o perigo da autodestruição do sistema mundial em virtude da utilização de armas termonucleares. O potencial concentrado de destruição é uma consequência do patamar avançado de desenvolvimento das forças produtivas que, em razão de suas bases tecnicamente neutras, também podem assumir a forma de forças destrutivas (e de fato assumiram em consequência da naturalização da relações internacionais). Hoje, o dano fatídico ao substrato natural da sociedade mundial é colocado ao alcance do factível. Desde então, as relações internacionais se encontram sob um imperativo historicamente novo de autolimitação. Mais uma vez, isso vale de maneira não específica para todos os sistemas sociais altamente militarizados, mas também as possibilidades de lidar com este problema estão restritas a aspectos específicos de sistemas. Certamente, se levarmos em consideração a força motriz de sociedades de classes capitalistas e pós-capitalistas, é improvável haver um desarmamento efetivo; todavia, a regulação da corrida armamentista não é *a limine* incompatível com a estrutura de sociedades do capitalismo tardio, na medida em que se possa equilibrar o efeito da capacidade da demanda estatal por bens de consumo improdutivos mediante um incremento do valor de uso do capital.

III

Eu gostaria de deixar de lado essas três consequências problemáticas globais do crescimento no capitalismo tardio e investigar em seguida os *distúrbios específicos do sistema*. Começo com a tese amplamente difundida entre os marxistas segundo a qual as estruturas capitalistas fundamentais continuam a existir de maneira inalterada, produzindo crises econômicas em formas modificadas de manifestação. No capitalismo tardio, o Estado

Para a reconstrução do materialismo histórico

administra a política do capital com outros meios. Esta tese pode ser encontrada em duas versões.

A *teoria ortodoxa do Estado* afirma que as atividades do Estado intervencionista, não menos do que os processos de troca no capitalismo liberal, obedecem espontaneamente às leis econômicas efetivas. As formas modificadas de manifestação (a crise das finanças estatais e inflação duradoura, crescentes disparidades entre pobreza pública e riqueza privada etc.) se explicam pelo fato de a autorregulação do processo de valorização não ocorrer pela troca, mas antes pelo *medium* de controle do poder. Mas uma vez que a tendência de crise tanto agora quanto antes é determinada pela lei do valor, e isso significa a assimetria estruturalmente imposta no processo de troca entre trabalho assalariado e capital, a atividade estatal não pode compensar por muito tempo a tendência da queda da taxa de lucro, mas na melhor das hipóteses apenas mediá-la, isto é, consumá-la com os próprios meios políticos. A substituição das funções do mercado pelas funções do Estado não altera o caráter inconsciente do processo econômico em seu todo. Isso se mostra nos limites estreitos da margem de manipulação estatal. O Estado não pode nem interferir substancialmente na estrutura financeira sem provocar uma paralisação no investimento, nem consegue evitar por muito tempo as vagas cíclicas do processo de acumulação, ou seja, as tendências de estagnação produzidas de maneira endógena.

A teoria marxista do Estado recebe uma *versão revisionista* por parte dos principais economistas da Alemanha Oriental. De acordo com esta *segunda* versão, o aparelho do Estado não obedece mais de maneira naturalizada à lógica da lei do valor, mas percebe conscientemente os interesses dos capitalistas monopolistas unidos. Esta teoria da agência, talhada para o capitalismo tardio, considera o Estado não um órgão cego do processo de valorização, mas um conjunto potente de capitalistas, tornando a acumulação do capital o conteúdo de seu planejamento político. O alto grau de socialização da produção cria uma convergência entre interesses individuais das grandes corporações e o interesse na conservação da estabilidade do sistema, e isto quanto mais internamente a estabilidade do sistema é ameaçada por forças transcendentes ao sistema. Desse modo, forma-se um interesse capitalista total, que impõe o monopólio reunido de maneira consciente com a ajuda do aparelho do Estado.

Considero insuficientes ambas as versões da teoria econômica da crise. Uma versão confia muito pouco ao Estado, a outra exige demais do aparelho do Estado.

1. *Em relação à tese ortodoxa*, levantam-se dúvidas se a organização estatal do progresso técnico-científico e o sistema de salários negociado de maneira tarifária (que, sobretudo nos setores econômicos de capital intensivo e crescimento intensivo, leva a um compromisso de classes) não modificou o modo de produção. O Estado inserido no processo de produção alterou os aspectos determinantes do próprio processo de valorização. Com base em um compromisso parcial de classes, o sistema administrativo adquiriu uma capacidade limitada de planejamento que, no quadro da obtenção de legitimidade nos termos da democracia formal, pode ser utilizada com a finalidade de evitar reativamente o surgimento de crises. O ciclo de crises distribuído ao longo do tempo e suavizado em suas consequências sociais é substituído pela inflação e por uma

crise duradoura das finanças públicas. É uma questão empírica saber se estes fenômenos substitutos indicam o controle exitoso da crise econômica ou apenas seu adiamento temporário no sistema político. Isso depende em última instância de se o capital empregado de maneira *indiretamente produtiva* na pesquisa, desenvolvimento e educação objetiva um aumento da produtividade do trabalho, a elevação da taxa de mais-valia e o barateamento dos componentes fixos do capital, os quais seriam suficientes para manter em movimento o processo de acumulação.

2. *Em relação à tese revisionista* são feitas as seguintes ponderações. *Primeiro*, não é possível verificar empiricamente a hipótese de que o aparelho do Estado, no interesse de quem quer que seja, possa *planejar ativamente*, projetar e impor uma estratégia econômica central. A teoria do capitalismo monopolista de Estado desconhece (do mesmo modo que as teorias da tecnocracia ocidentais) os limites do planejamento administrativo no capitalismo tardio. A forma de movimento das burocracias planejadoras consiste em evitar reativamente as crises. As diferentes burocracias são coordenadas de maneira incompleta e, por causa de sua escassa capacidade de percepção e de planejamento, permanecem dependentes da influência de seus clientes. Justamente a racionalidade escassa da administração estatal assegura a imposição de interesses parciais organizados. A *outra hipótese*, segundo a qual o Estado age na qualidade de agente dos monopolistas unidos, tampouco pode ser empiricamente fundamentada. A teoria do capitalismo monopolista de Estado superestima (do mesmo modo que as teorias da elite ocidentais) a importância dos contatos pessoais e da normati-

zação imediata das ações. Investigações sobre o recrutamento, composição e interação das diferentes elites do poder não podem explicar de maneira convincente os nexos funcionais entre sistema administrativo e econômico.

Penso que o modo de funcionamento do Estado de capitalismo tardio não pode ser adequadamente considerado nem segundo o modelo do órgão executivo (agindo inconscientemente) da lei econômica que tanto agora quanto antes se efetiva de maneira espontânea, nem segundo o modelo de um agente dos capitalistas monopolistas unidos que atua conforme um planejamento. Em vez disso, gostaria junto com Claus Offe de defender a tese de acordo com a qual sociedades do capitalismo tardio são confrontadas com duas dificuldades, ambas decorrendo do fato de que o Estado tem de preencher as crescentes lacunas funcionais do mercado. Podemos conceber o Estado como um sistema que se serve do poder legítimo. Seu *output* consiste em decisões administrativas impostas de maneira soberana; para tanto, ele necessita do *input* da lealdade das massas a mais inespecífica possível. Ambas as direções podem levar a distúrbios críticos. Crises de *output* possuem a forma da *crise de racionalidade*: o sistema administrativo não consegue cumprir os imperativos de controle que assumiu do sistema econômico. Decorre disto a desorganização de esferas da vida. Crises de *input* possuem a forma da *crise de legitimação*: o sistema legitimador não consegue manter o nível exigido de lealdade das massas. Para tornar isso mais claro, tomemos como exemplo as dificuldades prementes das finanças públicas que hoje todas as sociedades do capitalismo tardio têm de enfrentar.

O fisco, como mencionado, é sobrecarregado com os custos gerais de uma produção cada vez mais socializada: ele suporta os custos da concorrência internacional e os custos para a demanda por bens de uso improdutivos (armamento e viagem espacial); ele suporta os custos para as operações de infraestrutura ligadas imediatamente à produção (sistema de transporte, progresso técnico-científico, formação profissional); ele suporta os custos para o consumo social ligado de forma mediada à produção (construção de habitações, transporte, saúde, lazer, educação, seguro social); ele suporta os custos para a assistência social dos desempregados; e finalmente os custos externos da poluição ambiental decorrente da produção privada. Em última instância, estes gastos são financiados pelos impostos. O aparelho do Estado se encontra assim simultaneamente diante de duas tarefas: de um lado, ele deve recolher a massa de impostos exigida por intermédio da taxação de lucros e renda e utilizá-la de modo *tão racional* que os distúrbios críticos no crescimento possam ser evitados; de outro lado, a arrecadação de impostos, o padrão reconhecível da prioridade de sua utilização e as próprias operações administrativas devem ser obtidos de tal maneira que a *necessidade de legitimação* surgida possa ser satisfeita. Se o Estado falha ao considerar uma dessas tarefas, surge um déficit na racionalidade administrativa; se falha ao considerar a outra tarefa, surge um déficit de legitimação.

Sobre as teorias da crise de legitimação. Eu gostaria de me limitar ao problema da legitimação. O surgimento desse problema não tem nada de misterioso: para o planejamento administrativo, o poder legítimo tem de estar à disposição. As funções que cabem ao aparelho do Estado no capitalismo tardio e a ampliação das matérias sociais elaboradas administrativamente aumentam a necessidade de legitimação. Ora, o capitalismo liberal – e isso é algo que pode ser explicado a partir dos contextos das revoluções burguesas – havia se constituído nas formas da democracia burguesa. Por isso, a necessidade crescente de legitimação precisa hoje ser satisfeita com os meios da democracia política (com base no direito de sufrágio universal). Os meios da democracia formal, porém, são dispendiosos. Pois o aparelho do Estado não se vê somente no papel do capitalista geral perante os interesses conflitantes das diversas frações do capital; pelo contrário, ele também precisa considerar os interesses universalizáveis da população na medida em que é necessário fazer que o nível da lealdade das massas não caia abaixo da marca de uma perda de legitimação prenhe de conflitos. O Estado precisa sondar as margens desses três domínios de interesses (interesses capitalistas em particular, capitalistas gerais e universalizáveis) para abrir o caminho da negociação através de pretensões concorrentes. Uma teoria da crise precisa fundamentar por que o aparelho do Estado tem de esbarrar não apenas em *dificuldades*, mas em *problemas insolúveis* a longo prazo.

De início, há uma objeção evidente. O Estado só pode escapar aos problemas de legitimação na medida em que o sistema administrativo conseguir se tornar independente da formação legitimadora da vontade. A este propósito serve, por exemplo, a separação entre os símbolos expressivos, que desencadeiam uma disposição universal, e as funções instrumentais da administração. Estratégias conhecidas deste tipo são a personalização de questões objetivas, o uso simbólico de procedimentos de audiência, juízos de especialistas, fórmulas jurídicas encantadas etc., mas também as técnicas de publicidade emprestadas da competição oligopolista que confirmam e exploram as estruturas existentes de preconceitos e, mediante apelos sentimentais, a provocação de motivos inconscientes etc., adornam positivamente determinados conteúdos e desvalorizam outros. A esfera pública produzida em termos de uma legitimação eficaz tem sobretudo a função de estruturar a atenção mediante âmbitos temáticos e assim minimizar temas, problemas e argumentos inconvenientes sob o limiar da atenção. Segundo o termo empregado por Luhmann, o sistema político assume tarefas de *planejamento da ideologia*.

Nesse contexto, contudo, a margem de manipulação tem limites estreitos, pois o sistema cultural se comporta de maneira peculiarmente resistente diante de controles administrativos: não há uma *produção administrativa do sentido*, no máximo um desgaste ideológico de valores culturais. A obtenção de legitimação é autodestrutiva tão logo o modo de "obtenção" é percebido. Um limite sistemático para tentativas de equiparar o déficit de legitimação por meio da manipulação calculada consiste assim na diferença estrutural entre domínios da ação administrativa e da tradição cultural.

Um argumento acerca das crises, no entanto, pode ser construído apenas em ligação com o outro ponto de vista, segundo o qual a expansão da atividade do Estado tem o efeito colateral de um aumento desproporcional da necessidade de legitimação. Por essa razão, acho bem provável haver um aumento desproporcional porque as autocompreensões culturais, que até agora eram condições secundárias do sistema político, são incorporadas ao âmbito de planejamento da administração. Assim são tematizadas tradições que até então eram subtraídas à programática pública e mais ainda dos discursos práticos.

Um exemplo para a elaboração administrativa de tradições culturais é o do planejamento educacional, principalmente o planejamento do *curriculum*. Enquanto a administração escolar precisava apenas codificar um cânone que havia sido construído de maneira naturalizada, subjaz ao *planejamento do curriculum* a premissa de que o padrão da tradição *também* poderia ser *outro*: o planejamento administrativo produz uma pressão universal à justificação em relação a uma esfera que se caracterizara justamente pela força da autolegitimação.

Para o distúrbio indireto nas evidências culturais existem outros exemplos, oriundos do planejamento regional e urbano (propriedade privada do solo e da terra), do planejamento do sistema de saúde ("hospitais sem classes"), finalmente o planejamento familiar e do direito matrimonial (tornar inseguros os tabus sexuais e baixar as barreiras da emancipação). Uma consciência da contingência é produzida, por fim, não apenas para os conteúdos da tradição, mas também para as técnicas da tradição, isto é, da socialização. A formação escolar formal já se encontra na idade pré-escolar em concorrência com a educação familiar. Das tarefas pedagógico-populares, que as escolas realizam, por exemplo, mediante as instituições do direito de família, é possível depreender a problematização das rotinas pedagógicas da mesma maneira que das publicações científicas correspondentes de psicologia e pedagogia.

Em todos esses âmbitos, o planejamento administrativo possui efeitos involuntários de inquietação e publicização, enfraquecendo o potencial de justificação de tradições enxotadas de sua naturalização. Uma vez que seu caráter inquestionável é destruído, a estabilização de pretensões de validade só pode resultar de discursos. O distúrbio das evidências culturais exige, portanto, a politização de âmbitos da vida que até aqui podiam ser atribuídos à esfera privada. Mas isso significa um perigo para o privatismo da cidadania assegurado informalmente pelas estruturas da esfera pública. Vejo indícios disso nos esforços de participação e em modelos alternativos, tais quais foram desenvolvidos principalmente em escolas e universidades, imprensa, igreja, teatros, editoras etc.

Os argumentos indicados apoiam a afirmação de que sociedades do capitalismo tardio caíram na urgência da legitimação. Porém, eles também bastam para fundamentar o aspecto irresolúvel dos problemas de legitimação, vale dizer, o prognóstico de uma crise de legitimação? Ainda que o aparelho do Estado conseguisse aumentar a produtividade do trabalho e distribuir os lucros da produtividade a tal ponto que se assegurasse um crescimento econômico não isento de distúrbios, mas sim de crises, este crescimento se consumaria de acordo com prioridades que se formam independentemente dos interesses universalizáveis da população. O padrão das prioridades, que *Galbraith* analisou sob o ponto de vista da "riqueza privadas *versus* pobreza pública", resulta de uma estrutura de classes mantida sempre latente: *ela é*, em última instância, causa do déficit de legitimação.

Ora, nós vimos que o Estado não pode simplesmente assumir a gerência do sistema cultural, que, pelo contrário, a expansão dos domínios do planejamento estatal problematiza as evidências culturais. O "sentido" é um recurso escasso e que se torna cada vez mais escasso. Por isso, no público de cidadãos aumentam as expectativas orientadas pelos valores de uso, e isto significa: expectativas controláveis pelo êxito. O nível crescente de exigência se relaciona proporcionalmente com a necessidade crescente de legitimação: o recurso do "valor", arrecadado de maneira fiscal, precisa substituir o recurso escasso do "sentido". Legitimações falhas devem ser contrabalançadas com compensações conformes ao sistema. Uma crise de legitimação surge logo que as pretensões às compensações conformes ao sistema aumentam mais rápido que a massa disponível de valor, ou quando surgem expectativas que não podem ser satisfeitas com compensações conformes ao sistema. Entretanto, por que os níveis de pretensão não se manteriam dentro de limites operáveis? Na medida em que o programa do Estado de bem-estar social, juntamente com uma disseminada consciência tecnocrática comum (a qual é responsável pelos gargalos das coerções imparciais do sistema), mantém uma quantidade suficiente de privatismo da cidadania, as urgências de legitimação *não precisam* se agravar em direção a uma crise. Contudo, a forma da legitimação nos termos da democracia formal poderia causar custos que não podem ser cobertos se os partidos em concorrência forem obrigados a superar programaticamente uns aos outros e, deste modo, aumentar mais e mais as expectativas da população. Supondo que este argumento pudesse ser suficientemente demonstrado de maneira empírica, ainda seria necessário explicar, porém, por que afinal nas sociedades do capitalismo tardio a democracia formal é preservada. Se tivermos em vista o sistema administrativo, a democracia formal poderia muito bem ser substituída pela variante autoritária e conservadora do Estado de bem-estar social, que reduz a participação política dos cidadãos a uma medida sem riscos, ou pela variante autoritária e fascista de um Estado que conta com um nível relativamente alto de mobilização duradoura por parte da população. Ambas as variantes evidentemente são menos compatíveis em longo prazo com o capitalismo desenvolvido do que a constituição de uma democracia de massas própria de Estados com concorrência de partidos, porque o sistema sociocultural cria pretensões que não podem ser satisfeitas nos sistemas constituídos de maneira autoritária.

Essa reflexão me conduz à tese de que apenas um sistema sociocultural inflexível, que não pode ser arbitrariamente funcionalizado para as necessidades do sistema administrativo, poderia explicar a intensificação das urgências de legitimação em direção à crise de legitimação. Na base desta tese, portanto, deve residir uma *crise de motivação*, isto é, uma discrepância entre a carência de motivos registrada pelo Estado e pelo sistema ocupacional, de um lado, e a oferta de motivação por parte do sistema sociocultural, de outro.

Teoremas da crise de motivação. A mais importante contribuição à motivação que o sistema sociocultural oferece em sociedades do capitalismo tardio consiste nas síndromes de um privatismo da cidadania e de um privatismo familiar-profissional. O privatismo da cidadania significa: interesses, capazes de desenvolvimento, nas operações de controle e abastecimento do sistema administrativo no caso de baixa participação no processo de formação da vontade (alta orientação de *output* versus baixa orientação de *input*). O privatismo da cidadania corresponde assim às estruturas de uma esfera pública despolitizada. O privatismo familiar-profissional se relaciona de maneira complementar com o privatismo da cidadania: ele consiste em uma orientação com interesses constituídos pelo consumo e pelo tempo livre, de um lado, e em uma orientação da carreira adequada à competição em torno de *status*. Este privatismo corresponde, por conseguinte, às estruturas de um sistema de formação e um sistema ocupacional regulado pela concorrência em torno do desempenho.

Ambos os padrões de motivação são importantes para a estabilidade do sistema político e do econômico. Mas agora os componentes das ideologias burguesas imediatamente relevantes para as orientações privatistas perdem sua base em virtude de uma mudança social. Algumas palavras a respeito disso.

Ideologia do desempenho. De acordo com concepções burguesas que permaneceram constantes desde os inícios do direito natural moderno até os discursos contemporâneos acerca do sufrágio, as recompensas sociais deveriam ser distribuídas segundo critérios de desempenhos individuais: a distribuição das gratificações deve replicar o padrão dos diferenciais de desempenho de todos os indivíduos. A condição é a participação com igualdade de oportunidades em uma competição que é regulada de tal modo que influências externas podem ser neutralizadas. Tal mecanismo de alocação era o mercado. No entanto, desde que se tornou conhecido entre ampla parcela da população que nas formas de intercâmbio se exerce um poder social, o mercado perdeu sua credibilidade enquanto mecanismo para a divisão de oportunidades de vida conformes ao sistema. Nas novas versões da ideologia do desempenho, no lugar do êxito do mercado entra o êxito profissional mediado pela formação escolar formal. Porém, *esta* versão só pode pretender credibilidade por sua vez se forem preenchidas as seguintes condições:

— acesso em igualdade de oportunidades às escolas avançadas;

— padrão de avaliação não discriminadora para desempenhos escolares;
— desenvolvimentos sincrônicos do sistema de formação e de ocupação;
— processos de trabalho cuja estrutura objetiva permite uma avaliação de acordo com desempenhos atribuídos individualmente.

Enquanto a "justiça escolar" em termos de oportunidades de acesso e de padrões de avaliação poderia ter aumentado desde a Segunda Guerra Mundial, nas outras duas dimensões observa-se uma tendência contrária: a expansão do sistema educacional se torna cada vez mais dependente das transformações do sistema ocupacional, de modo que em longo prazo o nexo entre formação escolar formal e êxito profissional pode se afrouxar; simultaneamente, crescem os domínios em que as estruturas da produção e os processos de trabalho tornam mais difícil uma avaliação segundo desempenhos atribuídos individualmente e, em vez disso, tornam mais importantes os elementos extrafuncionais dos papéis profissionais para a atribuição do *status* profissional.

De resto, processos de trabalho fragmentados e monótonos penetram cada vez mais nos setores em que até agora uma identidade podia ser formada por meio dos papéis vocacionais. Uma motivação de desempenho "conduzida internamente" apoia-se cada vez menos nos domínios de trabalho dependentes do mercado graças à estrutura dos processos de trabalho; uma atitude instrumentalista em relação ao trabalho também se difunde nas profissões tradicionalmente burguesas (empregados com média e alta qualificação, profissionais liberais). Mas uma motivação de desempenho impulsionada de fora só pode ser suficientemente estimulada pela renda salarial

— se o exército de reserva pressionar de maneira eficaz a concorrência no mercado de trabalho;

— se existir um diferencial suficiente de renda entre os grupos salariais inferiores e a população profissionalmente inativa.

Ambas as condições já não podem hoje ser preenchidas sem mais. Também em países com desemprego crônico (tal qual nos EUA) a divisão do mercado de trabalho (segundo setores organizados ou em concorrência) rompe o mecanismo de concorrência naturalizado. Com o aumento da *poverty line* [linha de pobreza] (reconhecida pelo Estado de bem-estar social), nivelam-se entre si do outro lado, nas camadas subproletárias, os padrões de vida dos grupos com renda inferior e dos grupos libertos temporariamente do processo de trabalho.

Individualismo possessivo. A sociedade burguesa se compreende como um grupo instrumental que acumula riqueza social unicamente mediante a riqueza privada, isto é, assegura o crescimento econômico e o bem-estar geral por intermédio da concorrência entre pessoas privadas agindo estrategicamente. Sob essas circunstâncias, as metas coletivas só podem ser realizadas graças às orientações individuais de utilidade. Esse sistema de preferência, contudo, pressupõe

— que os sujeitos econômicos privados podem conhecer e calcular de maneira subjetivamente inequívoca uma necessidade constante ao longo do tempo;

— que esta necessidade pode ser satisfeita por meio de bens demandáveis individualmente (mediante indenizações conformes ao sistema e, em regra, monetárias).

Ambos os pressupostos não são mais preenchidos de maneira evidente nas sociedades capitalistas desenvolvidas. Hoje, alcançou-se um nível de riqueza social em que não se trata mais da defesa de alguns poucos riscos fundamentais à vida e da satisfação de *basic needs* [bens básicos]; por essa razão, o sistema individualista de preferência se torna vago. A constante interpretação e reinterpretação das necessidades se torna uma questão da formação coletiva da vontade, no que uma comunicação livre pode ser substituída unicamente pela manipulação massiva, isto é, por um forte controle indireto. Quanto mais graus de liberdade tiver o sistema de preferência da demanda, tanto mais urgentemente se colocarão para a oferta os problemas de uma política de mercado – em todo caso, se for preciso manter a aparência de que os consumidores podem decidir de maneira privadamente autônoma. A adaptação oportunista dos consumidores às estratégias de mercado é a forma irônica de toda autonomia dos consumidores, que deve permanecer como fachada do individualismo possessivo. De resto, com a socialização crescente da produção aumenta o percentual de bens de uso coletivos em relação aos bens de consumo em seu todo. As condições de vida urbanas em sociedades complexas se tornam cada vez mais dependentes de uma infraestrutura (transporte, lazer, saúde, formação etc.) que escapa cada vez mais às formas de uma demanda diferencial e da apropriação privada.

Orientação para o valor de troca. Aqui temos de mencionar as tendências que enfraquecem os efeitos de socialização do mercado: sobretudo o crescimento de partes da população que não reproduzem sua vida mediante renda salarial (estudantes de ensino médio e superior, destinatários das políticas de bem-estar, aposentados, doentes, criminosos, soldados etc.), de um lado; e, de outro, a expansão de domínios de atividade em que, tal qual ocorre no serviço público ou nas atividades ligadas ao ensino, o trabalho abstrato é substituído pelo trabalho concreto. Também a relevância que, em relação ao tempo reduzido de trabalho (e à renda real crescente), o tempo livre conserva diante das temáticas profissionais, não privilegia sem mais as necessidades a serem satisfeitas em termos monetários.

A erosão do acervo de tradições burguesas faz ressaltar as estruturas normativas que são inadequadas para a reprodução do privatismo da cidadania ou do privatismo familiar-profissional. Os componentes hoje dominantes da tradição cultural se cristalizam em torno de uma fé na ciência, da arte "pós-aurática" e de concepções universalistas da moral. Em cada um destes domínios foram realizados desenvolvimentos irreversíveis. Através deles surgiram barreiras culturais que só poderiam ser transpostas ao preço psicológico de regressões, isto é, com extraordinárias cargas motivacionais. O fascismo na Alemanha foi um exemplo da dispendiosa tentativa de uma regressão coletivamente empreendida da consciência abaixo dos limiares das convicções cientificistas fundamentais, da arte moderna e de concepções universalistas do direito e da moral.

Cientificismo. As consequências políticas da autoridade que o sistema científico desfruta em sociedades desenvolvidas são ambivalentes. De um lado, as atitudes tradicionalistas de fé não resistem à pretensão de justificação discursiva estabelecida com o desenvolvimento da ciência moderna; de outro, teses populares de curta-duração baseadas em informações individuais, que assumem o lugar de interpretações globais, asseguram *in abstracto* a autoridade da ciência. A instância da "ciência" pode assim cobrir duas coisas: tanto a crítica amplamente eficaz às estruturas arbitrárias de preconceito quanto também um novo esoterismo do entendimento objetivo e do juízo de especialistas. Uma autoafirmação das ciências pode promover uma consciência positivista comum, que sustenta uma esfera pública despolitizada. Teorias da tecnocracia e da elite, que afirmam a necessidade de um privatismo institucionalizado da cidadania, não são imunes às objeções, visto que têm de se apresentar com a pretensão de ser teorias.

Arte pós-aurática. São um pouco menos ambivalentes as consequências da arte moderna. A modernidade radicalizou a autonomia da arte burguesa em relação aos contextos de uso externos à arte; com ela, manifesta-se pela primeira vez uma contracultura surgida do meio da própria sociedade burguesa contra o estilo de vida da burguesia, caracterizado de acordo com o individualismo possessivo e orientado pelo desempenho e pela utilidade. Na boemia, que se estabeleceu inicialmente em Paris na qualidade de capital do século XIX, incorpora-se uma pretensão crítica que se apresentou ainda de maneira não polêmica na aura da obra de arte burguesa: o *alter ego* do possuidor de mercadoria, o "homem", que o burguês pôde um dia encontrar na contemplação solitária da obra de arte, logo se separou dele e se lhe contrapôs, na forma da vanguarda artística, como um poder hostil, ou, no melhor dos casos, um poder sedutor. Se de início burguesia pôde um dia experimentar no belo artístico os próprios ideais e o resgate, sempre fictício, da promessa de felicidade, que foi meramente suspensa no cotidiano, logo em seguida ela teve de reconhecer na arte radicalizada antes a negação da práxis social do que sua complementação.

A arte moderna é o invólucro em que a transformação da arte burguesa preparou a contracultura. O surrealismo atesta assim o momento histórico em que a arte moderna programaticamente destrói o invólucro da aparência daquilo que não é mais belo a fim de transbordar na vida de maneira dessublimada. O nivelamento dos graus de realidade entre arte e vida certamente não foi causado pelas novas técnicas de produção e recepção de massa, como Benjamin supôs, mas somente acelerado por elas. A arte moderna já tinha se desprendido da aura da arte burguesa clássica na medida em que a obra tornou transparente o processo de produção e se apresentou como algo produzido; mas a arte só penetra no conjunto dos valores de uso ao atingir o estágio do abandono de seu *status* autônomo. Esse processo sem dúvida é ambivalente. Ele pode significar tanto a degeneração da arte em arte de massa propagandística ou cultura de massa comercializada quanto, por outro lado, também a transposição para uma contracultura subversiva.

Moral universalista. O efeito de trava que as ideologias burguesas, despidas de seus componentes funcionais, produzem para o desenvolvimento do sistema político e do econômico fica ainda mais evidente no sistema moral do que na autoridade da ciência e da autodissolução da arte moderna. Tão logo as sociedades tradicionais entram em um processo de modernização, resultam da complexidade crescente problemas de controle que tornam indispensável uma aceleração da mudança das normas sociais. O ritmo inerente à tradição cultural naturalizada precisa ser acelerado. Assim surge o direito formal civil, que permite desatar os conteúdos normativos do dogmatismo das meras tradições e determiná-los de maneira intencional. As normas jurídicas, de um lado, foram desacopladas do *corpus* das normas morais privatizadas; de outro, necessitam ser produzidas (e justificadas) de acordo com princípios. Enquanto o direito abstrato vale apenas para a esfera pacificada pelo poder do Estado, a moral das pessoas privadas burguesas, elevada igualmente ao nível de princípios universais, não encontra limite algum no estado de natureza permanente entre os Estados. Uma vez que o princípio moral é sancionado unicamente pela instância puramente interior da consciência moral, em sua pretensão de universalidade está posto o conflito com a moral pública ainda ligada a um sujeito estatal concreto: o conflito entre o cosmopolitismo do "homem" e as lealdades do cidadão.

Se seguirmos a lógica de desenvolvimento dos sistemas de normas da sociedade como um todo (abandonando com isso o domínio dos exemplos históricos), uma solução deste conflito só é pensável na medida em que desaparece a dicotomia entre moral interna e externa, na medida em que a oposição entre domínios regulados pela moral e pelo direito é relativizada e a validade de *todas* as normas é vinculada à formação discursiva da vontade de todos os potenciais concernidos.

O capitalismo concorrencial permitiu pela primeira vez que os sistemas rigorosamente universalistas de valores tivessem força vinculante porque a própria relação de troca teve de ser regulada em termos universalistas e porque, de resto, ofereceu à troca de equivalentes uma base ideológica eficaz na burguesia. Assim, no capitalismo organizado o fundamento deste modelo de legitimação vem abaixo enquanto ao mesmo tempo surgem novas e múltiplas exigências de legitimação. Da mesma maneira que o sistema da ciência, contudo, não pode retroceder intencionalmente abaixo de um patamar já alcançado de saber cumulativo, tampouco o sistema moral pode fazer que simplesmente se esqueça um patamar coletivamente alcançado de consciência moral, uma vez que os discursos práticos foram admitidos.

Eu gostaria de concluir com uma última consideração. Se não existe uma concordância suficiente entre estruturas normativas que ainda hoje têm certa força e o sistema político--econômico, as crises de motivação ainda poderiam ser evitadas em virtude de um desacomplamento do sistema cultural – a cultura se tornaria a ocupação do tempo livre sem obrigações ou um objeto do saber profissional. Certamente essa saída seria construída se as convicções fundamentais de uma ética comunicativa e o complexo de experiência das contraculturas, em que a arte pós-aurática é incorporada, obtivessem força para determinar processos típicos de socialização, formando portanto as motivações. Falam a favor dessa suposição ao menos algumas síndromes comportamentais que se disseminaram entre os jovens: *ou* retraimento como reação a uma exigência excessiva dos recursos da personalidade *ou* protesto em consequência de uma organização autônoma do Eu, que sob dadas condições não pode ser estabilizada sem conflitos. Do lado *ativista* encontramos o movimento estudantil, revoltas de estudantes e estagiários, pacifistas, *women's lib* [movimento de libertação das mulheres]; o lado *retraído* [*retreatistisch*] é representado por hippies, *Jesus-people*, subcultura das drogas, fenômenos de submotivação nas escolas etc. Nestes domínios, sobretudo, nossa hipótese de que sociedades do capitalismo tardio são ameaçadas pela ruína da legitimação iria ser comprovada.

11
Apontamentos sobre o conceito de legitimação – Uma réplica*

O senhor Fach compreendeu meu argumento de maneira um pouco seletiva. Ele reconstrói minhas afirmações de modo incompleto ou confuso e constrói objeções e paradoxos que não acho importantes. Limito-me a apontamentos sobre algumas passagens do artigo de Fach.

Fiz a sugestão de analisar a crença na legitimidade em termos de um reconhecimento factual de pretensões de validade criticáveis. "Criticável" significa que a pretensão de validade vinculada a normas de ação (e de avaliação) pode ser resgatada unicamente com justificações capazes de obter consenso. Uma crença na legitimidade é colocada em questão na medida em que as justificações perdem sua plausibilidade entre os participantes. A ruína da legitimidade significa escassez do poten-

---

* W. Fach elaborou na *Zeitschrift für Soziologie* (junho de 1974, p.221-228) uma crítica ao conceito de discurso desenvolvido por mim em meu livro *Legitimationsprobleme im Spätkapitalismus* (1973). Meus apontamentos são uma resposta a tal crítica; e a "réplica" se refere à resposta de Fach aos meus apontamentos (ambos publicados pela primeira vez em *Soziale Welt*, 26, 1975, Caderno 1, p.112-117 e 120 et seq.).

cial de justificação disponível. Essa perda de plausibilidade (a obtenção de consenso sem coerção) pode ser compensada pela coerção. Talvez possa haver um sistema de dominação que permita viver com um pouco menos de consenso e um pouco mais de reconhecimento forçado (*compliance*). Em tais casos, um sistema de dominação só pode estar apoiado sobre a crença na legitimidade se suas normas de base estão de acordo com o potencial de justificação disponível. Cada um dos níveis de justificação depende das estruturas da imagem de mundo aceita.

Estou afirmando, portanto, que as estruturas da imagem de mundo não variam arbitrariamente, mas seguem uma lógica de desenvolvimento passível de ser reconstruída; mais precisamente, de tal modo que hoje, em sociedades do tipo da nossa, as pretensões de validade das normas muito provavelmente só encontram reconhecimento supondo-se que resistiriam a um modo de justificação universalista – em último caso, portanto, a uma formação discursiva da vontade por parte dos concernidos. (Tais suposições frequentemente só podem ser asseguradas pelas barreiras da comunicação produzidas de maneira sistemática.) Essa já é uma afirmação forte que pode ser discutida (o que Fach não faz). Além disso, faço essa afirmação não apenas ao assumir a atitude descritiva do sociólogo empírico que hoje investiga formas mais amplas de obtenção de legitimação; gostaria, além disso, de defender a afirmação sistemática segundo a qual o modo de justificação universalista não reflete a peculiaridade contingente de um cultura determinada ou de uma época determinada, mas corresponde ao sentido (sempre implicitamente contido em pretensões de validade normativas) da resgatabilidade [*Einlösbarkeit*] discursiva. Eu

Para a reconstrução do materialismo histórico

tentaria apoiar esta afirmação com referência a) a uma teoria discursiva da verdade,[1] às abordagens de uma ética universalista da linguagem,[2] c) à teoria cognitivista do desenvolvimento[3] e d) às propostas acerca de uma teoria do desenvolvimento das imagens de mundo.[4] Certamente, sobre esses pontos pode-se debater tanto mais (mas o que Fach tampouco o faz).

A propósito, eu não sei como Fach chega à hipótese de que discursos práticos servem para "tornar compatíveis interesses contraditórios por meio da redução unilateral da pretensão".

Eu não compartilho da hipótese empirista (que também subjaz às interessantes propostas de Rawls)[5] segundo a qual as definições dos interesses devem continuar sendo deixadas a cada participante *privatim* [em privado]. Se o discurso prático deve se debruçar sobre tarefas como prova de consistência, precisão, exame das condições de realização etc., as próprias interpretações das necessidades precisam ser incluídas na argumentação. Isso não tem nada a ver com uma redução da pretensão, principalmente com uma redução unilateral, mas é o caminho no qual o processo coletivo (porém até agora naturalizado) de

---

1 Cf. Habermas, Wahrheitstheorien, p.211.
2 Cf. Apel, *Das A Priori der Kommunikationsgemeinschaft und die Ethik*. Cf. além disso a seção sobre a capacidade de verdade de questões práticas em *Legitimationsprobleme im Spätkapitalismus*; para o estado atual da discussão, Riedel (org.), *Rehabilitierung der praktischen Philosophie*, 2v.
3 Cf. Kohlberg, *Die kognitive Entwicklung des Kindes*; Id., *From Is to Ought*; cf. além disso minhas notas sobre o conceito de competência concernente a papéis em *Kultur und Kritik*, p.195-231.
4 Cf. Döbert, *Systemtheorie und die Entwicklung religiöser Deutungssysteme*; Döbert, *Zur Logik des Übergangs von archaischen zu hochkulturellen Religionssystemen*, p.330 et seq.
5 Cf. Rawls, *A Theory of Justice*.

interpretação das necessidades pode ser tornado parcialmente transparente e discursivamente resgatável.

Eu propus uma fundamentação para uma teoria discursiva da verdade em um trabalho que Fach não mencionou.[6] Persigo nele a estratégia de (a) criticar outras teorias da verdade como sendo insatisfatórias e (b) investigar pressuposições universais e inevitáveis que assumimos desde o início em discursos argumentativos, ou seja, sempre que queremos examinar discursivamente as pretensões de validade. De acordo com minha tese, se e na medida em que argumentam, os participantes necessitam pressupor que as condições de uma "situação ideal de fala" foram preenchidas. Não é preciso haver primeiro um consenso sobre *essas* condições;[7] e o consenso sobre o *fato de que* aquelas condições devem ser realizadas é dado junto com o desejo comum de entrar em uma argumentação. Só pode ser controversa a questão de saber (a) *se* uma argumentação deve ser realizada e (b) *como*, sob as condições restritivas dadas, é possível garantir uma estrutura comunicativa aproximada o suficiente da situação ideal de fala. Ao se tornarem relevantes para um sistema social, conflitos sobre questões deste tipo podem ser solucionados graças à *institucionalização de discursos parciais*. Que tais institucionalizações, que constam entre os raros avanços evolucionários dos sistemas sociais, não foram por sua vez resultado de discursos, mas de lutas (normalmente de lutas de classes), é algo trivial.[8] No entanto, lutas de classes

---

6 Cf. Habermas, Wahrheitstheorien.
7 Cf. meu ensaio sobre a pretensão de universalidade da hermenêutica em *Kultur und Kritik*, p.264 et seq.
8 Cf. minha Introdução à nova edição de *Teorie und Praxis*, p.31 et seq. Luhmann, Weinrich, Spaemann, Schulz e outros apoiam suas

estão ligadas a problemas de legitimação que, segundo minha interpretação, não podem ser analisadas de maneira promissora sem referência ao conceito de legitimação aqui estritamente ligado aos discursos. Em suma: não estou dizendo que a teoria discursiva da verdade deixaria de ser uma questão controversa; mas a objeção construída por Fach mostra apenas que ele não compreendeu corretamente minhas propostas sobre a teoria da verdade.

Fach afirma que os pressupostos do discurso analisados por mim em outro lugar – a saber, na liberdade de experiência e na exoneração da ação – "impedem sua funcionalidade". Liberdade de experiência significa que as experiências, tais quais os contextos de ação, não são *produzidos* em discursos; evidentemente os *inputs* das experiências devem ser inseridos e *elaborados* na argumentação. Exoneração da ação significa o privilégio de um motivo determinado; a busca cooperativa da verdade exige que os participantes ao longo do discurso deixem em suspenso a persecução de outros interesses. Ambas as condições possibilitam cumprir a função que os *resultados* dos discursos podem ter para os sistemas de ação. Na medida em que os discursos são institucionalizados em um domínio parcial, a recusa ou a aceitação de pretensões de validade são condições necessárias para a decisão da questão de saber se afirmações ou normas resultam ou não do intercâmbio.

---

reflexões contra o conceito de uma situação ideal de fala no fato de que as estruturas universais de discursos racionais podem ser realizadas somente sob condições empíricas limitadas. Cf. sobre isso minha réplica a Spaemann, Die Utopie des guten Herrschers em *Kuktur und Kritik*, p.378-388, principalmente p.384 et seq.

Eu não levantei a hipótese de uma harmonia "que elimina definitivamente o dissenso". Naturalmente existem múltiplos interesses particulares sobres os quais não é possível produzir discursivamente um acordo.

Nem todos os interesses que subjazem a uma decisão política são capazes de universalização. Isto é incontestável (mas não vejo como deste fato poderíamos obter um argumento contra a possibilidade da formação discursiva da vontade). De acordo com a lógica do discurso, um consenso fundamentado só pode ser produzido sem coerção em torno de interesses que são comuns aos participantes (e concernidos); um ajuste entre interesses parciais exige compromissos, por conseguinte, posições de poder que se contrabalançam. Mas como poderíamos testar a *capacidade* de universalização de interesses senão no discurso?[9]

Não é claro se a afirmação segundo a qual a pretensão de validade de normas em geral é capaz de verificação discursiva está ligada a uma "razão material-objetiva". Naturalmente, concebo a competência de participar em discursos, ou seja, tratar hipoteticamente as pretensões de validade ligadas inicialmente a normas e afirmações, aceitando-as ou refutando-as mediante argumentos, em consonância com *Piaget* como desenvolvimento de estruturas universais.[10] Essa afirmação de uma identidade da razão na espécie humana, que se verifica em cada ontogênese,

---

9 Ibid., p.384. Cf. também *Legitimationsprobleme im Spätkapitalismus*, p.154 et seq.
10 Piaget, *Einführung in die genetische Erkenntnistheorie*; Id., *Einführung in die genetische Epistemologie*; Furth, *Intelligenz und Erkennen*.

de modo algum é trivial, embora também não tenha nada de especialmente surpreendente. Fach dá a impressão de ter descoberto meus segredos sem se dispor a apresentar também ao menos um argumento contra a afirmação mencionada, já que ele gostaria de refutá-la.

Sou da opinião (naturalmente com muitos outros autores)[11] que interesses só podem ser caracterizados como racionais por sua capacidade de universalização. Não consigo compreender a referência de Fach à crítica da ideologia: Marx sempre criticou o universalismo do sistema de valores burguês por encobrir a dominação de um interesse de classes, ou seja, expressar apenas *aparentemente* um interesse universalizável.

Um paradoxo da legitimidade afirmado por Fach deve consistir no fato de que a "legitimidade produzida" só é necessária onde é impossível, e onde é possível não é necessária. Gostaria inicialmente de analisar a primeira metade desta proposição: considero as pretensões de legitimidade e a característica de tais pretensões de ser criticáveis como fatos sociais. Portanto, problemas de legitimidade se põem na qualidade de problemas funcionais da sociedade em seu todo quando o nível existente do potencial de justificação acessível se esgota, mas assim já é acessível um novo nível de justificação. "Acessível" significa que "novas" ideias, tornadas incompatíveis com as estruturas das imagens de mundo em decadência, são disseminadas — investiguei isso uma vez a partir da relação do direito natural clássico com o moderno. Pretensões de validade criticáveis

---

11 Cf. Baier, *The Moral Point of View*; Singer, *Generalization in Ethics*; Lorenzen, *Normative Logics and Ethics*; *Philosophie der Praxis*; Lorenzen e Schwemmer, *Konstruktive Logik, Ethik und Wahrheitstheorie*.

possuem uma facticidade peculiar que se mostra então justamente quando são abaladas pela crítica. Seria tanto ingênuo quanto desnecessário supor que a crítica e a perda de reconhecimento poderiam ser consumadas apenas e predominantemente na forma de discursos (ou mesmo de discursos parciais institucionalizados). Nunca afirmei isso; eu disse apenas que o sentido implícito de pretensões de validade normativas consiste no fato de que *poderiam* ser resgatadas unicamente de maneira discursiva. A segunda metade da proposição não é mais plausível do que a primeira: "Tão logo exista a liberdade diante da dominação, deixam de ter sentido os esforços de legitimação". Talvez Fach designe um sistema social como "livre de dominação" quando é institucionalmente assegurada a possibilidade de questionar *em princípio* a validade de *todas* as normas politicamente importantes e torná-las dependentes de processos de formação discursiva da vontade (em que naturalmente a margem de ação para a transposição institucional do princípio democrático de organização é limitado pelo grau de desenvolvimento de todo sistema). Não sei (e também não creio que no geral a questão possa ser decidida com boas razões) se uma institucionalização tão ampla da formação política da vontade "livre de dominação" pode ser imposta ou tornada compatível com imperativos funcionais concorrentes. Mas, pressupondo que este seja o caso, por que a tomada discursiva de decisão e a formação de compromisso (no sentido mencionado antes) seriam supérfluas justamente em tal sistema? Só poderíamos chegar a essa notável conclusão se aceitássemos hipóteses antropológicas (absolutamente não comprovadas) sobre a uniformidade das necessidades humanas, sobre o esmorecimento da agressividade, a eliminação de todas as fontes restantes de conflito etc. Vejo nisso que um paradoxo que, como se sabe, tem uma natureza lógica, não pode ser demonstrado com a ajuda de tais hipóteses empíricas.

O último capítulo do meu livro sobre "problemas de legitimação" leva o título: "Parcialidade em favor da razão".[12] Ao mesmo tempo, Fach me atribui uma "perspectiva emancipatória" "que não reconhece a práxis *parcialmente* racional". O que isso quer dizer? Tomemos a acusação concreta: "Ele (Habermas) de modo algum pensa em refletir discursivamente sobre conteúdos políticos fascistas; sua não capacidade de universalização é suposta com toda a evidência". Se é assim, então isto resulta das minhas premissas. Na medida em que o fascismo (um fenômeno surgido em sociedades capitalistas desenvolvidas) está ligado sistematicamente a doutrinas sejam racistas, populistas ou nacionalistas, é possível mostrar que doutrinas fascistas não exprimem interesses capazes de universalização e não são capazes de uma justificação racional e discursiva em virtude de seu caráter particularista. Como também os grupos minoritários, que segundo esta doutrina são submetidos à opressão ou ao extermínio físico (e que na Alemanha foram factualmente submetidos a isso), poderiam ser conduzidos ao consentimento se não fosse pela violência? Mas isso de modo algum significa que a "parcialidade *em favor* da razão pressupõe implicitamente a parcialidade *da* razão". Certamente, o princípio de universalização, que nós, caso queiramos conduzir discurso práticos, aceitamos *eo ipso* porque resulta das propriedades formais do discurso, é incompatível com todas as propostas que procuram fazer com que interesses

---

12 Cf. *Legitimationsprobleme im Spätkapitalismus*, p.194 et seq.

particulares tenham validade *universal*; mas isso não significa que ele prejulga conteúdos determinados. A conclusão "Interesses universalizáveis são interesses particulares racionalizados" é incompreensível para mim. A não ser que Fach quisesse afirmar que todos os interesses são particulares. Se alguém afirma que um interesse qualquer é universalizável, está usando indevidamente as pretensões de racionalidade para os casos de indução a erro e intimidação de um adversário. Logo, Fach precisa primeiro fundamentar a premissa. Não vejo de que maneira se pode excluir *a priori* a possibilidade de que os membros de um sistema social dado possam ter interesses comuns.

Réplica

Penso que, tanto agora quanto antes, Fach não compreendeu minhas afirmações em pontos importantes. Tenho a impressão de que ele ainda não vê que a atitude hipotética de um participante do discurso permite muito bem tematizar quaisquer experiências, mas não simplesmente *produzir* experiências. Fach tampouco leva em consideração que é possível concordar sobre a constatação de um dissenso e por esta via verificar a não capacidade de universalização de um interesse. Além disso, ele ignora consequências para a invariância cultural de uma constituição cognitiva universal, as quais derivam da psicologia cognitivista do desenvolvimento. E, por fim, não pude tornar manifestamente claro que o sistema particularista de valor não é capaz de uma justificação universalista já a partir de razões analíticas. Tudo isso terei de deixar de lado. Mas gostaria de fazer ainda uma consideração a respeito da principal objeção de Fach.

Para a reconstrução do materialismo histórico

Se vejo corretamente, o paradoxo da legitimidade de Fach acontece porque ele leva em consideração apenas o sentido afirmativo de um exame discursivo de pretensões da validade normativas. Sob pontos de vista evolucionários, pelo contrário, interessa o *caráter criticável* de pretensões de validade que se apoiam no resgate discursivo.

Dúvidas levantadas em termos de uma crítica à legitimação podem se dirigir contra explicações narrativas de origem mítica, contra justificações argumentativas de derivação cosmológica ou religiosa, contra fundamentações filosóficas de teorias racionalistas do Estado e do direito, contra justificações de uma ética formalista etc. Historicamente, a "crítica" às bases frágeis de legitimação se realiza quando se alcançam os limiares da evolução social, sempre com referência ao próximo nível de justificação, tornado acessível na evolução das imagens de mundo. Isso então pode ser questionado novamente no próximo estágio de desenvolvimento. A crítica às legitimações existentes sempre vale apenas relativamente ao sistema linguístico e conceitual assumido na argumentação (caso se queira, relativamente à "linguagem teórica"). Mas afirmações bem fundamentadas da crítica da legitimação não perdem com isso sua validade, já que a linguagem teórica em que são formuladas é superada historicamente por uma nova; seu direito relativo deveria antes poder ser reconstruído *de maneira semelhante* em um novo sistema de referência, tal qual ocorre com a pretensão de validade da mecânica clássica no quadro da mecânica quântica (sem que com esta comparação eu queira apagar a distição estrutural entre desenvolvimento da ciência e desenvolvimento da moral). Neste sentido, por exemplo, Marx, no quadro do materialismo histórico, tenta ao mesmo tempo relativizar e fundamentar o direito da retórica burguesa da revolução, ou seja, o direito daquela crítica que foi exercida em nome dos fundamentos das sociedades tradicionais de classes. Em suma, o conceito discursivo de capacidade de universalização de interesses pode servir para explicar processos de *crítica* da legitimação.

O modo discursivo de justificação naturalmente pode assumir uma função afirmativa somente na medida em que um sistema social se aproxima do estado que apresenta hipoteticamente como "livre de dominação". Essa expressão não significa, por exemplo, a ausência de coerção social, mas uma forma determinada de legitimar decisões vinculantes. Se quisermos chamar de "dominação" ou "poder" o exercício de coerção social reacoplado a processos de formação discursiva da vontade, isso dependerá de como regulamos o uso destes termos. Se a "dominação" for definida de modo tão estreito a ponto de tal expressão ser utilizada como sinônimo de "dominação de classe", não seria possível por razões analíticas uma justificação discursiva da dominação. Mas também segundo esse uso da língua o conceito de legitimação ligado ao discurso é um instrumento adequado à investigação de processos de crítica da legitimação e assim às transformações desencadeadas nos sistemas de dominação.

12
*Dois comentários a respeito do discurso prático**

Paul Lorenzen criou os fundamentos para uma filosofia sobre o método que também fornece uma solução para as questões fundamentais da filosofia prática. Ele tem assim uma participação decisiva na reabilitação da filosofia prática.[1] As ideias que Lorenzen pôs em movimento influenciaram toda uma geração e chegaram à discussão atual; é uma honra ao professor quando já é possível dar continuidade aos argumentos do aluno. Uma primeira rodada de discussão apresentou a contribuição da Escola de Erlangen para a filosofia prática.[2] Na qualidade de participante passivo, tive a impressão de que nesta rodada uma quantidade de problemas ainda não foi suficientemente esclarecida. Neste texto eu gostaria de me concentrar em duas questões: a primeira concernente ao "começo" da filosofia prática (1), a outra, à introdução do princípio moral (2).[3]

---
* Em homenagem ao aniversário de 60 anos de Paul Lorenzen.
1 Cf. Ridel, *Rehabilitierung der praktischen Philosophie*, 2v.
2 Kambartel (org.), *Praktische Philosophie und konstruktive Wissenschaftstheorie*.
3 Gostaria de mencionar outros três complexos de questões: (3) Não entendo plenamente de que maneira a normatização metódica

Jürgen Habermas

1. As diferentes abordagens a respeito de uma ética cogniti-

da linguagem se relaciona com aquelas competências sobre as quais se apoia nosso saber no caso de questões morais (sobre o desenvolvimento da consciência moral, cf. Kohlberg, *Stufe und Sequenz*, p.47 et seq.; além disso, cf. meu ensaio sobre o conceito de competência concernente a papéis, *Kultur und Kritik*, p.195-231). Essas competências são formadas em processos de aprendizagem ontogenéticos e segundo a história da espécie sobre caminhos de desenvolvimento aparentemente universais. Por esta razão, penso que também uma ortolinguagem deveria estabelecer as condições de entendimento argumentativo sobre questões práticas apenas na medida em que esta normatização do discurso opere *ao mesmo tempo* uma reconstrução racional das estruturas universais (já adquiridas de maneira ingênua) do juízo e da ação morais. (4) Não vejo corretamente a quais estágios do programa construtivista aquelas capacidades pragmáticas universais estão ligadas e como são explicitadas, as quais desde o começo são pressupostas junto com o modelo do professor-aluno (cf. a carta de von Lücher a Schwemmer, em Kambartel, *Praktische Philosophie und konstruktive Wissenschaftstheorie*, p.236 et seq.). No Programa da Escola de Erlangen, senti falta do lugar para uma pragmática universal, onde geralmente são reconstruídos os elementos constituintes da comunicação linguística. Um professor pode instruir primeiramente o aluno também nos componentes elementares da ortolinguagem se já existir uma relação interpessoal; isto exige o êxito de atos de fala, e cada ato de fala qualquer pressupõe novamente o domínio de um sistema de estruturas universais da ação linguística. (5) Mesmo depois dos esclarecimentos que Schwemmer ofereceu neste ínterim não estou convencido de que, na construção lógica da fala, imperativos têm primazia diante de normas de ação. Desde os inícios do direito natural racional todos os programas de fundamentação individualistas escolheram justamente esta via; mas isto me parece problemático. O sentido da pretensão de validade universal ligada a normas de ação, da pretensão à correção normativa, só pode ser analisada o suficiente em termos de reconhecimento intersubjetivo e não em termos de ordens universalizadas (cf. minha crítica a Ilting em *Legitimationsprobleme im Spätkapitalismus*, p.141 et seq.).

vista, embora mais contida diante de interpretações ontológicas, concordam em suas hipóteses de fundo segundo as quais questões práticas (sob circunstâncias apropriadas) podem ser esclarecidas em termos argumentativos. Contudo, é controversa a questão de saber se ainda permanece em tal ética comunicativa um vestígio da problemática decisionista. Mesmo concedendo que questões práticas sejam capazes de um esclarecimento discursivo, ao efetuarmos um discurso prático temos de lidar inicialmente com uma decisão de entrar no discurso. Quando queremos motivar um oponente para uma tal decisão, podemos apelar, por exemplo, para o fato de que podemos ter um interesse passível de fundamentação (mesmo que seja apenas um interesse) em uma regulação consensual dos conflitos de ação tendo em vista os efeitos colaterais de uma decisão violenta do conflito. A fim de isolar este resquício decisionista e torná-lo inócuo, Apel e Radnitzky,[4] e recentemente Kambartel com o consentimento de Lorenzen,[5] reclamaram que o reconhecimento do princípio segundo o qual se procura solucionar os conflitos de ação o tanto quanto possível com meios argumentativos não precisa de uma decisão de fé racionalista, tal qual sugerida por Popper.[6] De acordo com seu argumento, "aquele que questiona a fundamentação de um princípio racional concebido de maneira argumentativa para acusá-lo, uma vez que o propósito de sua questão é concebê-lo corretamente, já

---

4 Apel, Das A Priori der Kommunikationsgemeischaft und die grundlagen der Ethik, p.358 et seq.; Radnitzky, *Contemporary Schools of Metascience*, Bd. II, p.174 et seq.
5 Kambartel, Wie ist praktische Philosophie möglich?, p.7 et seq.; e a carta de Lorenzen a Kambartel, p.255 et seq.
6 Habermas, Dogmatismus, Vernunft und Entscheidung, p.307-335.

se apoiou sobre o solo deste mesmo princípio".[7] Tenho três considerações a fazer a respeito deste argumento.

a) Ante a mencionada *versão fraca* do argumento em favor de um reconhecimento do princípio de regulação racional, isto é, consensual dos conflitos de ação moralmente relevantes, gostaria de defender uma *versão forte*. Penso que aquele argumento *tu quoque* empregado nos termos da pragmática transcendental não pode ser aplicado àquele que se envolve (ao menos uma vez) em uma argumentação, mas também a qualquer sujeito capaz de fala e de ação. Podemos tentar convencer de maneira promissora alguém que nunca participou de uma argumentação a respeito do princípio racional na medida em que apelamos ao saber intuitivo de que "sempre" dispomos na qualidade de falante competente. A ideia do discurso racional, se é que posso me expressar assim, não está ligada somente às estruturas universais do discurso e da fundamentação, mas também às estruturas fundamentais da ação linguística.

Quem, ao buscar o entendimento, realiza uma ação comunicativa, precisa erguer de maneira implícita quatro, e exatamente quatro, pretensões de validade. Enquanto pretensões de validade universais, elas são erigidas nas estruturas discursivas uma vez que ninguém, em todo ato de fala aceitável, pode deixar de *pretender inteligibilidade* para seus proferimentos, *veracidade* para a intensão manifestada pelo falante, *verdade* para o conteúdo proposicional (afirmado ou mencionado) dos proferimentos e *correção* para a relação interpessoal ligada ao ato ilocucionário.

---

7 Kambartel, (org.), *Praktische Philosophie und konstruktive Wissenschaftstheorie*; sobre o conceito discursive de razão, cf. o interessante artigo de Anacker, Vernunft, p.1597-1612.

Portanto, é possível mostrar que a verdade de enunciados (por exemplo, teorias) e a correção de ações (por exemplo, normas) expõem pretensões de validade que podem ser resgatadas unicamente de maneira discursiva, ou seja, com os meios do discurso argumentativo.[8] Todo aquele que age orientado ao entendimento, na medida em que ergue de modo inevitável pretensões de verdade e de correção, precisa ter reconhecido implicitamente que sua ação baseada na argumentação se mostra como o único caminho para a *continuidade* da ação consensual caso as pretensões de validade erguidas de maneira ingênua e reconhecidas factualmente sejam problematizadas. Tão logo explicitamos as pretensões de validade resgatáveis discursivamente, tornamo-nos conscientes de que já pressupomos na *ação* consensual a possibilidade da argumentação.[9]

b) Posto que falantes competentes, nos contextos da ação consensual, têm de atender entre outras coisas às pressuposições universais mencionadas, segue-se que também atribuímos aos sujeitos capazes de fala e ação um determinado saber intuitivo se participaram em uma argumentação de maneira factual. No entanto, isso de forma alguma significa o reconhecimento universal de um princípio explícito que a filosofia prática pode obter a partir da reconstrução racional daquele saber. Podemos apelar a todo momento à racionalidade intuitiva dos que agem consensualmente, mas o sucesso deste apelo só estaria garantido se as normas fundamentais da fala racional, seguidas implicitamente, tiverem se tornado vinculantes *como normas procedimentais*

---

8 Habermas, Wahrheitstheorien, p.211-266.
9 Habermas, *Legitimationsprobleme im Spätkapitalismus*, cf. nota de rodapé, p.152 et seq.

para a regulação dos conflitos de ação moralmente relevantes. Em toda situação de conflito, porém, são oferecidas alternativas — a transposição para a ação estratégica ou a quebra de comunicação em geral. Ora, saber se o saber intuitivo de um oponente, ao qual eu gostaria de apelar com base em um argumento *tu quoque* flexionado de maneira pragmático-transcendental, só é operativamente eficaz na participação no discurso ou já em uma ação consensual isenta de argumentos, continua sem importância pois o apelo esbarra em ouvidos moucos, o abordado "não consente com nada" e nem sequer se participa passivamente no discurso argumentativo.

Parece que, com isso, a problemática decisionista seria somente deslocada para o lugar em que podemos *escolher* entre ação consensual e estratégica. Essa aparência é, contudo, artefato de um modo de consideração que parte, de maneira individualista, do modo de ação de indivíduos isolados e do comportamento contratual em grupos pequenos. Que também os indivíduos em situações politicamente importantes não possam escolher arbitrariamente entre a atitude de uma ação consensual ou estratégica, fica claro logo que escolhemos os sistemas sociais como ponto de referência para a análise. As sociedades não podem substituir de maneira arbitrária instituições e normas de ação intersubjetivamente válidas e abertamente carentes de legitimação por máximas da ação racional com respeito a fins. Também os sistemas sociais modernos, que regulam outros domínios da vida, principalmente as relações comerciais e administrativas sancionadas pelo direito privado de acordo com pontos de vista da percepção estratégica de interesses individuais, precisam, tanto hoje quanto ontem, proteger a capacidade de legitimação do quadro institucional. Ora, o poder legítimo só pode ser reproduzido em simultaneidade com a preservação (por mais contrafactual que seja) da crença legitimadora na correção da ordem social estabelecida. Por isso, os sistemas sociais não podem abdicar, caso necessário, do recurso às pretensões de validade normativas que, *de acordo com seu sentido*, são resgatáveis unicamente de maneira discursiva; eles não podem deslocar os problemas de legitimação, que emergem da estrutura racional das interações mediadas pela linguagem, sem produzir problemas colaterais. Isso significa que, no âmbito do sistema social, normalmente não encontramos aquela possibilidade de escolha que em certa medida podemos atribuir aos indivíduos: a possibilidade de decidir entre formas consensuais ou não consensuais de regulação do conflito. Disso resulta uma indicação não trivial segundo a qual todo aquele que age de maneira consensual já assumiu uma racionalidade imanente à linguagem.

c) Contudo, devíamos distinguir a atitude crítica que o participante de um discurso pode adotar diante da legitimação daquela atitude crítica do sociólogo diante da ideologia, o qual investiga os sistemas pré-existentes de normas. O que Lorenzen chamou de "gênese normativa" é tarefa do sociólogo que gostaria de explicar a transformação dos sistemas de dominação sob os pontos de vista da deslegitimação. Eu fiz a sugestão[10] de analisar a crença na legitimidade em termos de um reconhecimento factual de pretensões de validade criticáveis. "Criticável" significa que a pretensão de validade vinculada a normas de ação (e de avaliação) pode ser resgatada unicamente com justificações capazes de obter consenso. Uma crença na legitimidade é

---

10 Ibid., p.133 et seq.

colocada em questão na medida em que as justificações perdem sua plausibilidade entre os participantes. A ruína da legitimidade significa escassez do potencial de justificação disponível. Essa perda de plausibilidade (a obtenção de consenso sem coerção) pode ser compensada pela coerção. Talvez possa também existir um sistema de dominação que viva com um pouco menos de consenso e mais reconhecimento forçado (*compliance*). Talvez surja também uma exigência por um novo nível de justificação que não possa ser neutralizado com meios discretos, ou seja, ideologicamente eficazes. Em tais casos, um sistema de dominação só pode estar apoiado sobre a crença na legitimidade se suas normas de base estivessem de acordo com o potencial de justificação disponível. Cada um dos níveis de justificação depende das estruturas da imagem de mundo aceita. Eu afirmaria ainda[11] que as estruturas da imagem de mundo não variam arbitrariamente, mas seguem uma lógica de desenvolvimento passível de ser reconstruída; mais precisamente de tal modo que hoje, em sociedades do tipo da nossa, as pretensões de validade das normas muito provavelmente só encontram reconhecimento se elas têm a seu favor a suposição de que resistiriam a um modo de justificação universalista – em último caso, portanto, a uma formação discursiva da vontade por parte dos concernidos. (Tais suposições frequentemente só podem ser asseguradas pelas barreiras da comunicação produzidas de maneira sistemática.)

2. Eu suponho, no programa da Escola de Erlangen, uma conexão entre a problemática insolúvel do decisionismo e o normativismo da linguagem (não investigado aqui), de um

---

[11] Cf. capítulo 4 no presente volume.

lado, e o recurso a algo como princípios racionais e morais, de outro. Eu gostaria de defender a tese de que a introdução de tais princípios é supérflua porque não acrescenta nada novo a uma reconstrução adequada dos pressupostos universais e inevitáveis da fala argumentativa.

a) Considero convincente a crítica de Kambartel à introdução feita por Schwemmer de um princípio deliberativo ou racional.[12] Schwemmer reconstrói a produção da comunidade intersubjetiva em quatro passos: a intersubjetividade é produzida pelo esclarecimento de um uso intersubjetivamente vinculante da linguagem; pela reciprocidade dos compromissos imanentes à linguagem; pela generalização de propostas particulares para normas intersubjetivamente válidas; e finalmente pela universalização das próprias normas de ação. Essa perspectiva reconstrutiva é sensata sob o pressuposto de um ponto de partida interpretado de maneira individualista. Nós podemos, entretanto, *iniciar* um discurso prático apenas sob a condição de um conflito de ação identificado em comum (e suspenso para os fins de uma comprovação argumentativa de pretensões de validade normativas); os primeiros três estágios de comunidade intersubjetiva, portanto, já são produzidos na ação comunicativa antes que possa surgir um conflito de ação. A identidade de significados, as relações interpessoais geradas com atos de fala, a diferenciação entre ações, de um lado, e expectativas de comportamento (normas) recíprocas e intersubjetivamente vinculantes, de outro – todas são condições que precisam ser preenchidas antes que possam surgir conflitos de ação mo-

---

12 Kambartel (org.), *Praktische Philosophie und konstruktive Wissenschaftstheorie*, p.23 et seq. e p.82 et seq.

ralmente relevantes. Sem dúvida, uma interessante tarefa da pragmática universal consiste em indicar de maneira explícita tais condições intersubjetivas do entendimento possível. Mas a reconstrução das condições da ação comunicativa em geral não é particularmente informativa para aquele que quer se certificar das condições da regulação consensual de conflitos de ação. Essencial para a compreensão da argumentação moral é apenas a disposição "a uma orientação transsubjetiva", manifestada de maneira inevitável com a entrada no discurso prático. Essa condição foi introduzida por Lorenzen na forma de um princípio de transsubjetividade ou moral. Em contrapartida, as condições introduzidas como princípio deliberativo ou racional são inespecíficas ou supérfluas.

b) Contudo, o princípio moral também me parece redundante. O ponto de partida de um discurso prático pode ser caracterizado, entre outras coisas, pelo fato de os participantes identificarem de forma unânime um conflito de ação e o reduzirem a uma controvérsia acerca da pretensão de validade de no mínimo uma norma de ação em causa. Na medida em que os participantes em geral querem assumir um discurso prático para o exame da pretensão de validade controversa, nisso eles já aceitam o compromisso que postulamos quando exigimos um reconhecimento do princípio moral. O conteúdo de tal princípio corresponde ao conhecido (por diferentes éticas cognitivistas) princípio de universalização, de acordo com o qual deveriam ser válidas apenas as normas cuja pretensão de validade poderiam ser reconhecidas com razões por todos os sujeitos de ação potencialmente concernidos. Mas a entrada em um discurso já *significa* a suposição comum de que as condições de uma situação ideal de fala são suficientemente preenchidas de tal modo que os participantes chegam a um consenso sem coerção a respeito das pretensões de validade controversas unicamente pela força do melhor argumento. Também em virtude das propriedades formais da situação ideal de fala é assegurado que apenas as pretensões de validade de tais normas poderão ser resgatadas discursivamente, em que, com referência a um contexto dado, interesses universalizáveis são expressos de maneira adequada. A ideia do resgate discursivo de pretensões de validade normativas torna supérfluos os postulados voltados à universalização de normas ou de seus interesses subjacentes, ou seja, também o princípio moral previsto no Programa da Escola de Erlangen. No lugar da ideia de pretensões de validade discursivamente resgatáveis pode entrar também a ideia de uma fundamentação argumentativa, se quisermos com Kambartel entender por fundamentação

> um diálogo racional (ou o projeto de um tal diálogo) que conduz ao assentimento de todos os participantes, uma vez que a orientação colocada em questão por todos os concernidos pode em uma situação comunicativa não distorcida (embora simulada) levar ao consenso.[13]

c) Se a consistência dos sistemas de valores, a compatibilidade de metas e efeitos colaterais e a própria capacidade destas metas para ser realizadas fossem os únicos problemas que podem ser solucionados em discursos práticos, então as questões práticas continuariam fechadas à argumentação. O próprio Schwemmer dá a impressão de que uma racionalização dos fins seria possível por razões lógicas apenas dentro de certos

---

13 Ibid., p.68.

limites. Ele discute o caso em que se exige que os participantes do discurso substituam um fim inicialmente inferior por um outro fim inferior funcionalmente equivalente e deduzível no melhor dos casos de um fim superior reconhecido de maneira intersubjetiva. Eu gostaria de acrescentar que o alcance da argumentação moral depende decisivamente de saber se e em que medida é possível tornar as interpretações convencionais dos próprios interesses um objeto da formação discursiva da vontade. Na medida em que propomos uma nova interpretação das necessidades, lançamos uma outra luz sobre o que os participantes do discurso realmente querem dizer em uma dada situação. Uma reinterpretação das necessidades convencionais pode ser resultado de uma autorreflexão que torna transparente a própria natureza interna e corrige autoenganos; mas ela também pode ser resultado de um processo semântico criativo que por intermédio de sistemas simbólicos não proposicionais da literatura, da arte e da música, libera novos potenciais de significado.[14] Logo, a argumentação moral continua dependente da eliminação das barreiras à comunicação, seja em termos terapêuticos ou em termos da criação artística. Estas barreiras, que nos dão a falsa certeza de que nós, os indivíduos isolados, somos a última instância na avaliação de nossos interesses, deveriam ser suprimidas, caso o processo de interpretação das necessidades, conduzido até agora de maneira naturalizada, deva ser efetuado com consciência, isto é, deva poder ser recuperado na formação discursiva da vontade.

---

14 Cf. meu ensaio sobre a teoria da arte em Benjamin em *Kultur und Kritik*, p. 302-344.

Referências bibliográficas

ACHAM, K. Zum wissenschaftlichen Status und zur pragmatik der Geschichtswissenschaft. In: LENK, H. (org.). *Neue Aspekte der Wissenschaftstheorie.* Braunschweig, 1971.

ADORNO, T. W. Zum Verhältnis von Soziologie und Psychologie. In: *Sociologica.* Frankfurt am Main, 1955.

_____. *Negative Dialektik.* In: *Gesammelte Schriften* Bd. 6. Frankfurt am Main, 1973.

_____. Kultur und Verwaltung. In: *Soziologischen Schriften 1, Gesammelte Schriften* Bd. 8. Frankfurt.

_____. Spätkapitalismus oder Industriegesellschaft. In: *Soziologischen Schriften 1, Gesammelte Schriften* Bd. 8. Frankfurt.

ADORNO, T.; HORKHEIMER, M. *Dialektik der Aufklärung.* Amsterdam, 1947. [Ed. Bras.: *Dialética do esclarecimento.* Rio de Janeiro: Zahar, 1985.]

ANACKER, U.; BAUMGARTNER, H. M. Geschichte. In: *Handbuch philosophischer Grundbegriffe.* Bd. 2, München, 1973.

APEL, K. O. *Causal Explanation, Motivaitonal Explanation, Hermeneutical Understanding.* MS, 1970.

_____. Das Apriori der Kommunikationsgemeinschft und die Grundlage der Ethik. In: APEL, K. O. *Transformation der Philosophie.* Band II. Frankfurt am Main, 1973.

APEL, K. O. Sprechakttheorie und die Begründung der Ethik. In: APEL, K. O. (org.). *Sprachpragmatik und Philosophie*. Frabkfurt am Main: Suhrkamp, 1976.

BACHRACH, P. *Die Theorie demokratischer Elitenherrschaft*. Frankfurt am Main, 1971.

BAIER, K. *The Moral Koint of View*. Ithaca, 1958.

BASSO, L. Gesellschaft und Staat in der Marxschen Theorie. In: _____. *Gesellschaftsformation und Saatsform*. Frankfurt am Main, 1975.

BAUMGARTNER, H. M. Narrative Struktur und Objektivität, Wahrheitskriterioen im Historischen Wissen. In: RÜSEN, J. (org.). *Historische Objektivität*. Göttingen, 1965.

_____. *Kontinuität und Geschichte*. Frankfurt am Main, 1972.

BECKER, M. Florentine Politics and the Diffusion of Heresy in the Trecento. *Spectaculum*, 34, 1959.

BELL, D. *The Coming of Postindustrial Society*. New York, 1973.

BENDIX, R. Die vergleichende Analyse historischer Wandlungen. In: ZAPF, W. (org.). *Theorien des sozialen Wandels*. Köln, 1969.

BERGMANN, J. E. *Die Theorie des sozialen Systems von Talcot Parsons*. Frankfurt am Main, 1967.

BIRNBAUM, N. Konkurrirende Interpretationen der Genese des Kapitalismus: Marx und Max Weber. In: SEYNFARTH, C.; SPRONDEL, M. (orgs.). *Religion und gesellschaftliche Entwicklung*. Frankfurt am Main, 1973.

BISCHOFF, N. The Biological Foundations of the Incest-taboo. *Soc. Science Inform*. VI, 1972.

BLANCK, G.; BLANCK, R. Toward a Psychoanalytic Developmental Psychology. In: *J. Am. Psychoanal. Ass.*, 1972.

BLUMENBERG, H. *Der Prozess der theoretischen Neugierde*. Frankfurt am Main, 1973.

_____. *Säkularisierung und Selbsbehauptung*. Frankfurt am Main, 1974.

BRAUDEL, F. *La Méditerranée et Le Monde méditerranéen à l'époque de Philippe II*. Paris, 1966. [*O Mediterrâneo e o mundo mediterrâneo à época de Filipe II*. São Paulo: Martins Fontes, 1984. 2v.]

BRUNNER, O. Stadt und Bürgertum in der Europäischen Geschichte. In: _____. *Neue Wege der Sozialgeschichte.* Göttingen, 1956.

BROUGHTON, J. M. *The Development of Natural Epistemology in Adolescence and Early Adulthood.* Cambridge, 1975.

BUSSHOFF, H. *Systemtheorie als Theorie der Politik.* München, 1975.

CANEIRO, R. L. Eine Theorie zur Entstehung des Staates. In: EDER, K. (org.). *Entstehung von Klassengesellschaften.* Frankfurt am Main, 1973.

CAHNMANN, W. J; BOSKOFF, A. Soziologie und Geschichte. In: WEHLER, H. U. (org.). *Geschichte und Soziologie.* Köln, 1972.

CIPELLA, C. M. Die zwei Revolutionen. In: SCHULIN, E. (org.), *Universalgeschichte.* Köln, 1974.

CHILDE, V. G. *Old World Prehistory.* London, 1938.

_____. Die neolithische Revolution. In: EDER, K. (org.). *Entstehung von Klassengesellschaften.* Frankfurt am Main, 1973.

_____. *What Happened in History.* New York: Penguin, 1946.

CLAESSENS, D. *Instinkt, Psyche, Geltung.* Opladen, 1967.

COHEN, N. *The Pursuit of the Millenium.* London, 1957.

COOLEY, Ch. H. *Human Nature and the Social Order.* New York, 1902.

COULBORN, R. Struktur und Prozeβ im Aufstieg und Niedergang zivilisierter Gesellschaften. In: SCHULIN, E. (org.), *Universalgeschichte.* Köln, 1974.

COUNT, E. W. *Das Biogramm.* Frankfurt am Main, 1970.

CUMMING, J.; CUMMING, E. *Ego and Milieu.* New York, 1967.

DANILOVA, L. V. Controversial problems of the theory of precapitalist societies. *Soviet Anthropology and Archive.* IX, 1971.

DANTO, C. *Analytical Philosophy of History.* Cambridge, 1965.

DENZIN, N. K. The Genesis of Self in early Childhood. *The Soc. Quart.*, 1972.

DEVEREUX, G. *Normal und Anormal.* Frankfurt am Main, 1974.

DIEDERICH, W. (org.), *Theorien der Wissenschaftsgeschichte.* Frankfurt am Main, 1974.

DOBB, M. *Studies in the Development of Capitalism.* New York, 1947.

DÖBERT, R. *Systemtheorie und die Entwicklung religiöser Deutungssysteme.* Frankfurt, 1973.

DÖBERT, R. Zur Logik des Übergangs von archaischen zu hochkulturellen Religionssystemen. In: EDER, K. (org.). *Entstehung von Klassengesellschaften.* Frankfurt, 1973.

_____. Die evolutionäre Bedeutung der Reformation. In: SEYFARTH, C.; SPRONDEL, W. M. (orgs.). *Religion und gesellschaftliche Entwicklung.* Frankfurt, 1973.

_____. *Modern religion and the Relevance of Religious Movements.* Starnberg, 1975.

DÖBERT, R.; NUNNER-WINKLER, G. Konflikt- und Rückzugspotentiale in spätkapitalistischen Gesellschaften. *Zeitschrift für Soziologie*, 1973.

_____. *Adolezenzkrise und Identitätsbildung.* Frankfurt am Main, 1975.

DOBHANSKY, T. *The Biological Basis of Human Freedom.* New York, 1956.

DREIZETEL, H. P. (org.). *Sozialer Wandel, Zivilization und Fortschritt als Kategorien der soziologischen Theorie.* Neuwied, 1967.

DUBIEL, H. *Identität und Institution.* Gütersloh, 1973.

DULONG, R. *La Question Bretonne.* Paris, 1975.

DUNN, E. S. *Economic and Social Development.* Baltimore, 1971.

DURKHEIM, E. *Soziologie und Philosophie*, 1967.

EDER, K. Komplexität, Evolution und Geschichte. In: MACIEJEWSKI, F. (org.). *Theorie der Gesellschaft.* Frankfurt, 1973.

_____. (org.). *Entstehung von Klassengesellschaften.* Frankfurt am Main, 1973.

_____. Die Reorganistion der Legitimationsform in Klassengesellschaften. In: EDER, K. (org.). *Entstehung von Klassengesellschaften.* Frankfurt am Main, 1973.

_____. *Die Entstehung staatlich organisierter Gesellschaften.* Frankfurt, 1976.

EISENSTADT, S. N. Social Change, Differentiation and Evolution. *ASR*, 29, 1964.

_____. *The political System of Empires.* New York, 1969.

EISENSTADT, S. N.. Social Change and Development. In: EINSENSTADT, S. N. (org.). *Readings in Social Evolution and Development*. Oxford, 1970.

_____. Die protestantische Ethik und der Geist des Kapitalismus. *KZSS*, 22, 1970.

ELKIND, D. Egocentrism in Adolescence. *Child Development*, 38, 1967.

ENGELS, F.; MARX, K. *Werke*, Bd. 3. Berlin, 1958.

ENGELBERG, E. Fragen der Evolution und der Revolution in der Weltgeschichte. In: *Z. f. Geschichtswissenschaft*, Sonderheft XIII, jg. 1965, p.9-18.

_____. *Probleme der Marxistischen Geschichtwissenschaft*. Köln, 1972.

ERIKSON, E. H. *Kindheit und Gesellschaft*. Stuttgart, 1956.

_____. *Identität und Lebenszyklus*. Frankfurt am Main, 1966.

EUCHNER, W. *Egoismus und Gemeinwohl*. Frankfurt am Main, 1973.

FETSCHER, I. (org.), *Der Marxismus*, Bd: I, *Philosophie und Gesellschaft*. München, 1963.

_____. *Karl Marx und der Marxismus*. München, 1967.

FIJALKOWSKI, J. Bemerkungen zu Sinn und Grenzen der Rätediskussion. In: GREIFFENHAGEN, M. *Demokratisierung in Staat und Gesellschaft*. München, 1973.

FINER, S. E. State- and Nation-Building in Europe: The Role of the Military. In: TILLY, Ch. (org.), *The Formation of the National States in Western*. Princeton, 1975.

FINLEY, M. Between Slavery and Freedom. *Comparative Studies in Society and History*, VI, 3, 1964.

FLAVELL, J. H. *The Development of Role-Taking and Communication Skills in Children*. New York, 1968.

_____. An Analysis of Cognitive Developmental Sequences. *Gen. Psych. Monographs* 86, 1972.

FLAVELL, J. H.; WOHLWILL, J. F. Formal and Functional Aspects of Cognitive Development. In: ELKING, D.; FLAVELL, J. H. (orgs.). *Studies in Cognitive Development*. London, 1969.

FORTES, M. Kinship and the Social Order. *Current Anthropology*, 1972.

FREUD, A. *Das Ich und die Abwehrmechanismen*. München, 1964.

FRÖBEL, H.; KREYE, S. Internationalisierung von Arbeit und Kapital, *Leviathan*, I, 1973, p.429-454.
FURTH, H. *Intelligenz und Erkennen*. Frankfurt am Main, 1972.
GADAMER, H. G. Über die Möglichkeit einer philosophischen Ethik. In: *Kleine Schriften*, I, p.179-191.
GEHLEN, A. *Urmesch und Spätkultur.* Bonn, 1956.
_____. Anthropologische Ansicht der Technik. In: GEHLEN, A. *Technik im technischen Zeitalter*. Düsseldorf, 1965.
GERICKE, H. Zur Dialektik von Produktivkraft und Produktionsverhältnis im Feudalismus. *Zeitschrift für Geschichtswissenschaft*, XVI, 1966.
GERTH, H.; MILLS, Ch. W. *Person und Gesellschaft*. Frankfurt am Main, 1970.
GEULEN, D. *Das vergesellschaftete Subjekt*. 2 vols. Dissertação. F. U. Berlin, 1975.
GLESER, G. C.; IHILEBICH, D. An objective Instrument for Measuring Defense-Mechanismus. *Journ. Of Norm. and Clinic. Psych.*, 1969.
GODELIER, M. *Ökonomische Anthropologie*. Hamburg, 1973.
_____. Ökonomie und Anthropologie. In: GODELIER, M. *Ökonomische Anthropologie*. Hamburg, 1973.
_____. Mythos und Geschichte. In: EDER, K. (org.). *Entstehung von Klassengesellschaften*. Frankfurt am Main, 1973.
GOEPPERT, S.; GOEPPERT, H. C. *Sprache und Psychoanalyse*. Hbg, 1973.
GOFFMAN, E. *Stigma. Über Techniken der Bewältigung beschädigter Identität*. Frankfurt am Main, 1967.
GOLDMANN, L. *Structure Mentales et Création Culturelle*. Paris, 1970.
_____. *Marxisme et Sciences Humaines*. Paris, 1970.
_____. *La Création Culturelle dans la Société Moderne*. Paris, 1971.
GORDON, Ch.; GERGEN, J. K. (orgs.). *Self in Social Interaction*. Boston, 1967.
GOULD, C. C. *Marx's Social Antology: A Philosophical Reconstruction based on the Grundrisse*. Manuscrito inédito, 1975.

GOULDNER, A. W. The Norm of Reciprocity. *ASR*, 1960.

_____. *Enter Plato*. New York, 1965.

GREBING, H. Volksrepräsentation und identitäre Demokratie, *PVS*, p.162-180.

GREIFFENHAGEN, M. (org.). *Demokratisierung in Staat und Gesellschaft*. München, 1973.

GUHR, G. Ur- und Frühgeschichte und ökonomische gesellschaftsformationen. *EAZ*, X, 1969.

GUGGENBERGER, B. Herrschaftslegitimierung und Staatskrise. In: GREVEN, GUGGENBERGER, STRASSER. *Krise des Staates*. Neuwied, 1975.

GUNTHER, R. Herausbildung uns Systemcharakter der vorkapitalistischen Gesellschaftsformationen. *Zeitschrift für Geschichtswissenschaft*, XVI, 1968.

HAAN, N. Tripartite Model of Egofunctioning. *Journ. Nerv. And Ment. Dis.*, 1969, 148.

HABERMAS, J. *Strukturwandel der Öffentlichkeit*. Neuwied, 1962. [Ed. Bras.: *Mudança estrutural da esfera pública*. Tradução de Denilson Luis Werle. São Paulo: Editora Unesp, 2014.]

_____. *Erkenntnis und Interesse*. Frankfurt am Main: Suhrkamp, 1968. [Ed. Bras.: *Conhecimento e interesse*. Tradução de Luiz Repa. São Paulo: Editora Unesp, 2014.]

_____. *Technik und Wissenschaft als 'Ideologie'*. Frankfurt am Main: Suhrkamp, 1968. [Ed. Bras.: *Técnica e ciência como "Ideologia"*. Tradução de Felipe Gonçalves Silva. São Paulo: Editora Unesp, 2014.]

_____. Arbeit und Interaktion. In: HABERMAS, J. *Technik und Wissenschaft als 'Ideologie'*. Frankfurt am Main: Suhrkamp, 1968.

_____. *Zur Logik der Sozialwissenschaften*. Frankfurt am Main, 1970.

_____. Dogmatismus, Vernunft und Entscheidung. In: *Theorie und Praxis*. Frankfurt am Main, 1971, p.307-335.

_____. *Theorie und Praxis*. Frankfurt am Main, 1971. [Ed. Bras.: *Teoria e praxis*. Tradução de Rúrion Melo. São Paulo: Editora Unesp, 2013.]

_____. Wozu noch Philosophie? In: HABERMAS, J. *Philosophisch-Politische Profile*. Frankfurt am Main, 1971.

HABERMAS, J. Ein philosophierender Intellektueller. In: HABERMAS, J. *Philosophisch-Politische Profile*. Frankfurt am Main, 1971.

_____. Urgeschichte der Subjektivität und verwilderte Selbstbehauptung. In: HABERMAS, J. *Philosophisch-Politische Profile*. Frankfurt am Main, 1971.

_____. *Kultur und Kritik*. Frankfurt am Main: Suhrkamp, 1973.

_____. Aufsatz über den Universalitätsanspruch der Hermeneutik. In: HABERMAS, J. (org.). *Kultur und Kritik*. Frankfurt am Main: Suhrkamp, 1973.

_____. Bewußtmachen oder rettende kritik – die Aktualität Walter Benjamins. In: HABERMAS, J. (org.). *Kultur und Kritik*. Frankfurt am Main: Suhrkamp, 1973.

_____. Der Universalitätsanspruch der Hermeneutik. In: HABERMAS, J. (org.). *Kultur und Kritik*. Frankfurt am Main: Suhrkamp, 1973.

_____. Die Utopie des guten Herrschers. In: HABERMAS, J. (org.). *Kultur und Kritik*. Frankfurt am Main: Suhrkamp, 1973.

_____. Notizen zum Begriff der Rollenkompetenz. In: HABERMAS, J. (org.). *Kultur und Kritik*. Frankfurt am Main: Suhrkamp, 1973.

_____. Stichworte zur Theorie der Sozialisation. In: HABERMAS, J. (org.). *Kultur und Kritik*. Frankfurt am Main: Suhrkamp, 1973.

_____. Über das Subjekt in der Geschichte. In: HABERMAS, J. (org.). *Kultur und Kritik*. Frankfurt am Main: Suhrkamp, 1973.

_____. Wahrheitstheorien. In: *Festschrift für W. Schultz*. Pfullingen, 1973.

_____. *Legitimationsprobleme im Spätkapitalismus*. Frankfurt am Main: Suhrkamp, 1973.

_____. Können kmplexe Gesellschaften eine vernünftige Identität ausbilden? In: *Zwei Reden*. Frankfurt am Main, 1974.

_____. Sprachspiel, Intention und Bedeutung. In: WIGGERHAUS, R. (org.). *Sprachanalyse und Soziologie*. Frankfurt am Main: Suhrkamp, 1975.

_____. Was heißt Universalpragmatik? In: APEL, K.-O. (org.). *Sprachpragmatik und Philosophie*. Frankfurt am Main: Suhrkamp, 1976.

HABERMAS, J. Universalpragmatische Hinweise auf das System der Ich-Abgrenzungen. In: AUWÄRTER, M.; KIRSCH, E.; SCHRÖTER, K. (orgs.). *Kommunikation, Interation und Identität*. Frankfurt am Main: Suhrkamp, 1976.

HABERMAS, J.; HENRICH, D. *Zwei Reden*. Frankfurt am Main, 1974.

HABERMAS, J.; LUHMANN, N. *Theorie der Gesallschaft oder Sozialtechnologie*. Frankfurt am Main, 1973.

HANTIG, H. v. *Die Wiederherstellung der Politik*. Stuttgart, 1973.

HELBERGER, C. *Marxismus als Methode*. Frankfurt am Main, 1972.

HENNIS, W. *Politik und praktische Philosophie*, Neuwied, 1963.

HENRICH, D. Hegel und Hölderlin. In: HENRICH, D. *Hegel im Kontext*. Frankfurt am Main, 1971.

_____. Hegels Logik der Reflexion. In: HENRICH, D. *Hegel im Kontext*. Frankfurt am Main, 1971.

_____. Hegels Theorie über den Zufall. In: HENRICH, D. *Hegel im Kontext*. Frankfurt am Main, 1971.

HEUSS, A. *Zur Theorie der Weltgeschichte*. Berlin, 1968.

HEWES, G. W. Primate Communication and the Gestural Origin of Language. *Current Anthropology*, 1973.

HIRSCH, J. *Saatsaparrat und Reproduktion des Kapitals*. Frankfurt am Main, 1974.

HOCKETT, Ch. F.; ASHER, R. The Human Revolution. *Current Anthropology*, 1964.

HOFFMANN, E. Zwei aktuelle Probleme der geschichtlichen Entwicklungsfolge forstschereitender Gesellschaftsformationen. In: *Z. f. Geschichtswissenschaft*, XVI, 1968, p.12365-1281.

HÜBNER, K. Erkenntnistheoretische Fragen der Geschichtswissenschaften. In: JÄCKEL, E. e WEYMAR, E. (orgs.). *Die Funktion der Geschichte in unserer Zeit*. Stuttgart, 1975.

HUXLEY, J. *Evolution. The Modern Synthesis*. New York, 1941.

_____. *Tochstone for Ethics*. New York, 1942.

JACOBSON, E. *Das Selbst und die Welt der Objekte*. Frankfurt am Main, 1973.

JÄNICKE, M. *Politische Systemkrisen*. Köln, 1973.

JASPERS, K. *Vom Ursprung und Ziel der Geschichte*. München, 1950.
_____. *Die großen Philosophen*. München, 1957.
JOAS, H. *Zur gegenwärtigen Lage der soziologischen Rollentheorie*. Frankfurt am Main, 1973.
KAMBARTEL, F. (org.). *Praktische Philosophie und konstruktive Wissenschaftstheorie*. Frankfurt am Main, 1974.
KAISER, K. Transnationale Politik. *PVJ*, 1969.
KAUTSKY, K. *Die materialistische Geschichtsauffassung*. 2. Bde. Berlin, 1927.
KEANE, J. Work and Interaction in Habermas. *Arena*, 38, 1975.
KOCH, C.; SENGHAAS, D. *Texte zur Technokratiediskussion*. Frankfurt am Main, 1970.
KOHLBERG, L. Stage and Sequence: The Cognitive Developmental Approach to Socialization In: GOSLIN, D. (org.). *Handbook of Socialization Theory and Research*. Chicago, 1969.
_____. From Is to Ought. In: MISCHEL, Th. (org.). *Cognitive Development and Epistemology*. New York, 1971.
_____. *Die kognitive Entwicklung des Kindes*. Frankfurt am Main, 1974.
_____. *Zur kognitiven Entwicklung des Kindes*. Frankfurt am Main, 1974.
KON, J. S. *Die Geschichtsphilosophie des 20. Jahrhunderts*, Bd. II. Berlin, 1966.
KORSCH, K. *Marxismus und Philosophie*. Frankfurt am Main, 1966.
KOSELLECK, R. Historia Magistra Vitae. In: RIEDEL, M. (org.). *Natur und Geschichte*. Stuttgart, 1967.
_____. Darstellung, Ereignis und Struktur. In: SCHULZ, G. *Geschichte heute*, Göttingen.
KOSING, A. (org.). *Marxistische Philosophie*. Berlin, 1967.
KRADER, L. Krader, *Formation of the State*. New York, 1968.
_____. *Ethnologie und Anthropologie bei Marx*. München, 1973.
KRAPPMANN, L. *Dimensionen der Identität*. Frankfurt am Main, 1969.
_____. *Soziologische Dimension der Identität*. Stuttgart, 1969.
KROEBER, Th. C. The Coping Functions of the Ego-Mechanismus. In: WHITE, R. W. (org.). *The Study of Lives*. New York, 1963.
KUHN, h. Aristoteles und die Methode der politischen Wissenschaft. In: RIEDEL, M. (Org.). *Rehabilitierung der praktischen Philosophie*. Bd.I e II. Freiburg, 1973-1974.

LANTERNARI, V. *Religiöse Freiheits- und Heilsbewegungen unterdrückter Völker.* Neuwied, 1969.

LÄPPLE, D. Saat und politische Organisation. In: KRYSMANSKI et. al. *Die Krise in der Soziologie.* Köln, 1975.

LENSKI, G. *Human Societies.* New York, 1930.

_____. *Power and Privilege.* New York, 1966.

LEPPENIES, W.; RITTER, H. H. (orgs.), *Orte des wilden Denkens.* Frankfurt am Main, 1970.

_____. *Human Societies.* New York, 1970.

LÉVI-STRAUSS, C. *Das Ende des Totemismus.* Frankfurt am Main, 1965.

_____. *Das wilde Denken.* Frankfurt am Main, 1968.

LEVITA, D. J. *Der Begriff der Identität.* Frankfurt am Main, 1971.

LEWIN, G. Zur Diskussion über die marxistische Lehre von den Gesellschaftsformationen. In: *Mitt. D. Inst. F. Orientforschung,* 1969, p.137-151.

LICHTHEIM, G. *From Marx to Hegel.* London, 1971.

LOCKWOOD, D. Social Integration and System Integration. In: ZOLLSCHAN; HIRSCH (orgs.). *Explorations in Social Change.* London, 1964.

LOEVINGER, J. The Meaning and Measurement of Ego Development. *American Psychologist,* 21, 3, 1966.

_____. *Recent Research on Ego Development.* (Manuscrito). Washington University, St. Louis, 1973.

_____. *Origins of Conscience.* (Manuscrito). Washington University, St. Louis, 1974.

LOEVINGER, J.; WESSLER, R. *Measuring Ego Development.* San Francisco, 1970.

LOOSER, M. Personalpronomen und Subjektivität. In: LEIST, A. *Materialistische Sprachtheorie.* Kronberg, 1975.

LORENZEN, P. *Normative Logic and Ethics.* Mannheim, 1969.

LORENZEN, P.; SCHWEMMER, O. *Konstruktive Logik, Ethik und Wahrheitstheorie.* Mannheim, 1973.

LUCKMANN, Th. On the Boundaries of the Social World, In: NATANSON, M. (org.). *Phenomenology and Social Reality.* den Haag, 1970.

LUDZ, P. (org.). *Soziologie und Sozialgeschichte*. Opladen, 1972.
LUHMANN, N. *Zweckbegriff und Systemrationatlität*. Tübingen, 1968.
_____. *Legitimation durch Verfahren*. Neuwied, 1969.
_____. *Die Weltgesellschaft*. *ARSP*, 1971.
_____. Religiöse Dogmatik und gesellschaftliche Evolution. In: LUHMANN, N. (org.). *Religion: System und Sozialisation*. Neuwied, 1972.
_____. Selbstthematisierungen des Gesellschaftssystems. *Zeitschrift für Soziologie*, 1973.
_____. Das Phänomen des Gewissens und die normative Selbsbestimmung der Persönlichkeit. In: BÖCKENFORDE, B. (org.). *Naturrecht in der Kritik*. Mainz, 1973.
_____. Systemtheoretische Argumentationen. In: HABERMAS, J.; LUHMANN, K; *Theorie der Gesallschaft oder Sozialtechnologie*. Frankfurt am Main, 1973.
_____. Einführende Bemerkungen zu einer Theorie symbolisch generalisierter Kommunikationsmediem. *Zeitschrift für Soziologie*, 1974.
_____. Weltzeit und Systemgeschichte. *KZSS*, 1975.
LÜTHY, H. Variationen über ein Thema von Max Weber.
MADISON, P. *Freud's Concept of Repression and Defense*. London, 1961.
MARCUSE, H. Über den affirmative Charakter der Kultur. In: *Kultur und Gesellschaft 1*. Frankfurt am Main, 1965.
_____. Das Veralten der Psychoanalyse. In: *Kultur und Gesellschaft 2*. Frankfurt am Main, 1965.
MERELMAN, R. M. Learning and Legitimacy, *Am. Pol. Sc. Rev.*, 60, 1966.
MARQUARDT, O. *Schwierigkeiten mit der Geschichtsphilosophie*. Frankfurt am Main, 1973.
MARX, K. *Zur Judenfrage*. In: *Marx-Engels Werke*, Bd. 1. Berlin, 1958. [Ed. Bras.: *Sobre a questão judaica*. São Paulo: Boitempo, 2010.]
_____. *Zur Kritik der Politischen Ökonomie*. Berlin, 1958. [Contribuição à crítica da economia política. São Paulo: Expressão Popular, 2008.]
MASSING, O. Restriktive socio-ökonomische Bedingungen parlamentarischer Reformstrategien. In: *Politische Soziologie*. Frankfurt am Main, 1973.

MAYNTZ, R. Strukturell-Funktionale Theorie. In: BERNSDORF -BÜLOW (org.). *Lexikon der Soziologie*. Stuttgart, 1969.

MEAD, G. H. *Geist, Identität und Gesellschaft*. Frankfurt am Main, 1968.

_____. Die Genesis des sozialen Selbst und die soziale Kontrolle. In: MEAD, G. H. *Philosophie der Sozialität*. Frankfurt am main, 1969.

MEIER, Ch. Die Entstehung des Begriffs 'Demokratie'. *PVS*, 10, 1966.

MEIER, F. G. Das Problem der Universalität. In: SCHULZ, G. *Geschichte heute*. Göttingen.

METZ, I. B. Erinnerung. *Handbuch philosophischer Grundbegriffe*. Bd. 1. München, 1973.

MCPHERSON, C. B. *Die politische Theorie des Besitzindividualismus*. Frankfurt am Main, 1973.

MILIBAND, R. *Der Staat in der kapitalistischen Gesellschaft*. Frankfurt am Main, 1975.

MISCHEL, T. (org.). *Cognitive Development and Epistemology*. New York, 1971.

MITSCHERLICH, M. Probleme der Idealisierung. *Psyche*, 1973.

MOLTMANN, J. *Theologie der Hoffnung*. München, 1969.

MORIN, E. *Das Rätsel des Humanen*. München, 1974.

MOSCOVICI, S. *L'histoire humanie de la nature*. Paris, 1968.

MOUZELIS, N. Social and System Integration. *British Journal of Sociology*, XXV, 1974.

MÜHLANN, W. E. Herschaft und Staat. In: MÜHLANN, W. E. *Rassen, Ethnien, Kulturen*. Neuwied, 1964.

NARR, D; e OFFE, C. (orgs.). *Wohlfahrstaat und Massenloyalität*. Köln, 1975.

NEGT, O. Marxismus als Legitimationswissenschaft. In: DEBORIN, A.; BUCHARIN, N. *Kontroversen über dialektischen und mechanistischen Materialismus*. Frankfurt am Main: Suhrkamp, 1969.

NEGT, O.; KLUGE, A. *Öffentlichkeit und Erfahrung*. Frankfurt, 1972.

NELSON, B. *The Idea of Usury*. Chicago, 1949.

_____. Probabilists, Antiprobabilists and the Quest for Certitude in the 16th and 17th Century. *Actes du Xme Congréss Internationale d'Historie et des Sciences*. Vol. I, Paris, 1965.

NELSON, B. Scholastic Rationales of Conscience. *Journal of Sociological Studies and Religion*. 7, 1968.

———. The Early Modern Revolution in Science and Philosophy, *Boston Studies*, 3, 1968.

———. Conscience and the Making of Early Modern Cultures: The Protestant Ethic Beyond Max Weber. *Social Research*, 36, 1969.

———. Weber's Protestant Ethic. In: GLOOCK, Ch.; HAMMOND, E. (orgs.). *Beyond the Classics*. New York, 1973.

———. Civilizational Complexes and Intercivilizational Encounters. *Sociological Analysis*. 34, 1973.

———. Sciences and Civilizations: East and West: J. Needham and Max Weber. *Boston Studies*, 11, 1974.

NEUENDORFF, B. *Geschlechtliche Identität. Zur Strukturierung der Person -Umwelt-Interaktion*. Dissertação. F. U. Berlin, 1976.

NEUENDORF, H. *Der Begriff des Interesses. Eine Studie zu den Gesellschaftstheorien von Hobbes, Smith und Marx*. Frankfurt am Main, 1973.

NISSEN, H. W. Phylogenetic Comparison. In: STEVENS, S. S. (org.). *Handbook of Experimental Psychology*. New York, 1951.

OAKESHOTT, M. *Rationalismus in der Politik*. Neuwied, 1966.

O'CONNOR, J. *Die Finanzkrise des Staates*. Frankfurt am Main, 1973.

OEVERMANN, U. *Zur Theorie der individuellen Bildungsprozesse*. Berlin, 1974.

OFFE, C. *Strukturprobleme des kapitalistischen Staates*. Frankfurt, 1972.

———. Tauschverhältnis und politische Steuerung. In: OFFE, C. *Strukturprobleme des kapitalistischen Staates*. Frankfurt, 1972.

———. *Berufsbildungsreform*. Frankfurt, 1975.

———. *Thesen zur Begründung des Konzepts des 'kapitalistischen Staates'*. MS, 1975.

OPP, D. K. Einige Bedingungen für die Befolgung von Gesetzen. In: LÜDERSSEN, K.; SACK, F. (org.). *Abweichendes Verhalten*, I. Frankfurt am Main, 1975.

PANNENBERG, W. *Wissenschaftstheorie und Theologie*. Frankfurt am Main, 1973.

PARSON, T. *The Structure of Social Action*. Glencoe, 1949.

PARSON, T. *The Social System*. London, 1951.

_____. Social Interaction. *IEESS*, 7.

_____. An Approach to Psychological Theory in terms of the Theory of Action. In: KOCH, S. *Psychology*, I. New York, 1959.

_____. Christianity and Modern Industrial Society. In: TIRYAKAN, E. A. *Sociological Theory*. Glencoe, 1963.

_____. Die jüngste Entwicklungen in der strukturell-funktionalen Theorie. *KZSS*, 16, 1964.

_____. *Societies. Evolutionary and Comparative Perspectives*. Englewood Cliffs, 1966.

_____. *Gesellschaften*. Frankfurt am Main, 1975.

PARSONS, T.; BALES, R. F. *Family Socialization and Interaction Process*. Glencoe, 1964.

PARSONS, T.; BALES, R.; SHILS, A. *Working Papers in the Theory of Action*. New York, 1953.

PATEMAN, C. *Participation and Democrac Theory*. Cambridge, 1970.

PECIRKA, J. Von der asiatischen Produktionsweise zu einer marxistischen Analyse der frühen Klassengesellschaften. *Eirene* VI, 1967.

PIAGET, J. *The Child's Conception of Physical Causality*. London, 1966.

_____. *Biology and Knowledge*. Chicago, 1971.

_____. *Einführung in die genetische Erkennnistheorie*. Frankfurt am Main, 1972.

_____. *Das moralische Urteil beim Kind*. Frankfurt am Main, 1973.

_____. *Die Entwicklung des Erkennens*. Bd. I-III. Stuttgart, 1973.

_____. *Abriß der genetischen Epistemologie*. Freiburg, 1974.

_____. *Der Strukturalismus*. Olten, 1974.

_____. *Die Bildung des Zeitbegriffs beim Kinde*. Frankfurt am Main, 1974.

PINARD, A.; LAURENDEAU, M. 'Stage' in Piaget's Cognitive-Developmental Theory. In: ELKING, D.; FLAVELL, J. H. (orgs.). *Studies in Cognitive Development*. London, 1969.

POPPER, K. *The Poverty of Historicism*. London, 1966. [Ed. Bras.: *A miséria do historicismo*. São Paulo: Cultrix; Edusp, 1980.]

RAPHAEL, D. D. Darwinism and Ethics. In: BARNETT, A. (org.). *A Century of Darwin*. Cambridge, 1958.

RAWLS, J. *A Theory of Justice*. Oxford, 1972. [Ed. Port.: *Uma teoria da justiça*. Barcarena: Presença, 1993.]

_____. *Eine Theorie der Gerechtigkeit*. Frankfurt am Main, 1975.

REICHELT, H. *Zur logischen Struktur des Kapitalbegriffs bei K. Marx*. Frankfurt am Main, 1970.

RENSCH, B. *Homo Sapiens*. Göttingen, 1965.

RIDDER, P. Historischer Funktionalismus. *Zeitschrift für Soziologie*, 1, 1972.

RIEDEL, M. (Org.). *Rehabilitierung der praktischen Philosophie*. Bd.I e II. Freiburg, 1973-1974.

RITSERT, J. Substratbegriffe in der Theorie des sozialen Handels. *Soziale Welt*, 19, 1968.

RITTER, J. Naturrecht bei Aristoteles. In: *Metaphysik und Politik*. Frankfurt am Main, 1969.

_____. Politik und Ethik in der praktischen Philosophie des Aristoteles. In: *Metaphysik und Politik*. Frankfurt am Main, 1969.

ROKKAN, St. Die vergleichende Analyse der Staaten- und Nationalbildung. In: ZAPF, W. (org.). *Theorien des sozialen Wandels*. Köln, 1969.

_____. Dimensions of State Formation and Nationbuilding. In: TILLY, Ch. (org.), *The Formation of the National States in Western*. Princeton, 1975.

ROSE, A. M. *Human Behavior and Social Processes*. Boston, 1962.

ROUSSEAU, J. J. *Le contrat social*.

RUSSEL, J. B. *Religious Dissent in the Middle Ages*. New York, 1971.

SCHULIN, E. Rückblicke auf die Entwicklung der Geschichtswissenschaft. In: JÄCKEL, E.; WEYMAR, E. (orgs.). *Die Funktion der Geschichte in unserer Zeit*. Sttutgart, 1975.

SANDKÜHLER, H. J.; de la VEGA, R. (orgs.). *Marxismus und Ethik*. Frankfurt am Main, 1974.

SANDLER, J. Zum Begriff des Über-Ichs. *Psyche*, 1964.

SANFORD, N. *Self and Society*. New York, 1966.

SCHAAR, J. H. Legitimacy in the Modern State. In: GREEN, P.; LEVINSON, S. (orgs.). *Power and Community*. New York, 1970.

SCHLIEBEN-LANGE, B. *Lingustische Pragmatik*. Stuttgart, 1975.

SCHRAMM, P. E. *Hamburg, Deutschland und die Welt*. München, 1943.
SCHULIN, E. (org.), *Universalgeschichte*. Köln, 1974.
SCHWEMMER, O. *Philosophie der Praxis*. Frankfurt am Main, 1971.
SELLNOW, I. Die Auflösung der Urgemeischaftsordnung. In: EDER, K. (org.). *Die Entstehung von Klassengesellschaften*. Frankfurt am Main, 1973.
SERVICE, E. R. *Primitive Social Organization*. New York, 1962.
SKARPELIS-SPERK et. al. Ein biedermeierlicher Weg zum Sozialismus, *Spiegel*, n.9, 1975.
SKINER, Q. The Empirical Theorists of Democracy and their Critics. A Plague on both their Houses, *Pol. Theory*, 1, 3, 1973, p.287-306.
SINGER, M. G. *Generalition in Ethics*. London, 1963.
SPAEMANN, R. Die Utopie der Herrschaftsfreiheit. In: RIEDEL, M. (Org.). *Rehabilitierung der praktischen Philosophie*. Bd.I e II. Freiburg, 1973-1974.
SPITZ, R. A. *Eine genetische Feldtheorie der Ich-Bildung*. Frankfurt, 1972.
STALIN, J. *Über dialektischen und historischen Materialismus*. 1938.
STERNBERGER, D. Artikel Legitimacy, *I.E.S.S.*, 9, p.244-248.
STEWARD, C. H. *Theory and Culture Change*. Urbana, 1955.
STIERLEIN, H. *Eltern und Kinder im Prozeß der Ablösung*. Frankfurt am Main, 1975.
SULLIVAN, H. S. *Conceptions of Modern Psychiatry*. New York, 1940.
_____. *The Interpersonal Theory of Psychiatry*. New York, 1953.
SWANSON, G. E. Determinants of the Individual's Defenses against inner Conflict. In: GLIDEWELL, J. C. (org.). *Parental Attitudes and Child Behavior*. Springfield, 1961.
TAYLOR, C. *Hegel*. Cambridge, 1975.
TENBRUCK, H. Die Soziologie vor der Geschichte. In: LUDZ, P. (org.). *Soziologie und Sozialgeschichte*. Opladen, 1972.
TILLY, Ch. (org.), *The Formation of the National States in Western*. Princeton, 1975.
_____. Reflections on the History of European State-Making. In: TILLY, Ch. (org.), *The Formation of the National States in Western*. Princeton, 1975.

TILLY, Ch. Food Supply and Public Order in Modern Europe. In: TILLY, Ch. (org.), *The Formation of the National States in Western*. Princeton, 1975.

TÖKEI, F. *Zur Frage der asiatischen Produktionsweise*. Neuwied, 1965.

TOURRAINE, A. *Production de la Société*. Paris, 1972.

_____. *Die postindustrielle Gesellschaft*. Frankfurt am Main, 1972.

_____. *Pour la Sociologie*. Paris, 1973.

_____. *Was nützt die Soziologie*. Frankfurt, 1976.

TURIEL, E. Conflict and Transition in Adolescent Moral Development. In: *Child Development*, 1974.

UTZ, P. J. Evolucionism Revisited. *Comparative Studies on Society and History*, XV, 1973.

VERBA, S. Entwicklungskrisen und ihre Abfolge. In: JÄNICKE, M. (org.). *Politische Systemrisen*. Köln, 1973.

VESTER, M. *Die Entstehung des Proletariats als Lernprozeß*. Frankfurt, 1970.

VIERHAUS, R. Geschichtwissenschaft und Soziologie. In: SCHULTZ, G. (org.). *Geschichte heute*. Göttingen.

VILMAR, F. *Strategien der Demokratisierung*. 2 Bde. Neuwied, 1973.

VRANICKI, P. *Geschichte des Marxismus*. 2 Bde. Frankfurt am Main, 1973/1974.

WADDINGTON, C. H. *The Ethical Animal*. Chicago, 1960.

WALLERSTEIN, I *The Modern World-System*. New York, 1974. [Ed. Port.: *O sistema mundial moderno*. Porto: Afrontamento, 1996.]

WEHLER, H. U. (org.). *Geschichte und Psychoanalyse*. Köln, 1971.

_____. (org.). *Geschichte und Soziologie*. Köln, 1972.

_____. (org.). *Geschichte und Ökonomie*. Köln, 1973.

_____. *Das Deutsche Keiserreich 1817-1918*

_____. *Modernisierungstheorie und Geschichte*. Göttingen, 1975.

WEIZSÄCKER, C. F. v. *Kriegsfolgen und Kriegsverhütung*. München, 1971.

_____. *Einheit der Natur*. München, 1971.

WELLMER, A. *Kritische gesellschaftstheorie und Positivismus*. Frankfurt am Main: Suhrkamp, 1969.

WELLMER, A. The Lingusitic Turn in Critical Theory. In: BYRNE; EVANS; HOWARD (orgs.). *Philosophy and Social Theory*. (Studies in Philosophy), Bd. I, 1974.

WELSKOPF, E. Ch. Schauplatzwechsel und Pulsation des Fortschritts. In: SCHULIN, E. (org.). *Universalgeschichte*. Köln, 1974.

WERLER, H. U. *Geschichte des Deutschen Kaiserreichs*. Göttingen, 1974.

WERNER, E.; ERBSTÖβER, M. *Ideologische Probleme des mittelalterlichen Plebejertum*. Berlin, 1960.

WERNER, H.; KAPLAN, B. *Symbol Formation*. New York, 1963.

WETTE, W. Bundeswerh oder Feinbilder? *Friedensanalysen*, I, Frankfurt am Main, 1975.

WHITE, L. A. *The Science of Culture Change*. New York, 1949.

WITTFOGEL, K. A. *Wirtschaft und Gelsellschaft Chinas*. Leipzig, 1931.

_____. *Orientalischer Despotismus*. Köln, 1962.

WOLFSTETTER, E. Mehrwert und Produktionspreis. *Jubiläum für Sozialwissenschaft*, Bd. 24, 1973.

WÜRTENBERGER, Th. *Die Legitimation staatlicher Herrschaft*. Berlin, 1973.

ZAPF, W. (org.), *Theorien des sozialen Wandels*. Köln, 1969.

ZUKOV, M. E. *Über die Periodisierung der Weltgeschichte. Sowjetwinssenschaft*, 1961, H.3, p.241-154.

Índice onomástico

A
Acham, Karl, 297n.14
Adler, Max, 226
Adorno, Theodor W., 8, 71, 77, 99-102, 154-5n.15, 167, 226, 345n.51
Althusser, Louis, 264
Anacker, U., 357, 474n.7
Apel, Karl-Otto, 297n.14, 390, 422, 461n.2, 473
Arendt, Hannah, 416
Aristóteles, 305, 384, 401, 416, 426

B
Baader, Franz Xaver von, 135n.1
Bachrach, Peter, 311
Bamberger, Eugen, 298
Basaglia, Franco, 135n.1
Basso, L., 342n.50
Baumgartner, H. M., 291n.9, 293n.11, 357, 358n.62
Beckett, Samuel, 87
Bell, Daniel, 87, 362
Bellah, Robert Neelly, 332
Bendix, R., 315-6
Benjamin, Walter, 179n.40, 456, 482n.14
Birnbaum, Norman, 341
Bischoff, N., 213n.12
Bismarck, Otto von, 298-9, 301, 403
Bloch, Ernst, 86, 91
Bloch, Marc, 282
Blumenberg, Hans, 292
Blumer, Herbert, 103
Böckenförde, Ernst-Wolfgang, 406
Bodin, Jean, 402
Bonald, visconde de, 401
Boskoff, A., 296
Braudel, Fernand, 342-3n.50
Bruck, 297

Bruner, Jerome, 331
Buda, 350, 389

C
Cahnman, Werner J., 296
Calvino, João, 347-8
Childe, Vere Gordon, 250n.58, 268
Chomsky, Noam, 27, 199
Cicourel, Aaron, 287
Claessens, D., 216n.16
Confúcio, 389
Count, E. W., 213

D
Dahrendorf, Ralf, 362
Danto, C., 287, 332-4n.47
Deborin, Abram, 81
Descartes, René, 347
d'Holbach, barão, 402
Diederich, W., 307n.20
Dilthey, Wilhelm, 287, 291n.9
Dobb, Maurice, 351
Döbert, R., 38, 78, 104-5n.9, 141n.4, 224n.25, 327, 330, 332
Dray, William, 297n.14
Dulong, R., 56n.29
Dunn, E. S., 272-4
Durkheim, Émile, 216n.16, 228, 316, 318

E
Easton, 413
Edelmann, M., 410

Eder, Klaus, 57n.30, 68, 78, 183, 193-6, 249, 254, 277n.85, 329, 338
Eisenstadt, Shmuel N., 72, 327-8, 341
Elkind, David, 33n.11
Engels, Friedrich, 25, 83-5, 205, 229, 250n.58
Erikson, Erick, 103, 106, 136n.2

F
Fach, W., 459-63, 465-9
Fetscher, Iring, 82n.2
Feuerbach, Ludwig, 84n.4, 154n.15, 209
Fichte, Johann Gottlieb, 46, 154n.15, 305
Finley, M., 241
Flanagan, 311n.25
Flavell, J. H., 104-5n.9, 116, 331
Fortes, Meyer, 213n.12
Foucault, Michel, 135
Freud, Anna, 130
Freud, Sigmund, 27, 33, 199
Freyer, Hans, 362
Fromm, Erich, 99
Funke, R., 75
Furth, H., 331

G
Gadamer, Hans-Georg, 417
Galilei, Galileu, 347-8
Garfinkel, Harold, 287
Gehlen, Arnold, 216n.16
Gericke, H., 224n.26

Gerlach, Erich, 81n.1
Godelier, Maurice, 71, 142n.5, 220, 230, 264
Goffman, Erving, 103, 136n.2, 287
Goldmann, Lucien, 71
Gould, C. C., 64n.34
Gouldner, Alvin Ward, 124
Gramsci, Antonio, 91
Grousset, René, 282
Guilherme II, 299

H
Haan, N., 130n.20
Hartmann, Nicolai, 305
Hegel, Georg Wilhelm Friedrich, 27, 33, 83, 134, 137-44, 146-59, 161-2, 168n.32, 174-5, 210, 305, 373, 395, 402, 426
Heidegger, Martin, 89, 287
Heisenberg, Werner, 307
Held, Virginia, 421n.54
Helvetius, Claude-Adrien, 402
Hennis, Wilhelm, 379, 385, 395, 403, 414-8, 420
Henrich, Dieter, 133, 151n.12, 153n.13
Hintze, Otto, 282
Hirsch, J., 374n.1
Hobbes, Thomas, 373, 390, 395, 401-2, 412
Hobsbawm, Eric, 240
Hogdson, 282

Horkheimer, Max, 8, 13, 91, 99, 167, 345n.51
Hórus, 389
Hübner, K., 297n.14
Hume, David, 402
Huntington, 311n.25
Husserl, Edmund, 287

J
Jaspers, Karl, 89, 240n.49, 350
Jesus Cristo, 389

K
Kambartel, Friedrich, 471-2n.3, 473, 474n.7, 479, 481
Kant, Immanuel, 57n.30, 71, 305, 389-90, 401
Kautsky, Karl, 26, 81, 88, 227
Keane, J., 59n.31
Kelsen, Hans, 370
Kielmannsegg, P. von, 384n.6, 388, 394
Kierkegaard, Søren, 154n.15
Kohlberg, Lawrence, 103, 104-5n.9, 110, 113-6, 125, 127, 136n.2, 331, 461n.3, 471-2n.3
Kolakowski, Leszek, 89
Korsch, Karl, 81, 84, 88, 91, 226
Koselleck, Reinhart, 291n.9, 332-4n.47
Krader, L., 205n.2
Krappmann, L., 48n.20
Kroeber, Alfred Louis, 130n.20, 268
Kroner, Richard, 305

L

Labriola, Antonio, 91, 226
Laing, Ronald, 135n.1
Lanternari, Vittorio, 385
Läpple, D., 374n.1
Laurendeau, M., 332n.46
Lenin, Vladimir Ilitch, 226
Lenski, G., 251n.59, 268
Leppenies, Wolf, 264n.70
Lévi-Strauss, Claude, 71n.36, 142n.5, 264
Lipset, Seymour Martin, 303
Locke, John, 390, 402
Lockwood, D., 164n.25
Loevinger, Jane, 107-9, 113
Looser, M., 46n.18
Lorenzen, Paul, 422, 471, 473, 477, 480
Löwenthal, Leo, 97
Lübbe, Hermann, 176n.37
Luhmann, Niklas, 163-6, 183, 201-2, 221n.23, 223n.24, 224n.25, 251n.59, 268, 273-4, 281, 283, 286-7, 319-25, 328-9, 332-3n.47, 334, 338-40, 383-4, 410, 413, 445, 462n.8
Lukács, György, 71, 81, 91, 226
Lutero, Martinho, 347-8
Lüthy, H., 353n.61

M

Maier, Georg, 282
Maistre, 401
Malinowski, Bronisław, 268
Marcuse, Herbert, 8, 87, 97, 99-101, 362
Marczewski, Jean, 284n.6
Marquardt, O., 220n.21
Marsílio de Pádua, 401
Marx, Karl, 8, 13-20, 25-7, 29, 55n.27, 60-1, 64n.34, 67, 69, 73-4, 83-5, 154n.15, 158, 168, 174, 199n.2, 205-9, 212, 218, 223-4, 227-9, 240-, 250n.58, 282, 299, 317-8, 340-2n.50, 345, 350-1, 359, 369, 387, 427, 465, 469
Mathes, J., 183
McCarthy, T., 59n.31
Mead, George Herbert, 27, 46, 103, 117, 137n.3, 185, 214, 268, 287
Millar, John, 402
Miquel, 298
Moore, Barrington, 282
Morgan, 268
Morin, Edgar, 216n.15
Moscovici, Serge, 232, 235

N

Negt, Oskar, 97
Nelson, B., 346-7, 349, 353n.61
Nunner-Winkler, Gertrud, 104-5n.9

O

Oakeshott, Michael, 420
Oevermann, Ulrich, 48n.20

Offe, Claus, 73, 169-70n.33, 342-3n.50, 406, 429n.1, 442
Opp, K. D., 183, 200-1
Oppenheimer, Franz, 250n.56, 297n.14
Osíris, 389
Otávio, 386n.10

P
Pareto, Vilfredo, 318
Parsons, Talcott, 50, 62, 72, 104, 117, 185, 268, 281, 316, 318-21, 339, 413
Pascal, Blaise, 347-8
Peirce, Charles Sanders, 71
Petrovic, Gajo, 81
Picasso, Pablo, 87
Pinard, A., 332n.46
Pirenne, Henri, 351
Pitkin, Hannah, 419-20
Platão, 155, 416, 419
Plekhanov, Gueogui, 226, 229
Plessner, Helmut, 46
Popper, Karl, 473
Pye, Lucien W., 309n.23

R
Radnitzky, Gerard, 473
Ratzel, Friedrich, 250n.56
Rawls, John, 86, 390, 422, 461
Reichelt, H., 168-9n.32
Ritter, Henning, 264n.70
Ritter, Joachim,, 383n.4, 416
Rokkan, St., 303, 352n.60
Rostovtzeff, Mikhail, 386
Rousseau, Jean-Jacques, 55n.27, 389, 392, 394, 401
Rüsen, Jörn, 361n.65
Rüstow, Alexander, 250n.56

S
Sartre, Jean-Paul, 81, 89
Schaeder, 282
Schelling, Friedrich, 135n.1, 305
Schmidt, Alfred, 97
Schmidt, P. W., 250n.56
Schmitt, Carl, 383
Schönberg, Arnold, 87
Schulin, Ernst, 281n.1, 282
Schulz, G., 462n.8
Schumpeter, Joseph, 393-4, 397
Schütz, Alfred, 185, 287
Schwarzenberg, Karel, 297
Schwemmer, O., 471-2n.3, 479, 481
Smith, Adam, 402
Sócrates, 389, 419
Sólon, 384
Spaemann, R., 462-3n.8
Spencer, Herbert, 186, 282
Stalin, Josef, 89, 206, 229
Steward, C. H., 268
Strauss, Leo, 416
Sullivan, Harry Stach, 103

T
Talleyrand, Charles-Maurice, 380
Taylor, Charles, 150n.11

Tenbruck, H., 294, 296, 300
Tibério, 386n.10
Tilly, Ch., 309n.23, 342-3n.50
Tirpitz, 299
Tjaden, H. H., 183, 198
Tourraine, Alain, 72
Trendelenburg, 154n.15
Tylor, Edward Burnett, 268

U
Utz, P. J., 268n.77

V
Verba, S., 311n.25
Vilar, Pierre, 284
Vilmar, F., 172n.36

W
Waddington, Conrad Hal, 278-9
Wallerstein, Immanuel, 351n.57, 352, 398

Weber, Max, 20, 48, 77, 196, 282, 303, 318, 340-7, 350, 366, 369, 396, 413-4
Wehler, Hans-Ulrich, 281n.1, 284n.6, 297-301, 309, 313-4, 356, 403
Wehner, Herbert, 410
Weinrich, 462-3.8
Weizsäcker, C. F., 160n.18, 307n.21
Wellmer, Albrecht, 60n.32, 167n.31
Welskopf, E. Ch., 258n.67
White, L., 268
Wittgenstein, Ludwig, 185, 287, 418
Wohwill, Emil, 332n.46
Wolff, Christian, 416
Wolfstetter, E., 169-70n.33
Wright, G. V., 297n.14

SOBRE O LIVRO

Formato: 14 x 21 cm
Mancha: 23 x 44 paicas
Tipologia: Venetian 301 12,5/16
Papel: Off-white 80 g/m² (miolo)
Cartão Supremo 250 g/m² (capa)
1ª edição: 2016

EQUIPE DE REALIZAÇÃO
Capa
Andrea Yamaguita

Edição de texto
Luís Brasilino (copidesque)
Marina Ruivo (revisão)

Editoração eletrônica
Vicente Pimenta

Assitência Editorial
Alberto Bononi

Impressão e Acabamento
FARBE DRUCK
gráfica e editora ltda.